2022年电子商务类优秀课程思政课（项目编号：SZ2022003）成果
国家级一流专业核心课程建设成果

浙江省"十一五"重点教材建设项目成果

新文科建设教材
电子商务系列

ELECTRONIC COMMERCE
FUNDAMENTALS AND
APPLICATIONS

电子商务
基础与应用
（第3版）

主编◎陈晴光

副主编◎文燕平　黄祝菲

清华大学出版社
北京

内容简介

本书按知识结构特征及其内在联系分为电子商务导论、电子商务运营模型、电子商务支持服务和电子商务综合应用四大板块，具体内容包括电子商务概述、电子商务市场及人才需求特征、基本电子商务模式（B2B、B2C、C2C）、衍生电子商务模式（C2B、O2O、B2B2C等）、移动电子商务、农村电子商务、跨境电子商务、社交电子商务、电子商务网站建设规划与维护、电子商务安全、电子支付与网络金融、电子商务物流服务、网络营销、电子商务策划共14章，在各章节中有机地穿插了大量针对相关内容和知识点的应用案例、研讨专题等。书末以附录的形式介绍了研究性教学的理论基础与实施方法，分享了电子商务课程研究性教学设计与实施方案、电子商务课程思政教学设计与实施样例。

本书既可作为电子商务、物流管理、金融学等专业的本科生教材，也可作为企、事业单位管理人员和业务人员的参考书；高职高专相关专业对教材中"电子商务支持服务"篇和"电子商务策划"部分的一些内容酌情裁剪后也适合使用。

本书封面贴有清华大学出版社防伪标签，无标签者不得销售。
版权所有，侵权必究。举报：010-62782989，beiqinquan@tup.tsinghua.edu.cn。

图书在版编目（CIP）数据

电子商务：基础与应用/陈晴光主编．－－3版．
北京：清华大学出版社，2024.11．－－（新文科建设教材）．
ISBN 978-7-302-67634-8

Ⅰ．F713.36
中国国家版本馆CIP数据核字第202418NP63号

责任编辑：徐永杰
封面设计：李召霞
责任校对：王荣静
责任印制：丛怀宇

出版发行：清华大学出版社
网　　址：https://www.tup.com.cn，https://www.wqxuetang.com
地　　址：北京清华大学学研大厦A座　　邮　编：100084
社 总 机：010-83470000　　邮　购：010-62786544
投稿与读者服务：010-62776969，c-service@tup.tsinghua.edu.cn
质量反馈：010-62772015，zhiliang@tup.tsinghua.edu.cn

印 装 者：三河市人民印务有限公司
经　　销：全国新华书店
开　　本：185mm×260mm　　印　张：22.75　　字　数：377千字
版　　次：2010年10月第1版　　2024年12月第3版　　印　次：2024年12月第1次印刷
定　　价：66.00元

产品编号：105003-01

第 3 版前言

本次修订根据党的二十大"全面贯彻党的教育方针,落实立德树人根本任务,培养德智体美劳全面发展的社会主义建设者和接班人"的指示精神,以"要教育引导学生培养综合能力,帮助学生学会自我管理、学会同他人合作、学会过集体生活,激发好奇心、想象力,培养创新思维"和"扎根中国、融通中外,立足时代、面向未来"为指导思想,从中国的电子商务实践中提炼素材,进一步将近年来电子商务领域涌现出来的最新理论研究成果和实践应用成果融入教材中,倡导课堂教学以学生为中心以及成果导向教育理念,并据此整合优化教材内容,使教师自然地将专业知识技能教育与培养学生职业道德、社会责任以及爱国、敬业、诚信、友善的价值准则紧密融合,实现专业学习与课程育人"两条腿"走路,充分体现教材的中国特色。

修订教材将第 2 版中的第 2 章 B2B 电子商务、第 3 章 B2C 电子商务、第 4 章 C2C 电子商务压缩为一章,统称为基本电子商务模式,第 2 版中的第 5 章新型电子商务模式改称为"衍生电子商务模式",增加了农村电子商务、跨境电子商务、社交电子商务等章节,其他章节内容也相应地做了调整和更新。修订后的教材内容分为电子商务导论、电子商务运营模型、电子商务支持服务、电子商务综合应用四大板块,篇章结构更加科学合理,体现了"两性一度"(即高阶性、创新性、挑战度)原则。修订后的教材具有以下特色。

(1)巧用数字资源,兼顾不同读者的个性化学习需求。本书既涵盖电子商务领域的基本理论知识,也涉及最新实践应用成果和社会热点;同时将重点、难点以微视频的方式进行展示,将涉及相关学科的关键名词术语或概念做成知识卡片,以二维码链接数字资源的形式呈现,以期能很好地满足不同层次读者的个性化需求。

(2)关注课程教学改革,方便教师实施以学生为中心的课堂教学改革。本书以真实案例为基础,章后设置需要协作完成的作业,并给出研究性教学的分组实施方法。通过精心设置研讨专题、细化团队学习流程，引导学生针对相关问题进行探究，突出电子商务创新应用能力、终身学习能力、团队协作精神和回馈社会情怀的培养。

（3）突出中国特色，课程思政元素与专业内容有机融合。第3版教材中适当增加了与内容相关的思政元素，方便教师在课程教学的各个环节都有思政元素的自然融入。本书的体例、语言风格更符合中国读者的阅读习惯和价值追求。

（4）体现文科与工科的专业融合。例如，本书的第三篇综合了管理学、金融学、物流学以及计算机技术、网络技术、现代通信技术等学科领域的理论成果与技术应用，并与电子商务实践深度融合形成知识模块。

本书凝聚了编者二十多年主讲电子商务及相关课程的一线教学心得和课程、开展研究性教学、线上线下混合式一流课程建设的经验。阅读本书，读者收获的不仅是内容丰富、新颖、完整、开放的课程知识体系，还有创新性教学理念和一套行之有效的教学改革实施方案。不少年轻的教师在选用前2版教材后开始课堂教学改革的探索，之后逐渐成长为教学骨干乃至该专业的负责人。

选用教材后，教师可以根据本校专业培养目标、前导课与后续课、学时数等具体情况，对教材相关内容进行裁剪取舍。

本书第1版2010年10月由清华大学出版社出版，至2014年2月先后印刷8次；第2版自2015年2月出版以来，11次重印，获得了广泛的认可度和读者好评，先后被国内100余所高校选用。本次修订过程中，编者听取了使用本书前2版的高校师生代表的宝贵意见和建议，在此谨表示诚挚的谢意！

宁波财经学院徐莹教授、福州外语外贸学院王绍峰教授、南昌理工学院朱新英副教授也参与了本书的编写工作。

本书配有相应的电子课件、电子教案、教学大纲（课程思政版）、课程思政方案、实验项目及指导、考试试题及参考答案等教辅资料，任课教师可向出版社或主编免费索取。

欢迎业内专家、专业教师和广大读者对本书的疏漏之处予以斧正，十分愿意听到各位对本书的评价，欢迎任何有助于改善未来工作的反馈，无论是赞扬的还是批评的。

编　者
2024年6月

目 录

第一篇 电子商务导论

第1章 电子商务概述 003
1.1 电子商务的基本概念 004
1.2 电子商务的特点与价值 013
1.3 电子商务的类型 020
1.4 电子商务运营服务环境 027
1.5 电子商务的产生与发展 034

第2章 电子商务市场及人才需求特征 043
2.1 电子商务市场 044
2.2 电子商务应用型人才类型及结构 050

第二篇 电子商务运营模型

第3章 基本电子商务模式 055
3.1 B2B 电子商务 057
3.2 B2C 电子商务 072
3.3 C2C 电子商务 079

第4章 衍生电子商务模式 088
4.1 二维衍生电子商务模式 090
4.2 三维衍生电子商务模式 098
4.3 典型案例：梅西百货的全渠道 O2O 模式 108

第5章 移动电子商务 116
5.1 移动电子商务的定义及特点 117

5.2 移动电子商务的应用发展概况 ················· 120
5.3 移动电子商务技术基础及协议 ················· 123
5.4 移动电子商务主要业务模式 ··················· 129

第 6 章 农村电子商务 ················· 138
6.1 农村电子商务的概念与特点 ··················· 139
6.2 农村电子商务的运营模式 ····················· 141
6.3 农村电商网店运营策略 ······················· 147

第 7 章 跨境电子商务 ················· 164
7.1 跨境电子商务概述 ··························· 165
7.2 跨境电子商务的运营平台 ····················· 168
7.3 跨境电子商务物流模式 ······················· 171

第 8 章 社交电子商务 ················· 178
8.1 社交电子商务的含义与特征 ··················· 180
8.2 社交电子商务的商业模式 ····················· 181
8.3 我国社交电子商务的演进与典型平台 ··········· 184

第三篇　电子商务支持服务

第 9 章 电子商务网站建设规划与维护 ········ 193
9.1 电子商务网站基本知识 ······················· 195
9.2 电子商务网站规划 ··························· 199
9.3 电子商务网站维护 ··························· 203

第 10 章 电子商务安全 ················ 207
10.1 电子商务安全概述 ·························· 208
10.2 电子商务网络安全 ·························· 212
10.3 电子商务交易安全 ·························· 219
10.4 电子商务信用安全 ·························· 230

第 11 章 电子支付与网络金融 ············ 234
11.1 电子支付概述 ······························ 235
11.2 常用电子支付工具 ·························· 237

11.3 第三方支付 …… 244
11.4 网络金融服务 …… 247

第 12 章 电子商务物流服务 …… 251
12.1 电子商务物流概述 …… 252
12.2 电子商务物流信息技术 …… 257
12.3 电子商务物流配送 …… 267
12.4 电子商务中的逆向物流 …… 271

第四篇 电子商务综合应用

第 13 章 网络营销 …… 279
13.1 网络营销的概念和特点 …… 280
13.2 网络营销常用方法 …… 282
13.3 网络市场调研 …… 284

第 14 章 电子商务策划 …… 291
14.1 电子商务策划的定义与原则 …… 292
14.2 电子商务策划的类型 …… 294
14.3 电子商务策划书的编写 …… 298
14.4 电子商务策划书实例 …… 307

参考文献 …… 320

附　录

附录 A　研究性教学的理论基础与实施方法 …… 325
附录 B　电子商务课程研究性教学设计与实施方案 …… 335
附录 C　电子商务课程思政教学设计与实施样例 …… 351

知识卡片索引

知识卡片 1-1	虚拟企业	008
知识卡片 1-2	泛在网络	009
知识卡片 1-3	数字经济	014
知识卡片 1-4	虚拟现实	014
知识卡片 1-5	电子报关	015
知识卡片 1-6	分布式系统	015
知识卡片 1-7	网上黄页	019
知识卡片 1-8	电子政务	022
知识卡片 1-9	TCP/IP 协议	024
知识卡片 1-10	Intranet	024
知识卡片 1-11	Extranet	024
知识卡片 1-12	PDA	025
知识卡片 1-13	集聚效应	025
知识卡片 1-14	冷链物流	026
知识卡片 1-15	电子商务生态环境	027
知识卡片 1-16	摩尔法则	034
知识卡片 1-17	智慧城市	041
知识卡片 1-18	头脑风暴法	042
知识卡片 2-1	细分市场	045
知识卡片 2-2	信息不对称	045
知识卡片 2-3	完全信息	045
知识卡片 2-4	帕累托最优	045
知识卡片 2-5	阿克洛夫模型	046

知识卡片 3-1	供应链	057
知识卡片 3-2	规模经济	059
知识卡片 3-3	大宗商品	063
知识卡片 3-4	大数据	064
知识卡片 3-5	门户网站	076
知识卡片 3-6	3C 产品	077
知识卡片 3-7	注意力经济	081
知识卡片 4-1	柔性生产	090
知识卡片 4-2	定制旅游	092
知识卡片 4-3	人工智能	096
知识卡片 4-4	敏捷物流	098
知识卡片 4-5	众包物流	100
知识卡片 4-6	全渠道零售	113
知识卡片 5-1	GSM	121
知识卡片 5-2	CDMA2000	121
知识卡片 5-3	云计算	122
知识卡片 5-4	物联网	122
知识卡片 5-5	正交频分复用（OFDM）	125
知识卡片 5-6	隧道技术	127
知识卡片 5-7	封装	127
知识卡片 5-8	WAP 网关	128
知识卡片 5-9	栈	128
知识卡片 5-10	NFC	133
知识卡片 6-1	拉式供应链	141
知识卡片 6-2	产业链	141
知识卡片 6-3	农副产品	146
知识卡片 6-4	地理标志产品	147
知识卡片 6-5	白平衡	153
知识卡片 7-1	会员制电商	169
知识卡片 8-1	用户画像	179

知识卡片 10-1　OSI 参考模型 …………………………………………………… 215
知识卡片 10-2　流密码 ………………………………………………………… 223
知识卡片 10-3　Hash 算法 ……………………………………………………… 226
知识卡片 11-1　电子资金转账 ………………………………………………… 235
知识卡片 11-2　支付网关 ……………………………………………………… 237
知识卡片 11-3　背书 …………………………………………………………… 239
知识卡片 11-4　区块链 ………………………………………………………… 239
知识卡片 11-5　法偿性 ………………………………………………………… 241
知识卡片 12-1　自动化立体仓库 ……………………………………………… 262
知识卡片 13-1　定制营销 ……………………………………………………… 282
知识卡片 13-2　网站 PR 值 …………………………………………………… 283
知识卡片 13-3　抽样组织形式 ………………………………………………… 287
知识卡片 13-4　CGI …………………………………………………………… 287
知识卡片 14-1　组织结构图 …………………………………………………… 302
知识卡片 14-2　市场区隔 ……………………………………………………… 302
知识卡片 14-3　现金流量表 …………………………………………………… 304
知识卡片 14-4　资产负债表 …………………………………………………… 304
知识卡片 14-5　利润表 ………………………………………………………… 304
附 1-1　元认知 ………………………………………………………………… 331

第一篇　电子商务导论

篇首寄语

兴趣是最好的老师！

——爱因斯坦

第 1 章　电子商务概述

本章学习目标

- 掌握电子商务的基本概念，理解电子商务的实质；
- 熟悉电子商务的主要功能、基本特点、分类体系以及运营服务环境；
- 了解电子商务的产生、发展及其对社会经济的影响。

引例：从人间天堂到电子商务之都

中国著名的风景旅游城市杭州，以其美丽的西湖山水著称于世，"上有天堂，下有苏杭"，表达了古往今来的人们对于这座美丽城市的由衷赞美。尽管京杭大运河昔日的繁华不再，但西湖的灵气却依然如故，杭州这个人间天堂，如今在每年吸引着两千多万名中外游客的同时，又孕育了阿里巴巴、网盛等著名的电子商务公司，成为中国第一个"电子商务之都"。

什么地方每天有超过 1 000 万人在"逛街"？不是北京的王府井、西单，不是上海的徐家汇，也不是世界上最大的连锁超市沃尔玛（Walmart），而是淘宝网、天猫商城等网上购物平台，人们中午、傍晚下班后已经不再去周边的商厦逛街购物，而是习惯上网"逛街"，乐意在网上购买日常生活用品。

目前，杭州市行业电子商务网站（E-commerce Website）数量超过全国的 1/6，位居全国第一。从企业层面看，杭州网络优质企业众多，"全球电子商务 100 强"中有"三强"在杭州，拥有以"阿里巴巴""海康威视""网易""网盛生意宝"等为代表的众多信息服务平台和行业性电子商务网站；从体制层面看，杭州是国家电子商务、电子政务和信息化试点城市，电子商务建设起步较早、基础较好；从市场层面看，杭州地区民营经济发达，民营企业数量、从业人员数量、注册资本金总额、营业额和销售额总值都位居浙江前列，这对电子商务意味着无限商机；从环境层面看，杭州获得了国际花园城市、联合国人居奖等10多项国家级、世界级奖项，发达的网络经济使杭州成为中国最早的无现金城市，其可以提供优质的电子交易、网络金融、电子商务物流（e-commerce logistics）服务；从人才层面看，杭州拥有浙江大学等一批高等院校、科研院所，是全国IT（信息技术）产业人才集聚程度较高的城市之一。

近年来，以移动电子商务（m-commerce）、云计算、物联网等为代表的新兴网络经济模式在杭州迅速崛起并得到快速发展。从某种意义上讲，杭州已成为当代网商的"天堂"。

案例思考：电子商务发展需要哪些基本条件？杭州电子商务的蓬勃发展说明了什么问题？

作为中国的第一个"电子商务之都"，杭州给我国电子商务的发展树立了榜样。那么，电子商务究竟是什么？它能为企业、社会带来怎样的影响乃至变革？本书将带领我们走进电子商务的世界一窥究竟。

1.1 电子商务的基本概念

1.1.1 电子商务的定义

什么是电子商务？简单地讲，电子商务是指利用电子网络进行的商务活动。电子商务包含两个方面的含义：一方面是"电子"；另一方面是"商务"。电子商务的核心是"商务"，"电子"是"商务"的工具和手段，是为了商务的目的而采用的先进手段。电子商务在英文中有两个词 electronic commerce 和 electronic business 与之对应，commerce 在这里的基本含义是交易、贸易，business 的基本含义则是商务、业务，它包含企业内部管理、供应链管理、顾客关系管理、在线交易等内容。在我国内地（大陆），这两个词都叫电子商务，在强调与英文对应时，用第一个词；在强调内容时，用第二个词。在我国港台地区，这两个词是有区别的，通常把第二个词叫电子业务。第二个词不仅包含 commerce，还包含管理。

电子商务目前还没有一个统一、权威的定义，不同的人、不同的组织，对电子商务的理解是不同的，人们根据不同的需要和对电子商务的参与程度，分别从不同的角度审视电子商务，给出了很多不同表述的定义。分析、比较这些定义，有助于全面理解和认识电子商务。

1. 国际性组织对电子商务的定义

国际商会于 1997 年 11 月 6 日至 7 日在法国首都巴黎举行了世界电子商务会议（World Business Agenda for Electronic Commerce），全世界商业、信息技术、法律等领域的专家和政府部门的代表，共同讨论了电子商务的概念问题。与会代表认为：电子商务是指对整个贸易活动实现电子化。从涵盖范围方面可以定义为：交易各方以电子交易方式而不是通过当面交换或直接面谈方式进行的任何形式的商业交易；从技术方面可以定义为：电子商务是一种多技术的集合体，包括交换数据（如电子数据交换、电子邮件）、获得数据（共享数据库、电子公告牌）以及自动捕获数据（条形码）等。电子商务涵盖的业务包括信息交换、售前售后服务（如提供产品和服务的细节、产品使用技术指南、回答顾客意见等）、销售、电子支付（electronic payment）[使用电子资金转账（EFT）、信用卡（credit card）、电子支票（e-check）、电子现金（e-cash）]、组建虚拟企业（组建一个物理上不存在的企业，集中一批独立的中小公司的权限，提供比任何单独一家公司多得多的产品和服务）、公司和贸易伙伴可以共同拥有和运营共享的商业方式等。这是目前电子商务较为权威的概念阐述之一。

欧洲议会给出的电子商务的定义是：电子商务是指通过电子方式进行的各种商务活动。它强调电子商务是通过电子方式处理和传递数据，包括文本、声音和图像；同时电子商务是涉及许多方面的活动，包括货物电子贸易和服务、在线数据传递、电子资金划拨、电子证券交易、电子货运单证、商业拍卖、合作设计和工程、在线资料、公共产品获得等，涵盖了产品（如消费品、专门设备）和服务（如信息服务、金融和法律服务）、传统活动（如健身、教育）和新型活动（如虚拟购物、虚拟训练）诸方面的内容。

经济合作与发展组织（OECD）是较早对电子商务进行系统研究的机构，它将电子商务定义为：电子商务是利用电子化手段从事的商业活动，它基于电子数据处理和信息技术，如文本、声音和图像等数据传输。其主要遵循 TCP/IP 协议（传输控制协议／互联网协议）、Web 信息交换标准、通信传输标准，并提供安全保密技术。

世界贸易组织（WTO）在电子商务专题报告中定义：电子商务就是通过电信网络进行的生产、营销、销售和流通活动，它不仅指基于 Internet 的交易，而且指所有利用电子信息技术来解决问题、降低成本、增加价值和创造商机的商务活动，包括通过网络实现从原材料查询、采购、产品展示、订购到出售、储运以及电子支付等一系列的贸易活动。

全球信息基础设施委员会（GIIC）电子商务工作委员会认为：电子商务是运用电子通信作为手段的经济活动，通过这种方式，人们可以对带有经济价值的产品和服务进行宣传、购买和结算。这种交易的方式不受地理位置、资金多少或零售渠道的所有权影响，公有私有企业、公司、政府组织、各种社会团体、一般公民、企业家都能自由地参加广泛的经济活动，其中包括农业、林业、渔业、工业、私营和政府的服务业。电子商务能使产品在世界范围内交易，并向消费者提供多种多样的选择。

2. 行业对电子商务的定义

IT 行业是电子商务的直接设计者和设备的直接制造者，很多公司都根据自己的技术特点给出了电子商务的定义。如 HP（惠普）公司的 E-World、IBM（国际商业机器公司）的 E-Business 都认同电子商务是利用现有的计算机软、硬件设备和网络基础设施，通过一定的协议连接起来的电子网络环境进行各种商务活动的方式。

表 1-1 列出了一些 IT 企业对电子商务的理解。

表 1-1 IT 企业对电子商务的理解

组织	对电子商务的解释	强调
Lenovo	电子商务绝不仅仅是企业前台的商务电子化，更重要的是包括后台在内的整个运作体系的全面信息化，以及企业整体经营流程的优化和重组	全面信息化和整体经营流程的优化重组
IBM	电子商务是指采用数字化方式，进行电子数据交换，开展商务活动。E-Business=Net+IT+Business	网络环境下的商业应用
GE	电子商务是指通过电子数据交换进行商业交易，分为 B2B（business to business）和 B2C（business to consumer）两类	B2B 和 B2C 的不同技术特点
HP	电子商务是指在售前到售后支持的各个环节实现电子化、自动化，是跨越时空的电子世界 E-World=E-commerce+E-Business+E-Consumer	交易、业务、消费
SUM	电子商务是指利用 Internet 进行的商务交易，包括三个方面：利用现有 Web 信息发布基础和 Java 网上应用软件完成网上公开交易；在现有的企业内联网基础上，开放 Java 的网上企业应用，达到企业充分利用内联网，进而扩展到外联网，使外部顾客可以用该企业的应用软件进行交易；电子商务顾客将通过包括 PC（个人计算机）、STB（机顶盒）、手机、PDA（个人数字助理）等设备进行交易	强调在网络上的交易、不同的网络技术和自己的产品

3. 权威学者对电子商务的定义

美国佐治亚大学的瑞维·卡拉科塔（Ravi Kalakota）教授和美国得克萨斯大学奥斯汀分校的安德鲁·B.惠斯顿（Andrew B. Whinston）教授1997年在他们的专著《电子商务的前沿》中提出："广义地讲，电子商务是一种现代贸易方法。这种方法通过改善产品和服务质量、提高服务传递速度，满足政府组织、厂商和消费者的降低成本的需求。这一概念也用于通过计算机网络寻找信息以支持决策。一般地讲，今天的电子商务通过计算机网络将买方和卖方的信息、产品和服务联系起来，而未来的电子商务则通过构成信息高速公路的无数计算机网络中的一条将买方和卖方联系起来。"他们在其不同研究时期，分别从不同的角度对电子商务的含义作出了解释（表1-2）。

表1-2 卡拉科塔和惠斯顿的解释

角度	对电子商务的解释
通信角度	电子商务是通过电话线、计算机网络或其他电子手段对信息、产品、服务或支付进行的传递
业务流程	电子商务是对业务交易和工作流程自动化的一种技术应用
服务角度	电子商务是一种用于满足企业、消费者的需求而进行管理，以降低成本，并提高产品质量、提升服务响应速度的工具
在线角度	电子商务提供了在互联网上以及通过其他在线服务买卖产品和服务的能力

香港科技大学访问教授、美国学者托本（Turban）对以上电子商务的定义进行了补充，他认为：①从合作的角度来看，电子商务是在组织和组织内部进行合作的框架。②从社区的角度来看，电子商务为社区成员提供了一个学习、交易和合作的集会场所。

美国学者雷波特（Rayport）认为，电子商务是指相关各方利用技术作为中介进行的交易，以及在组织内部和组织之间利用电子技术开展的活动。

纽约大学劳顿（Landon）教授认为，电子商务就是利用互联网进行商务交易，即在企业与企业间、个人与个人间及企业与个人间进行数字化的商务交易。

美国的Emmelhainz博士在她的专著《EDI全面管理指南》中，从功能角度把EC（电子商务）定义为：通过电子方式，并在网络基础上实现物资、人员过程的协调，以便商业交换活动。

4. 各方对电子商务理解的共识

总括上述各方对电子商务概念的理解，电子商务的定义应该包含五层含义。

（1）从宏观上讲，电子商务是通过电子手段建立一个新的经济秩序；从微观上讲，电子商务是指各种商务对象利用网络和数字化传媒技术进行的各项商业贸易活动。

（2）从涵盖范围看，电子商务涵盖了贸易、经济、管理、服务和消费等各个领域，涉及社会经济生活的各个层面。完整的电子商务活动，涉及资金流、物流、信息流和商流。

（3）从交易方式看，电子商务中交易各方以电子交易方式而不是以物理交换方式或直接物理接触方式完成任何形式的业务交易。

（4）从技术方面看，电子商务是多种技术的集合应用，强调是采用最先进信息技术的买卖方式。

（5）从涵盖的业务内容看，电子商务的业务包括信息交换、销售、售前售后服务（如提供产品和服务的细节、产品使用技术指南、回答顾客询问等）、电子支付、物流配送（logistics distribution）（包括商品的发送管理和运输跟踪、数字产品的传递等）、组建**虚拟企业**等。

知识卡片 1-1
虚拟企业

5. 本书对电子商务定义的理解

综合各方观点，结合我国电子商务应用实践和发展趋势，本书认为：电子商务是各类具有商业活动能力和需求的实体，利用现代信息技术，依托以互联网为主的各种电子网络所进行的能创造新价值的各类商务活动，包括有形和无形的货物贸易、服务贸易与知识产权贸易。

在这个表述中，"具有商业活动能力和需求的实体""现代信息技术"与"电子网络"都具有丰富的内涵。对电子商务定义的理解，应该把握以下几个方面。

（1）具有商务活动能力的实体泛指交易当事人或参与者，包括个人消费者和经营者、企业、政府机构、社会团体、认证中心（certificate authority，CA）、网上银行、物流配送中心（distribution center）、中介服务机构等。

（2）现代信息技术包括计算机技术、网络技术、现代通信技术等。

（3）电子网络既包括企业内部网（Intranet）、企业外部网（Extranet）、国际互联网（Internet）等各种不同形式的计算机网络，也包括移动通信网（Mobile web）等电子网络。从发展的观点看，电子商务可以通过**泛在网络**进行信息、产品和服务贸易。

知识卡片 1-2

泛在网络

（4）电子商务实质上形成了一个虚拟的市场交易场所。它能够跨越时空、实时地为用户提供各类商品和服务的供应量、需求量、发展状况及买卖双方的详细情况，从而使买卖双方更方便地研究市场，更准确地了解市场和把握市场。

（5）对电子商务的理解，可以从现代信息技术和商务两个方面考虑。一方面，"电子商务"概念所包括的"现代信息技术"，应涵盖各种使用电子技术为基础的通信方式；另一方面，对"商务"一词应做广义解释，使其包括不论是契约型或非契约型的一切商务性质的关系所引起的种种事项，即泛指能提供新价值，并促使企业内部提高效率，进行改革和创造新价值的各种商务活动。如果将"现代信息技术"看作一个子集、"商务"看作另外一个子集，电子商务所覆盖的范围应当是这两个子集的交集，如图 1-1 所示，即"电子商务"标题之下可能广泛涉及的互联网、内部网和电子数据交换在贸易方面的各种用途。

图 1-1 电子商务是"现代信息技术"与"商务"两个子集的交集

（6）电子商务不等同于简单的商务电子化。建立在企业全面信息化基础上，通过电子手段对企业的生产、销售、库存、服务以及人力资源等环节实行全方位控制的电子商务才是真正意义上的电子商务。

1.1.2 电子商务概念模型

电子商务概念模型是对现实世界中电子商务活动的一般抽象描述，它由商务对象（各类具有商业活动能力和需求的实体）、电子商务媒体（电子交易市场）、商务事件（交易事务）以及物流、资金流、信息流、商流等基本要素组成，表述了电子商务的研究对象及其相互之间的关系，如图1-2所示。

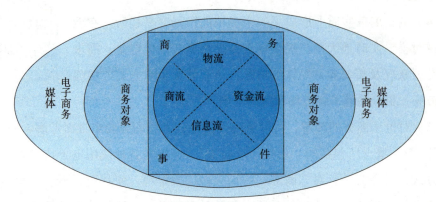

图1-2　电子商务概念模型

这个模型的含义可以理解为：电子商务是商务对象在一定的电子交易媒体上所进行的商务事件；完整的电子商务事件一般包括信息流、资金流、物流、商流。

1. 商务对象

商务对象是指能够从事电子商务的客观对象，包括消费者、企业、网上银行、认证中心、政府机构、物流中心和中介机构等电子商务实体。其中，消费者是电子商务交易过程中占主导地位的主体，是经济活动不可缺少的重要一环；企业是电子商务最主要的推动者和受益者；网上银行在互联网上实现传统银行的业务，提供网上支付手段，为电子商务交易中的用户和商家服务；认证中心是受法律承认的权威机构，负责发放和管理数字证书（digital certificate），使网上交易的各方能互相确认身份；政府机构既是宏观政策的制定者和调控者，又是商业采购的积极参与者；物流中心接受商家的送货要求，组织运送无法从网上直接得到的商品，跟踪产品的流向，将商品送到消费者手中；中介机构包括：在商品所有权的转移过程中提供支付服务的第三方支付平台（如支付宝），电子商务软硬件服务、通信服务及其解决方案的提供商（如IBM、HP），提供信息及搜索服务的信息服务增值商（如百度、360搜索）等。

2. 电子商务媒体

电子商务媒体又称电子交易市场（electronic market，EM），是指电子商务对象从事商品和服务交易的场所,即虚拟电子市场,它由各种各样的商务活动参与者利用各种接入设备(计算机、个人数字助理等)和网络连成一个统一的整体。负责 EM 的建立、维护、运行等工作的中介服务机构被称为 EM 运营商,如阿里巴巴就是一家 EM 运营商。

3. 商务事件

商务事件又称交易事务,是指电子商务实体之间所从事的具体商务活动内容,如询价、报价、转账支付、广告宣传、商品运输等。

1.1.3 电子商务中的"四流"

完整的电子商务活动是物流、资金流、信息流、商流四要素的统一。

1. 电子商务中的"四流"的含义

(1)物流。物流主要是指商品和服务的配送与传输渠道。据日本《物流手册》对物流的定义,物流是将货物由供应者向需求者的物理性移动,是创造时间价值和场所价值的经济活动,包括包装、搬运、保管、库存管理、流通配送等活动领域。对于大多数商品和服务来说,物流可能仍然经由传统的经销渠道,然而对有些商品和服务来说,可以直接以网络传输的方式进行配送,如各种电子出版物、信息咨询服务、有价信息等。

(2)资金流。资金流主要是指资金的转移过程,包括付款、转账、兑换等过程。它始于消费者、终于商家账户,中间可能经过银行等金融机构或专门为电子商务提供支付服务的第三方支付平台。

(3)信息流。信息流是服务于商流和物流所进行的信息活动的总称,既包括商品信息、服务信息、技术支持信息、企业资信信息的提供、促销营销等内容,也包括诸如询价单、报价单、付款通知单、转账通知单等商业贸易单证信息以及交易参与方的支付能力与信誉等信息的传递过程。

(4)商流。商流是指商品在购、销之间进行交易和转移商品所有权的活动,其研究对象是商品交换的全过程,具体指商品从生产领域向消费领域转移过程中的一系列买卖交易活动,包括:交易前的商品宣传,用户选择及双方的谈判磋商,交易中的规则确认及订货、发货过程,交易后的服务行为等,往往涉及商检、税务、海关、运输等各行业。在这一系列活动中,实现的是商品所有权由一个渠道成员向另一个渠道成员的转移。

2. 电子商务"四流"的相互关系

电子商务活动一般都包含信息流、资金流、物流、商流这四要素，它们之间的关系如图 1-3 所示。

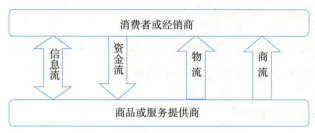

图 1-3 电子商务"四流"关系

（1）"四流"的方向。从流动方向看，信息流在买卖双方之间传递和交互，是双向的；而资金流和物流、商流的流向是单向的，并且资金流与物流、商流的流向相逆。

（2）信息流与资金流、物流的关系。信息流是电子商务过程中资金流和物流活动的依据，处于中心地位，直接影响控制商品流通中各个环节的运作效率。在商品价值形态的转移过程中，信息流是资金流和物流的描述和记录，反映资金流和物流的运动过程，即一般是通过资金流实现商品的价值，通过物流实现商品的使用价值，从而完成整个电子商务交易活动。

（3）物流与信息流、资金流、商流的关系。物流是基础，信息流及资金流是桥梁。物流是资金流的前提与条件，资金流是物流的价值担保，并为适应物流的变化不断进行调整。商流是交易的核心，是电子商务的最终目的。商流的价值运动方向和规模决定着物流的使用价值的运动方向与规模。物流集成电子商务中的商流、信息流与资金流。

值得注意的是，近年来出现的以金融产品、旅游产品、数字产品消费为代表的无实物流动的电子商务形式，说明物流的物在电子商务活动中已突破"实物"的范畴，可以是"虚拟服务""信息内容"等服务形式。对于数字化形态的商品，其物流可以通过数字化渠道实现。从这个意义上讲，无实物流动的电子商务活动，仍然是"四流"的统一。

此外，关于电子商务的概念模型，也有学者将其描述为"5F + 2S + 1P"，5F 即信息流、资金流、物流、信用流和人员流，2S 即提供网上支付和物流配送服务，

1P 即电子商务网络建设进行信息发布、传输和交流。

1.2 电子商务的特点与价值

电子商务的功能主要通过电子商务系统和企业电子商务网站实现，商务应用与电子网络的融合形成了电子商务不同于传统商务（traditional commerce）活动的特点。

1.2.1 电子商务的基本特点

电子商务在全球各地通过计算机网络进行并完成各种商务展示与交易活动、网络金融与相关综合服务活动，形成了明显不同于传统商务活动的特点。从应用的角度看，电子商务具有商务性、虚拟性、全球性、普遍性、技术性、互动性、安全性、低成本性、方便与高效性、协调与可扩展性等基本特点。

1. 商务性

电子商务最基本的特性是商务性，即提供买、卖交易的服务、手段和机会。顾客可以通过互联网进行商品查询、价格比较、下订单、付款等过程行为完成商品的购买；供应商可以记录顾客每次访问、销售、购买形式和购货动态等信息，对商品交易的过程进行处理，并通过统计相应的数据分析顾客购买行为和心理特征，从而确定市场划分及营销策略。

2. 虚拟性

电子商务的运作空间是电子虚拟市场。电子虚拟市场是商务活动中的生产者、中间商和消费者在某种程度上以数字方式进行交互式商业活动的市场，是传统实物市场的虚拟形态。

电子虚拟市场被认为是开辟了商务活动的又一运作空间，它与传统实物市场具有一些共同的包含市场本质的内容。电子虚拟市场与实物市场同样需要包括三大部分：①市场经营主体。市场经营主体即在市场上从事商业活动的机构或个人，如生产商、供应商、中间商、经纪人、零售商店、消费者等。②市场经营客体。市场经营客体即在市场上经营主体从事交易活动的对象，如产品或劳务，它们可以是有形的，也可以是无形的。③市场经营活动。市场经营活动即市场经营主体从事商业活动的具体过程，如产品的生产、交易的达成、产品和劳务的提供、产品或劳务款项的结算、市场营销活动、产品或劳务的消费行为等。

电子虚拟市场与传统实物市场相比,其不同之处是显而易见的。就电子虚拟市场的上述内容而言,其全部或部分的实现形式演变成电子化(electronic)、数字化(digital)、虚拟化(virtual)、实现某种程度的在线式经营(online)等**数字经济**形式。

知识卡片 1-3
数字经济

电子商务的交易双方,从贸易磋商、签订合同到支付等都无须当面进行,均可以通过计算机网络在电子虚拟市场完成,整个交易完全虚拟化。对卖方来说,可以到网络管理机构申请域名,制作自己的主页,组织产品信息上网;而买方则可以通过**虚拟现实**、网上聊天等新技术将自己的需求信息反馈给卖方。通过信息的交换,最终签订电子合同,完成交易并进行电子支付,整个交易过程都可以在虚拟的环境中进行。

知识卡片 1-4
虚拟现实

需要说明的是,电子商务的虚拟性并不是说所有的商务活动都必须采取网络虚拟化运作。市场上的经营主体之间只要存在数字化的信息交流,也就是某些商务或消费活动依靠了数字化的处理过程,那么就应该认为其已经成为电子虚拟市场的一部分,它们所从事的商业活动也就应该被认为属于电子商务。

3. 全球性

全球性是指电子商务的市场范围是全球市场,不再受国家地域的限制。电子商务的市场范围从概念和实现形式来看都是地地道道的全球市场,电子商务的开展,使企业从一开始就是面对全球市场。

【**微型案例 1-1**】美国加利福尼亚州一个小镇上的一家小型调料零售商店(Hot Hot Hot)上网后,可以收到来自瑞士、巴西和新西兰的订单。

从企业经营管理的角度看,国际互联网为企业提供了全球范围的商务运作空间。跨越时空地组织世界各地不同的人员参与同一项目的运作,或者向全世界消费者展示并销售刚刚诞生的产品,已经成为企业现实的选择。电子商务塑造了一个真正意义上的全球市场,打破了传统市场在时间、空间和流通上的各种障碍。

电子商务的全球化给企业带来了机遇,同时也给企业带来了挑战,要求企业在激烈的国际竞争中必须重新审视自己的发展战略,以全球经营的战略目光迎接挑战、把握机会。

4. 普遍性

电子商务的渗透范围是全社会，将生产企业、流通企业以及消费者和政府带入了网络经济、数字化生存环境，深入了社会经济以及人们日常工作和生活学习的各个领域。电子商务目前已经是无处不在了，无论是跨国公司还是中小企业，都可以通过电子商务方式找到新的市场和盈利机会；消费者也可以在电子商务中获得更多的实惠，还可以通过网络拍卖网站使自己成为一个商家而获得利益；政府与企业间的各项事务也可以与电子商务充分结合起来，开展网上采购、网上税收、**电子报关**、网上年审、网上银行等服务。

知识卡片1-5 电子报关

5. 技术性

电子商务的支持系统是现代信息技术服务。现代信息技术服务是指与计算机以及相关通信手段有关的服务体系，包括计算机软件程序设计、信息处理和传输服务、计算机系统及其网络的建设和维护等。当代社会对信息技术的依赖程度越来越高，计算机及其相关的现代通信工具已经成为工商企业从事商业活动必不可少的手段，现代信息技术服务也成为电子商务活动必不可少的技术支撑体系。

电子商务是一个动态的发展过程，而在不断优化过程中，信息技术服务的优劣就成为企业能否继续保持竞争优势的重要条件。

6. 互动性

互联网具有很强的交互功能，使得电子商务的交易模式由传统的单向传播（指消费者被动地接受企业的产品或服务）变为双向互动沟通。一方面，企业可以利用这一特性为每位访问者制定专门的网站服务，使每位访问者都会有不同的经历；另一方面，用户可以按其兴趣和需求主动地搜索网站。

7. 安全性

在电子商务中，安全性是必须考虑的核心问题。欺骗、窃听、病毒和非法入侵都在威胁电子商务的顺利进行，因此要求网络提供一种端到端的安全解决方案，包括加密机制、签名机制、**分布式系统**安全管理、存取控制、防火墙（firewall）、安全服务器、防病毒保护等。为此，国际上多家公司联合开展了安全电子交易的技术标准和方案研究，并发表了安全电子交易（secure electronic

知识卡片1-6 分布式系统

transaction，SET）协议和安全套接层（secure sockets layer，SSL）协议等，使企业能建立一种安全的电子商务环境。随着技术的发展，电子商务的安全性也会相应地增强，并作为电子商务的核心技术。

8. 低成本性

企业运营成本包括采购、生产和市场营销成本。电子商务的低成本主要体现在以下方面：①通过网络收集信息可以大大减少企业的采购环节。②通过减少库存、缩短产品周期降低企业生产成本。③企业通过网络直接与供应商、用户交流，大大降低了营销费用，消费者也可以直接从生产厂家以更低的价格买到所需的产品。

9. 方便与高效性

电子商务可以不受地域限制、方便快捷地完成繁杂的商务活动。电子商务交易中的标准化商业报文可以通过互联网在世界各地短时间内完成传递和接受计算机自动处理，同时原料采购、产品生产与销售、银行汇兑、货物托运等环节均可在最短的时间内完成，克服了传统商务中存在的处理速度慢、易出错等缺点，极大地缩短了交易时间，整个交易非常快捷与方便。

10. 协调与可扩展性

商务活动是一种协调过程，需要顾客与企业雇员、生产商、批发商、零售商以及其他商务伙伴间的有机协调。电子商务利用互联网将供需双方及其他相关参与者相连，并通过迅捷简便、具有友好界面的用户信息反馈工具和供货渠道加以处理，除了要求普通商务活动中各参与方之间的协调外，还要求银行等金融机构、物流配送中心、通信及技术服务等部门通力协作。

可扩展的系统是稳定的系统。为了电子商务正常运作，必须确保电子商务系统的软、硬件的可扩展性。随着计算机和网络技术的快速发展，电子商务无论是在规模上还是在形式上都有了巨大的发展，从简单的信息传输到构建数字化交易平台，从初始的 E-mail（电子邮件）身份认证到数字签名（digital signature），电子商务交易方式的可扩展性有力地推动着社会经济的发展。

1.2.2 电子商务的主要价值

电子商务的价值可以从它给社会经济、企业、个人所带来的积极影响等方面进行考察。

1. 电子商务对社会经济的积极作用

电子商务有效地提升了社会经济的质量和水平，推动了公共服务的发展。电子商务对社会经济的积极作用具体表现在以下两个方面。

（1）促进了全球经济发展。电子商务超越国界，无论是做实物商品贸易还是提供无形的有偿服务，都有着巨大潜在的发展空间。许多国家政府和国际组织鼓励电子商务公司积极参与国际贸易竞争，以促进本国经济的发展和就业。电子商务应用的普及和商务模式的创新，以及电子商务法律法规的日趋完善，对加速全球经济一体化进程起到了重要作用。

（2）促进了新兴行业和新职业的产生。电子商务催生了许多新兴行业和职业岗位。例如，在线电子支付是电子商务的关键环节，也是电子商务得以顺利发展的基础条件，随着电子商务在电子交易环节上的突破，网上银行、银行电子支付系统以及电子支票、电子现金、第三方支付（third-party payment）服务，将传统的金融业带入一个全新的网上金融领域，金融机构通过智能化信息处理系统，将经济及金融信息分析、资源投向决策、资金筹措调配、金融工具选择、交易结果反馈等环节有机结合起来，可显著提高资金运用效率。此外，基于互联网的网上娱乐、休闲等新兴行业对人们的吸引力也越来越大。随着电子商务产业的迅猛发展，通过其衍生出来的新职业，诸如网络模特、网店装修师、电子商务策划专员等也如雨后春笋般涌现，这些新兴职业日益成为传统就业模式的补充，被越来越多的年轻人所选择。

2. 电子商务为企业带来的优势

电子商务使企业摆脱了商业中介的束缚，降低了生产成本，可以节省营销费用，缩短生产商和顾客的距离，从而满足消费者选择质优价低商品的欲望。

（1）降低交易成本。就企业而言，电子商务最大的优点就是可以降低企业的交易成本，其具体表现在以下三个方面。

①降低促销成本。有研究表明，使用国际互联网做广告媒介进行网上促销，在增加10倍销售量的同时，只花费传统广告预算的1/10。

【微型案例1-2】美国全球能源网络公司，以前散发每份精心印制的技术资料，大约需25美元；而在网上公布相同的技术资料，其成本微不足道，却有更多的人得到它。

②降低采购成本。企业采购原材料和劳务是一个烦琐的过程，有资料表明：

使用国际互联网络进行电子采购，通常可节省5%～10%的采购成本。

【微型案例1-3】某公司的照明部，启用网上在线采购系统，将大部分手工采购转向国际互联网络进行电子采购，既改善了服务，又节省了劳动力和原材料成本。该公司宣称：实施电子商务采购方式使人工成本节省30%，有60%的采购人员被重新安排了工作，采购资源部从大量的纸面、复印和邮寄工作中解脱出来，每月至少能腾出6天的额外时间集中研究发展战略问题。原材料采购成本平均降低20%，因为新的采购方式使公司能在更广泛的在线供货商中进行选择，激烈的竞争使价格降得更低。据估算，3年间仅全面转变采购方式就为该公司节省5亿～7亿美元的开支。

③降低通信费用和单证处理费用。企业向顾客提供网上支持服务来代替传统的电话咨询，可以大量减少电话咨询的次数，进而节省大量的电话费开支和人员投入等费用。

（2）减少库存运营成本。电子商务能有效地减少库存量，甚至实现零库存销售。库存量的减少，就意味着企业在原材料供应、仓储和行政开支上大幅度地节省，同时也意味着库存管理水平的提高，为企业减少了运营成本。

（3）缩短生产周期。电子商务可以使生产周期缩短、生产成本降低，从而使投资具有更好的时效性。

（4）24小时在线服务和24小时全球运作。电子商务一周7天、每天24小时在线服务和24小时全球运作，可以为企业增加无限商机，扩展国际、国内市场。

（5）减轻对实物基础设施的依赖。在网上设立虚拟店铺可以不受实物空间如货架空间的限制。原则上网上虚拟店铺所出售的产品种类可以是无限的，这为新兴的虚拟企业提供了方便和有利的发展机会。

（6）支持企业业务流程重组。企业开展业务流程重组，可以优化内部管理、提升企业形象、改善顾客服务水平、提高企业适应市场变化的能力。

3. 电子商务对个人的积极影响

电子商务改变了人们的消费习惯和工作方式，并使之有了全新的生活体验和更高的生活质量。电子商务对个人的积极影响主要体现在以下方面。

（1）增加了人们获取信息的渠道。电子商务借助互联网传播信息有着双向性的特点，能让顾客根据自己的需要获取信息，且没有时间、地域的限制。例如，从电子商务早期人们通过**网上黄页**寻找商业机会，到如今通过各种商务网站或信息平台获取市场信息、通过招聘站点寻找工作等。网上出版物也是人们获得信息的一个重要渠道，由于网上出版物一般使用超文本文件，可以通过链接指向互联网中所有与该网页相关的内容，不管是进行理论研究，还是读新闻或寻找商业信息，都可以很方便地找到相关资料。所以，越来越多的人利用网络获取信息服务，网上信息服务成为电子商务的一个重要方面。

知识卡片1-7
网上黄页

（2）改变了人们的消费方式。进入电子商务时代后，消费者的消费行为和需求发生了根本性的变化表现为：①消费者购物或交易可以不受时空限制。借助各种网络平台和终端设备，消费者可以随时随地在网上交易，享受更方便、快捷的服务。②消费者具有更多的选择机会而使其消费行为更加理智。在网上，一个商家可以面对全球的消费者，而一个消费者也可以在全球的任何一家网店购物。由于选择范围显著扩大，消费者可以在短时间内通过网络在大量的供应商中反复比较，找到理想的供应商。③消费需求变得更加多样化和个性化。网上购物更能体现个性化的购物过程，同时消费者可直接参与生产和商业流通，向商家和生产厂家主动表达自己对某种产品的欲望，定制化生产也将变得越来越普遍。④电子商务减少了商品流通的中间环节，节省了大量的开支，从而也大大降低了商品流通和交易的成本，促进竞争，让消费者得到真正的实惠。

（3）改变了人们的娱乐与休闲方式。人们可以足不出户在网络上购买、观看各个国家制作的新、旧电影和电视节目；可以在网络上购买、欣赏喜欢的音乐家、歌唱家演奏和演唱的新旧曲目；可以在网络这个广阔天地中找到志趣相投的朋友，对感兴趣的问题推心置腹聊个痛快；在网络上还可以做现实生活中无法做的事情，如可以喂养电子宠物，可以在虚拟农场种花植树、播种耕耘以获得丰收的喜悦，享受网络提供的新的休闲方式。

（4）使得在家办公成为可能。电子商务保证了及时通信，所以办公的方式、地点、时间可以是灵活的。电子商务使得人们不用出门就能满足各类基本的生活需要，完成工作任务，人们的生活质量和工作效率大大提高。

（5）带来了人们接受教育方式的改变。随着互联网的广泛应用、电子商务的推广，网络学校应运而生。网络学校属于现代远程教育，它以计算机通信技术和网络技术为依托，采用远程实时多点、双向交互式的多媒体现代化教学手段，可以实时传送声音、图像、电子课件和教师板书，身处两地的师生能像现场教学一样进行双向视听问答，是一种实现跨越时间和空间的教育传送过程。网上教育是一种成本低、效果好、覆盖面大、便于普及高质量教育的新型教育方式。在这种新的教育方式下，教育的对象已不仅仅是学校的学生，还包括各种年龄层次、知识结构、需求层次和行业的从业者，利用电子商务的商业化手段及其相应的技术支持，就能够满足不同人群的终身继续教育和培训需求。各类线上一流课程的建设，为在线教育提供了丰富的教育资源。

（6）带来了人们思维观念的变化。电子商务环境下，人们的时间、空间观念发生变化，出现新的"电子时空观"。从空间概念上讲，电子商务所构成的新空间范围是 Internet 所形成的，是一个虚拟的空间范围，没有地域；从时间概念上看，电子商务没有时间上的间断，在线商店可以每天 24 小时营业。此外，人们对资本的认识也产生了变化，电子商务使低成本扩张成为可能。

1.3　电子商务的类型

电子商务可以从不同角度分类，图 1-4 是分别按交易模式、数字化程度、网络特征、涉及区域、平台特点、应用行业的不同而划分的电子商务类型。

1.3.1　按交易模式分类

按参与电子商务活动的交易对象不同或者交易方式的内在联系，电子商务可分为基本电子商务模式 [包括 B2B、B2C、C2C（consumer to consumer）三种] 和衍生电子商务模式 [包括 C2B（consumer to business）、B4C（business for consumer）、B2F（business to family）、B2E（business to employee）、O2O（online to offline 或 offline to online）、B2B2C（business to business to consumer）等]。其中 B、C、F、E、O 分别代表企业或商家（business）、消费者（consumer）、家庭（family）、员工（employee）、线上或线下（online 或 offline）商家等交易对象。

微课视频 1-2
电子商务的分类体系

1. 基本电子商务模式

基本电子商务模式主要是指 B2B、B2C、C2C 三种交易模式，它们是世界上出现最早、应用最广、业务模式最为成熟的电子商务模式。

（1）B2B 电子商务。B2B 电子商务是指企业与企业间或商业机构与商业机构间

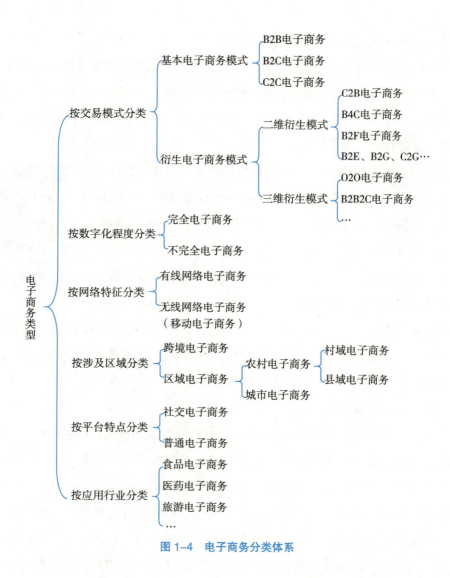

图1-4 电子商务分类体系

的电子商务。B2B 包括非特定企业间的电子商务和特定企业间的电子商务。非特定企业间的电子商务是在开放网络中对每笔交易寻找最佳伙伴,并进行从订购到结算的全部交易行为,它不以持续交易为前提;特定企业间的电子商务是指在过去一直有交易关系或者今后一定要继续进行交易的企业之间,为了相同的经济利益,共同设计、开发或全面进行市场及库存管理而展开的商务交易。典型企业代表:海尔、阿里巴巴网络有限公司。

(2) B2C 电子商务。B2C 电子商务是指企业与消费者之间进行的电子商务活动,主要是借助 Internet 开展的在线销售活动,是利用计算机网络使消费者直接参与经济活动的高级形式,这种形式基本上等同于电子化的零售。典型企业代表:亚马逊公司（Amazon）、京东商城等。

（3）C2C电子商务。C2C电子商务是在消费者与消费者之间进行的电子商务模式，它通过Internet为消费者提供在线交易平台，使卖方可以主动提供商品上网拍卖（auction），而买方可以自行选择商品进行竞价，且不受空间、时间、资金的限制。**典型企业代表：淘宝网、eBay等。**

需要强调的是，这个分类中B2C与C2C电子商务交易模式的C（consumer），不再仅仅是指个人消费者，而是泛指一切以最终消费为目的而购买商品或服务的商务对象，它可以是个人消费者，也可以是将所购商品用于最终消费的企业、政府部门，或其他社会团体、组织机构等。因此，政府部门以消费者身份参与的电子商务活动[以往所称的B2G（business to government）、C2G（consumer to government）、G2G（government to government）等]都可以归入B2C或C2C电子商务类型，或者作为B2C或C2C电子商务的衍生模式。至于政府部门通过网络处理完成的行政事务性工作，宜纳入**电子政务**范畴，本书不予讨论。

知识卡片1-8

电子政务

2. 衍生电子商务模式

衍生电子商务模式是指对B2B、B2C、C2C三种基本模式进行创新性应用，从参与商务活动的企业、消费者等不同角度进一步拓展其商业价值而形成的各种具有一定特色和市场生命力的新型电子商务模式。电子商务参与方主要包括消费者、企业、网上银行、认证中心、政府机构、物流中心和中介机构等，其中企业是电子商务的核心。根据交易参与方的数量及空间分布特点，其可分为二维衍生电子商务模式和三维衍生电子商务模式。二维衍生电子商务模式是指交易参与方是买卖双方的衍生电子商务模式，包括C2B、B4C、B2F、B2E（business to employee）等电子商务模式；三维衍生电子商务模式是指交易参与方是多方联营的复合型电子商务模式，包括O2O、B2B2C等商务模式。

（1）C2B电子商务。C2B电子商务是指消费者对企业的电子商务，先由消费者提出需求，然后生产企业按需求组织生产并销售。

（2）B4C电子商务。B4C电子商务是以增值服务为宗旨，以满足顾客需求、提高顾客满意度为企业经营理念的电子商务模式。

（3）B2F电子商务。B2F电子商务是指企业与家庭消费者之间的电子商务，将家庭当作一个消费群体单位，对其进行针对性的销售宣传活动。

（4）B2E 电子商务。B2E 电子商务即企业与员工之间的电子商务，企业内部电子商务的一种应用表现，员工就像 B2C 中的顾客。

（5）O2O 电子商务。O2O 电子商务是指商家通过线上平台将相关商品信息、商家服务信息等展现给消费者，消费者通过线上筛选商品或预订服务，线下比较、体验后有选择地消费的电子商务模式。这种模式能够通过线上线下的资源整合实现优势互补。

（6）B2B2C 电子商务。B2B2C 电子商务，第一个 B 指一种逻辑上的买卖关系中的卖方，即成品、半成品、材料提供商等；第二个 B 指交易平台，即提供卖方与买方的联系平台，是提供高附加值服务的渠道机构，拥有顾客管理、信息反馈、数据库管理、决策支持等服务功能；C 即指逻辑上的买方，可以是内部也可以是外部的。B2B2C 电子商务包括了现存的 B2B、B2C 和 C2C 平台的商业模式，更加综合化，可以提供更优质的服务。

1.3.2 按数字化程度分类

按商务活动的数字化程度，电子商务可分为两大类：完全电子商务（pure EC）和不完全电子商务（partial EC）。如果分别以产品形态、业务处理方式和交易组织机构为轴，可建立一个商务形态三维模型，如图 1-5 所示。

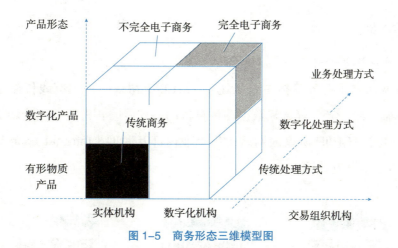

图 1-5 商务形态三维模型图

在这三个维度中，产品形态包括有形物质产品和数字化产品（或传统服务和新型数字化服务）；业务处理方式包括传统处理方式和数字化处理方式；交易组织机构包括实体机构和数字化机构。根据三个维度的数字化程度，可将商务活动划分为完全电子商务、不完全电子商务、传统商务三种商务形态。

1. 完全电子商务

如果在全部商务活动中,所有业务步骤都是以数字化方式完成的,则称为完全电子商务。如图 1-5 中右上角的方块所示,企业组织是完全在线的虚拟机构,生产的是数字化产品(或提供数字化服务),并以数字化方式进行业务处理和在线销售,三个维度全部是数字化的,即为完全电子商务。

2. 不完全电子商务

如果在全部商务活动中,有一个或一个以上的业务环节应用了 IT 的商务形态,一般称为不完全电子商务。图 1-5 中有 6 个方块用来描述不完全电子商务形态,即"鼠标+水泥"的商务模式。例如在 Amazon 网上书店买一本纸质书,并通过快递将书送达,这个过程就属于不完全电子商务,因为:①送来的书是有形产品。②物流配送方式也不是数字化的。

3. 传统商务

如果在全部商务活动中,所有业务步骤都是以传统方式完成的,则称为传统商务,如图 1-5 中左下角的方块所示。企业组织结构是"砖头+水泥"式的实体机构,制造的是有形产品(或提供传统服务),并以传统方式进行业务处理(如人工处理订单、手开发票、签订纸质合同等),这种传统商务形态在本书中不展开讨论。

1.3.3 按网络特征分类

1. 有线网络电子商务

有线网络电子商务是指主要依托基于 TCP/IP 协议、采用有线传输介质如双绞线、同轴电缆、光纤等传输数据的计算机网络开展的各种能够创造新价值的商务活动。基于 TCP/IP 协议的网络包括企业内部互联网(Intranet)、企业外部网(Extranet)、国际互联网。

知识卡片 1-9 TCP/IP 协议

知识卡片 1-10 Intranet

知识卡片 1-11 Extranet

2. 无线网络电子商务

无线网络电子商务亦即移动电子商务，现阶段主要是指通过手机、PDA 等手持移动终端从事的商务活动。移动互联网的应用和无线数据通信技术的发展，为移动电子商务的发展提供了坚实的基础。

知识卡片 1-12
PDA

1.3.4 按涉及区域分类

按电子商务涉及的区域不同，电子商务可分为跨境电子商务（cross-border e-commerce）和区域电子商务，其中区域电子商务包括农村电子商务和城市电子商务，农村电子商务又可进一步分为村域电子商务、县域电子商务等。

1. 跨境电子商务

跨境电子商务是分属不同关境的交易主体间通过电子网络平台达成交易的商务模式，是电子商务全球性特征的体现。

2. 区域电子商务

区域电子商务是相对于跨境电子商务而言的，特指境内一些具有明显区域化特色的电子商务活动，它是电子商务的区域化特征在实践中的具体体现。

（1）农村电子商务。农村电子商务是通过网络平台整合各种服务于农村的资源，拓展农村信息服务业务、服务领域，使之成为遍布县、镇、村的"三农"信息服务站，使农民成为平台的最大受益者。以村域环境为中心形成电子商务**集聚效应**称为村域电子商务，如沙集模式等；以县域环境为中心形成电子商务聚集效应的称为县域电子商务，如浙江临安模式、河北清河模式等。

知识卡片 1-13
集聚效应

（2）城市电子商务。顾名思义，城市电子商务是指依托城市环境开展的电子商务。早期的电子商务即以城市为中心开展的网上交易活动。

1.3.5 按平台特点分类

1. 社交电子商务

社交电子商务（social e-commerce）是利用社交网站等多种社交网络媒介作为传播渠道，借助社交互动、用户原创内容等形式进行品牌或产品推广，实现更有效的流量转化和商品销售的电子商务模式。社交电子商务在交易过程中通常含有较多的社交元素。

2. 普通电子商务

普通电子商务也称传统电子商务，是指在商务交易全过程中不包含或较少包含社交化元素的电子商务活动。在所有电子商务活动中，剔除社交电子商务后，可认为是本书所称的普通电子商务。

1.3.6 按应用行业分类

1. 食品电子商务

食品电子商务简称"食品电商"，是电子商务在食品行业的应用。我国运营的食品电商主要有两大类：一类是综合型平台，其特点是提供平台吸引食品、生鲜厂家入驻，具有先天的流量优势，例如淘宝、京东等；另一类是垂直型电商平台，专注于食品及生鲜品领域，自行配送，具有区域性特征，如中粮我买网等。

知识卡片1-14 冷链物流

食品电子商务在物流配送方面有其特殊要求。例如，蔬菜、水果、肉、禽、蛋、水产品、花卉等初级农产品，速冻食品、肉及水产等包装熟食、冰淇淋和奶制品、巧克力、快餐原料等加工食品，对物流配送的要求比较高，很多时候需要**冷链物流**配送，以保证食品质量。此外，在电商渠道进行农特产类食品的销售，一般需要具备相应的企业品牌资质、生产许可证和食品流通证。

2. 医药电子商务

医药电子商务（medical electronic commerce）是指以医疗机构、医药公司、银行、医药生产商、医药信息服务提供商、第三方机构等以盈利为目的的市场经济主体，凭借计算机和网络技术（主要是互联网）等现代信息技术，进行医药产品交换及提供相关服务的行为。

医药电子商务具有以下特征：①交易过程全部或部分在网络环境下完成，但交易主体必须通过权威机构实名认证。②交易双方必须具备符合法律法规要求的资质。③交易范围、交易行为与方式等均必须完全符合法律法规要求。

3. 旅游电子商务

旅游电子商务（tourism e-business）是通过先进的信息技术手段改进旅游机构内部和对外的连通性，即改进旅游企业之间、旅游企业与供应商之间、旅游企业与旅游者之间的交流与交易，改进企业内部流程，增进知识共享的网络化运营模式。这一定义概括了旅游电子商务的应用领域，侧重的是对其功效的描述。

从应用层次来看，旅游电子商务的内涵可分为：①面向市场，以市场活动为中心，包括促成旅游交易实现的各种商业行为（网上发布旅游信息、网上公关促销、旅游市场调研）和实现旅游交易的电子贸易活动（网上旅游企业洽谈、售前咨询、网上旅游交易、网上支付、售后服务等）。②利用网络重组和整合旅游企业内部的经营管理活动，实现旅游企业内部电子商务，包括旅游企业建设内联网，利用饭店顾客管理系统、旅行社业务管理系统、顾客关系管理系统和财务管理系统等实现旅游企业内部管理信息化。③旅游经济活动能基于 Internet 开展，但需要相关环境的支持，包括旅游电子商务的通行规范，旅游行业管理机构对旅游电子商务活动的引导、协调和管理，旅游电子商务的支付与安全环境等。第三个层次是第一个层次和第二个层次的支撑环境。只有三个层次的电子商务协同发展，才可能拥有旅游电子商务发展的良性循环。发展到成熟阶段的旅游电子商务，是旅游企业外部和内部电子商务的无缝对接，能极大地提高旅游业的运作效率。

1.4 电子商务运营服务环境

电子商务运营服务环境（e-commerce operation service environment）也称应用支持环境，是能为电子商务运营提供一定的支持和服务以满足电子商务交易主体实现其商务目标需求的各种要素的总和，是**电子商务生态环境**的重要组成部分，主要包括电子商务的基础设施环境、电子商务支付环境、电子商务物流环境、电子商务信用环境（e-commerce credit environment）、电子商务安全交易环境、电子商务法律与政策环境等。

知识卡片1-15
电子商务生态环境

为了说明电子商务的各类应用支持环境，卡拉科塔和惠斯顿两位教授提出了电子商务系统的基本框架，从宏观角度系统地描述了电子商务体系的各应用层面和众多支持条件，如图 1-6 所示。

卡拉科塔和惠斯顿的电子商务系统框架可以分为五个层次和两个支柱。五个层次自下而上分别为网络基础层、多媒体内容和网络表示层、消息或信息发布层与传输层、一般业务服务层以及电子商务应用层，依次代表电子商务设施的各级技术及应用层次；两个支柱分别是安全技术标准和国家宏观政策、法规等社会人

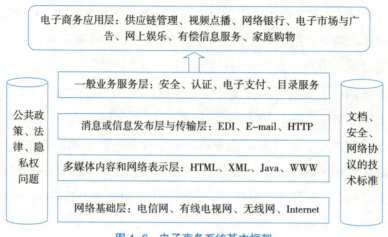

图 1-6 电子商务系统基本框架

文环境,这是电子商务顺利应用的坚实基础。在两大支柱和四个相互支持的层次基础设施环境之上,可以开展网上招标、在线购物、网络营销、网上银行、有偿信息服务等电子商务应用活动,形成电子商务应用层。

1.4.1 电子商务运营的基础设施环境

电子商务运营的基础设施环境主要由网络基础层、多媒体内容和网络表示层、消息或信息发布层与传输层、一般业务服务层构成。

1. 网络基础层

网络基础层是电子商务的硬件基础设施,包括远程通信网、无线通信网和国际互联网。远程通信网包括电话、电报;无线通信网包括移动通信和卫星网;国际互联网是计算机网络,其主要硬件包括基于计算机的电话设备、集线器(hub)、数字交换机、路由器、调制解调器等。

网络基础层是电子商务的信息传输系统。经营计算机网络服务的是互联网网络接入服务供应商(IAP)和互联网内容服务供应商(ICP),统称为网络服务供应商(ISP)。IAP 只向用户提供入网服务,一般没有自己的骨干网络和信息源,提供的服务也有限,用户仅将其作为一个上网接入点看待;ICP 能为用户提供各类信息服务和培训等全方位的服务,拥有自己的特色信息源。

2. 多媒体内容和网络表示层

多媒体内容和网络表示层解决电子商务系统内部信息的发布问题。HTML(超文本标记语言)作为互联网中主要的信息内容出版及制作的工具,可以容纳文字、图形、动画、音效等多媒体内容，并将其组织得易于检索和富有表现力。应用 Java 语言可以更方便地使之适用于各种网络、设备、操作系统及界面，最常用的信息发布应用就是 WWW（World Wide Web，万维网），用 HTML 或 Java 将多媒体内容发布在 Web 服务器上，然后通过一些传输协议将发布的信息传送给接收者。

3. 消息或信息发布层与传输层

消息或信息发布层与传输层解决电子商务系统外部信息的传输问题。信息的发布和传输形式并不是唯一的，不同的场合、不同的要求需要采用不同的方式。互联网上的信息传播工具提供了两种主要的交流方式：一种是非格式化的数据交流，如电子邮件；另一种是格式化的数据交流，如电子数据交换。目前，大量互联网使用者在各种终端和操作系统下通过 HTTP（超文本传输协议）使用统一资源定位器（URL）查找所需要的信息。

4. 一般业务服务层

一般业务服务层用于实现标准的网上商务活动，为方便交易提供通用的业务服务。这些业务服务主要包括保证商业信息安全传输的方法、买卖双方合法性的认证、电子支付工具与商品目录服务、电子支付工具的开发、保证商业信息安全传送的方法、认证买卖双方的合法性方法等。为保证商务活动的持续进行，必须保证交易安全有效地进行，目前的做法是采用信息加密技术（非对称密钥加密、对称密钥加密等）、安全认证技术（数字签名、数字证书、CA 认证等）和安全交易协议（SET、SSL 等）来提供端到端的安全保障。

1.4.2 电子商务安全交易环境

如何保障电子商务活动的安全，一直是电子商务能否正常开展的核心问题。一个安全的电子商务系统，首先必须具有一个安全、可靠的通信网络，以保证交易信息安全、迅速地传递；其次必须保证数据库服务器的绝对安全，防止网络黑客闯入盗取信息。

目前，电子签名和认证是网上比较成熟的安全手段。同时，一系列安全标准，如安全 HTTP（Secure-HTTP）、安全套接层协议、安全电子交易协议等，营造了一个相对安全的电子商务交易环境。有关电子商务安全（e-commerce security）的详细内容请读者阅读本书第 10 章。

1.4.3 电子商务的支付环境

电子支付，是电子商务活动的关键环节和重要组成部分，良好的电子支付环境是电子商务顺利发展的基础条件。电子支付是指消费者、商家和金融机构之间使用安全电子手段把支付信息通过信息网络安全地传送到银行或相应的处理机构，实现货币支付或资金流转的行为。

在电子商务交易过程中，电子支付目前主要通过网络信用卡、电子支票、数字现金、智能卡（smart card）、第三方支付工具（如支付宝、微信支付等）等方式来实现。顾客还可以通过各商业银行开通的网上银行、电话银行、手机银行等渠道，享受银行提供的在线服务。有关电子支付的内容请参阅本书第 11 章。

1.4.4 电子商务的物流环境

物流是指物质实体从供应者向需求者的物理移动，它由一系列创造时间价值和空间价值的经济活动组成，包括运输、保管、配送、装卸、流通、加工及物流信息处理等多项基本活动。

在电子商务的"四流"中，信息流、商流、资金流三者都可以完全通过电子网络的相关技术和手段在线完成，唯独物流大多数情况是实物的传递，不能通过电子网络完成。随着电子商务技术的进步，电子商务环境下物流配送的地位与作用日益突出。没有高效的物流配送体系，电子商务就难以顺利实施，电子商务所能带来的方便快捷也无法实现。有关电子商务物流配送管理的内容请阅读本书第 12 章。

1.4.5 电子商务信用环境

1. 相关概念

信用（credit）是一个既属于道德范畴又属于经济范畴的多层次概念。广义地说，信用是一种主观上的诚实守信和客观上的偿付能力的统一。对企业而言，信用是企业间相互忠诚、信守承诺的意志和能力，是企业的一种经营文化。同时，信用也是一种信息，信用只有通过信息展示才具有价值。

电子商务信用（e-commerce credit）是指经济主体之间，以谋求长期利益最大化为目的，建立在诚实守信道德基础上的心理承诺与约期实践相结合的意志和能力，包括品格信用和资产信用两个层次。它是社会伦理意义上的信用在经济领域的运用和引申，即遵守诺言、实践成约、取信于人。

电子商务信用环境是指在整个电子商务交易活动中参与方在信任机制中完成交易活动时促进或者阻碍交易方遵守信用因素的集合，它是电子商务环境的重要组成部分。

恪守信用是从古至今一贯遵循的信用观。在电子商务环境下，商务活动主要通过电子网络进行，导致时间和空间分离程度大大加剧，各种具有匿名特性的沟通渠道大量出现，交易双方互不谋面，不签纸面合同，不签字盖章，不用纸质票据，取而代之的是网上沟通、电子合同、数字签名、网上支付，这种情形下商业信用就显得尤其重要。因此，完善的诚信机制是保证电子商务以及网络经济健康、高速发展的重要条件，信用缺失则会使网上市场混乱无序，进而导致电子商务难以顺利进行。

2. 电子商务信用问题发生的原因

电子商务信用问题发生的根源是信息不对称（information asymmetry）。信息不对称是指当市场的一方无法知道另一方的行为或无法获知另一方行动的完全信息时，交易双方所掌握的信息是不同等的，通常产品的卖方对其所生产或提供的产品拥有更多的信息，而产品的买方对所要购买的产品拥有更少的信息。

在电子商务市场环境下，不仅产品信息卖方比买方有优势，甚至交易双方对贸易伙伴性质的认识也具有不确定性，而且网上交易进入退出成本极低，在一定程度上会加大原本就存在的信息不对称程度。

现阶段我国电子商务市场中，普遍使用的两种交易付款模式都存在信息不对称问题。第一种是"款到发货"模式，即首先由顾客登录企业网站，选择并订购所需的产品或服务后，直接将款项汇给企业，企业在收到货款或收到"订单已支付"信息之后才将产品发送到顾客手中或者为顾客提供相应的服务。在这种交易模式中，顾客和企业之间的信息是不对称的，企业处于信息优势地位，而顾客处于信息劣势地位，这里的信息主要包括企业的信誉水平、提供的产品或服务的质量以及企业的信息安全程度等。第二种是"货到付款"模式，即顾客选择并订购产品或服务后，企业送货上门或为顾客提供服务，顾客在收到产品或接受服务后付款。在这种交易模式中，顾客处于信息优势地位，企业处于信息劣势地位，这里的信息主要包括顾客的支付能力和信誉水平等。

总之，电子商务虽然具有较高的信息传递效率，能够从一定程度上减少消费者信息搜寻的时间和成本，但是由于网络的虚拟性带来了其他各种各样的问题，电子商务应用模式并没有完全解决市场中交易双方的信息不对称问题，相反有可能加剧信息不对称的程度，从而使电子商务的信用问题更加突出。

3. 电子商务信用信息服务的组织机构

信用信息服务的提供者主要来自专业的信用信息服务机构。信用信息服务机构是专门为信用交易双方提供客观、公正的信用信息服务的独立、中立、公正的第三方服务机构，具有知识密集和技术密集的特点。电子商务信用信息服务的组织机构大致可分以下三类。

（1）个人信用信息服务中介机构。从事个人信用信息服务业务的信用中介机构属于个人消费市场评估机构，其征信对象为消费者个人。目前，我国个人信用信息服务主要由政府相关部门提供，一些信用服务公司也提供了类似的个人信用报告的查询服务。中国人民银行建立的全国个人信用信息基础数据库收集了全国所有商业银行的个人贷款和信用卡信息，以及一部分地区的住房公积金信息、法院执行信息、税务缴费信息、电信缴费信息等，成为中国覆盖面最广、信息量最大的个人信用服务机构。国外比较著名的个人信用信息服务中介机构是美国的全联（TransUnion）公司、Equifax公司和英国的益百利（Experian）公司，其拥有覆盖广泛的庞大信用信息数据库和众多的信用管理人员。

（2）企业资信服务机构。企业资信服务机构是对各类企业提供信用调查、信用评估等资信服务的信用中介机构，包括商业市场评估机构和商业征信机构。其中，商业市场评估机构的评估对象主要为各类大中小企业；商业征信机构是指依法设立的从事征集、披露、使用信用信息和从事资信调查、信用评估、信用担保、信用保险、信用咨询、保理等业务活动的企业法人。例如，美国的邓白氏公司是一家全球性企业资信服务机构，主要进行两种信用资信服务业务：①为企业之间交易时需对企业做信用信息服务。②为企业向银行贷款时对企业做信用信息服务。

（3）企业信用评级服务机构。企业信用评级服务机构是对国家、银行、证券公司、基金、债券及大型上市公司的信用等级进行评定的信用中介机构。信用评级公司的主要功能是对企业进行信用评级，帮助投资者分析有固定收益证券的相关信用风险。目前，中国已有大公国际、联合资信、上海远东资信等一些大型的资信评级公司开展债券评级和企业信用评级工作，国外比较权威的企业信用评级服务机构有穆迪、标准普尔和惠誉公司等。

需要强调的是，信用信息服务机构应以相关法律法规为依据、以信用专业机构为主体、以合法有效的信用信息为基础、以解决市场参与者的信息不对称为目的开展电子商务信用信息服务业务，形成守信者得到利益、失信者付出代价的社会机制，保证市场经济公平高效运行。

1.4.6 电子商务法律法规环境

电子商务的迅猛发展使电子信息化逐步成为商务交易手段的主导，然而，由电子商务引发的许多问题，尤其是各种法律问题也逐渐显现。例如，网上支付各当事人之间的法律关系、物流配送的物权归属、网上消费者权益保护、电子商务税收征管、知识产权保护、电子商店的法律责任等。电子商务要进一步发展，必须有完善的法律服务环境。

1. 电子商务法律体系产生的必然性

电子商务具有不同于传统交易的法律表象，为保证电子商务规范和有序地进行，法律必须作出相应的调整，以消除传统民商事法律对电子商务运作构成的障碍。但是，数据电文在商务交易中的运用，特别是互联网这一开放性商务交易平台的建立，给商事法律关系带来了一系列新的问题。为解决这些特殊问题，客观上要求建立促进电子商务健康有序发展的民商事法律体系，以弥补现有民商事法律的缺失，从而形成电子商务法律制度，其中数据电文法律制度、电子签名、电子认证法律制度成为电子商务法律体系三个重要组成部分。

2. 中国电子商务法律法规环境发展的四个阶段

第一阶段（1999—2000年）：互联网快速起步期。这个时期的主要法律问题有域名抢注的法律解决、网上版权的保护、网上经营的合法性、网络公司海外上市的合法性等。代表性的法律法规有《互联网信息服务管理办法》《中华人民共和国电信条例》《全国人民代表大会常务委员会关于维护互联网安全的决定》《中华人民共和国合同法》等。

第二阶段（2001—2002年）：互联网低迷期。这个时期的主要法律问题有：电子政务建设、信息资源共享，信息安全，网络知识产权等。代表性的法律法规有《互联网上网服务营业场所管理条例》《国家信息化领导小组关于我国电子政务建设指导意见》等。

第三阶段（2003—2004年）：网络应用转折期。这个时期的主要法律问题有：网络游戏——知识产权、代理、网上赌博、私服、外挂等，短信息服务——诈骗、不良信息、消费者保护，即时通信——信息安全、不良信息控制等，网上旅游——经营合法性，以数字产品为主的B2C电子商务——消费者保护、交易安全、电子合同，网上拍卖（auction online）——反欺诈、交易者（卖家）身份确认、建立信用体系等。这一时期代表性的法律法规有《中国互联网络域名管理办法》《互联网文化管理暂行规定》《互联网等信息网络传播视听节目管理办法》等。

第四阶段（2005年以后）：互联网应用发展期。这一时期代表性的主要法律法规有：国家颁布的《中华人民共和国电子签名法》（2005年4月1日起施行）、《中华人民共和国电子商务法》（2019年1月1日正式实施）；由各部委先后发布的如《电子认证服务密码管理办法》《电子支付指引（第一号）》《商务部关于网上交易的指导意见（暂行）》《电子商务模式规范》等。

3. 中国电子商务法律法规环境的特点

中国的电子商务法律法规环境近年来正在不断完善，呈现出以下特点：①遵循国际惯例，做到与国际接轨。②充分结合我国实际情况分阶段发展，重点突破，不断完善。③充分利用已有法律体系，保持现有法律体系的完整与稳定性。④充分发挥各部门规章及地方政府立法的作用。⑤在立法的同时，相应的司法和行政执法不断完善。⑥在网络的管理上，普遍采取了登记、备案、许可的制度。⑦充分重视网络信息安全。⑧网络知识产权保护体系初步建成。

1.5 电子商务的产生与发展

电子商务的产生与发展是计算机技术、网络技术、现代通信技术的应用发展以及商务需求驱动的必然结果。

1.5.1 电子商务的产生背景

1. 技术背景

电子商务是随着信息技术的不断发展而产生的。计算机硬件按**摩尔法则**所描述的规律日新月异地变化，为信息技术应用的普及和电子商务的产生奠定了基础，而EDI（electronic data interchange，电

知识卡片1-16
摩尔法则

子数据交换）、Internet、Web 和 Java 等则对电子商务的产生有着举足轻重的作用。

EDI 是指以电子形式在异构计算机系统之间进行数据交换，通过提供一系列标准的消息和格式，以支持商务活动的事务处理。EDI 标准要求把业务规则写进应用程序代码，缺乏灵活性和可扩充性；而且传统 EDI 服务是在昂贵的增值网上进行，高成本阻碍它进入中小企业及组织机构。20 世纪 80 年代初，TCP/IP 协议簇在 ARPANET（阿帕网）上全面实现后，人们开始考虑借用低成本的 Internet 进行 EDI，但 EDI 标准仍缺乏灵活性和可扩充性。

互联网的兴起将分布于世界各地的信息网络、网络站点、数据资源和用户有机地连为一个整体，在全球范围内实现了信息资源共享与方便快捷通信。互联网因覆盖面广、费用低廉、具有多媒体功能等特点，大大促进了企业尤其是中小企业电子商务的发展。进入 20 世纪 90 年代，随着 Web 诞生，1995 年 5 月，Java 问世，迎来了网络计算与电子商务新时代。国际上对电子商务产生和发展具有重大影响的主要事件如下。

1991 年，美国政府宣布互联网向社会开放，可以在网上开发商务系统，一直被排斥在互联网之外的商业贸易活动正式进入互联网领域。

1993 年，万维网在互联网上出现，其因具有支持多媒体的技术特性，促进了电子商务的规模发展。

1994 年，美国加州组成商用实验网（Commerce Net），用以加速发展互联网上的电子商务，确保网上交易与电子支付等的安全。同时，美国网景公司（Netscape）成立，该公司开发并推出安全套接层协议，用以弥补互联网上的主要协议 TCP/IP 在安全性能上的缺陷，支持 B2B 模式的电子商务。

1996 年 2 月，Visa 和 Mastercard 两大信用卡组织制定在互联网上进行安全电子交易的 SET 协议。SET 协议适用于 B2C 的安全支付方式，围绕消费者、商家、银行和其他方相互关系的确认，以保证网上支付安全。

互联网的出现为电子商务的发展提供了技术基础，尤其是多媒体技术和虚拟现实技术的发展，使企业通过互联网迅速、高效地传递商品信息和进行业务处理，促进了电子商务的产生和发展。

2. 商业背景

商务应用需求对电子商务的产生起到了巨大的驱动作用。在人类社会的商业活动中，物流自始至终存在；后来随着社会分工细化和商业信息的发展，产生了货币中介服务机构——银行。银行的产生，使物流和资金流开始分离，信息流开始表现出来，并且信息作为规避风险的有效手段越来越为人们重视。

正是计算机网络环境下信息流的重要性和规避商业风险的需求，使得商业活动中引入了电子手段，导致了电子商务新经济模式的产生，并导致了行业的重组。电子商务阶段，信息流处于极为重要的地位，它站在更高的角度，对商品流通的全过程进行控制。

电子（E）的概念不但可以和商务活动结合，还可以和医疗、教育、卫生、政务等有关应用领域结合，形成相关领域的 E 概念。例如，电子信息技术与教育结合形成电子教务（远程教育），电子信息技术与医疗结合形成电子医务（远程医疗），电子信息技术与政务结合形成电子政务，电子信息技术与军务联系形成电子军务（远程指挥），电子信息技术与金融结合形成在线银行，与企业结合形成虚拟企业等。

1.5.2 电子商务的发展阶段

电子商务概念的提出并被全世界接受，迄今也只有三十来年的时间，但其诞生可以追溯到 20 世纪 70 年代企业间采用的电子数据交换系统，可以认为 EDI 是企业间电子商务的雏形。从全球范围来看，电子商务发展经历了电子数据交换、基础电子商务、商务社区、协同式商务四个阶段（表 1-3）。

表 1-3　电子商务四个阶段的特点

电子商务的四个阶段	灵活性	成本	支持的商业流程	商家互动
第一个阶段：电子数据交换	低；格式固定	高；专用网络	低；供应固化	目录订单
第二个阶段：基础电子商务	高；开放标准	低；因特网优势	低；无中心市场	目录+拍卖/竞价/询价
第三个阶段：商务社区	高；开放标准	低；因特网优势	高；跨地域	批量订单
第四个阶段：协同式商务	高；开放标准	低；因特网优势	高；跨地域	多样化的订单

第一个阶段：电子数据交换，即 20 世纪 70 年代至 1994 年之前基于传统 EDI 的电子商务阶段。EDI 可以看作企业间电子商务应用的雏形。由于不同行业的企业是根据其业务特点来规定数据库信息格式的，因此，当需要发送 EDI 文件时，从企业专有数据库中提取的信息，必须借助相关的 EDI 软件把它翻译成 EDI 的标准格式才能通过电子网络进行传输。

EDI 软件主要包括：①转换软件：将原始单据（如订购单证）转换成翻译软

件能够理解的平面文件（是用户原始资料格式与 EDI 标准格式之间的对照性文件，它符合翻译软件的输入格式）或将从翻译软件接收来的平面文件，转换成原计算机系统中的原始单据。②翻译软件：将平面文件翻译成 EDI 标准格式文件（EDI 报文）或将接收到的 EDI 报文翻译成平面文件。③通信软件：将 EDI 报文的文件外层加上通信信封（envelope），再送到 EDI 系统交换中心的邮箱（mailbox），或从 EDI 系统交换中心内将接收到的文件取回。

EDI 软件工作流程如图 1-7 所示。

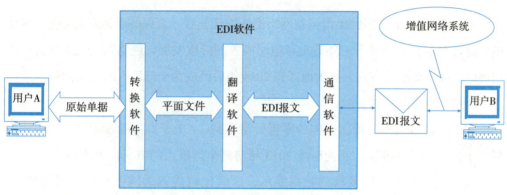

图 1-7　EDI 软件工作流程

第二个阶段：基础电子商务。在这一阶段，买家和卖家开始尝试在没有中介的情况下开展交易，但只有 15% 的网站能够接受订单，6% 的网站能够告知订单处理现状。

第三个阶段：商务社区。在此阶段，第三方网站（third-party web destination）开始把交易双方带到共同的社区之中，商业信息主要通过 Internet 传递。商务社区创造了市场透明度，为交易双方提供了更多、更好的商业机遇。

第四个阶段：协同式商务。这一阶段也称全程电子商务阶段，商业合作伙伴间的几乎每一个业务流程都可以借助互联网络加以改善或重组，其主要任务是在第三阶段的基础上提供对各种商务流程的支持，创造一个虚拟的商业链。协同式商务是基于供应链的复杂供需关系和工作流程的一种更为完整的反映，具有一定程度的商务智能。

中国电子商务的发展路径有其自身特色，经历了萌芽期、基础建设期、快速发展期和电商成熟发展期四个阶段，逐步成为现代服务业的重要组成部分。其中，萌芽期（1996—1999 年），信息化水平较低，网购人群基数低，大众对电子商务缺乏了解，国内电商网站处于探索萌芽状态。基础建设期（2000—2008年），C2C模式发展迅速，国家政策支持，诚信瓶颈得到基本解决，物流支付等基础设施进一步完善。快速发展期（2009—2015年），具有中国特色的网络交易方式形成。同时，随着移动互联网发展和智能手机的普及，移动电商进入风口期。电商成熟发展期（2016年至今），电商平台流量格局已定，电子商务发展的线上红利逐渐消失，电商企业开始专注于垂直细分领域朝纵深拓展。

1.5.3 电子商务的应用概况

电子商务市场自经历21世纪初网络泡沫的洗礼后一直保持迅猛发展势头，全球电子商务交易额连年攀升。随着全球电子商务的持续发展，网络购物已经成为全球居民的一种重要消费方式，亚太地区自2014年后已成为全球最大的电子商务市场。

1. 国外电子商务应用

在电子商务交易方面，美国的零售贸易（B2C）电子商务起步最早，曾引领世界电子商务的发展潮流，北美市场2013年前是全球最大的电子商务市场。

欧洲电子商务协会发布的数据显示，西欧比较成熟的网上销售市场为法国、荷兰和英国，比利时、爱尔兰、卢森堡等西欧国家被认为是欧洲发展最快的电子商务市场。

亚太地区消费者是全球最大网络购物群体。除中国以外，日本、韩国电子商务也一直在高速增长；中东地区电子商务起步较晚，但发展前景令人瞩目，沙特的电商市场正逐步成为新的投资增长点；印度是目前网络人口增长最快速的地区。

非洲地区的B2C电商市场，包括旅游、数码下载和各种门票的销售近年增长迅猛；拉美地区的电子商务规模近年也持续增长，其中巴西B2C电子商务消费额在整个拉美地区排名第一，排在其后的是墨西哥、加勒比地区、阿根廷、智利、委内瑞拉等。

2. 我国电子商务应用

中国第一宗网络购物发生在1996年11月，购物人通过北京实华开电子商务有限公司的网点，购进了一只景泰蓝"龙凤牡丹"。我国全面启动电子商务始于1997年，1998年3月由世纪互联通讯技术有限公司和中国银行合作，成功完成了中国国内第一笔互联网上商务的交易，这标志着中国电子商务进入实用阶段。

近年来，我国电子商务事业有了长足的发展，电子商务的服务范围和交易规模都在不断扩大，旅游、票务、金融、房地产、网上教育、娱乐等网上服务业迅速发展；网上采购规模扩大，全国各省、自治区、直辖市政府都设立了采购网站，生产企业的网上采购也迅速发展；网上金融不断扩张，自 1996 年以来，中国银行等各中资银行，以及恒生银行、花旗银行等外资银行纷纷开展网上银行业务，特别是 2003 年以来，以支付宝、财付通为代表的第三方支付平台迅速成长，手机支付等新的支付服务方式不断涌现，电子商务支付瓶颈被彻底打破，目前电子商务网上支付服务已基本无障碍。艾瑞咨询统计数据显示，自 2013 年开始，中国网络购物市场交易规模首次超越美国成为全球第一。

目前，中国已成为世界上最大的零售电商市场，涌现出多个高速增长的市场，农村电商、跨境电商、社交电商正成为我国零售电商市场新的增长点。

1.5.4 我国电子商务发展趋势

随着信息技术的不断发展，近年来世界各国都出现了前所未有的电子商务热，电子商务也是我国关注的热点问题。我国电子商务未来将呈现以下发展特征。

1. 电子购物纵深化

我国电子商务的基础设施和支持服务环境日臻完善，企业发展电子商务的深度将进一步拓展。移动通信将成为电子商务的主要媒介，更多手机、平板电脑的用户开始利用碎片时间加入移动网购中，移动网购迅速发展并将成为电商企业未来的新增长点。同时，随着电子商务的发展，跨地区的专业性物流渠道将进一步发展和完善，电子商务公司在配送体系的选择方面空间更大、成本更低，更多电子商务企业将从网上商店和门户的初级形态过渡到将企业的核心业务流程、顾客关系管理等都延伸到互联网上，并实现实时互动。

随着个人数字设备、家庭数字电器的加速普及并实现上网，诸如个人移动网络设备和网络电视、网络冰箱的普及，将使电子商务的发展空间极大地拓展。

2. 业务交易个性化

电子商务个性化趋势将向两个方向发展：①个性化定制信息。互联网为个性化定制信息提供了可能，也预示着巨大的商机。消费者不仅可以实现点播，而且将促使个人参与到节目的创意、制作过程。②个性化定制商品。消费者把个人的偏好带到商品的设计和制作过程中去，能更好地满足消费者个性化需求。业务交易个性化将成为决定企业在市场竞争中成败的关键因素。

3. 商务模式融合化

电子商务模式在经历了最初的商务网站全面开花之后必然走向新的融合，融合方式包括同类兼并、互补性兼并、战略联盟协作和线上线下互动融合等。电商企业的主要兼并融合事件如图 1-8 所示。

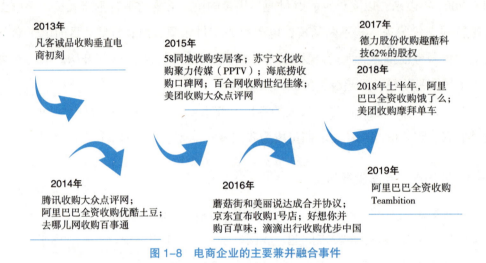

图 1-8 电商企业的主要兼并融合事件

（1）同类兼并。其主要是定位相同或相近、业务内容趋同的企业网站在市场竞争规律的作用下通过收购兼并，进一步优胜劣汰。例如，滴滴出行收购优步中国。

（2）互补性兼并。由于处于领先地位的电子商务企业优势是相对的，企业要想持续发展，必然采取收购策略，而主要的模式是互补性收购。例如，苏宁易购对红孩子的收购，阿里巴巴收购优酷土豆。

（3）战略联盟协作。由于电子商务的个性化发展，而且每个网站在资源方面总是有限的，顾客的需求又是全方位的，所以不同类型的网站以战略联盟的形式进行协作也是必然趋势。例如，蘑菇街和美丽说达成合并协议。

（4）线上线下互动融合。O2O 模式具有连接线上线下的天然特征，扫码、声波技术的成熟，能很好地解决传统行业商务电子化的问题，成为互联网渗透实体经济的有效切入点。例如，海底捞收购口碑网、美团收购摩拜单车。

4. 电子商务区域化

随着城市与互联网络的进一步发展，以及物联网技术的完善与应用的普及，电子商务将进入地域特征明显的区域电子商务时代。网站运营技术平台将更加成熟，一定区域内电子商务的重点将是仓储和物流服务，仓储和物流必须当地化，才能做到迅速到达。

5. 业务操作智能化

当电子商务进入区域化、物联网的应用普及以后，电子商务业务操作将会呈现出高度的智能化特征。例如，冰箱可以连上物联网，如果冰箱里的牛奶喝完了，冰箱会自动提醒主人是否需要买牛奶，并自动通过物联网把主人设定的信息发给主人设定的商家。商家收到订单以后，会迅速把商品送到顾客手中。

知识卡片1-17
智慧城市

电子商务业务操作的智能化，会促进我国**智慧城市**的建设。

本章小结

电子商务是商贸方式的一场技术革命，在宏观和微观上对人类社会产生深刻的影响。本章作为课程的导论，概括性地介绍了电子商务的总体知识框架。电子商务是依托以互联网为主的各种电子网络所进行的能创造新价值的各类商务活动，包括有形和无形的货物贸易、服务贸易与知识产权贸易；电子商务主要研究商务对象、电子商务媒体、电子商务事件以及物流、资金流、信息流、商流等基本要素及其相互之间的关系；电子商务具有商务性、虚拟性、全球性、普遍性、技术性、互动性、安全性、低成本性、方便与高效性、协调与可扩展性等特性；电子商务可以从不同角度划分为不同的类型，具体电子商务企业可以在不同角度的分类中交叉出现。例如，拼多多按交易模式分类属于B2C电子商务，按平台特征分类属于社交电子商务。

即测即练

复习与研讨

1. 复习思考题

（1）电子商务的本质是什么？试分析比较各方对电子商务概念表述的异同点，

结合你对电子商务的理解展开讨论。

（2）电子商务正常运营所需的环境要素有哪些？它们对电子商务过程分别有什么影响？其中哪些是必不可少的支撑环境？为什么？

（3）为什么诚信问题在电子商务环境下显得尤其重要？你认为现阶段我国应该如何建立电子商务诚信环境？

（4）电子商务中的"四流"即信息流、资金流、物流和商流，它们存在于任何一种商务活动中，试从不同的角度讨论这"四流"之间的关系，并陈述能支持自身观点的依据。

2. 小组研讨作业

组成"合作研讨学习小组"，小组成员协作完成以下任务。

（1）选择学校或家乡所在地的一家自己熟悉或感兴趣的企业，了解公司名称、主营产品或服务、主要顾客或目标市场等基本情况，并做好记录。例如，选择学校所在地的一家中小型服装生产或销售企业。

（2）小组课外调研，找出该公司当前未充分使用互联网进行经营和管理的三个业务惯例。

（3）记录上述步骤所确定的企业惯例（惯例1、2、3）。

（4）小组成员课外采用"**头脑风暴法**"为上述企业惯例逐个列举使用互联网来代替和改善所选定企业惯例的所有可能的方法，做好记录并进一步整理成相应的电子商务解决方案（惯例1、惯例2、惯例3的电子商务解决方案）。

知识卡片1-18

头脑风暴法

（5）在小组课外研讨的基础上，用Word文档及图表尽可能详细地描述电子商务解决方案，在课堂上向全班同学汇报本组研讨成果并展开互动讨论。电子商务解决方案的目标是为企业节省资金，提高为消费者服务的效率，更有效地完成业务交易，最终能够提高企业利润。

（6）课堂研讨后，针对老师点评指出的问题或修改意见，以及同学们质疑的问题，进一步查阅资料完善方案细节，并对文档进行合理排版，A4纸打印提交或提交最终电子稿。最终提交的小组作业，要求不少于2 000字。

【注意】合作研讨学习小组的分组方法及相关人员职责详细情况参见附录2。

第 2 章　电子商务市场及人才需求特征

本章学习目标

- 理解电子商务市场中的柠檬问题以及网络消费需求与行为特征；
- 了解电子商务应用型人才的知识、能力、素质结构；
- 结合国家或当地经济发展的需要拟定个人的电子商务专业学习和职业成长规划。

引例：电商企业的人才素质及岗位需求

浙江网经社信息服务技术有限公司电子商务研究中心发布的《2022 年度中国电子商务人才状况调查报告》显示，在电商人才应具备的素质上，被调查企业显示，刚毕业大学生或实习生如果想快速成才需具备的 15 项素质，其中最重要的 5 项素质：工作执行能力占比 52.48%；持续学习能力占比 66.34%；责任心和敬业度占 47.52%；困难与挫折承受力占 36.63%；专业知识和技能及解决问题能力都占 32.67%。持续学习能力成电商企业最看重的能力；学习能力、执行能力和责任心敬业度排前三名，说明了电商企业对人才的核心要求。

在岗位需求上，被调查企业中，43.56% 的企业急需主播（助理）、网红达人方向人才；39.6% 的企业急需淘宝天猫等传统运营人才；36.63% 的企业急需新媒体、内容创作、社群方向人才；24.75% 的企业需要数据分析与运营分析人才；18.81%

的企业需要客服、地推、销售人才。主播（助理）、网红达人等成为近期最紧缺人才。

电商企业对应届生或实习生的看法：可塑性高有激情，会考虑录用此类人员，但需从基础岗位做起占39.60%；若有符合岗位要求的会选择此类人员，但会控制一定的比例占45.54%；好高骛远，稳定性不高，不予考虑占12.87%。连续7年觉得应届生或实习生可塑性高，但需要从基础岗位做起的企业比例一直最高，2021年达到50.50%，而2022年下降到39.6%。企业业务发展速度减缓，用人会更偏向有经验的员工。应届生或实习生虽然需求量大，但也需要转变心态，踏踏实实，通过不断学习与实践，来让自己真正适应职场的需要。

资料来源：网经社电子商务研究中心.2022年度中国电子商务人才状况调查报告[R].2023.

案例思考：中国电商企业现阶段急需什么类型的人才？电商企业录用应聘者一般比较注重哪些因素？应如何让自己适应未来职场的需要？

电子商务市场是应用电子商务的基本场所，而各类电子商务人才则是推动电子商务应用和发展的关键因素。电子商务市场给企业带来的最大影响是市场由原来以产品为中心变成了以顾客为中心，企业经营由原来规模化生产变成今天一对一的个性化服务。

2.1 电子商务市场

网民规模与结构、互联网基础资源、网民互联网络的应用状况等方面的信息构成电子商务的市场基础。随着互联网信息技术的广泛应用，全球网民的数量进一步增长，为电子商务的快速发展提供了良好的基础。中国互联网络信息中心（CNNIC）第52次统计报告显示，截至2023年6月，我国网民规模达10.79亿人，手机网民规模达10.76亿人，并且呈现缓慢增长的趋势。庞大的网民规模为推动我国电子商务高质量发展提供了强大的内生动力。一方面，互联网基础资源加速建设和网民规模增长，为电子商务市场夯实了基础；另一方面，数字应用基础服务日益丰富，带动农村地区物流和数字服务设施不断改善，推动消费流通、生活服务、文娱内容、医疗教育等领域的数字应用基础服务愈加丰富，为用户带来数字化便利，移动网络、手机终端在中国电子商务市场中起着越来越重要的作用。我国网民 30 岁以上年龄段人群数量多且消费能力较强，是电子商务市场的重要顾客群。在电子商务环境下，由于不同的人对产品的特征有着不同的偏好和价值取向，因此将市场划分为更小的**细分市场**是明智的做法。

细分市场

2.1.1 电子商务市场中的柠檬问题

1. 柠檬问题的含义及影响

柠檬问题由美国经济学家乔治·A. 阿克洛夫（George A. Akerlof）于 1970 年提出并引入信息经济学，是**信息不对称**理论的重要组成部分，主要研究产品质量的不确定性所带来的信息不对称性及其对市场效率的影响。柠檬问题，一是指在交易中隐藏信息的一方对交易另一方利益产生损害；二是指市场的优胜劣汰机制发生扭曲，在同一价格标准上低质量产品排挤高质量产品，导致高质量产品的消费减少甚至将高质量产品排挤出市场。这是因为买者只愿意根据其所知道的平均质量来决定支付的价格，这个价格将使质量低的卖者愿意成交，质量高的卖者由于不能得到同质量相称的价格而退出市场。

信息不对称

传统经济学对于市场的研究基本都是建立在信息是完全对称的这一假设基础上，在这种假设前提下，市场上的企业通过选择最优的生产规模，降低生产成本来与其他企业竞争，从而淘汰生产经营不力的企业。也就是说，**完全信息**假设下的理想市场是通过其自我调节功能来达到**帕累托最优**状态，实现资源的最优配置，而柠檬问题揭示了现实市场中更多存在着的信息不对称性。

完全信息

帕累托最优

信息的不对称性会导致市场交易双方的利益失衡，影响社会的公平、公正的原则以及市场配置资源的效率，甚至会导致市场的自动调节机制失灵，最终将导致社会的进步变慢，整个社会的福利水平也会相应降低。最著名的实例就是二手车市场分析：由于信息不对称，最终将出现质量好的车被质量差的车挤出市场的现象。

2. 电子商务市场中出现柠檬问题的原因

柠檬问题是信息不对称的具体表现。电子商务市场以其独特的虚拟性和开放性，在具备很多优势的同时，也出现了严重的柠檬问题。电子商务市场出现柠檬问题主要有以下原因。

（1）电子商务市场交易的虚拟性导致信息不对称。在传统市场上，消费者可以通过现场对实物商品的观察、触摸等感知情况来判断产品质量；而在电子商务市场上，由于网络交易虚拟性特点，消费者对网络产品质量的判断要比传统市场更为困难，买卖双方信息的严重不对称导致消费者只能通过降低其对网络产品质量的偏好来弥补质量判断的不足。

（2）电子商务交易产品数字化特性导致信息不对称。在电子商务市场中进行交易的产品有数字产品和非数字产品，而数字产品比非数字产品更容易被复制，这些特点导致了电子商务市场上买卖双方的信息不对称。

（3）电子商务环境时空隔离引发信息不对称性。在电子商务市场中，网络是买卖双方快速、全天候传递交易产品信息的媒介，产品实物和销售网站相分离，产品订购和实物配送相分离，虽然交易范围和交易对象扩大了，但时空隔离导致交易双方的身份确认比传统市场困难，容易产生买方所购买的产品质量与卖方网站上的说明不相符，甚至出现以劣质产品冒充优质产品的欺骗行为。

3. 解决柠檬问题的策略

美国经济学家迈克尔·斯彭斯（Michael Spence）在**阿克洛夫模型**基础上提出了解决信息不对称性的"信号发送"理论，即拥有信息的一方可以向无信息的一方发送信息。在传统市场上，卖方可以通过树立品牌、提供质量保证、强化售后服务等方式来向消费者提供产品质量的信息。在电子商务市场上，卖方不论规模大小都可以在网上建立"店面"，快捷、方便地向买方发送各

知识卡片2-5

阿克洛夫模型

种信息。但由于网络商家对质量不同的产品也可以向顾客发出没有什么区别的信号，这种情况会使买方难以辨别各个产品和服务质量的好坏，反而加剧了信息不对称程度。

电子商务市场的柠檬问题是制约电子商务发展的因素之一。提高电子商务信息透明度，对于合理组织企业的信息流、资金流和物流，增加贸易机会，提高贸易效率都具有重要意义。

2.1.2 网络消费需求与行为特征

网上市场是一个虚拟市场，为消费者挑选商品提供了前所未有的选择空间，也使消费者的消费观念与需求、消费方式等发生了重要的变化。著名心理学家亚伯拉罕·马斯洛（Abraham Maslow）把人的需要划分为五个层次，即生理的需要、安全的需要、社会的需要、尊重的需要和自我实现的需要。网络技术的发展，形成了网络虚拟市场，在虚拟社会中人们一般希望满足以下三个方面的基本需要：①兴趣需要，即人们出于好奇和能获得成功的满足感而对网络活动产生兴趣。②聚集需要，即通过网络社区为相似经历的人提供了一个聚集的机会。③交流需要，即网络消费者可以通过论坛、微信等社交平台在一起交流买卖的信息和经验。因而，在电子商务环境下，网络消费需求和网络消费行为都呈现出一定的特征。

1. 网络消费需求的特征

电子商务市场环境下，从某种意义上讲，消费者的购买行为更加理性。网络消费需求主要呈现以下特征。

（1）消费产品或服务需求的个性化。随着21世纪电子商务时代的到来，这个世界变成了一个计算机网络交织的世界，产品设计多样化，消费品市场越来越丰富，消费者可以在全球范围进行产品选择，每一个消费者都是一个细分的消费市场，个性化消费成为消费的主流。

（2）消费层次需求的差异化。除消费者的个性化消费使网络消费需求呈现出差异性外，不同的网络消费者，即使在同一需求层次上，因其所处的环境不同，其需求也会有所不同。因为网络消费者来自世界各地，有不同的国别、民族、信仰和生活习惯，所以会产生明显的需求差异。

（3）追求方便的消费过程需求。在网上购物，除了能够完成实际的购物需求以外，消费者在购买商品的同时，还能得到许多信息，追求的是时间和劳动成本的尽量节省，并得到在各种传统商店所没有的乐趣。

（4）追求低廉价格或良好网购体验的消费心理需求。从消费的角度来说，价格不是决定消费者购买的唯一因素，但却是消费者购买商品时肯定要考虑的因素。网上购物之所以具有生命力，重要的原因之一是网上销售的商品价格普遍低廉。随着电商行业的竞争日益激烈，在购物过程中，良好的网购体验已成为影响消费者对商家的信任度并进而影响其购物决定的重要因素。

2. 网络消费行为的特征

网络经济时代的最大特征是买方市场，互联网强大的通信能力和网络商贸系统便利的交易环境，改变了消费者的消费行为。网络消费行为主要呈现以下特征。

（1）消费的主动性增强。电子商务市场环境下，消费者往往会主动通过各种可能的渠道获取与商品有关的信息并进行分析和比较，根据自己的需要主动上网去寻找适合的产品。

（2）消费者与厂家或商家的互动意识增强。在网络环境下，消费者能直接参与到生产和流通中来，与生产者直接进行沟通，降低了市场的不确定性。

（3）消费行为理性化。在电子商务市场环境下，消费者可以理性地选择其消费方式，理智地选择价格，大范围精心地挑选自己所需要的商品。

2.1.3 企业电子商务市场战略的选择

电子商务作为一种以现代先进的电子技术尤其是网络技术为基础的商务模式和经营理念，它具有开放性、不受时空限制、低成本和高效率等特征，给企业的发展创造了无限商机，同时也使中小企业以较低的成本进入由大企业占优势的竞争环境。那么，应用实践中企业应选择什么样的电子商务市场战略呢？一般来说，企业电子商务市场战略的选择需要考虑电子商务市场能否节约交易成本、产品的电子商务市场前景如何、企业是否具有较高的市场份额和市场优势、中介商能否从中受益等方面的诸多因素。

微课视频 2-1
企业电商战略
选择策略

1. 电子商务市场能否节约交易成本

能够更有效率地处理交易、降低成本是当前企业参与电子商务活动的首要原因。所以，企业应该详细分析其整个业务处理过程，特别是销售过程，以便通过电子商务市场节约成本。

在一个企业的产品销售乃至整个生产经营过程中，有许多环节可以精简。从产品开发到生产制造管理，从财务信息的管理到跟踪供应商品质量的控制，电子商务市场具有不可估量的影响。企业还可以通过电子市场扩大用户，从更透明的市场竞争和价格降低中受益。

【微型案例 2-1】在早期的电子商务市场中，DEC 公司通过在其互联网站点上发布在线产品促销信息，每年节约了 50 万美元的产品目录印刷和邮寄费用。哈特福德计算机公司通过"TPN 登记表"将其产品打入通用电器公司的事业部，使其销售额增加了 4 倍。

2. 产品的电子商务市场前景

通常一种产品的电子商务市场成长速度取决于两个方面的因素：当前交易的无效率程度和消费者的成熟度。交易的无效率通常是由信息不对称、产品分销体制过于复杂、供求双方太分散等原因造成的；消费者的成熟度则往往与消费者确定具体产品的能力、对产品差别化的正确理解等因素有关。虽然理论上所有产品都可以在网上销售，但对于具体企业的特定发展阶段，交易无效率程度高和消费者成熟度高的产品类型，是进入电子商务市场的理想选择。

3. 企业是否具有较高的市场份额和市场优势

企业如何建立最有效的电子商务市场战略？

（1）分析卖方电子市场，确定什么样的市场战略对卖方最有效，为此要着重考虑卖方的市场优势及其产品的品牌知名度两个因素。如果一个厂商是某个行业的主导厂商，并且其产品具有明显的品牌知名度，那么它应该考虑自建网站销售产品，同时让其品牌产品入驻主流的电子商务平台；而那些缺乏足够的市场优势和品牌知名度的厂商，则应该进入多个电子商务市场，以便扩大销售范围。

（2）分析买方电子市场的情况，着重考虑买方的采购量和潜在供应商的数量。对于有许多供应商且采购量特别大的购买者来说，可以自建企业商务网站，或者用与其他大买主合作采购等形式进一步加强买方的市场优势。

4. 中介商能否从中受益

电子商务市场上的中介商，由于其可以用相同技术销售各类产品，市场更具规模优势，能够获得买卖双方有价值的信息而具有信息优势。中介商由于可以保护供应商的某些敏感信息，并能帮助市场参与者降低学习成本等，得以生存并从交易中受益。

综上所述，选择电子商务市场战略应遵循以下规则：①对于买方，参与或建立电子商务市场通常利大于弊，应尽快地建立或参与买方控制型电子商务市场。②电子商务市场的发展为中介商提供了新的机会，但中介商应避免进入买方市场或卖方市场势力巨大的电子商务市场。③卖方最有动力建立或参与电子商务市场，因为买方控制型市场必然会使卖方的利润大大缩减，而建立卖方控制型电子商务市场则是解决这一问题的有效方法。

2.2 电子商务应用型人才类型及结构

电子商务是一门集信息技术、商务应用和系统管理于一体的交叉学科，是信息化社会的商务模式。电子商务的实施是一项系统工程，涉及信息技术、数据标准化建设和处理、网络互联、贸易过程数字化等各个环节，需要商务管理、商务理论与现代信息技术的有机结合，并在一定的社会经济环境、科学技术、文化背景下由各方面（包括政府、行业协会、管理机构等）的人员协作共同完成。如果缺乏相应的人才，电子商务便难以顺利实施。同时，电子商务系统也是现代高科技的结晶，要保证系统软、硬件安全可靠地运行，没有一批高技术人才是做不到的。因此，电子商务管理与实施，需要掌握商务理论和现代信息技术应用的复合型人才。

由于电子商务几乎涉及人类经济生活的所有方面、所有层次，而不同方面和层次又各有其自身的特殊性，这就使企业、社会对于电子商务人才的需求呈现多元化特征。根据现阶段我国企业的需求特点，电子商务人才可分为技术操作型、商务应用型和战略规划管理型三类。这三类人才分别要求具有不同层次的知识、能力和素质结构，也分别对应不同的就业岗位。

2.2.1 技术操作型人才

1. 知识、能力和素质结构

技术操作型电子商务人才是基础性人才，要求熟悉电子商务业务流程，懂得"如何做"电子商务，精通电子商务网站建设与维护技术，能为电子商务平台正常运营提供相应的技术保障。

2. 主要就业岗位

技术操作型人才主要着眼于电子商务基本技术的掌握，为电子商务应用提供技术支持。目前企业对这类人才的需求量占电子商务人才总体需求量的25%～35%，其主要就业岗位如下。

（1）电子商务美术设计。其主要从事平台颜色处理、文字处理、图像处理、视频处理等工作。代表性岗位：网站美工人员。

（2）电子商务网站设计。其主要从事电子商务网页设计、数据库建设、程序设计、站点管理与技术维护等工作。代表性岗位：网站设计或开发人员。

（3）电子商务平台设计。其主要从事电子商务平台规划、网络编程、安全设计等工作。代表性岗位：系统管理或软件开发人员。

2.2.2 商务应用型人才

1. 知识、能力和素质结构

商务应用型人才是电子商务人才的主体，要求精通现代商务业务，具备足够的电子商务技术知识，懂得电子商务"能做什么"，能够充分理解商务需求，并善于将各种实际的商务需求迅速转化为电子商务应用。

2. 主要就业岗位

商务应用型人才主要着眼于电子商务的具体操作应用，利用电子商务进行商贸活动。目前，企业对这类人才的需求量占电子商务人才总体需求量的 60%～70%，其主要就业岗位如下。

（1）企业网络营销。其主要是利用网站为企业开拓网上业务、网络品牌管理、顾客服务等工作。代表性岗位：网络营销人员。

（2）网上国际贸易。其利用跨境电商平台开发国际市场，进行国际贸易。代表性岗位：外贸电子商务人员。

（3）网络服务商的内容服务。其负责频道规划、信息管理、频道推广、顾客管理等。代表性岗位：网站运营人员或主管。

（4）电子商务支持系统的推广。其负责销售电子商务系统和提供电子商务支持服务、顾客管理等。代表性岗位：网站推广人员。

（5）电子商务创业。其借助电子商务这个平台，利用虚拟市场提供产品和服务，也可以直接为虚拟市场提供支持服务。作为电商创业者，必须善于发掘顾客需求，同时具备敏锐的市场洞察力、强大的执行力以及创新和变革的能力。代表性创业方向：开设网店、开设电子商务类咨询服务公司、自主创建网站运营各类电子商务项目等。

2.2.3 战略规划管理型人才

1. 知识、能力和素质结构

战略规划管理型电子商务人才是能够综合解决电子商务应用问题的高层次人才，要求通晓电子商务全局，具有前瞻性思维，懂得"为什么要做"电子商务，熟知至少一个行业或一种模式的电子商务理论与应用，能够从商务战略的高度分析和把握其发展特点与趋势，并能提出可行的电子商务应用与实施方案。

2. 主要就业岗位

战略规划管理型人才主要着眼于电子商务的建设，利用电子商务进行企业经营管理。目前企业对这类人才的需求量占电子商务人才总体需求量的 5%～15%，而且呈上升趋势，其主要就业岗位如下。

（1）电子商务平台综合规划管理。这类人才要求不仅对计算机、网络和社会经济有深刻的认识，而且具备项目管理能力。代表性岗位：电子商务项目经理。

（2）企业电子商务战略综合规划管理。主要从事企业电子商务整体规划、建设、运营和管理等工作。代表性岗位：电子商务部门经理。

本章小结

网络使人们摆脱了时空的限制，同时也造就了网络交易的虚拟性，导致了电子商务市场中产品质量或服务信息非对称性引发的"柠檬问题"。电子商务环境下，网络消费者挑选商品的选择空间、消费观念与需求、消费方式等都发生了重要的变化，企业的市场战略也需要相应地进行调整。电子商务实施是商务管理、商务应用与现代信息技术有机结合的过程，需要掌握商务理论和管理并精通现代信息技术应用的复合型人才。

即测即练

复习与研讨

1. 复习思考题

（1）电子商务市场中的柠檬问题指的是什么？其产生的原因主要有哪些？有什么危害？应如何解决？

（2）如何做一个为中国特色社会主义奋斗终身的有用人才？对照电子商务应用型人才的知识能力素质要求，结合自身特点，制订一份个人在电子商务专业学习和职业发展方面的成长规划。

2. 小组研讨作业

假如你掌管一家中等规模的公司，公司正在研究如何利用电子商务简化操作、节省费用、增加收益。你打算如何选择电子商务解决方案取代或改善传统商务过程？在小组研讨会上系统地阐述你的观点并展开讨论。

第二篇　电子商务运营模型

篇首寄语

在创新过程中，你会犯错误。此时最佳的做法是承认错误并进行改善，继续另一个创新。

——史蒂夫·乔布斯

第 3 章　基本电子商务模式

本章学习目标

- 理解 B2B、B2C、C2C 电子商务的含义和特点；
- 熟悉 B2B、B2C、C2C 电子商务交易模式的类型、主要平台的运营特点及盈利模式；
- 深入分析各类电子商务企业的实践案例，学会归纳总结其中蕴含的电子商务运营规律。

引例：弃鲸鱼抓虾米为中小企业"芝麻开门"

"弃鲸鱼而抓虾米，放弃那15%大企业，只做85%中小企业的生意。"这是阿里巴巴在草创之初的市场定位。因为大企业有其专门的信息渠道，有巨额广告费，而中小企业没有这些优势，最需要互联网。为了提供一个能将全球中小企业进出口信息汇集起来的平台，1999年3月，阿里巴巴公司创立。

当时中国正是互联网热潮涌动的时刻，但无论是投资商还是公众，注意力始终放在门户网站上。这个时候建立阿里巴巴电子商务网站，在国内是一个逆势而为的举动，在整个互联网界则开创了一种崭新的模式，被国际媒体称为继雅虎、亚马逊、易贝（eBay）之后的第四种互联网模式。《亚洲华尔街日报》总编当时曾去过阿里巴巴，看到的是所有人"没日没夜地工作，地上有一个睡袋，谁累了就钻进去睡一会儿"。当提到为何将网站名称起为神话故事中人物的名字,阿里巴巴人解释说:"因为最早创立这家公司的时候,希望它能成为全世界的十大网站之一,也希望全世界只要是商人一定要用这个网站。既然有这样一个想法,就需要有一个优秀的品牌、优秀的名字让全世界的人都记得住,那时候就想了好多天,取个什么名字比较好,最后觉得阿里巴巴这个名字很好,全世界的发音都一样,容易记得住。另外,阿里巴巴在阿拉伯民间故事中是一个比较善良正直的青年,他希望把财富给别人而不是自己抓财富。所以我们后来说这英文叫 open sesami,给中小型企业网上芝麻开门,开启财富之门。"

6年后,阿里巴巴成为全球著名的B2B电子商务服务公司,管理运营着全球最大的B2B网上贸易市场和商人社区,为来自全球220多个国家和地区的企业与商人提供网上商务服务。阿里巴巴多次被相关机构评为全球最受欢迎的B2B网站、中国商务类优秀网站、中国百家优秀网站、中国最佳贸易网,两次被哈佛大学商学院选为MBA(工商管理硕士)案例。

阿里巴巴以"让天下没有难做的生意"为使命,以所谓之"六脉神剑":顾客第一、拥抱变化、团队合作、诚信、敬业、激情为其核心理念。如今,阿里巴巴的主营业务和关联公司的业务包括淘宝网、天猫、聚划算、全球速卖通、阿里巴巴国际交易市场、1688、阿里妈妈、阿里云、蚂蚁金服、菜鸟网络等,几乎涵盖所有主流电子商务交易模式,已经形成了一个通过自有电商平台沉积以及UC浏览器、高德地图、企业微博等端口导流,围绕电商核心业务和支撑电商体系的金融业务,以及配套的本地生活服务、健康医疗等,囊括游戏、视频、音乐等泛娱乐业务和智能终端业务的完整商业生态圈。这一商业生态圈的核心是数据及流量共享,基础是营销服务及云服务,有效数据的整合抓手是支付宝。阿里巴巴的远景目标是"成为一家持续发展102年的企业"。

资料来源:编者据网络资源改写。

案例思考:无论企业发展到何种程度、壮大到何种规模,我们都满腔热忱地希望创业者及其继任者们保持企业草创时那股艰苦奋斗的精神,不忘初心,回馈社会,切实为祖国的经济繁荣和科技进步、人民的生活幸福作出应有的贡献!也唯有如此,企业才能走得长远。阿里巴巴企业创建初期的目标市场定位和服务产品定位是怎样的?从阿里巴巴集团公司不断成长发展壮大的历程中,你能得到怎样的启示?

基本电子商务模式主要包括 B2B、B2C、C2C 三种交易模式，是电子商务市场上最主要的电子商务模式。

3.1 B2B 电子商务

3.1.1 B2B 电子商务的含义

B2B 电子商务广义上是指企业与企业之间通过互联网、外联网、内联网或其他电子网络，以电子化方式进行产品、服务及信息交换的电子商务交易模式；狭义上主要指通过第三方 B2B 电子商务平台在企业间进行的交易。B2B 电子商务是一种将买方卖方以及服务于他们的中间商（如金融机构）之间的信息交换和交易行为集成到一起的电子运作方式，B2B 交易可能是在企业及其**供应链**成员间进行的，也可能是在企业和任何其他企业间进行的。这里的企业可以指代任何组织，包括私人或者公共的、营利性的或者非营利性的。

知识卡片 3-1
供应链

B2B 电子商务的参与主体主要包括采购商、供应商、B2B 电子商务服务平台、网上银行（金融机构）、物流配送中心、认证机构（CA）等，如图 3-1 所示。

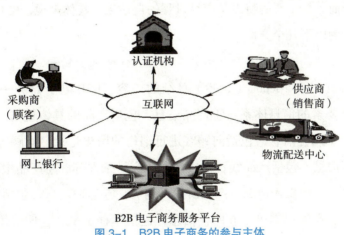

图 3-1 B2B 电子商务的参与主体

早在 20 世纪 70 年代，企业与企业之间就利用 EDI 开始进行商务信息的传递，这是 B2B 电子商务的雏形。除了在线交易和产品展示，B2B 电子商务还能将企业内部网通过 B2B 网站与顾客紧密结合起来，使企业内部和外部的电子商务集成化，如图 3-2 所示，并通过网络的快速反应，为顾客提供更好的服务。

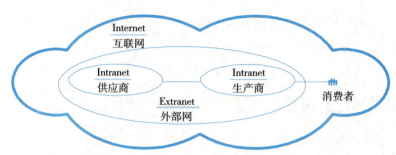

图 3-2　企业内部和外部的电子商务集成化

对 B2B 电子商务含义的理解，还应注意：B2B 电子商务不仅仅是聚集网上的买卖者群体，它也为企业之间的战略合作提供基础。企业之间可以通过网络在市场、产品或经营等方面建立互补互惠的合作，形成水平或垂直形式的业务整合，以更大的规模、更强的实力、更经济的运作真正达到全球运筹管理的模式。任何一家企业，不论它具有多强的技术实力或多好的经营战略，要想单独实现 B2B 电子商务，是完全不可能的，只有内部管理信息系统和外部电子商务平台融合，实现一体化的供产销存的电子商务网络，才可以发挥电子商务的真正优势。

3.1.2　B2B 电子商务的特点

B2B 电子商务最主要的特点是交易过程的自动化。具体来说，B2B 电子商务的特点可以概括为以下几个方面。

1. B2B 电子商务以企业对企业的经营环境为信息体系框架

根据 Handfield 和 Nichols（1999）总结的内容，B2B 电子商务一般要求企业建立包括如下要素的信息体系：①产品信息，包括产品的具体规格、价格和销售历史资料等。②顾客信息，包括向顾客进行销售的历史记录、对顾客的销售预测等。③供应商信息，包括产品线、供货情况、交易条件等。④产品生产程序信息，包括生产能力、生产投入情况、产品研发计划等。⑤运输信息，包括承运人情况、运输安排情况、运输成本等。⑥库存信息，包括库存水平、仓储费用、仓储地点等。⑦供应链战略联盟信息，包括主要的商业合作伙伴、合作伙伴的作用和责任，以及合作的时间安排等。⑧竞争者信息，包括与竞争者之间的差距信息、竞争者产品及所占的生产份额等。⑨营销信息，包括销售网络分布、促销安排等。⑩供应链流程及其运行效率信息，包括流程的设计、衡量运行效率的指标体系、运行质量、交货安排，以及顾客的满意度等。

2. B2B 电子商务一般以供应链为基本管理结构

B2B 电子商务以供应链为基本管理结构，为企业解决供应链中各个角色相互协调、相互配合的问题，并提供传统企业管理很难达到的社会资源最佳配置，从而为企业在市场竞争日益激烈的环境中取得竞争优势奠定基础。尽管 B2B 电子商务的应用多种多样，但其基本管理结构仍然由供应链的概念来反映。无论是有形的实物产品，还是无形的数字产品，其从原材料到最终产品一般都是由供应链上许多不同的独立企业通过一系列的增值生产活动完成的。

3. B2B 电子商务具有改善交易过程和提高经营效益的优势

（1）通过改善供应链管理降低经营成本。B2B 电子商务可以通过减少传统广告、通信、邮政、业务代表的投入而降低交易成本；同时，其业务的广泛性使其能够降低更多的渠道成本。

知识卡片 3-2
规模经济

（2）B2B 电子商务能够产生规模经济效应。例如，B2B 电子商务的物流配送以少批次、大批量为特征，不仅能够节省大量的配送成本，并且在一定程度上降低交易过程中信用和资金的风险问题，还能够形成**规模经济**。

（3）通过改善信息管理和决策水平最终提高利润率。B2B 电子商务能实现对交易过程的有效跟踪，减少错误的发生，减少非生产占用时间；信息的高效传输，可降低库存，减少大量资金占用，并使运输过程所需各种单证快速安全到达。

4. B2B 电子商务交易信息要求标准化

信息的无歧义性并且遵循统一的行业标准，是 B2B 电子商务的基本要求。在 Internet 上广泛使用的 XML，是一种可扩展标记语言，可用于制定一些行业标准。如果在买卖双方之间不能定义一种标准格式，交换的信息就不可能表达清楚。

5. B2B 电子商务交易过程中需严格的用户身份验证

在开放网络中交易，如在 Internet 中，参与交易的各方可能过去从未谋面，现在通过网络交易不用见面，将来或许永远不会见面，这种情况下贸易伙伴的彼此身份认证和金融中介机构的认证就显得非常重要。

3.1.3　B2B 电子商务分类

B2B 电子商务经过数十年的发展，其交易模式也呈现多元化趋势。业界和学界广泛认同并采用的是表 3-1 中按目标顾客、按所有者角色、按市场定位划分的

B2B 电子市场类型。随着 B2B 电子市场的日臻完善，一些 B2B 电子市场融合并派生出相应的 B2B 电子商务模式。

表 3-1 早期 B2B 电子市场的分类

分类标准	数量	分类名称	来源
目标顾客	2	垂直电子市场；水平电子市场	Raisch（2000）
产品特性	2	直接电子市场；间接电子市场	
所有者角色	3	买方主导的电子市场；卖方主导的电子市场；独立的电子市场	
业务方式和内容	4	间接型物料中心（MRO）；目录中心；集市型中心；独立的第三方电子市场	Kaplan & Sawhney（2000）
自动化程度和定价模型的影响	4	商品中心；动态市场；渠道运营商；内容服务商	Piccinelli et al.（2001）
匹配机制	5	聚合；贸易中心；商品展示市场；拍卖市场；自动交易市场	Sculley & Woods（2001）
在价值链中的位置	2	偏向型电子市场；无偏型电子市场	Grewal et al.（2001）
贸易伙伴	2	固定型电子市场；动态电子市场	Gottschalk & Abrahamsen（2002）
市场定位	4	现货市场；公开市场；私有市场；信息市场	

资料来源：YU C S What drives enterprises to trading via B2B E-marketplaces?[J]. Journal of electronic commerce research，2007，8（1）:84-100.

1. 按 B2B 电子市场目标顾客分类

按面向目标顾客的不同，B2B 电子市场可分为垂直电子市场和水平电子市场，相应的 B2B 电子商务模式可分为垂直 B2B 电子商务、水平 B2B 电子商务。

（1）垂直 B2B 电子商务。垂直 B2B 电子商务交易平台主要面向特定行业企业或相关行业企业提供专业服务，能使企业与其贸易伙伴间达成深度整合，充分发挥企业间的供应链协作机制，提高透明度和规范性。每种行业的 B2B 电子商务都在不同程度上延伸着企业价值链，与上下游企业实现不同程度的信息共享和流程的电子化协同。因此，一些创建专用交易平台的企业一般都是供应链管理的领先者，它们通过实施 ERP（企业资源计划）等信息工程实现企业内部供应链的有效整合与集成，通过提高预测、库存等数据准确性和业务规范性为企业间作业协同奠定了坚实基础，并希望通过供应链拓展，与合作伙伴建立端对端的供应链交互服务协同作业，以提高在供应链层面而非产品层面的竞争力。通过垂直 B2B 交易平台，许多企业已成功地与其贸易伙伴达成了极其密切的合作关系。

【微型案例 3-1】中国台湾半导体制造公司通过企业专用平台技术，使分布于各地的工程师得以通过网上协作实施芯片设计项目。该系统安全性很高，系统用户无法复制或下载设计图案，保留在数据库中的设计方案受到公司防火墙的严密保护。有权进入该系统的工程师来自供应链各环节的相关企业，根据不同的访问权限，他们可以同时看到部分或全部的设计图样，还可以把单个电路或连接线分离出来，做上标记，跟踪相关电路设计的全过程，并可随时向所有相关人员发表个人的意见和看法。

垂直 B2B 电子商务可以分为两个方向，即上游和下游。生产商或商品零售商可以与上游的供应商之间形成供货关系，例如 Dell（戴尔）电脑公司与上游的芯片和主板制造商就是通过这种方式进行合作；生产商与下游的经销商也可以形成销货关系，例如海尔与其分销商之间进行的交易。

垂直 B2B 电子商务模式的代表性网站：中国化工网（china.chemnet.com）、我的钢铁网（www.mysteel.com）等。

垂直 B2B 电子商务模式在实际应用中需要注意以下问题：①垂直 B2B 交易平台虽然具有很强的协作能力，但这种模式并不是所有企业都适用。例如，在业内占据主导地位或具备一流供应链管理能力的企业有时也会建立自己的专用交易平台，其主要原因是行业性交易平台的能力远远不能满足它们独特的业务需要和供应链管理流程的要求。②垂直 B2B 交易平台涉及企业间核心业务流程的集成，要求数据、单证、流程、商业规则必须规范与统一，然而不同企业供应链战略、业务体系、内部信息化条件、公司文化往往存在明显差异，因此在具体实施当中会有很多具体问题需要协调解决，其中商业规则的标准化、产品标准化、协作流程标准化以及与企业内部 ERP 等系统无缝集成等问题是实施企业必须面对和解决的突出挑战。

（2）水平 B2B 电子商务。水平 B2B 电子商务又称综合性 B2B 电子商务，主要面向一定区域内多个行业的购销双方，为用户提供多个行业的信息。水平 B2B 平台一般将各个行业中相近的交易过程集中到一个场所，为企业的采购方和供应方提供交易的机会，其用户规模数量庞大。水平 B2B 电子商务交易平台，一方面利用网上交易为企业创造价值，提升行业供应链竞争力；另一方面通过制定行业标准、组织中间采购对 B2B 服务进行有效管控，同时为业内企业集中提供内容丰富的资讯信息，包括行业新闻、行业教育、职位招聘以及面向行业的专门化服务等。

水平 B2B 电子商务模式的代表性网站：阿里巴巴（www.1688.com）、中国制造网（cn.made-in-china.com）、环球资源网（www.globalsources.com）等。

总体而言，垂直 B2B 交易模式下，可以通过供应链运作推动不同企业间的同步和协作，降低运营成本，实现管理效益；水平 B2B 交易模式则主要着眼于有效地从事采购、销售和信息交流，为各个企业提供一个商贸平台，或提供商机信息并促成交易。不论是哪种 B2B 电子交易模式，彼此之间虽在功能上存在差异，但实现它们的技术体系却是近似并可以平滑扩展的，因此，可以从企业战略角度出发，通过模式组合来更好地与企业业务需求相匹配。例如，以"小门户＋联盟"的组合 B2B 形式，为企业提供既综合又专业的服务。研究表明，企业大多以模式组合的方式参与电子化交易，而对不同交易模式的选择要看企业不同的业务需要，目前并不存在一种万能的交易模式。

2. 按平台所有者角色分类

按交易平台所有者的角色，B2B 电子市场可分为买方主导的电子市场、卖方主导的电子市场以及独立的第三方电子市场，B2B 电子商务模式也相应地可以分为三类。

（1）买方主导的 B2B 电子商务。该模式由买方自建和管理 B2B 电子商务市场平台，并将其采购需求放到 B2B 电子市场上，以便在更大范围内吸引供应商，提高采购效率。代表性企业网站：百度爱采购（b2b.baidu.com）等。

（2）卖方主导的 B2B 电子商务。该模式由卖方自建和管理 B2B 电子商务市场平台，并将其产品放到 B2B 电子市场上，以便在更大范围内吸引购买方，降低销售成本。代表性企业网站：海尔（www.haier.com）、英特尔（www.intel.cn）等。

（3）第三方 B2B 电子商务。该模式由独立的第三方中介建立并控制 B2B 电子市场，吸引卖方和买方在电子市场上发布其所供应和需求的产品信息，促进双方信息的共享和协调，并协助双方最终完成电子交易。这种 B2B 电子商务模式也称信息中介 B2B 模式，由第三方经营，既不偏向采购商也不偏向供应商，是为多个买方和卖方提供信息和交易等服务的电子交易平台。第三方 B2B 电子商务模式是我国 B2B 市场的主流模式，代表性网站：阿里巴巴（www.1688.com）。

3. 按市场定位分类

按市场定位，B2B 电子市场可分为现货市场、信息市场等类型，并形成相应的 B2B 电子商务模式。

（1）现货市场电子商务。B2B 现货市场现阶段主要是从事**大宗商品**交易的市场。大宗商品交易市场特指专业从事电子买卖交易套保的大宗类商品批发市场，通常是由政府职能部门批准设立并监督管理，具备大宗生产资料的战略储备、调节物价、组织生产和套期保值四大基本功能。我国大宗商品交易市场一般由地市级以上政府职能部门批准设立，并由商务部、国家发改委等职能部门监督和管理。B2B 现货市场模式又可分为现货网上即期交易模式和现货网上中远期交易模式两种。

知识卡片3-3
大宗商品

①现货网上即期交易模式。这类网上市场的一般交易方式为：卖方先将欲销售的产品运入市场的监管仓库或物流中心，仓库验货后卖家在相关网络平台上挂牌销售，买卖双方就价格、交货方式等商议达成交易后，卖方开具网上销售提单给买方，买方通过网上银行或支票、电汇等方式支付货款，卖方收到货款后通知仓库出库。卖方也可以自行在网上发布信息，与买家商谈并完成交易。这类模式的典型代表：我的钢铁网（www.mysteel.com）等。

②现货网上中远期交易模式。这类网上市场的交易方式是：通过网上交易平台开展标准化合同的网上集中竞价交易，交易达成后由网上银行实现支付，再由分布在全国各地的仓库实现交货、提货，在整个交易过程中，信息流、资金流、物流相互配套，形成完整的网上交易。这类模式的典型代表：浙江塑料城网上交易市场（www.ex-cp.com）等。

（2）信息市场电子商务。此即网上信息服务模式，通过网上市场发布商务信息、广告，促成交易。这类模式的典型代表：生意社（www.100ppi.com）等。

4. 按市场范围分类

（1）跨境 B2B 电子商务。其指基于电子商务信息服务平台或交易服务平台的企业对企业跨境贸易活动。信息服务平台主要是通过第三方平台进行信息发布或者信息搜索完成交易撮合的服务，代表企业有阿里巴巴国际站、生意宝国际站、环球资源等；交易服务平台是构建能够实现供需双方之间网上交易和支付的平台商业模式，代表企业有敦煌网、大龙网等。

（2）区域 B2B 电子商务。其主要为国内供应商与采购者进行交易提供服务的 B2B 电子商务，交易的主体和行业范围在同一国家（或地区）。代表企业如阿里巴巴 1688 网站、中国制造网内贸站等。

3.1.4　B2B 电子商务的盈利模式

盈利模式（profit model）是企业或个人在市场竞争中逐步形成的赖以盈利的商务结构及其对应的业务结构，是能够在一段较长时间内相对稳定地维持的利润来源。B2B 行业网站的收入来源主要是会员费、网络广告费、黄金展位与关键词搜索服务费、交易佣金、询盘付费、增值服务等，**随着大数据**技术在电子商务中的应用，数据收集、个性化推荐等以增值服务为代表的盈利模式也逐步进入市场。

知识卡片3-4

大数据

1. 会员费

会员费是第三方信息中介类 B2B 网站最主要的收入来源。工商企业通过第三方 B2B 电子商务平台参与电子商务交易，必须注册为 B2B 网站的会员，并每年交纳一定的会员费，才能享受网站提供的各种服务。例如，在阿里巴巴 B2B 平台上，免费会员只能浏览有限的信息，用户只有注册成为其收费会员并按相关收费标准缴纳会员费后，才能在其平台上发布供求信息、进行交易。

2. 网络广告费

网络广告是广告主为了推销其产品或服务在互联网上以图片、文字、动画、视频等方式向目标群体进行有偿的信息传达，从而引起群体和广告主之间信息交流的活动，具有传播范围广、针对性强和价格低廉等优点。

付费网络广告是 B2B 电子商务平台的又一个主要收入来源。例如，阿里巴巴网站的广告根据其在首页位置及广告类型来收费。中国化工网有弹出广告、漂浮广告、BANNER 广告（横幅广告）、文字广告等多种表现形式可供用户选择，并分别按一定的标准收取相应的广告费用。慧聪网的网络广告则按文字链广告、行业资讯、终端页、按钮广告、横幅广告、通栏广告、弹出广告、流媒体广告、全屏广告、焦点图广告等不同广告形式分别收取相应的费用。

3. 黄金展位与关键词搜索服务费

黄金展位是 2007 年阿里巴巴专为诚信通会员提供的企业品牌优先展示平台，之后被很多 B2B 电子商务平台借鉴使用。企业购买黄金展位后，在指定行业列表页的显著位置，会以最醒目的形式优先展示企业相关信息，提高企业曝光率，帮助企业提升行业知名度。例如，在阿里巴巴平台（www.1688.com）购买黄金展位的企业，可在指定关键词的搜索结果页面的右侧显著位置获得优先展示；而慧聪网是把关键词搜索中的超级展位服务、黄金展位服务、滚动排名服务作为"金榜题名"网络推广产品线展现给买卖通付费会员，每月每个关键词按一定标准收费。

4. 交易佣金

交易佣金模式，即企业通过第三方 B2B 电子商务平台参与交易，在买卖双方交易成功后平台按一定的比例收取相应的服务交易费用。例如，阿里巴巴（1688.com）每次交易成功之后，按每件商品在网上成交金额的 0.25% 到 2% 收取相应的交易服务费，如果未实际成交则不收取；再如敦煌网，它采取佣金制，免注册费，每年不需交纳会员费就可以享受网站提供的一些服务，只是在买卖双方交易成功后，按比例收取一定的交易佣金。

5. 询盘付费

询盘付费是指企业按照网络推广带来的实际效果，即网络买家实际的有效询盘来付费。询盘付费模式让企业零投入就可享受免费全球推广，主动权完全掌握在供应商手里。

6. 增值服务

B2B 网站通常会为企业提供一些独特的增值服务，包括企业认证、独立域名、提供行业数据分析报告、搜索引擎优化等。可以根据行业的特殊性去深挖顾客的需求，然后提供具有针对性的增值服务。例如，现货认证是针对电子行业提供的一项特殊的增值服务；百度排名推广服务是搜索引擎优化的一种；"京东大数据"平台利用大数据分析打造个性化商城和智能供应链体系。

随着 B2B 电子商务渗透率的提升和各企业需求的差异化发展，未来 B2B 电子商务的服务类型和盈利模式将更加多元化。首先，大数据应用是 B2B 电子商务市场发展的方向之一，也是平台发展的基础。运营商可通过深挖、整合平台用户的信息资源，提供更加精准化、智能化和个性化的服务，满足用户多元化需求。其次，供应链融资担保服务是各运营商的重点发力方向。许多中小企业卖家都有融资需求，平台融资担保服务或将成为运营商最有竞争力的资源之一。总之，未来中国中小企业 B2B 电子商务市场将在运营服务类型、盈利模式等层面实现多元化发展，运营商的核心竞争力也会随之提升。

3.1.5 国内典型 B2B 电子商务网站

中国 B2B 电子商务网站以阿里巴巴、慧聪网、中国制造网、上海钢联、敦煌网、网盛生意宝等为典型代表。

调研数据显示，企业在不同年份 B2B 市场份额占比的排名是变化的，表明 B2B 市场竞争激烈；市场龙头阿里巴巴的份额被不断挤压，市场份额图中"其他"占比不断增大，竞争呈现出"一超多强"的格局，表明中国 B2B 市场在一定程度上具有朝多极化方向发展的趋势。

1. 阿里巴巴

阿里巴巴集团控股有限公司（Alibaba Corporation）于1999年创立，集团的首个网站是阿里巴巴全球批发贸易市场（英文网站），同年又推出专注于国内批发贸易的中国交易市场（中文网站，现称1688），均属于水平B2B电子商务类型。早期阿里巴巴的B2B模式，规避了物流等存在困难的环节，只在网上提供买卖双方的交易信息，不参与买卖契约和买卖货款的结算，物流也是最终由买卖双方解决，阿里巴巴仅推荐优良物流公司供买卖双方选择使用。阿里巴巴奉行"可信、亲切、简单"的经营理念，其成功的秘诀可以总结为"良好的定位、稳固的结构、优秀的服务"。阿里巴巴从中国国情出发扬长避短，从信息提供、销售支持等商业模式开始，通过创新符合本国国情的盈利模式，培养电子商务参与者的积极性，其发展过程带给中国电子商务的后来者诸多有益启示。

目前，阿里巴巴集团经营多项业务，其中做B2B电子商务的主要是阿里巴巴国际站（Alibaba.com）和1688网站（www.1688.com），在中国B2B电子商务市场依然独占鳌头。阿里巴巴1688网站首页如图3-3所示。

图3-3 阿里巴巴1688网站首页

2. 慧聪网

慧聪网是北京慧聪国际资讯有限公司的全资子公司，其网站首页如图3-4所示。

图3-4 慧聪网网站首页

慧聪网作为一个B2B网站，主要提供基于供求信息的资讯服务，通过为企业打造集"信息服务、撮合服务、工具服务"于一体的企业经营服务平台，在前端构建产业数据链及业务场景，在后端提供金融、数据营销、SaaS（软件即服务）等支撑性服务，构建产业互联网生态服务闭环。代表产品有慧生意、慧优采、互通宝、慧精彩等。

慧生意是慧聪网为企业用户提供在网上做生意、结商友的工作台，企业可以通过慧生意建立集合产品展示、企业推广、在线洽谈、身份认证等多种功能的网络商铺；慧优采是B2B信息聚合平台，为用户快速搜寻全网商品以匹配买卖双方真实需求；互通宝是P4P营销工作台，广告主可以自主实现多平台多维度目标关键词设置、多渠道商品信息展示，操作简单、付费形式灵活；慧精彩是慧聪网与百度爱采购联手，依据中小企业特点，推出的集"建站、认证、引流、品宣、撮合"于一身的一站式网络营销产品。

此外,"慧聪发发"是慧聪网发布的一款网上贸易即时沟通软件,资讯方面的优势始终是慧聪保持行业地位的法宝。

3. 中国制造网

中国制造网创立于1998年,是一个面向国内外采购商提供中国产品信息和电子商务服务的网站,由焦点科技股份有限公司全力开发及运营,主要为顾客提供B2B电子商务解决方案(2019年开始涉足少量外贸B2C业务)。中国制造网关注中国企业特别是众多中小企业的发展,借助商业信息数据库,帮助众多供应商和采购商建立联系、提供商机。

中国制造网分为国际站(www.made-in-china.com)和内贸站(cn.made-in-china.com),国际站主要为中国供应商和海外采购商挖掘商机并提供一站式外贸服务;内贸站主要为国内参与买卖交易的中小企业提供信息管理、展示、搜索、对比、询价等全流程服务,即帮助供应商在互联网上展示企业形象和产品信息,帮助采购商精准、快速地找到诚信供应商。中国制造网内贸站还为买卖双方同时提供平台认证、广告推广等高级服务,其网站首页如图3-5所示。

图3-5 中国制造网内贸网站首页

中国制造网可以为采购商提供以下服务：搜索产品并通过中国产品目录查找产品、联系供应商；发布采购商情，将采购信息加入商情板；采用收费的贸易服务，有效开展同中国产品供应商之间的贸易往来；免费查阅信息和获得多种功能。

中国制造网可以为中国制造商、供应商、出口商提供以下服务：将产品和公司信息加入中国产品目录；通过商情板搜索全球买家及其采购信息；采用推广服务提高顾客产品和企业品牌的曝光概率并引起目标买家的关注；采用中国制造网的高级会员服务全面提升公司形象和增加贸易机会。

中国制造网为海外供应商提供的服务有：将产品和公司信息加入商情板；通过商情板搜索全球买家及其采购需求；有机会使用中国制造网的推广服务，有效推广产品和企业品牌。

4. 上海钢联

上海钢联（上海钢联电子商务股份有限公司，Mysteel Research Institute）于2000年成立，是从事钢铁行业及大宗商品行业信息和电子商务增值服务的B2B平台综合服务商，形成了以钢铁、矿石、煤焦为主体的黑色金属产业及有色金属、能源化工、农产品等多元化产品领域的集团产业链。

上海钢联旗下管理并运营"我的钢铁网""我的能源网""我的有色网""我的不锈钢网""搜搜钢网"五大网站。其中"我的钢铁网"是着力于大宗商品资讯及咨询研究、电子商务服务的大型门户网站，提供综合资讯、产经纵横、统计资料、钢厂资讯、下游动态等资讯内容，涵盖矿产、钢铁、有色、能源、农产品等大宗商品。我的钢铁网网站首页如图3-6所示。

5. 敦煌网

敦煌网（www.dhgate.com）是2004年创立的第三方B2B跨境电子商务交易平台，能够实现在线交易并通过从交易额中提取佣金盈利。敦煌网采取佣金制，可以免注册费，只是在买卖双方交易成功后收取费用。敦煌网"为成功付费"的经营模式，既减小了企业风险、节省了企业不必要的开支，同时也避开了与阿里巴巴、中国制造网等"会员收费"模式的竞争，被认为是第二代B2B电子商务的典型代表。敦煌网网站的卖家首页如图3-7所示。

在敦煌网，买家可以根据卖家提供的信息选择直接批量采购并生成订单，也可以选择先小量购买样品，再大量采购。这种线上小额批发一般通过快递公司在一定金额范围内代理报关。"用淘宝的方式卖阿里巴巴B2B上的货物"，是对敦煌

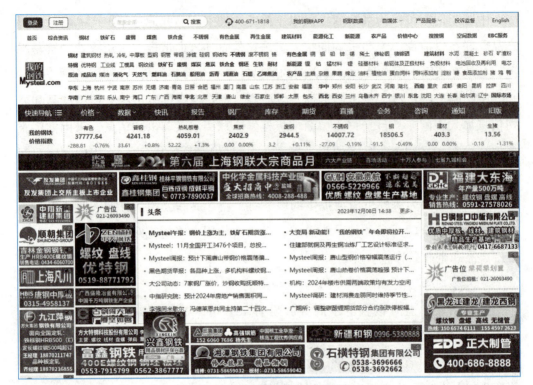

图 3-6 我的钢铁网网站首页

图 3-7 敦煌网网站的卖家首页

网交易模式的一个有趣概括。

6. 网盛生意宝

网盛生意宝的全称是浙江网盛生意宝股份有限公司，总部在杭州，是一家从事互联网信息服务、电子商务和企业应用软件开发的高科技企业，是垂直 B2B 电子商务模式的代表性企业之一，目前旗下有生意宝、生意社、网盛商品交易中心三个主要平台。

生意宝（cn.toocle.com）被称为基于行业网联盟的 B2B 社交电商平台，主要基于"分类聚合、精准服务"的思想，依托网盛产业互联网基础设施、供应链金融基础设施、网络货运基础设施为其合作伙伴搭建某一行业项下的产业链服务平台，并提供行业资讯服务、产品推广服务、行业会议服务、供应链服务、在线物流服务等，生意宝网站首页如图 3-8 所示。

图 3-8　生意宝网站首页

生意社是大宗商品数据服务平台，跟踪分析能源、化工、橡塑、有色、钢铁、纺织、建材、农副八大行业 500 多个商品的现货数据，同时覆盖纽约商品交易所、上海期货交易所等全球 20 多个期货市场的数据情况。

网盛商品交易中心（www.sunsirs.cn）是大宗原材料撮合与担保交易服务平台，主要向企业顾客提供 B2B 电子交易撮合、担保交割、票据支付、产业链、网络货运、数据行情分析等服务，其中票据支付解决用户大额支付的难题。

3.2 B2C 电子商务

B2C 电子商务模式以 1995 年 7 月美国亚马逊网上书店的创建为诞生标志，我国 B2C 电子商务则以成立于 1999 年 9 月的 8848 网上超市正式运营为标志。B2C 是电子商务交易模式中应用最普遍、发展最快、最灵活的一种经营方式。

3.2.1 B2C 电子商务的含义

B2C 电子商务是指企业通过网络平台向消费者直接销售产品和提供服务的电子商务经营模式，一般借助购物网站开展在线零售活动。

参与 B2C 电子商务活动的商家与顾客之间一般借助网络进行互动，即企业通过互联网为消费者提供一个虚拟购物环境——网上商店或电子商城，消费者借助各种网络终端在网上选购商品，并可在线支付。企业、商家可以充分利用网上商店或电子商城提供的网络基础设施、支付平台、安全平台、管理平台等共享资源，有效地、低成本地开展商业零售活动。

3.2.2 B2C 电子商务模式类型

我国 B2C 电子商务的发展迅猛，经营模式从早期"鼠标+水泥"的当当网上书店模式，到纯粹虚拟的天猫商城、京东商城模式，以及如今产品制造商、传统零售商纷纷进军 B2C 行业，带来了 B2C 在经营模式上的新变化。根据不同 B2C 电子商务网站所表现出的共性特征，可以将 B2C 电子商务经营模式大致归纳为电子商店、网上商城、B2C 电子信息中介等类型。

1. 电子商店

B2C 电子商店是指网店所有者通过网店直接销售商品或服务的一类电子商务经营方式。电子商店又可分为综合类电子商店、专门类电子商店、服务型网店三种，提供的产品包括实体产品、数字化产品、服务等。

（1）综合类电子商店。综合类电子商店类似于传统的百货商店，销售多种类型的商品，一般有自备仓库，成熟的这类店铺甚至会形成自有的网络品牌。因为不同网店各自有库存、物流配送等环境的差异，每个平台会赋予各自不同的元素，从而产生不同的品牌效应。代表性网站：中国当当网、京东商城；美国亚马逊公司、线上沃尔玛等。

（2）专门类电子商店。专门类电子商店类似于传统的专卖店，仅售某种或某个品牌、某个系列的商品。这类商店根据其经营商品的品种和经营风格又可分为轻型品牌网店、垂直商店、复合品牌店等类型。

①轻型品牌网店。这类网店一般仅销售单一的某个品牌的商品，面对的是传统品牌店的竞争压力，目前有些轻型的网店也正在往复合型转化，如梦芭莎也开了几家实体店，甚至由原来的卖内衣扩充产品系列至女性消费的方方面面。轻型品牌网店代表性网站：梦芭莎、VANCL等。

②垂直商店。垂直商店主要服务于某些特定的人群或某种特定的需求，提供有关这个领域或需求的全面产品及更专业的服务体现。如麦考林定位于18～25岁的年轻女性群体，无店面销售载体；红孩子起步时就从母婴市场切入；早期的京东商城则专注于销售电器/3C产品。一般来说，这种商店的产品存在很大的相似性，要么是满足于某一人群，要么是满足于某种需要，或属于某种平台（如电器）。值得注意的是，这类垂直商店目前出现扩大市场向其他类型转化的动向。例如上例的京东商城早期通过低价的电器/3C产品吸引了大批的购买者，然后通过丰富产品线添加或推荐利润空间更大的产品以谋求盈利。垂直商店代表性网站：麦考林等。

③复合品牌店。复合品牌店一般拥有多家线下实体店铺，如百丽（BELLE）线下有近8 000家店。这类店铺随着电子商务市场的成熟，会有越来越多的传统品牌商选择加入，以抢占新市场，扩充新渠道，优化其产品与渠道资源。复合品牌店代表性网站：百丽等。

（3）服务型网店。服务型网店主要借助计算机网络为顾客提供一系列服务。目前服务型的网店越来越多，都是为了满足人们不同的个性需求，甚至是帮人排队买电影票。例如亦得代购网站，可以帮助顾客到全世界各地去购买其想要的产品，并以收取适量的服务费盈利。随着时间的推移，会有更多服务形式的网店出现。服务型网店代表性网站：亦得代购网等。

2. 网上商城

B2C网上商城也称电子商城或综合电子市场，其主要服务对象是企业，也可以面向消费者。综合电子商城如同现实生活中的实体大商城一样，允许不同企业在商城开设许多店铺。商城的所有者一般不直接参与商务的买卖，但负责维护商城的经营秩序，并为在商城上开店的商户提供各种服务，同时也受理网络消费者与商户之间的一些纠纷。如天猫商城就类似这种形式，它有庞大的购物群体，有稳定的网站平台，有完备的支付体系、诚信安全体系等，促进了卖家进驻卖东西、买家进平台或网店买东西。如同传统商城一样，天猫商城自身是不卖东西的，只是提供完备的销售配套服务。

B2C 网上商城在人气足够、产品丰富、物流便捷的情况下，其成本低廉、24 小时不间断运作、无区域限制、产品更丰富等优势，使得网上商城成为网络零售市场一个极其重要的角色。

网上商城代表性网站：天猫商城、首都电子商城、线上天河城与正佳广场等。

3. B2C 电子信息中介

B2C 电子信息中介是在电子网络中为商品或服务提供商、消费者提供信息服务，促进双方交易的第三方组织，如导购型网站、旅游网站等各类信息中介。

（1）导购型网站。其主要从消费者的角度去做服务，给商家带去顾客，为消费者提供一个良好的产品体验口碑分享平台。随着电子商务应用的广泛深入，导购型网站市场也空前繁荣，代表性导购型网站主要有什么值得买（www.smzdm.com）、买购网（www.maigoo.com）、小红书（www.xiaohongshu.com）、一淘网（www.etao.com）、返利网（www.fanli.com）等。

（2）旅游网站。旅游网站品类繁多，服务内容也多种多样，除提供各类丰富、实用的旅游资讯，完善的会员注册、升级、打折制度外，有些还能给游客及时提供旅游景点的气象、注册 E-mail 信箱的服务或趣闻信息栏目、友好活泼 BBS（公告板系统）论坛等特色服务。代表性旅游服务网站：携程旅行网（ctrip.com）、马蜂窝（mafengwo.cn）、相约久久旅游网（meet99.com）、去哪儿（qunar.com）、途牛旅游网（tuniu.com）、骑行圈（qixingquan.com）等。

微课视频 3-1
B2C 电子商务企业类型

需要说明的是，随着 B2C 市场竞争日益激烈，B2C 电子商务在经营模式上呈现出专门类电子商店向综合类电子商务转型、综合类电子商店向网上商城转型的发展趋势。

3.2.3 B2C 电子商务企业类型

从电子商务应用实践来看，开展 B2C 电子商务的企业主要有以下几种类型。

1. 经营离线商店的零售商

这类企业经营着传统模式的实体商店或商场，网上零售只是其作为企业开拓市场的一条新渠道，并不依靠网上零售生存。这类企业的典型代表如中国的新华书店（www.xhsd.com）、上海联华超市（www.bl.com）、北京西单商场（www.xdsc.cn）；美国的沃尔玛、西尔斯百货公司（sears.com）等。

2. 纯粹的虚拟零售企业

纯粹的虚拟零售企业又称虚拟电子零售商（virtual e-tailers），是直接通过互联网向最终消费者销售商品的企业，这类企业是电子商务的产物，依靠网上的销售生存，一般不需要实体销售渠道，网上零售是其唯一的销售方式。例如早期的京东商城、亚马逊公司等。

随着电子商务市场的日趋成熟，虽然有些电子零售商开始尝试在线下开设体验店（如京东线下体验店），但网上零售仍然是这类企业赖以生存的根本。

3. 商品制造商

商品制造企业采取网上直销的方式销售其产品，不仅给顾客带来价格的优势，而且减轻了商品库存的压力。因为直销使制造商与消费者直接接触，有更多交互的机会，制造商能更多地了解市场；消费者直接与制造商接触，也可以获得更多相关产品信息。这类企业通常使用直销和按单制造相结合的销售策略，顾客可以按其需求规格订购公司产品，如海尔、戴尔等公司。

【微型案例 3-2】2000 年 7 月，黑龙江省哈尔滨市居民宋明伟在互联网上向海尔公司订购了一台有特殊需求的左开门冰箱，并要求 7 天内交货。6 天后，一台海尔 BCD-130E 左开门冰箱如期送到了购买者的家中。这是海尔通过电子商务售出的第一台个性化冰箱，也是国内第一台通过网上定制的冰箱产品。

4. 网络交易服务提供商

网络交易服务提供商也称网络中介公司，或网上商城。这类企业专门为多家商品销售企业开展网上售货服务，既不是买家，也不是卖家，仅提供一个交易服务平台，如天猫商城。

5. 特殊服务提供商

在 B2C 电子商务中，除上述企业所能提供的相关商业模式外，还有一些企业在经营着其他商务模式，如邮政服务、婚庆服务、礼品登记、电子就业市场等。

（1）邮政服务。网络邮政服务是电子商务早期应用之一，现在许多国家的各类网站都提供互联网邮政服务。例如，我国邮政局使用在线服务的计算机为顾客给销售商汇款，提供电子商务的支付服务；美国邮政公司提供集邮资计费、称重和打印于一体的在线服务，该项服务功能包括通过互联网下载邮件、称量信件或包裹重量并计算邮资、打印邮件，使用个人计算机邮件软件，用户可以通过互联网购买邮资，再用标准桌面打印机在信封上直接打印邮戳或者包裹标签。

（2）婚庆服务。婚礼网站可以向新娘或新郎提供信息，帮助制订婚礼计划和选择婚礼用品销售商，还可以提供通过电话或网络订购婚礼用品的服务等。例如，美国 weddingchannel.com 是第一家在线运营的婚礼服务网站。

（3）礼品登记。通常，礼品登记要由礼品公司和百货公司配合，提供礼品登记服务的企业数据库必须对登记者保密，礼品登记单输入后会全部显示这些礼品购买者信息。当某礼品被选择，它会从登记清单中移除，后面其他任何人将不能再选择同一件礼品。同时，该数据库必须与销售公司的货物清单交互，订购礼品时向订购者和登记者发送信息，显示库存货物，尽可能使所有各方对选择的礼品满意。在美国使用礼品登记的方式购买礼品已非常普遍，每年有300亿～500亿美元花在婚礼上，其中礼品登记部分估计占170亿美元；其他如周年纪念日、生日、毕业典礼等，人们也使用礼品登记的方式购买礼品。中国是个礼仪之邦，自古崇尚投桃报李、礼尚往来，礼品登记市场具有广阔的发展前景。

（4）电子就业市场。互联网为求职者提供了工作职务资源，也为招聘困难的公司提供了丰富的人才资源。电子就业市场对于技术型公司的职位特别有效，因为公司和工作者都经常使用互联网。目前，互联网就业市场的组成要素主要包括求职者、招聘者、职务中介代理、政府代理机构等。求职者可以主动回应招聘广告，或者主动将简历放在个人主页或人才招聘网站上；招聘者

知识卡片3-5 门户网站

包括公共机构在内的许多机构，可以在其自建网站或一些普通公共**门户网站**、在线新闻报纸网站、电子公告板和职务中介公司网站上发布空缺职位广告，有时雇主也可以在线对应职者进行面试和测试；职务中介代理一般通过电子邮件和其他网站发布职务中介服务广告及空缺职位介绍等信息；政府代理机构可以在政府网站和其他相关网站发布政府职位招聘广告，一些政府代理还通过互联网帮助求职

者寻找外地工作。电子就业市场代表性网站：中国的中华英才网、深圳百诚招聘网（shenzhen.bczp.cn）；美国的hotjobs.com等。

3.2.4 典型B2C电子商务网站

国内典型B2C电子商务网站如天猫、京东、拼多多等；国外典型B2C网站如亚马逊公司、线上沃尔玛等。

1. 天猫

天猫商城（www.tmall.com）原名淘宝商城，2012年1月更名为"天猫"，是一个综合性B2C购物网站，整合数千家品牌商、生产商，可以为商家和消费者提供一站式网络零售解决方案。"天猫国际"2014年正式上线，主要为国内消费者直供海外原装进口商品；"天猫香港"2021年上线营业，其所有商品均由本地商家本地发货，消费者在家中可随时追踪订单状态。手机天猫App 2022年更新到12.0.0版本，并正式上线"猫享自营"服务。

天猫商城为消费者提供7天无理由退货的售后服务以及购物积分返现等服务，为天猫卖家店铺页面提供自定义装修功能。源于淘宝商城（天猫）2009年11月11日举办网络促销活动的每年"双十一"购物狂欢节，已成为中国电子商务行业的年度盛事，并且逐渐影响到国际电子商务行业。

知识卡片3-6
3C产品

2. 京东

京东商城（www.jd.com）是中国具有影响力的B2C网络零售商。京东商城于2004年在北京成立，早期主营3C产品，2013年3月改名为京东，正式启用JD.COM域名，开始去商城化。

京东商城目前在线销售家电、数码通信、电脑、家居百货、服装服饰、母婴、图书、食品、在线旅游等12大类数万个品牌百万种商品。京东建立华北、华东、华南、西南、华中、东北六大物流中心，同时在全国超过360座城市建立核心城市配送站。

3. 拼多多

拼多多（www.pinduoduo.com）是由上海寻梦信息技术有限公司于2015年创办的B2C电商平台，以社交拼团购物为核心模式，通过沟通和分享，为消费者提供原产地农产品、工厂直销产品和新品牌商品等，目前已成为中国主要的B2C网络零售平台之一。

拼多多倡导凝聚更多人的力量，让用户通过发起和朋友、家人、邻居等的拼团，用更低的价格购买所需商品，体会更多的实惠和乐趣。

4. 亚马逊公司

亚马逊公司（amazon.com）是美国最大的一家 B2C 电子商务公司，于 1995 年 7 月由杰夫·贝索斯（Jeff Bezos）在美国华盛顿州西雅图市创建。亚马逊是网络上最早开始经营电子商务的公司之一，早期称为亚马逊网上书店，主营书籍的网络零售业务，现在则扩展到范围相当广的其他产品，已成为全球商品品种最多的网上零售商和全球第二大互联网企业。

目前亚马逊公司名下包括 Alexa Internet、A9、Lab126、互联网电影数据库（Internet Movie Database，IMDb）等子公司。亚马逊及其子公司销售商可以为顾客提供数百万种全新、翻新及二手商品，产品种类由最初单纯的图书扩大至影视、音乐和游戏、数码下载、电子和电脑、家居园艺用品、玩具、婴幼儿用品、食品、服饰、鞋类和珠宝、健康和个人护理用品、体育及户外用品、玩具、汽车及工业产品等。

亚马逊曾被《福布斯》杂志称为世界上最大的网上书店，在其发展过程中，遭遇过挫折，但最终完成了从一个单纯的 B2C 网上书店向 B2C 网上综合零售商再到综合电子商务企业（包含 B2C、B2B 业务）的转变，在很长一段时期成功地走在新经济的前列并扮演着电子商务领航灯的角色。

5. 线上沃尔玛

沃尔玛是世界最大连锁零售企业，经营的商品品种有服饰、布匹、药品、玩具、各种生活用品、家用电器、珠宝化妆品，以及汽车配件、小型游艇等，家庭生活所需要用品几乎一应俱全。线上沃尔玛（www.walmart.com）于 2000 年推出，2010 年通过旗下山姆会员店开设网上商城，以及自 2011 年开始收购中国 B2C 电商 1 号店进入中国电子商务市场。2016 年 8 月，沃尔玛斥资 30 亿美元收购一家融资能力极强的美国电商公司 Jet.com，线上业务进入快速发展阶段，扩大了商品品类并建立了相对成熟的全球在线零售系统。

目前沃尔玛线上账号主要有四类，即 Marketplace 店铺、DSV 店铺（Drop Ship Vendor）、1P 店铺（1st Party）、Directly import（DI）账号。Marketplace 店铺是第三方卖家店铺，要求有美国公司、美国 TAX ID，有海外仓发货，沃尔玛前台显示是 Sold & Shipped by "Seller"；DSV 店铺只能邀请注册，同样要求有美国公司、

TAX ID，有海外仓发货，沃尔玛平台前台显示 Sold & Shipped by walmart.com，实际承运发货是卖家从海外仓发货；1P 店铺前台显示 Sold & Shipped by walmart.com，由沃尔玛直接采购，卖家发货到沃尔玛仓库，订单产生后由沃尔玛承运发到买家 FBW（Fulfilled by Walmart），这种对卖家要求更高、体量更大，1P 线上店铺销售好的情况下将有机会进入沃尔玛线下商店，如果进入沃尔玛线下超市，其采购的体量将会非常大；Directly import 账号类针对中国大卖家有 DI 账号扶持，中国公司可以直接注册 Directly import Vendor（DI Vendor）账号，从中国直接发货到沃尔玛或者买家，但注册 DI 账号时，沃尔玛对工厂资质要求较高。

3.3　C2C 电子商务

C2C 电子商务是指消费者与消费者之间进行的电子商务，或者个人与个人之间的商务活动。C2C 电子商务能够实现家庭或个人消费物资的合理调配、个人资源和专门技能的充分利用，从而最大限度地减少人类对自然资源和人力资源的浪费。

3.3.1　C2C 电子商务的参与主体

C2C 电子商务的参与主体主要包括卖方、买方、电子交易平台提供商，三者相互依存、密不可分。卖方可以主动提供商品到网上拍卖，而买方则可以自行选择商品进行竞价，不用事先交付保证金，凭借拍卖网站独有的信用度评价系统，借助所有用户的监督力量来营造一个相对安全的网络交易环境，使买卖双方能找到可以信任的交易伙伴。C2C 电子商务的参与主体及其相互关系如图 3-9 所示。

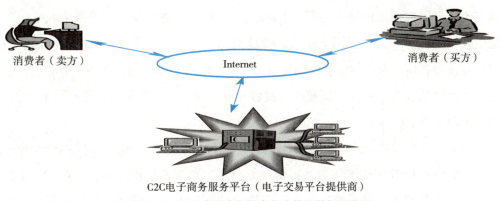

图 3-9　C2C 电子商务的参与主体及其相互关系

（1）在 C2C 交易中，电子交易平台提供商的作用举足轻重，直接影响这个商务模式存在的基础。首先，电子交易平台提供商把 Internet 上众多的买家和卖家聚集在一起，为其提供了一个交易的场所；其次，电子交易平台提供商往往还履行监督和管理的职责，负责对买卖双方的诚信进行监督管理以及对交易行为进行监控，最大限度地避免欺诈等行为的发生，保障买卖双方的权益；再次，电子交易平台提供商还能够为买卖双方提供技术支持服务，包括帮助卖方建立个人店铺、发布产品信息、制定定价策略等，帮助买方比较和选择产品以及电子支付等；最后，随着 C2C 模式的不断发展成熟，电子交易平台提供商还能够为买卖双方提供保险、借贷等金融类服务，更好地为买卖双方服务。

（2）电子交易平台提供商同样要依存 C2C 的买卖双方。平台提供商的利润来源主要是广告费、佣金、会员费以及金融服务费等。其中主要的利润均来自买家和卖家，即购买平台提供商服务的消费者和商家。以 eBay 为例，其公司业务已经扩展到欧洲、南美、亚洲、大洋洲等地，其广告收入只占总收入的 5%，利润大都产生在商品交易的过程中。因此，平台提供商要想生存和发展，必须为其会员提供更加完善和个性化的服务，最大限度地提高会员的忠诚度，并不断开发新的会员。

3.3.2 C2C 电子商务的特点

早期的 C2C 电子商务主要是提供消费者与消费者之间在网上进行二手物品或闲置物品分享和交易的场所，如今的 C2C 电子商务已发展成为集网上拍卖、新货网络零售、在线支付服务于一体的综合性电子商务业务模式。C2C 电子商务的主要特点具体可以归纳为以下方面。

（1）用户可以参与交易物品价格的制定。C2C 电子商务最主要的特点是消费者与消费者可以通过网络（主要是 Internet）讨价还价进行交易，实践中较常见的是依托某个商务网站进行网上拍卖。传统交易方式中卖方往往具有决定商品价格的绝对权力，而消费者的议价空间非常有限；C2C 网站的出现，使得消费者也有决定产品价格的权力，并且可以通过消费者相互之间的竞价结果，让价格更有弹性，为用户带来真正的实惠。

（2）借助所有用户的监督力量营造基于信任的安全交易环境。C2C 电子商务平台不设置复杂的身份认证环节，买卖双方也不用事先交付保证金，一般凭借 C2C 网站独有的信用度评价系统，借助所有用户的监督力量来营造一个相对安全的交易环境，使买卖双方能找到可以信任的交易伙伴。因此，C2C电子商务交易过程中，诚信就显得尤为重要。

（3）交易商品的种类繁多且质量参差不齐。在C2C电子商务网站上交易的商品多种多样，既可以是闲置的二手物品交易（如闲鱼等平台上的交易），也可以是新货的网络零售（如淘宝网上零售的新商品）。从商品形态来看，大到计算机和彩电、大型家私，小到邮票、针头线脑，以及一些虚拟商品等，都可以每天24小时不间断地自由卖出、买入。C2C平台上各类商品的来源不同，其品质也会各不相同，因此，消费者在购买商品时一般需要货比三家、价比三家，理性消费。

（4）往往通过折扣优惠活动或新奇商品吸引消费者。打折永远是吸引消费者的良方，由于C2C网站上经常有商品打折，对于注重实惠的消费者来说，这种网站无疑能引起其特别关注；对于有明确目标的消费者，也会受利益的驱动而频繁光顾。那些没有明确目标的消费者，则会因为许多C2C网站经常有新奇商品推出，为了享受购物过程中的乐趣而流连于这些C2C网站。这类用户一般并没有什么明确的消费目标，花大量时间在C2C网站上闲逛只是为了看看有什么新奇的商品，有什么商品特别便宜，对于他们而言，这是一种很特别的休闲方式。因此，**从注意力经济**角度来说，C2C也是一种能吸引眼球的商务模式。

知识卡片3-7 注意力经济

3.3.3 C2C电子商务的应用模式

C2C电子商务在实际应用中，主要表现为网上拍卖、网络导购、虚拟资产出卖等经营方式，是网络零售市场的重要组成部分。

1. 网上拍卖

拍卖是一种买方进行投标而卖方提供产品，以公开竞价的形式，将特定物品或者财产权利转让给最高应价者的买卖方式。拍卖是一种古老的市场机制，早在古罗马奴隶制社会，拍卖财产和奴隶的活动就曾盛行一时。随着西方发达国家市场经济的发展，拍卖已成为产品市场和资本市场必不可少的交易方式。

网上拍卖是以互联网为平台、以竞争价格为核心，建立买卖双方之间的交流与互动机制，共同确定价格和数量，从而达到均衡的一种市场经济过程。与传统拍卖相比，网上拍卖具有以下优点：①由于不受时空限制，网上拍卖参与的人数会更多。②竞价可持续数天或数周，竞买人不需要同时竞价，参与拍卖的时间更灵活。③借助搜索引擎，买方搜索所需竞买的物品更方便。

网上拍卖的方式归纳起来主要有以下几种。

（1）网络英式拍卖（English auction）。网络英式拍卖采用正向竞价形式，其规则是后一位出价人出价要比前一位高，竞价结束时最高出价者可获得竞价商品的排他购买权。买方可以通过浏览历史价格（当前其他买家的出价）决定对物品的最高报价，然后提供给系统，系统自动更新后，其所出的价格和历史价格就可以显示在网页上。网络英式拍卖的持续时间一般是数天或数周，如 eBay 拍卖的持续时间一般是 7 天。一些网上竞买人为了以较低价击败所有其他竞买人的出价，往往直到拍卖结束前数分钟才开始出价，使得其他竞买人没有时间进行反击，这种情况称为狙击（sniping）现象。卖方可以采用在规定时期内增加"扩展期"的方式，来应对这种"狙击"现象。

（2）网络荷兰式拍卖（Dutch auction）。荷兰式拍卖是一种公开的减价拍卖，又称出价渐降式拍卖，拍卖交易的大多是量大的物品，一般先由拍卖人给出一个潜在的最高价，然后价格不断下降，直到有人接受价格。在传统荷兰式拍卖过程中，物品价格每隔一定的时间会下降一些，第一个出价人可以按其出价时的价格购买所需的量；如果第一个出价人买完后物品还有剩余，则降价过程继续，直到所有物品都被买走为止。网络荷兰式拍卖也是针对卖家有大量相同物品要出售的情况，采用逆向竞价形式，但网络荷兰式拍卖不存在价格下降的情况，一般是到了截止时间竞价结束时，出价最高者获得其所需要的数量，如果物品还有剩余，就由出价第二高的人购买。网络荷兰式拍卖的原则：价高者优先获得拍卖品，相同价格先出价者先得。荷兰式拍卖常用于拍卖易腐的农副产品，如水果、蔬菜、鲜活产品等。

（3）密封拍卖（sealed-bid auction）。密封拍卖是指竞买方将出价通过加密的 E-mail 发送给拍卖方，由拍卖方统一开标后比较各方的价格，最后确定中标方的拍卖方式。网上密封拍卖多用于房屋建筑工程、大宗货物、土地等不动产交易以及资源开采权出让等交易，目前这种拍卖方式已越来越多地被各国政府用来在网上销售库存物资以及海关处理的货物。这种拍卖方式能使卖方获得更高的收益，因它鼓励所有的竞买人都按其预估价出价，降低了竞买人串通的可能性。密封拍卖与公开拍卖的区别：①在公开拍卖中竞买人可根据竞争对手的报价多次调整自己的报价,而在密封拍卖中每个投标人只有一次报价的机会。②公开拍卖以出价最高或最低取胜,而密封拍卖有时以报价最接近保留价或所报条件、方案最优者中标。③公开拍卖中一般是拍卖机构充当中介,而在密封拍卖中一般是买者和卖者直接进行接洽和谈判。

(4)双重拍卖(double auction)。双重拍卖过程中买方和卖方通过软件代理竞价系统出价。在拍卖开始前,买方向软件代理竞价系统提交最低出价和出价增量,卖方向软件代理竞价系统提交最高要价和要价减量。网上拍卖信息系统对卖方的要约和买方的要约进行匹配,直到要约提出的所有出售数量都卖给买方。双重拍卖只对那些事先知道质量的物品有效,如有价证券或定级的农产品,通常这类物品交易的数量很大。网上双重拍卖既可以按照密封递价方式进行,也可以按照公开出价方式进行。

(5)一口价。一口价指在交易前卖家预先确定一个固定的价格,让买家没有讨价还价的余地。交易完成后,买家根据卖家预先设定好的价格(即一口价)进行付款。如果卖家出售的是数量大于1的多数商品,则交易将持续到买家以一口价购完全部商品或在线时间(竞价截止时间)结束。在网络拍卖的实际运用中,一口价的买卖方式可以单独使用,也可以结合其他交易类型(如网络英式拍卖)一起使用。销售一口价商品的卖家往往会同时推出满足一定条件的折扣或优惠活动,实质上是以另一种方式体现了用户可以参与商品价格的制定。

2. 网络导购

网络导购是在网络购物迅速发展的背景下产生的一种新型职业,主要是利用收集的产品信息资源,提供专业的导购信息服务。从事网络导购服务一般不需要投入很大的资金,如果导购交易成功,能拿到一定的提成。网络导购提供的购物网站导航功能,使消费者既能够方便快速地找到其购物所需要的网站,还可以货比三家买到物美价廉的商品。

(1)网络导购的特点。网络导购一般具有以下特点:①提供全面、详细的网上购物入口,帮助网络消费者轻松实现快捷购买。②可以通过不同分类进行导航,帮助网络消费者用最方便、快捷的方式找到所需的网站与商品。③提供网上购物所需的各种工具与网站,满足网络消费者的购物需求。④所提供的购物网址 TOP 排行榜具有很强的公正性。

(2)网络导购的类型。网络导购的主要方式可以归纳为以下六类:①网店导购,着重推荐诚信、知名的网店,为安全网购提供一定的保证。②商品导购,最常见的如淘宝客,为会员推荐一些评价高、性价比好的商品,省去用户挑选、比较、选择的时间。③团购导购,聚合各个团购网站、各个城市的团购信息,提供一站式网络团购导购服务。④打折促销导购,提供最新、最热的打折促销信息,让网购变得更加实惠。⑤比价导购,提供某件商品在多家网店间的横向比价,让商品的价格更加透明。⑥返利导购,提供一些可以返利的商家,只要从这里点击去对应的商家购物,就会获得一定额度的返利。

3. 虚拟资产出卖

近年来,网络虚拟财产已无处不在且快速膨胀,例如游戏装备、网游账号、电子邮箱、虚拟货币、QQ 账号、微博和微信账户、淘宝网店等,在亚洲尤其是中国,成百万的网络游戏玩家正在买卖网络虚拟资产。目前法律尚未对虚拟财产的界定、量化及管理作出明确规定,虚拟财产成为法律的监管盲区。

3.3.4　C2C 的支持性服务

C2C 交易通过网络买卖产品或服务,通常网店是否能吸引人、收货与支付、欺骗预防等都关系到 C2C 的成败,需要有相应的支持性服务。目前,C2C 的支持性服务主要有第三方支付服务、网店装修服务、其他支持服务等。

(1)第三方支付服务。常用工具如"支付宝""财富通"等,主要是为了解决 C2C 电子商务交易中有关支付与欺骗预防等问题,由第三方中介公司提供的支持性服务。

(2)网店装修服务。其主要是利用所掌握的网店设计技术,帮助开设 C2C 网店的人设计漂亮的旺铺,同时收取一定的服务费。随着网店创业热潮的兴起,"网店装修师"也成为时髦的职业,为新开网店设计各种风格的店铺以吸引买家的眼球。

(3)其他支持服务。如网货摄影师、为网店服务的模特等,更专业、更细化的市场带来了更多新商机。

3.3.5　国内主要 C2C 电子商务平台

我国第一代 C2C 电子商务网站出现在 1998 年前后,在当时"从美国复制"的风潮下,曾涌现出类似 eBay 的诸如易趣、雅宝、酷必得等 C2C 网站;2003 年淘宝网在"非典"期间投放市场,并在短短的半年时间迅速占有了国内 C2C 交易市场的最大份额。目前,在我国 C2C 市场中,具有较大影响的 C2C 交易平台主要有淘宝网、拍拍、易趣、闲鱼、转转、孔夫子旧书网等。

（1）淘宝网（www.taobao.com）。淘宝网于 2003 年 5 月创办,通过缩减渠道成本、时间成本等综合购物成本吸引用户,并随着网站规模的扩大和用户数量的增加,逐渐从单一的 C2C 网络集市变成了包括 C2C、团购、分销、拍卖等多种电子商务模式在内的综合性网上零售商圈。

（2）拍拍（www.paipai.com）。拍拍是爱回收联合京东集团共同打造的 C2C 二手零售平台,业务主要包括二手商品购买、二手商品回收、商品租赁、个人闲置物品交易等,旗下子平台主要有夺宝岛、拍拍清仓、拍拍严选等,以满足各类用户不同场景下对二手商品的交易需求。

（3）易趣网（www.eachnet.com）。易趣网 1999 年 8 月在上海成立,主营 C2C 电子商务。2002 年易趣与 eBay 结盟,更名为 eBay 易趣,并迅速发展成国内最大的在线 C2C 交易社区。2006 年 12 月,eBay 与 TOM 在线合作,为国内买家和卖家带来更多的在线与移动商机。2012 年 4 月,易趣成为 TOM 集团的全资子公司,目前易趣网已发展成为全球集市,以品种繁多、价廉物美的商品资源,给广大买家带来了全新的购物体验。

（4）闲鱼。闲鱼是阿里巴巴旗下闲置交易平台 App 顾客端。会员只要使用淘宝或支付宝账户登录,无须经过复杂的开店流程,即可达成一键转卖个人淘宝账号中"已买到宝贝"、自主手机拍照上传二手闲置物品,以及在线交易等诸多功能。闲鱼平台后端已无缝接入淘宝信用支付体系,从而最大限度保障交易安全。

（5）转转（www.zhuanzhuan.com）。转转是由腾讯与 58 集团共同投资创建的提供闲置物品买卖服务的二手物品交易平台,二手交易品类覆盖手机、图书、3C 数码、服装鞋帽、母婴用品、家具家电等 30 余种。

（6）孔夫子旧书网（www.kongfz.com）。孔夫子旧书网创建于 2002 年的中文旧书网上交易平台,是传统的旧书行业结合互联网而搭建的 C2C 精准细分市场平台。网站主要板块包括书店区和拍卖区,目前以古旧书为最大特色,是有传统文化价值的旧货市场,在中国古旧书网络交易市场上拥有 90% 以上的市场份额。孔夫子旧书网特点是珍本云集、书全价廉,同时因其具有"不可替代性",赢得了普通购书人和学术研究人员两大顾客群的青睐。

以上这些 C2C 平台在注册、认证、支付、搜索引擎等方面存在着相同点，同时也有一定的差异性，其在运营成效上也各有不同。

本章小结

基本电子商务模式包括 B2B、B2C、C2C 三种，它们出现时间最早、发展成熟、应用广泛。B2B 电子商务是企业与企业之间通过互联网进行产品、服务及信息交换的电子商务交易模式，其类型呈现多元化发展趋势；B2C 电子商务是最早出现的基于互联网进行交易的电子商务模式，参与 B2C 电子商务的企业可以是经营有离线商店的零售商，也可以是纯粹的虚拟零售企业，还可以是商品制造商、网络中介公司或其他一些特殊 B2C 服务提供商；C2C 电子商务买卖双方都是消费者，其主要特点是用户可以参与交易物品价格的制定、一般借助所有用户的监督力量营造基于信任的安全交易环境、交易商品的种类繁多且质量参差不齐、往往通过折扣优惠活动或新奇商品吸引消费者，主要应用模式包括网上拍卖、网络导购、虚拟资产出卖等，是网络零售市场的重要组成部分。

即测即练

复习与研讨

1. 复习思考题

（1）什么是垂直 B2B 电子商务交易平台？什么是水平 B2B 电子商务交易平台？结合具体实例分析其特点。

（2）大宗商品电子交易市场有什么特点？目前国内有哪些平台提供大宗商品电子交易服务？其发展前景如何？

（3）亚马逊成功的主要因素是什么？亚马逊不断增加商品销售种类，这对公司品牌和价值会产生什么样的影响？

（4）为什么在线旅游服务能在互联网普遍应用？提供免费旅游服务信息的网站如何盈利？

（5）B2B电子商务市场特征和发展趋势如何？结合具体案例或市场数据展开分析。

（6）B2C与C2C电子商务市场特征和发展趋势如何？结合具体案例或市场数据展开分析。

2. 小组研讨作业

（1）解析一个B2B电子商务企业的交易流程，并就中小企业应该如何利用B2B交易平台实施电子商务展开讨论。

（2）如何运用所学的电子商务知识和方法帮助毕业班的同学妥善处理自行车、电瓶车等离校时不便携带的物品？要求小组成员分工协作，制订一份具有可操作性的解决方案。

第 4 章　衍生电子商务模式

本章学习目标

- 熟悉二维衍生电子商务模式 C2B、B4C、B2F 的含义、特点、典型应用平台；
- 理解三维衍生电子商务模式 O2O、B2B2C 产生的条件与运营特点；
- 分析各种衍生电子商务模式的内涵与实质，激发创新思维。

引例："七格格"反向设计成就奇迹

"七格格"是一个以"时尚、独立、女性"为主题的时装品牌，专注于小众市场，通过多个小众品牌叠加成为一个快时尚品牌池。"七格格 TOP 潮店"曾是淘宝网公认最火的女装店之一。

"七格格"起步于 2006 年，创始人曹青网名"七格格"，2006 年，毕业不久用 4 000 元资金在淘宝网注册了一家网店。经过两三年的经营积累，2009 年 1 月，该网店信誉终于升上皇冠，此时全职员工 3 人。此后"七格格"进入快速发展期，到 2009 年底，网店信誉升为 5 皇冠，员工超过 100 人，拥有全套电子管理系统、工业流水线，注册了两个服装品牌，2009 年，"七格格"网店全年销售额超过 3 000 万元；到 2011 年，"七格格"已拥有 400 多名员工，旗下 7 个品牌年销售额达到 2.5 亿元，这年"双 11"期间，"七格格"网店销售额突破 1 500 万元，店铺信誉升为 2 金冠；2012 年 2 月，"七格格"创始人曹青入选福布斯"中国三十位三十岁以下创业者"榜单，2012年"双11"当天，"七格格"网店销售额突破4 000万元，年销售额超过3亿元；2015年"双11"当天，"七格格"网店销售额超过2亿元，在天猫女装类公司中排名第三。

这是淘宝网店有史以来发展最快、最成功的一个典范。2015年，"七格格"在淘宝网以外已有5家购物网站做"七格格"的代理，国外经销网站发展到法国、西班牙、德国、澳大利亚、美国、日本等地，并与其他企业建立了快速反应供应链与精准的生产计划协同控制模式。

短短几年，何以变化如此之大？"抓住个性化需求，反向配置资源"是其成功的一大秘诀！"七格格"所有在售女装都是百分百的原创作品，拥有一支"15位年轻设计师1位专职搭配师"的团队，规定每月推出100～150个新款，保证店铺内货品不少于500款。它有上万名粉丝，还有很多QQ群。每次要上新款的时候，"七格格"首先会将新款的设计图上传到店铺。例如准备上80款新装，但会设计出200多款新款，让网友们投票评选，并在QQ群中讨论，最终选出大家普遍喜欢的进行设计、修改，然后再重复这一过程，最后才上架、生产。

这是件非常惊人的事情，完全颠覆了传统品牌靠大牌设计师引领时尚潮流的模式。传统是设计师关起门来，通过捕捉流行元素和自身灵感，决定下一个季度的款式设计，而"七格格"的模式反过来，消费者开始真正决定款式、时尚的走向，甚至颠覆了传统对品牌的基本认知。"七格格"一直专注于小众市场，做小众品牌，通过一个个小众市场叠加成为一个外延不断扩大的市场池，简而言之就是小众但是多品牌，所以又能满足大众需求。

"七格格"于2015年被拉夏贝尔收购，收购"七格格"后，拉夏贝尔全线品牌线上业务发展迅速，拉夏贝尔电商曾一年翻15.5倍。如今，尽管因经营管理等方面的原因，"七格格"品牌经过收购转让已融入其他企业，但其反向设计的模式仍然使其在新的环境下续写着昔日的辉煌。2006年以4 000元起家，从淘宝店到成立公司，曹青这个"80后"清秀女生，也已成为无数"草根"创业者心中的标杆。

案例思考："七格格"是如何关注小众市场进行反向设计的？其通过哪些渠道聚集消费者需求？"七格格"的业务属于哪类电子商务模式？

衍生电子商务模式，是相对于目前发展比较成熟且已被业界和学界广泛认可的三种基本电子商务模式（B2B、B2C、C2C）而言的。衍生模式主要有两方面的特点：①运营思路新，衍生电子商务模式是在几种基本模式的基础上，结合实际需求，运用创造性思维对基本模式应用的拓展与创新。②发展有待完善，衍生电子商务模式目前还处于探索、发展阶段，在许多方面不够成熟，还有待在实践中不断地完善。但是，这些模式对引导读者去思考在不断发展、变化和竞争日益激烈的市场环境下，如何创造性地开展电子商务、如何开拓电子商务市场以及电子商务将如何朝纵深方向发展等问题，会有许多有益的启示。因此，这里所给出的一些衍生模式及案例，虽然还不很成熟，但却富于创造和创新性，会带给读者很多发人深省的东西。

4.1 二维衍生电子商务模式

二维衍生电子商务模式是指对基本 B2B、B2C 或 C2C 电子商务模式从参与交易的买、卖双方两个维度对其应用和运营方式进行创新和延伸拓展所形成的商业模式。这类模式的代表主要有 C2B 电子商务、B4C 电子商务、B2F 电子商务等。

4.1.1 C2B 电子商务

进入 21 世纪，互联网技术为产销双方提供了低成本、快捷、双向的沟通手段，现代物流畅达，金融支付手段便捷，以模块化、延迟生产技术为代表的柔性生产技术日益成熟，使交易成本和**柔性生产**成本大幅下降，为发展 C2B 创造了条件。

知识卡片 4-1
柔性生产

1. C2B 电子商务的含义

C2B 电子商务是指消费者为享受到以大批发商的价格购买单件商品的优惠利益或个性化需求的最大满足，借助互联网主动地聚合为数庞大的用户形成一个强大的采购集团，通过集体议价、联合购买等方式与企业群体之间开展的商务活动。

真正的 C2B 电子商务应该先有消费者需求产生而后有企业生产，即先有消费者提出需求，后有生产企业按需求组织生产。通常情况为消费者根据自身需求定制产品和价格，或主动参与产品设计、生产和定价，生产企业进行定制化生产。

在 C2B 电子商务中，消费者通过网络传播平台自觉地聚集起来。如果说网络传播技术能力的增强、电子商务平台和网络传播平台的日益深度融合是催生 C2B 电子商务模式的主要外部原因，那么消费者追求尽可能多地获取企业给予的优惠利益和最大限度满足个性化需求的目标，则是 C2B 产生的内在驱动因素。

2. C2B 电子商务的发展阶段

（1）团购阶段。团购阶段也称消费者群体主导的 C2B 阶段，是 C2B 电子商务发展的初级阶段。在这一阶段，消费者的自觉性并没有充分地发掘出来，自觉组织的力量还不足够强大；同时企业也并不习惯这种方式，企业群体没有充分认同和接受消费者组织的力量。这个阶段的 C2B 是消费者群体发动的并通过长期的努力促使企业群体承认这一方式，其主要目的是尽可能多地获取企业给予的优惠利益。团购阶段依其发展过程中表现出的不同特点，又可分为大型商场、联合议价、网站拼团、团购网站四个子阶段。大型商场阶段主要由大型连锁超市推出拼团购买活动，承诺达到团购人数后可以享受批发价；联合议价阶段主要是在 BBS 上发布购买信息，联系有相同需求的人一起参与议价；网站拼团阶段的 C2B 网站功能仅限于为消费者牵线搭桥而不太注重和商家的联系，网站大多数是靠广告而不是靠佣金来维持生存；团购网站阶段的 C2B 网站开始充当中间客的角色，在收集消费者愿望的同时开始收集商家的信息，并且主动向消费者提供商家信息，其主要收入是佣金。

（2）定制阶段。定制阶段也称消费者个体主导的 C2B 阶段，是 C2B 电子商务发展的高级阶段。一方面，随着人们消费需求的进一步提升，人们对 C2B 的要求已经超越了仅仅是省钱的阶段，开始追求高标准的消费，并且开始要求商品符合自身的个性和全方位的需求，于是提供这类服务的网站也开始出现。另一方面，经过消费者群体主导的 C2B 长期运作之后，消费者的力量逐渐变得足够强大，企业充分认识并接受了这一方式。这个阶段，消费者并不一定要组织起来，消费者个体可利用整体消费者组织的影响力向企业主动提出需求，众多的企业群体联合起来满足这一需求，并对消费者个体的需求提供充分的优惠。C2B 是消费者和多个企业之间的电子商务模式，其主要目的是获得消费者个性化需求的最大满足，因而也是消费者最理想的电子商务模式。

3. C2B 电子商务模式类型

（1）聚合需求模式。数量庞大的个体顾客通过聚合分散的需求形成一个强大的采购能力，以此来改变 B2C 模式中用户一对一出价的弱势地位，使之享受到以大批发商的价格买单件商品的利益。例如聚划算推出的反向团购就属于这种形式。

（2）要约模式。要约模式也称为逆向拍卖，由顾客个体发布其需求的商品、要求的价格等信息，然后由商家来决定是否接受顾客的要约。假如商家接受顾客的要约，那么交易成功；若不接受，则交易失败。例如，机票、酒店和租车等的动态打包产品，还有高端**定制旅游**产品等也属于 C2B 的范畴，而 Priceline、Kelkoo 和 Froogle 等网站就提供这种模式的服务。

知识卡片 4-2

定制旅游

【微型案例 4-1】"酒店冰点价"是一款手机预订 App。"冰点"是指"用户出价，酒店应价"的逆向定价模式。用户只需要选择商圈范围和酒店星级出价，然后系统会根据出价优先推荐性价比最高的应价酒店，两步就可以轻松搞定了。这个模式最有趣的是用户和酒店的博弈，用户的出价并不是每次都会成功，当出价过低时也可能会导致定价失败，可一旦成功，就可能拿到高星酒店 3～5 折的超低价。Priceline 首先证明了 C2B 在旅游业的成功，其实也是有原因的，旅游行业主要是服务性的产品，更容易柔性和模块化，另外旅游产品的时效性，也让 C2B 成为商家处理尾货，同时又不影响正常价格体系的最佳选择。

（3）服务认领模式。由企业通过互联网发布服务信息，包括具体服务的任务内容、任务成功完成的目标和标志，企业愿意对每个任务付出，由个人来认领。例如，企业将调查问卷发布在网上，用户成功完成调查问卷后得到相应的报酬，就属于这种形式。

（4）商家认购模式。这种模式下电商平台让个人提供其原创的数码内容，如摄影作品、图像、图标、动画、视频等，让企业根据其标价来认购这些内容。实例有 Fotolia、Google Video 等。此外，越来越多的企业使用开源软件，这也为个人给企业开发应用软件创造了机会。

（5）植入形式。企业所需要的品牌宣传、促销推广、服务内容诠释等被植入在个人发布的博客、微博、App 里并为此付出费用。例如专家为新产品所写的博客评论，企业在个人开发的游戏 App 里的品牌植入等都属于这种形式。

4. C2B 电子商务的业务流程

不同 C2B 模式的业务流程主体是相通的，具体细节有所差异。下面以聚合需求模式为例，说明 C2B 电子商务的业务流程，如图 4-1 所示。

图 4-1　C2B 电子商务的业务流程

（1）发起需求动议。C2B 的需求动议的发起往往是由网络社区的意见领袖牵头，并通过多种网络渠道进行传播。需求动议本身应该有一定的内容和计划。

（2）消费者群体自觉聚集。即需求动议被广泛获知后，消费者自觉地聚集起来的过程。

（3）消费者群体内部审议。消费者群体是个目标性组织，需要有明确的一致目标，不同的需求在这里获得一致，并选出民意代表，制定一定的规范和章程。

（4）制订明确的需求计划。消费者群体组织制订明确的需求计划、谈判计划、采购计划、分配计划等。

（5）选择核心商家或者企业群体。即根据需求情况选择合适的核心商家或企业群体。

（6）展开集体谈判。消费者群体代表和企业开展谈判，谈判根据既定的计划来执行，执行过程中也可能会适当地对计划进行调整。

（7）进行联合购买。消费者组织根据谈判、议价的结果，决定联合采购的内容、方式及目标，或者给出设计方案。

（8）消费者群体分配成果。消费者组织还需要对联合购买的成果进行公平合理的分配，力图避免消费者组织上层成为中介一样的角色。

（9）消费者群体对结果的评判。对本次开展 C2B 的过程和结果进行评判总结。

（10）消费者群体解散或者对抗。消费者组织完成所有的任务目标后，进行解散；如果有意外情况发生，如实际购买到的商品不如预期，则消费者群体有可能选择对抗。

5. C2B 电子商务的主要特征

传统的经济学概念认为针对一个产品的需求越高，价格就会

微课视频 4-1

C2B 电子商务的业务流程

越高。但 C2B 则是由消费者因议题或需要形成社群，通过社群的集体议价或开发社群需求，只要越多消费者购买同一个商品，购买的效率就越高，价格就越低。C2B 电子商务将商品的主导权和先发权，由厂商移交给了消费者。这个过程中，C2B 电子商务显示出的主要特征如图 4-2 所示。

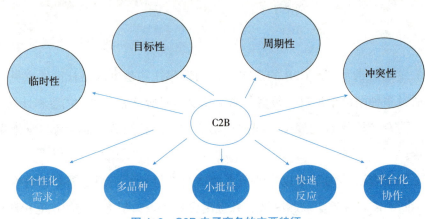

图 4-2　C2B 电子商务的主要特征

（1）临时性。C2B 电子商务中的消费者组织是临时聚合的，集体议价和联合购买也都是一次性的，这说明 C2B 电子商务的临时性或一次性特征。

（2）目标性。在 C2B 电子商务中，消费者组织的需求目标非常明确，那就是获取最大的优惠利益；企业群体的目标性同样强烈，这也是企业群体和消费者谈判的筹码和底线。

（3）周期性。在 C2B 电子商务中，由需求驱动到消费者自觉聚合，再到集体议价和联合购买，再到目标完成，这是一个典型的生命周期，消费者可以周期性地组织起来进行集体购买。

（4）冲突性。C2B 电子商务交易过程中有两个环节可能产生冲突：一是消费者组织起来与企业群体展开谈判的环节；二是消费者群体对结果的评判环节。若评判结果与预期严重不符，则消费者群体有可能与企业产生对抗。

此外，C2B 电子商务还具有多品种、小批量、平台化协作、可以对市场快速反应、能满足个性化需求等特征。

6. 成功开展 C2B 电子商务的关键因素

C2B 模式强调用"汇聚需求"取代传统"汇聚供应商"的购物中心形态，被视为一种接近完美的交易形式。成功开展 C2B 电子商务需要把握以下关键因素。

（1）众媒介理论的指导。众媒介理论认为，媒介既是信息又是信息的生产者或制造者，既是信息传播者又是产品或信息推销员，既是媒介资源整合者又是信息传播与商务活动的整合者，当其融合成一个整体即为众媒介。众媒介有两个层次：第一个层次为表现层次，众媒介是媒介（包括传统媒体与新媒体）或个人媒体的聚合；第二个层次即核心层次，众媒介是个人媒体和消费者合二为一的平台，消费者即个人媒介。众媒介包括三个体系，即众媒介工具系统、众媒介传播模式以及众媒介商务系统。众媒介应用的关键点是通过具有生命力的媒介或创意性的方式吸引更多的媒介（或人）进入信息传播体系，让媒介体系（或人际力量）形成自我繁殖和自我发展的能力，将信息传播到更广的人群，同时通过与信息传播方式相适应的可持续发展的商务模式，促进信息的传播和产品的销售。众媒介理论是C2B电子商务的理论基础。在C2B中为了聚集起广大的消费者，需要每个网络消费者都有信息传播工具并成为传播者和媒介资源整合者，而每个消费者聚集起来、整合起来就是众媒介。在C2B电子商务中，网络消费者通过网络媒介进行聚合是开展C2B电子商务的前提条件。从众媒介应用的关键点来看，在C2B电子商务中，网络消费者的聚合首先便是由网络意见领袖创造性的有生命力的观点或行为方式所吸引，然后便是通过网络或人际力量进行信息传播和信息扩散，即自我繁殖和自我发展，最后形成消费者群体与厂商的电子商务运作。由此可见，众媒介的核心层次包含了C2B电子商务主要的运作程序和内容，众媒介理论的核心思想在C2B电子商务上的应用体现十分显著。

（2）网络消费者的需求驱动。消费者的个性化需求是实现C2B电子商务的前提条件。C2B电子商务的一个重要特征是商家在做决策之前需要精确了解顾客的需求，这也是这种模式的巨大潜力所在。B2C模式是典型的推动（push）模式，即有了商品再用各种市场手段将商品推销出去；而C2B的模式是拉动（pull）模式，让商家可以根据顾客的具体需求去规模采购或生产，按需定制，降低甚至消除了库存和相应的成本。

（3）网络消费者的自觉聚合与良好自治。C2B电子商务充分利用互联网的特点，让分散的消费者自觉地将其购买需求聚合起来，形成类似于集团购买的大订单。同时，C2B电子商务需要网络消费者群体有良好的自治能力，以帮助企业利用社会的零碎资源和个人的能力及零碎时间，低成本地帮助企业完成需要大量劳动力才能完成的项目。

（4）网络领袖的创造性吸引。C2B 电子商务中消费者的需求状况往往并不完全一致，可能相互之间存在需求的时间差异、细节差异等。这些差异必须取得一致，消费者才能真正聚集起来，这就需要存在一个具有感召力的发起者或意见领袖，意见领袖可以进行感召。但人心齐才是真正的聚集，这要求消费者充分自觉。

（5）消费者群体和商家组织的双赢沟通。消费者自觉聚集以后，往往通过其意见代表和企业群体展开谈判，谈判的结果决定是否购买，而购买的方式一般是联合购买。在集体议价和联合购买过程中，消费者以数量优势同厂商进行价格谈判可享受到最优惠的折扣，企业群体也会因此而获得更多的顾客，形成双赢的局面。

7. C2B 电子商务的发展前景

C2B 是消费者为主体的电子商务模式，在这个模式里企业是被动的，消费者是主动的。消费者的需求是多元化的，企业之间必须更多地协作和融合才能满足。消费者的能力展现是多元的，可以体现在商务方面，也可以体现在传播方面，还可以体现在娱乐方面等。企业需要建立起这些平台的融合满足消费者的需要，当然在满足消费者需要的同时企业也获得了收益。所以，C2B 的未来发展是多方面的融合，是以满足消费者个性为主导的融合。

需要说明的是，C2B 模式的团购阶段与 C2C 模式的网络团购方式是有差异的，前者买方是消费者而卖方是企业，后者买卖双方都是消费者。C2B 电子商务模式方兴未艾，这个领域里大量的创新，其商业价值也会随着大数据、**人工智能**等技术在个性化消费预测等各种创新性应用的推出而进一步凸显。

知识卡片 4-3

人工智能

4.1.2 B4C 电子商务

1. B4C 的产生与含义

随着网络零售市场的竞争加剧，B2C 模式零库存销售的优势逐步丧失，庞大的成本开支让许多 B2C 电子商务企业头疼不已。例如，库存成本问题削弱了 B2C 网站的获利能力，几乎是所有的 B2C 网站都在尽量控制库存成本。再如，赚取买卖差价的获利模式，也决定了 B2C 网站不可能在向用户提供购物建议时不偏不倚，往往会尽量推荐库房中积压的产品，这无疑会影响用户的体验以及对网站的信任度。另外，尽管 B2C 市场在越来越细分化，从种类繁多的大型超市化 B2C 到专注于某一领域的 B2C，但竞争却未因市场细分而减弱，大量的 B2C 网站都提供同质化的商品，不惜成本地打"价格战"，却往往忽略了服务。事实上，B2C 网站的服务是顾客体验的重要组成部分，在库存、物流等成本问题随着 IT 技术和管理水平发展逐渐下降的同时，零售市场竞争的焦点也逐渐从商品价格竞争转为服务质量的竞争。为此，"B4C 电子商务"的概念应运而生。

B4C 电子商务是一种以用户体验为中心、以提供增值服务为主的电子商务模式。B4C 倡导在线服务的提升，如果说 B2C 是企业的产品面对顾客，那么 B4C 就是企业的服务去面向顾客。在 B4C 模式中，企业不但卖给用户其心仪的产品，还通过多方互动、网上直销的体验式服务，把企业的文化服务理念等传递给用户，为用户提供各种增值服务。

B4C 电子商务与 B2C 的区别

2. B4C 模式的价值与特点

B4C 电子商务模式的存在和发展有哪些价值？会呈现什么样的特点？这是值得讨论的问题，以下观点供读者参考。

（1）服务是网上消费所考虑的首要因素，B4C 电子商务服务包括产品使用、产品购买、网络支付、技术支持、售后服务等。

（2）B4C 拥有非常广泛的合作渠道和产品供应商，这是 B4C 的主要产品优势。B4C 企业在众多的渠道商面前，以产品质量、价格、服务为衡量标准，为顾客挑选出最好的产品供应商，这使顾客可以放心地进行网上购物。

（3）B4C 倡导为顾客先想一步，给顾客带来惊喜。B4C 销售的绝不仅仅是商品，而主要是服务，所销售的商品往往只是其向顾客提供增值服务的载体。服务可以创造价值，服务可以带来回头客。

4.1.3 B2F 电子商务

1. B2F 电子商务的含义

B2F 电子商务即企业与家庭之间的电子商务，是企业以家庭成员为中心所开展的一系列商业活动，包括各种商品及服务的网络零售。B2F 电子商务是一种从参与交易对象的角度进行划分的电子商务模式，在厂家和终端家庭用户之间架起了一座高效、快捷、便利的桥梁。

B2F 电子商务的实质是 B2C 模式的一种延伸拓展模式，与 B2C 同属于一种销售类型，但是 B2F 所针对的主要是特定的顾客群体——家庭消费者，其经营理念与具体营销方式也与基本 B2C 模式有所不同。B2F 模式在国外有较成熟的盈利模式，如全球最大的目录邮购公司欧图，采用的就是"目录+网站"运营的 B2F 模式。国内应用 B2F 模式的公司主要有红孩子等，尽管自 2013 年 4 月起红孩子作为"苏宁易购"的母婴频道，但仍保留有独立网站，其 B2F 运营模式也还存在。

2. B2F 模式实施的特点

（1）F 端最大的需求以快速消费品为主。B2F 电子商务模式主要是以家庭消费为中心开展网络零售，目的是使家庭成员获取日常生活用品更加便捷，因此快消品应该是 B2F 电子商务的主要销售商品。由于经营快消品利润较低且实体超市随处可见，基本 B2C 电子商务往往不敢轻易涉足，而大多以电器、礼品、音像、图书等为主要产品线，这种市场状况虽然对 B2F 电子商务提出了严峻考验，但同时也为其提供了发展空间。

（2）畅通和敏捷的物流是 B2F 成功的关键。为了能够让家庭享受便捷的服务，**敏捷物流**是优质服务实现的前提。

知识卡片 4-4
敏捷物流

【微型案例 4-2】苏宁"红孩子"的物流人员身兼数职，包括配送红孩子全线产品、收集信息、发挥营销功能等，整合了多项功能于一身，从而使得整个物流链便于管理和顺畅运转。苏宁红孩子的老用户杨女士称，"可能是在怀孕的时候养成的习惯吧，现在自己去超市的时间也减少了，像化妆品、给父母的保健品都是通过'红孩子'进行购买的。由于现在物流送达很快，而且把一些特殊需求向物流配送人员反映后，下次有更适合的新产品，红孩子会提前及时通知我，感觉比去线下超市购买更方便。"

4.2 三维衍生电子商务模式

三维电子商务与二维电子商务的最大不同在于它已经不是单一的网站运营模式，也不是单纯的双方互动协作模式，而是多方联营的复合型或混合型电子商务模式。三维电子商务中的企业可以是单一的企业，也可能是企业群；可以是线上的企业，也可能是线上与线下相结合的实体店铺。三维衍生模式代表性的主要有 O2O、B2B2C 等电子商务形态，其在电子商务领域正扮演着越来越重要的角色。

4.2.1 O2O 电子商务

【微型案例 4-3】 投资商弗莱德·威尔逊办公室放着一盒不让人吃的麦片。2008 年初，Airbnb（AirBed and Breakfast 的缩写，中文名"爱彼迎"）的几个创始人求他投资，在办公室留下了这盒麦片。威尔逊对他们所讲的 O2O 不感兴趣，拒绝了 Airbnb。2011 年 5 月，Airbnb 成功融资 1.12 亿美元，成为估值超过 10 亿美元的公司；2020 年 12 月，Airbnb 在美国纳斯达克上市，发行价为 68 美元，估算市值 470 亿美元。威尔逊用这盒麦片来提醒自己由于对 O2O 模式不敏感，而错失投资机会的教训。

1. O2O 电子商务的含义及特点

O2O 是指将线下的商务机会与互联网结合，让互联网成为线下交易的前台。O2O 的概念非常广泛，只要产业链中既可涉及线上又可涉及线下，就可通称为 O2O 电子商务。因此，O2O 分为两种：①把消费者从线上带到线下消费，如团购 O2O 模式。②把线下的群体带到线上消费，如实体店中对二维码的应用。

O2O 电子商务可以认为是由 B2C 模式衍生而来，一家企业若兼备网上商城及线下实体店两者，并且网上商城与线下实体店全品类价格相同，即可称为 O2O。

O2O 电子商务模式需具备五大要素：独立网上商城、国家级权威行业可信网站认证、在线网络广告营销推广、全面社交媒体与顾客在线互动、线上线下一体化的会员营销系统。

实现 O2O 电子商务模式的核心是在线预付。从表面上看，O2O 的关键似乎是网络上的信息发布，因为只有互联网才能把商家信息传播得更快、更远、更广，可以瞬间聚集强大的消费能力，但实际上 O2O 的核心是在线支付，一旦没有在线支付功能，O2O 中的 Online 端获得流量就可能无法顺利实现向最终消费用户的转换。在线支付不仅是支付本身的完成以及某次消费得以最终形成的唯一标志，更是消费数据唯一可靠的考核标准。尤其是对提供 Online 服务的互联网专业公司而言，只有用户在线上完成支付，自身才可能从中获得效益，从而把准确的消费需求信息传递给 Offline 的商业伙伴。

2. O2O 电子商务的发展历程

随着我国电子商务的快速发展，一方面，大部分线下企业开始电商化，但受社会各种因素制约而不能完全电商化；另一方面，服务行业在整个国家经济中的比重日趋上升，但基本电子商务模式（B2B、B2C、C2C）难以适应服务行业的特殊要求。在种种因素的作用下，O2O 电子商务模式快速在消费市场上发展起来。

我国O2O模式的发展历程大致可以划分为三个阶段。

（1）O2O模式1.0阶段：线上线下初步对接。这一阶段O2O主要是利用线上推广的便捷性把相关用户集中起来，将线上流量导到线下。在这个过程中，平台和用户的互动较少，基本上以交易的完成为终结点；用户更多是受价格等因素驱动，购买和消费频率也相对较低。这个阶段O2O存在着单向性、黏性较低等特点，主要集中在以美团为代表的线上团购和促销等领域。

（2）O2O模式2.0阶段：基本要素发育完备。这个阶段O2O最主要的特色就是升级为服务性电商模式，包括商品（服务）、下单、支付等流程，把之前简单的电商模块转移到更加高频和生活化的服务场景中来。由于传统的服务行业一直处在一个低效且劳动力不足的状态，在新模式的推动和资本的催化下，上门送餐、上门生鲜、上门化妆等各种O2O模式开始层出不穷。在这个阶段，由于移动终端、微信支付、数据算法等环节的成熟，加上资本的催化，用户出现了"井喷"，使用频率和忠诚度开始上升，O2O开始和用户的日常生活全面融合，成为生活中密不可分的一部分。但其间由于资本的大量补贴，也有很多看起来很繁荣的需求存在虚假的泡沫，一些并不是刚性需求的商业模式开始浮现，如网约上门按摩、上门洗车等。

（3）O2O模式3.0阶段：垂直细分领域明显分化。2013年6月8日，苏宁线上线下同价，揭开了O2O模式垂直细分领域分化的序幕。这个阶段O2O发展的特色主要体现在两个方面：①垂直细分领域的一些专业服务公司开始凸显出来，如专注于快递物流的"速递易"、专注于高端餐厅排位的"美味不用等"、专注于白领快速取餐的"速位"。②垂直细分领域的平台化模式发展，由原来细分领域的解决某个痛点的模式开始横向扩张，覆盖到整个行业。例如，"饿了么"从早先的外卖到后来开放的蜂鸟配送系统，开始正式对接第三方团队和**众包物流**，以加盟商为主体，以自营配送为模板和运营中心，通过众包合作解决长尾订单的方式运行；配送品类包括生鲜、商超产品，甚至是洗衣等服务，实现平台化经营。

知识卡片4-5
众包物流

3. O2O电子商务的应用价值

O2O模式通过网络导购机制将互联网与实体店铺完美对接，让消费者在享受线上优惠价格的同时，又可享受线下体验服务。同时，O2O模式还可实现不同商家的联盟。O2O电子商务的应用价值具体可归纳为以下四个方面。

（1）拓宽电子商务的发展方向。O2O模式充分利用了互联网跨地域、无边界、海量信息、海量用户的优势，同时充分挖掘线下资源，进而促成线上用户与线下商品和服务交易，促进网上和网下优势资源完美结合，同时也使电子商务由规模化走向多元化。

（2）达成"三赢"的运营效果。①对于O2O消费者而言，能够在线便捷地获取更丰富、全面的商家及其服务的内容信息，能更加便捷地向商家在线咨询并进行预售，能获得相比线下直接消费较为便宜的价格。②对于O2O平台服务商而言，一方面利用网络快速、便捷的特性，能为用户带来日常生活实际所需的优惠信息；另一方面也可以快速聚集大量的高黏性线上用户，能为商家提供有效的宣传效应及其可衡量的推广效果，可以吸引大量线下实体商家加入，巨大的广告收入及规模经济为网站运营商带来更多盈利模式。③对于O2O实体供应商而言，以互联网为媒介，利用其传输速度快、用户众多的特性，通过在线营销，能够获得更多的宣传、展示机会吸引更多新顾客到店消费区，增加了实体商家宣传的形式与机会；通过在线有效预订等方式合理安排经营，降低线下实体对地理位置的依赖性，大大减少租金支出，为线下实体店面降低了营销成本；实体店面增加了争取客源的渠道，有利于实体店面经营优化，提高自身的竞争力。

（3）营造良好的线上线下一致性体验和广告效应。O2O更大的潜力在于体验，这不仅仅是因为线上的服务不能装箱运送，更重要的是快递本身无法传递社交体验所带来的快乐。同时，O2O模式打通了线上线下的信息和体验环节，让线下消费者避免了因信息不对称而遭受的"蒙蔽"，并实现线上消费者"售前体验"。40多年前，未来学家阿尔文·托夫勒（Alvin Toffler）就预言，制造业、服务业之后，体验业将是产业升级的方向；10多年前，这个预言开始在世界范围成为现实。如今电子商务仅仅满足于卖货物、卖服务已经不够了，它能不能卖体验，以获得更高附加值呢？对于这个问题O2O很可能就是一个答案。

【微型案例4-4】尚品宅配在推行O2O模式过程中，十分注重线上体验，在强化体验方面收到了十分震撼的效果。尚品宅配主要提供定制家居的业务，在线上提供了视频、三维图像等很好的视觉体验，用户感兴趣则开始一步步走向线下，先由客服电话确认信息，接着资深设计师免费上门量尺设计，免费出示家具配套效果图及报价，然后预约到门店看方案，体验真实产品，用户对方案满意后再下订单，并享受优惠折扣。

（4）营销效果可以直观地统计和追踪评估。O2O模式将线上订单和线下消费结合，所有的消费行为均可以准确统计，规避了传统营销模式的推广效果的不可预测性，进而能吸引更多的商家参与进来，为消费者提供更多优质的产品和服务。同时，O2O在线预付的方式，很容易评判线上推广的效果及统计销售额，能获得精准的反馈信息，通过与用户的沟通、释疑更好地了解用户心理，可大大提升对老顾客的维护与营销效果。此外，O2O模式每笔交易可跟踪，既方便实体商家直接掌握用户数据，也有利于其合理规划经营。

4. O2O电子商务的一般业务流程

在O2O电子商务模式中，整个业务流程由线上和线下两部分构成。线上平台为消费者提供消费指南、优惠信息、便利服务（预订、在线支付、地图等）和分享平台，而线下商家则专注于提供服务。O2O模式的一般业务流程可以分解为以下五个步骤。

第一步：引流。线上平台作为线下消费决策的入口，可以汇聚大量有消费需求的消费者，或者引发消费者的线下消费需求。常见的O2O平台引流入口包括：①消费点评类网站，如大众点评。②电子地图，如百度地图、高德地图。③社交类网站或应用，如微信、人人网。

第二步：转化。线上平台向消费者提供商铺的详细信息、优惠信息（如团购折扣、优惠券等）、便利服务，方便消费者搜索、对比商铺，并帮助消费者选择线下商家、完成消费决策。

第三步：消费。消费者利用线上获得的信息到线下商家接受服务、完成消费。

第四步：反馈。消费者将其消费体验反馈到线上平台，有助于其他消费者作出消费决策。线上平台通过梳理和分析消费者的反馈，形成更加完整的线下商铺信息库，可以吸引更多的消费者使用在线平台。

第五步：存留。线上平台为消费者和线下商家建立沟通渠道，可以帮助线下商家维护与消费者的关系，使消费者重复消费，成为商家的回头客。

5. O2O电子商务的类型

O2O电子商务在实际应用中形式多种多样，可以从业务特点、销售模式、服务形式等角度划分为不同类型。

（1）按业务特点划分。O2O电子商务按业务本身特点，可以分为团购网站O2O模式、二维码O2O模式、线上线下同步O2O模式等几类。

①团购网站 O2O 模式。团购网站 O2O 模式即消费者登录线上的团购网站，获取线下商家有关商品和服务的优惠信息，通过网络挑选商品或服务并进行支付，然后在线下实体店获取商品或享受服务的形式。这种团购网站由于缺乏对消费者和商家的有效监管机制，可能会造成诚信缺失、恶性竞争和盲目扩张等情况。

②二维码 O2O 模式。二维码 O2O 模式即消费者在线下使用智能手机等移动终端扫描商家的二维码信息，实现在线购买或者关注线上商家的产品和服务的商业模式。扫描二维码作为 O2O 的另一种形式，它是把线下消费者引入线上，与团购网站模式方向上相反，因此也称其为反向 O2O 模式。这种模式主要是消费者应用智能手机识别商家提供的二维码，实现从线下到线上的快捷接入，直接登录商家的网站，在线购买商品或者是添加商家的微博、微信应用，获取商家的最新促销信息。对于实体商家而言，二维码 O2O 模式已成为其拓展互联网业务的重要渠道。

③线上线下同步 O2O 模式。线上线下同步 O2O 模式即从事电子商务的企业将商品和服务形式扩展到实体经济中，通过开设实体店等形式，实现线上线下同步发展的模式。由于电子商务对传统实体经济的巨大冲击，许多实体商家也开始涉足电子商务，实现线上线下同步发展；一些电子商务企业如京东商城等，也开始在国内开拓实体店的延伸形式。

【微型案例 4-5】苏宁电器实行线上线下同价，实现零售业日常促销的常态化，促进零售运营从价格导向的促销，向顾客经营导向的服务转变，引导消费者关注商品综合价值而非价格和促销，消费者则会在购买前省去比价带来的不便。同时苏宁电器的网上商城"苏宁易购"并购了母婴产品运营商"红孩子"，并宣布将再开设实体店，将线上排名靠前的商品引入线下，并保持线上线下同价和同步促销模式。消费者可以到实体店中通过扫描店内二维码的形式在线上下单，也可以在线上商城直接下单，到实体店提货，将线上和线下全面打通。

（2）按销售模式划分。据美国销售大师尼尔·雷克汉姆（Neil Rackham）和约翰·德·文森蒂斯（John de Vincentis）在《销售的革命》一书中对基本销售类型的划分，可将 O2O 划分为交易型销售（对应波特的成本领先竞争战略）与顾问型销售（对应波特的差异化竞争战略）。

①交易型 O2O 销售模式。这种模式有两个特点：一是产品同质化，要抱团采购，产品就不能差异太大；二是以成本为核心，价格几乎是交易的唯一焦点。团购是一种以打价格战为主的商业模式，其突出的优势体现在打折销售上，通过价

格折扣、服务预订等方式，把线下商店的消息推送给互联网用户，组织其抱团采购，从而将其转换为线下顾客。交易型O2O销售模式最大的制约因素是，市场一旦度过粗放期，利润就失去保障，因此只适合行业中间环节不透明、存在暴利的领域。

②顾问型O2O销售模式。这种模式与交易型O2O销售模式相反，它考虑的核心不是成本，而是利润，强调强化品牌、广告和体验。实施顾问型O2O销售的法则：产品或服务与竞争产品有所差别；产品或服务按顾客需要细分或定制；产品或服务要以顾客为中心；产品或服务的较高成本可以被证明是合理的。

（3）按服务形式划分。O2O电子商务按服务形式可以分为预订服务O2O模式、团购服务O2O模式、租赁服务O2O模式、优惠券服务O2O模式、返利服务O2O模式等类型。

①预订服务O2O模式。该模式以互联网为平台，为线下商家提供点对点的中介推广服务，帮助消费者完成对线下商品或服务的线上预订。这是我国最早出现的O2O模式，业务包括餐厅预订、酒店预订、票务预订、旅游产品预订等。这种O2O模式具有较强的行业垂直属性，消费者的选择主动性也较强，可自由选择产品组合。代表性网站有美餐网、格瓦拉生活网等。

②团购服务O2O模式。该模式是预订服务的升级版，它为商家提供了点对面的中介推广服务，其业务范围较为宽广，涵盖了大部分生活服务行业。团购服务O2O模式为消费者带来更为低廉的价格，提供的服务内容也更为多样，但同时也给消费者带来了一定的限制性，包括时间、数量、产品组合限制等。代表性网站有美团网、聚划算等。

③租赁服务O2O模式。该模式以互联网为媒介，为消费者提供与生活相关的租赁服务。在我国，汽车租赁、房屋租赁是该模式的主要业务内容，采用此类模式的企业多为线下实体租赁企业。代表企业有一嗨租车、蚂蚁短租网等。

④优惠券服务O2O模式。该模式通常要求消费者借助互联网平台，通过完成网站所要求的一些任务来获得线下实体店的折扣优惠券，主要应用于餐饮业、零售业等。代表性网站有布丁优惠券网等。

⑤返利服务O2O模式。该模式下消费者只要前往网站指定的线下门店消费并获得积分，就能通过积分兑换获得一定的现金返利。从本质上来看，返利服务模式与优惠券服务模式相同，消费者最终获得的是消费折扣，区别在于获得的条件

不同。代表性网站有返利网等。

6. O2O 电子商务模式的风险问题

O2O 电子商务模式解决了传统行业的电子商务化问题，但 O2O 线下能力的高低很大程度上决定了这个模式能否成功，而线下能力的高低又由线上的用户黏度决定。因此，O2O 模式在实际应用中是存在一定风险的。目前，O2O 模式主要存在以下三方面的风险问题。

（1）线上信息与线下商家服务不对称。O2O 模式是通过电子商务平台以在线的方式吸引消费者，但真正消费的服务或者产品必须由消费者去线下体验，这就对线下服务提出更高的要求。同时，这些线上迅速崛起的创业型公司能否掌控稳定的服务体系也是一个很大的问题。例如，美国发展迅速的短期租房网站 Airbnb 就曾因为线下的问题遭到了很多人的质疑。大多数 O2O 模式的企业并不能掌握线下服务的质量，只相当于一个第三方中介，在中间起到协调作用。此外，在线支付、线下体验，很容易陷入"付款前是上帝，付款后什么都不是"的窘境。再如，定制类实体商品与消费者预订不符，一旦质量低于预期，甚至极为低劣，消费者会处于非常被动的境地，而体验式服务若没有好的口碑和信誉也很难获得规模化的发展。对于 O2O 模式而言，线下的主体多半是服务类型的企业，而企业服务存在各种不规范的运营，因此如何保障线上信息与线下商家服务对称，是 O2O 模式能否真正发展起来的一个关键节点。

（2）线上价格和线下价格的差异。以团购模式为例，O2O 模式若以价格优势吸引消费者，商家如何权衡线上价格和线下价格的差异，才能同时保证两方消费者的利益，吸引到最大客流量也是个难题。这些难题决定了对 O2O 模式的商业运用已经不仅仅是单纯网络平台的形成，具有本地化性质的商业运营网点的覆盖势必成为 O2O 模式的重要支撑。

（3）最大限度地提升用户体验。借助各种智能终端的应用，O2O 模式的发展要求在最大限度积累消费用户和大规模的运营网点覆盖的前提下，最大限度地提升用户体验，而这种需求的满足需要进行商业服务的再推广和用户的再积累，形成商业服务的良性循环链。

7. 适合应用 O2O 电子商务的企业

什么样的产品和服务适合应用 O2O 模式呢？由于完整的电子商务包含信息流、资金流、物流和商流，O2O 的特点是只把信息流、资金流放在线上进行，而把物流和商流放在线下。因此，那些需要面对面接受的体验型服务适合采用 O2O 模式。例如，会朋友、餐馆吃饭、酒店住宿、健身、剧场看演出、美容美发等，这些特别适合到店消费的服务，都不能在线完成，又都具有体验的性质，这正是 O2O 发挥优势的舞台；而购买在线视频、数字音乐这样的产品或服务，就很难发挥 O2O 的作用。由此可见，餐饮业、服务业、团购网站等最适合应用 O2O 电子商务模式。

4.2.2 B2B2C 电子商务

1. B2B2C 模式的含义

B2B2C 是一种多方联营的网络零售方式。第一个 B 指一种逻辑上的买卖关系中广义的卖方，包括成品、半成品、原材料提供商等；第二个 B 指综合性电子商务交易服务平台，即为卖方与买方建立联系，同时提供优质的附加服务的渠道机构，一般需要拥有顾客管理、信息反馈、数据库管理、决策支持等功能；C 指买方，同样是逻辑上的关系，这种逻辑关系可以是内部也可以是外部的。

B2B2C 并不是一个新的概念，早在 2004 年重整后的 8848 就曾启用 B2B2C 模式；2007 年香港新意网在"点点红"网启动 B2B2C 平台；2008 年数百亿网也曾以 B2B2C 的模式起步试图打造中小企业电子商务；2009 年阿里巴巴和淘宝提出了阿里巴巴的 B2B 和淘宝的 C2C 结合起来在一个大平台上运行，形成一种新的 B2B2C 电子商务模式，即连通 B2B 和 C2C 平台之后，先由淘宝卖家向中小企业大规模采购商品，再卖给网络消费者。

真正意义上的 B2B2C 模式，不是 B2B 与 C2C 模式或 B2B 与 B2C 模式的简单相加，而是 B2B、B2C 和 C2C 三种电子商务模式的整合。这种模式的思想是以 B2C 为基础、以 C2C 为依托、以 B2B 为重点，将三个商务流程衔接起来，从而形成一种新的电子商务模式。

2. B2B2C 电子商务模式产生的原因

在 B2C 电子商务模式中，零售的特点决定了商家的配送工作十分繁重，同时个体消费者又不愿为了原本比较低额的商品付出相对高额的配送费用。这种特性使 B2C 电子商务模式面临着巨大的挑战，于是有人尝试在 B2C 这种模式中引入 B2B 模式，即把经销商作为销售渠道的下游引进，并且利用 C2C 广泛的影响力，从而形成了 B2B2C 电子商务模式。这种模式一方面可以减轻配送的负担，另一方面也能减轻库存问题所带来的压力，从而降低成本，增强网上购物的快速、低价格的优势。

B2B2C 电子商务率先出现在中国而没有在美国产生，是因为中国的电子商务发展道路与美国是不同的。美国是在工业化程度非常高、各个领域各个行业都有很好的工业化体系、物流配送体系也相对较完善的环境下开展电子商务的，其对于通过一个中间平台把 B2B 和 B2C 两种模式连接起来的需求并不迫切。中国是在工业化和信息化尚不完备、物流基础设施不完善、物流配送体系不健全的情况下发展电子商务的，由于大环境的不成熟，正好需要这样一个中间平台。B2B 模式要做网上批发，必然会触动原有的市场流通体制，相当于行业利润的再分配，实施过程中的阻力可想而知；而 B2C 模式无法回避一个最根本的问题——商品配送，许多经营 B2C 电子商务的商家迫于无奈选择自行送货，结果是覆盖范围有限、成本过高、时间过长。这两种模式固有的发展障碍，在当时大环境不成熟的情况下要妥善解决，比较好的一个办法就是结合二者的优势。也就是说，环境促成了B2B2C 电子商务模式。

3. B2B2C 电子商务的特点

21 世纪制造业的发展趋势是"多品种、小批量、高质量、快交货"，同时要求企业在生产过程、销售过程中必须具有高度的自动化和快速反应能力。B2B2C 电子商务模式正好迎合了企业的这种需求，在发展中也形成了自身的特点。

（1）B2B2C 模式使企业由"孤独型"向"整合型"发展。B2B2C 模式整合了上下游的渠道和资源，为生产者提供销售的平台，也为顾客提供了便利条件和实惠，形成一种开拓市场的冲击力和满足市场的包容性。企业在实施 B2B2C 电子商务过程中，靠单一的技术、渠道、人力资源等都无法应对复杂的市场需求，必须依靠有机整合，实现企业目标效益资源的最佳利用，让企业把僵化变成灵活、把随意变成规矩、把单纯的分工变成有机的协作。

（2）B2B2C 模式使企业电子商务从平面到立体。由于 B2B2C 电子商务大多涉及物流配送、仓储管理等内容，在运行过程中在一些领域需要与传统产业相结合，采用网上网下相结合的立体运作模式，这在客观上也扩大了企业的市场空间。B2B2C 电子商务依靠互联网（包括无线网络）、条形码、GIS（geographic information system，地理信息系统）、GPS（global positioning system，全球定位系统）及卫星通信等信息技术，提升了电子商务企业的渠道沟通能力及网络服务能力，最终使企业增强了竞争力。

（3）B2B2C模式实现了供需之间的"最短路径"和"最快速度"。B2B2C电子商务使中间商可以利用上游生产企业的物流资源而不需自建仓储中心和配送渠道，在信息一体化的基础上实现了生产企业与消费者之间的物流配送"最短路径"和"最快速度"。同时，B2B2C模式可以使生产企业从中间商那里了解到顾客的需求，及时指导生产企业调整产品结构，对市场的供求变化快速作出反应。

（4）B2B2C模式使网络中间商在整个产业链中处于核心地位。在B2B2C电子商务中，网络中间商直接与上游生产商和下游消费者接触，是整个B2B2C模式成功运行的关键，在整个产业链中处于核心地位。

4. B2B2C模式的应用形式

B2B2C模式在实际应用中有两种不同的形式：平台化B2B2C和实体化B2B2C。平台化B2B2C的网络中间商只是为生产商或供应商提供一个平台，收取交易的佣金；而实体化B2B2C模式中的网络中间商却不仅仅提供网络交易平台，它还整合整个产业链。

实体化B2B2C模式结合了上游生产商、网络中间商、下游零售商和最终消费者等产业链，对生产、分销和终端零售的资源进行全面的整合，而下游零售商通过加盟的形式归属于网络中间商，成为展示、销售和退换货的加盟店，共同服务于最终消费者。其不仅减少了中间渠道的销售环节，降低了最终消费者手中的价格，还减轻了生产商配送和库存问题所带来的压力，从而降低生产经营成本。

B2B2C电子商务的代表性网站：易兰礼品、商易网等。

4.3 典型案例：梅西百货的全渠道O2O模式

4.3.1 梅西百货概况

梅西百货（Macy's）是美国著名的连锁百货公司，主要经营高档服装、鞋帽和家庭装饰品，分别在纽约市海诺德广场（Herald Square）、旧金山联合广场和芝加哥州街设有3个线下旗舰店。

1. 发展历程

1858年，罗兰·哈斯·梅西（Rowland Hussey Macy）先生在纽约曼哈顿第14街和第6大道的交叉口上，以自己的名字命名开设了一家商店——R. H. Macy &

Co.。从楠塔基特岛的一个捕鲸人到世界著名的百货大王,梅西一直是美国人最津津乐道的成功范例。

1893年,R. H. Macy & Co. 被伊西·施特劳斯(Isidor Straus)和内森·施特劳斯(Nathan Straus)兄弟收购;1902年,梅西百货公司(Macy's)旗舰店迁移到纽约曼哈顿中城第三十四街与百老汇街、第七大道的交接处并保持至今,是纽约人与观光客的汇集之地。

1994年,梅西百货被美国联合百货公司收购成为其旗下公司,但是"梅西"这个品牌实在太有名了,公司高层调查发现消费者对梅西百货的品牌认可度非常高,于是在之后的几年中,"联合百货"将旗下收购的240多家分店全部更名回"梅西百货"。2005年3月至2006年9月,"联合百货"再次将其公司所有分店全部更名为"梅西百货",至此,梅西百货成为分店超过800家的美国零售业航母。在2008—2009年的经济低迷时期,梅西百货开始困难重重的转型;2010—2012年,梅西百货走出了金融危机低谷,市值和销售规模连续增长;2022年,梅西百货销售额为244.42亿美元,名列《财富》美国500强排行榜第144位。

目前,梅西百货旗下有Macy's和Bloomingdale's两大品牌,在美国45个州拥有841家门店。此外,Bloomingdale's旗下还拥有12家奥特莱斯。

2. 奠基人的故事

内森·施特劳斯和伊西·施特劳斯兄弟于1893年收购由梅西1858年开设的R. H. Macy & Co.,成为梅西百货公司的奠基人。

(1)内森·施特劳斯。内森1848年出生于德国的一个犹太人家庭,小学尚未读完就随家人移居美国,在美国南方落户。由于家庭生活困难,内森到美国后仅读完初中一年级,不得不辍学而到社会谋生。内森虽然读书不多,但深受犹太传统教育影响,从幼时起心灵就已播下人生奋斗的种子。14岁那年,他从南方来到纽约,在一家商店当学徒,白天勤奋工作,晚上自修文化。老板很赏识小内森,先是把他从杂工转为记账员,后来又让他当售货员、售货部经理,直至最后任命他为公司的经理。经过20多年在商店各部门工作,内森对商店零售工作非常熟悉,同时深谙市场发展和变化的规律,此外,他还与各生产企业有了密切的联系。最终,内森成长为一名雄心勃勃的企业家。

(2)伊西·施特劳斯。施特劳斯也是梅西百货公司的奠基人之一。1912年"泰坦尼克号"邮轮发生海难时,施特劳斯和妻子也在这条船上。当年施特劳斯夫妇带了十几个侍从和服务生,以备船上的服务员不够用或不方便,可想而知他们富有的程度和气派。"泰坦尼克号"撞了冰山之后,施特劳斯夫人几乎上了八号救生艇,但脚刚要踩到边,她突然改变了主意,又回来和施特劳斯先生在一起,她说:"这么多年来,我们都生活在一起,你去的地方,我也去!"她把自己在艇里的位置给了一个年轻的女佣,还把自己的毛皮大衣也甩给了这个女佣,说:"我再也用不着它了!"当有人向67岁的施特劳斯先生提出,"我保证不会有人反对像您这样的老先生上小艇……"施特劳斯坚定地回答,"我绝不会在别的男人之前上救生艇。"然后挽着63岁的太太艾达的手臂,这对老夫妇蹒跚地走到甲板的藤椅坐下,像一对鸳鸯一样安详地栖息在那里,静静地等待着最后的时刻到来。

4.3.2 梅西百货的全渠道 O2O 战略

梅西百货的理念是:顾客是企业的利润源泉,员工是打开这一源泉的钥匙。作为一家百货公司,梅西百货一直强调购物体验的重要性。在美国的几个主要节假日,梅西百货都会安排一些活动,一方面吸引顾客,另一方面为自身做广告。梅西百货连续多个财年数据显示,女性顾客占70%以上,并且大部分更倾向于在实体店购物,因为她们希望搭配不同的衣服试穿、试妆,同时也希望他人能够为自己提供意见。事实上,美国人已经习惯于通过不同的方式购物。例如在线下,人们可以在逛街时用手机搜索附近的商场,通过对比找到适合自己的购物场所;或者干脆待在家里,网上下订单。为此,梅西百货尝试整合线上线下以及移动终端的资源,推行全渠道战略,即"通过科技手段来达到存货的最优化配置"。

1. 开拓全渠道强化渠道融合

梅西百货是最早"触网"的零售企业之一,1996年就开通了公司网站。梅西百货在2008—2009年的经济低迷期,开始全渠道融合战略转型。

面对电商巨鳄亚马逊来势汹汹的冲击,梅西百货把线下店铺转化为配送中心,依靠其在全美国800多家门店与亚马逊的物流网络抗衡。利用实体门店的存货仓库作为网上订单的配送中心,最大的好处是能更好地管理库存。顾客订购的产品即使网上仓库缺货,只要任何一家实体门店有货,梅西百货都可以快速调配并发送给顾客。然而这一做法,并非十全之策。因为这类店铺转配送中心的方式,依靠的是梅西百货的人工操作,对于利用机器人读码锁定货物的亚马逊的高科技配送中心,效率高低可想而知。因此,梅西百货的全渠道融合策略还有很大的提升空间。

2. 线上线下体验无差异

梅西百货奉行"让购物体验简单而周到"的原则，为顾客提供更快速、更高效和更轻松的购物体验。为此，梅西体验店内配备了很多自助设备，能够帮助顾客更好地享受融合了各渠道优点的购物体验。具体而言，梅西百货实行线上线下体验无差异的主要措施与服务包括五点。

（1）搜索与递送服务（search & send）。这项服务将梅西百货的后台库存系统整合进店铺前端的零售收银系统中，在梅西百货和布鲁明戴尔（Bloomdale）的近千家店铺中，如果顾客在某家店里或者网上看中了一个商品，但是这家店没有合适的颜色或尺码，或者根本不卖这个商品，销售人员可以从网上搜索合适的商品并且下订单，把商品直接递送到顾客的家里。

（2）美容小站（beauty spot）。这是安装在实体店里的自助服务机，顾客能够在这台机器上搜索化妆品库存、了解和研究产品功能，以及进行购买。一个"美容小站专职礼宾助理"可以在现场为顾客提供使用帮助，并协助处理信用卡交易。

（3）电子屏（tablets）。电子屏是梅西百货在实体店里装配的另一种提供自助服务功能的设备，用于辅助送货服务，通过全球定位系统和数字签名套件，可以有效和准确地查询与管理送货流程。

（4）真试衣（true fit）。这是梅西百货网上商城上的一个应用工具，帮助女性顾客精准选择最适合她们"独特的身体和喜好的风格"的牛仔裤等商品。

（5）顾客响应设备。梅西百货将商店的付款设备进行改装，使之可以支持电子钱包（electronic purse）等网络支付技术。

此外，梅西百货还开通了店内 Wi-Fi、配备电子收据等设施。随着社交网络的兴起，梅西百货在 Twitter、Facebook 上也分别开设账户，吸引了大量粉丝。

3. 本地化与个性化迎合顾客口味

从 2009 年开始，梅西百货推出了"我的梅西百货"（My Macy's）计划，其目的是迎合当地口味，增加同类商店的营业额并削减成本。

"我的梅西百货"战略的本意是根据各个门店周边顾客的地域特点配置商品种类。例如，偏北方寒冷的波特兰和旧金山门店，即使在夏天，也会准备毛衣等商品；而在南方偏热的门店则多配置更多的白色牛仔服；在公务员集中的华盛顿特区出售更多的职业装等。此外，在尺码和颜色上，梅西百货也会根据地区特点的不同，进行不同的配置。

为此，梅西百货对于内部采购和商品配置流程进行相应的调整，如品类管理实施统一化与地域化、集权与分权相结合的策略，也就是"地方提需求、总部来筹集"。这一改革使梅西百货可以更快地响应顾客的需求和决策，提高运营效率和执行力度，减少冗余费用，保持和供应商的良好合作关系。同时门店可以切合顾客需求，减少打折，引进更多的高利润特色产品。在实施这一战略的3年里，梅西的利润增加了1倍，股价上涨了近6倍。

4. 自主品牌抢占商品独家经销权

梅西商品集团是梅西百货公司的子公司之一，负责梅西百货自有品牌以及一些特许品牌的设计、开发和市场推广，这些品牌的存在能够保证梅西百货的商品不同于竞争对手。梅西百货除了与顶尖设计师以及日益增多的名人签订独家合作协议之外，还会在全世界范围内寻找那些冉冉升起的年轻设计师，并采购其独一无二的商品。相关统计数据显示，美国西尔斯百货公司销售的商品中，90%为自有品牌产品；在梅西百货，也有46%的自有品牌商品在别处无法买到。

4.3.3 梅西百货O2O模式的成功秘诀

百年老店梅西百货面对电商的冲击，以并购与转型为突破口，迅速实现了规模扩张和业绩改善；坚持高性价比的独有品牌、较早将全渠道提升至战略地位、强化费用管控等成为梅西百货二次崛起的动能。综合分析梅西百货O2O模式的战略特点及其实施效果，其成功秘诀具体可归纳为以下四个方面。

（1）借助全渠道策略整合与优化线上线下以及移动终端资源配置。梅西百货将线上、线下以及移动终端渠道进行整合，线上购买商品可以直接从线下百货店送给消费者，实体卖场部分充当物流仓库的功能。在基础设施上，大量增设负责线上购物以及其他商场暂时缺货产品的订单履行中心。订单履行中心借由演算法决定从哪间分店调动存货效率最高，并根据每日库存的最新情况进行调整。线上线下资源的无缝对接，一方面极大提升了消费者的购物便利；另一方面也有效优化了梅西百货的存货配置，减少了物流库存积压，增强存货周转能力。

（2）通过本地化策略提供个性化服务。梅西百货各地门店在本地化策略的指导下提供适应本地顾客需求的产品，保证梅西核心顾客能够在附近的梅西百货店享受到针对其需求"量身定制"的服务，使得单店销量迅速提升。

（3）线上线下无差异购物改善用户体验。梅西百货打通线上和线下资源，逐渐模糊线上、线下购物的界限，让消费者能够随时随地、以任何方便的方式购物，打造兼具实体店体验功能和网络购物便捷性的购物体验。顾客可以在商场试用商品后再做决定，减少了退货的概率。一些顾客经常会发现在一些网店新购买的服装没法搭配家里的衣服，但是如果在梅西百货，店内的服务人员会记得顾客曾在这里买过的衣服，从而为其提供更专业的建议。如果在网上买得不合适，可以直接拿到实体店退货，用不着再把衣服放进盒子里邮回仓库。

（4）利用大数据分析实现精准营销。渠道整合、本地化、无差异购物体验"三位一体"无缝对接产生的消费者购物习惯、偏好以及反馈信息成为梅西百货大数据分析的数据来源；而大数据分析的结果又能指导店内商品组合选择、布局陈设以及促销活动等经营决策的有效开展，进一步为顾客提供更具个性化的一对一精准营销服务。最终，这种渠道整合和本地化与无差异体验购物"三位一体"的无缝对接实现"1+1+1>3"的效果，使梅西百货在美国成为后金融危机时代的领先百货公司。

4.3.4　梅西百货对中国零售百货业的启示

梅西百货最显著的特点是开展全渠道零售并拥有高比例自有或独家品牌，其零售渠道升级发展的 O2O 模式为中国实体零售百货业有效地应对电商竞争提供了有益的策略借鉴。

（1）数字化推动全渠道融合是中国零售百货业的必然选择。数字营销机构 Comscore 的调查显示，在所有进入实体零售店的购物者中，有近 6 成会选择随后在网上购物。零售商处于 SoLoMoMe（social 社交 +local 本地化 +mobile 移动 +personalized 个性化）经济时代发端的起点，为应对这一挑战，零售百货业经由单一渠道向多渠道进化，再向**全渠道零售**转型，已成为必然选择。中国零售百货业可以借助现代信息技术，通过融合线上、线下各种渠道，由目前的单渠道、多渠道零售逐渐转型为跨渠道、全渠道零售，具体可利用 O2O 模式可线上线下灵活切换的特点，借助"移动互联+大数据精准营销+经营风格本地化+配送范围社区化"等方式实现。

知识卡片 4-6
全渠道零售

（2）中国零售百货业必须以消费者需求为核心扩大规模。我国零售市场需求庞大，有条件大力发展本土连锁超市，扩大零售百货业的经营规模，提高其市场竞争力。零售百货业规模发展的机会来自我国零售业态的多元化发展，以一、二线城市率先；其空间来自区域间经济水平的较大差距，以三、四线城市为主。

（3）中国零售百货业必须积极争取更多品牌的市场独家经销权。国内零售百货企业大多并不掌握商品的所有权，掌握所有权的主要是供应商，众多零售百货企业尝试电商的结果不理想，一个重要原因便是无法控制商品的供应。另外，中国的家电零售商和以服饰为主的本土百货公司往往面临严重的商品同质化危机，使其在转型过程中劣势显著。梅西百货以自营模式和自主品牌经营为主，在涉足电商时很少遇到这类问题。因此，中国零售百货业要想做大、做强，必须积极争取更多的自主品牌。

总体来说，面对在线零售商快速增长的冲击，实体百货零售商也有着自身的优势，借助拓展全渠道战略，完全可以和在线零售商分享电子商务和高科技带来的市场发展红利。当然，无论百货商如何变革，一切都应该以顾客为中心。

 本章小结

随着电子商务的发展，在三种基本交易模式的基础上，通过拓展和创新应用逐步衍生出许多新的电子商务模式，这些模式有些以其创新的理念赢得了业界和学界的关注，但其中有许多模式还存在极大的不确定性。分析各种衍生电子商务模式的应用发展状况，可以帮助读者拓展电子商务运营思路，掌握电子商务市场发展的实时动态，同时有助于激发创新性思维。

C2B 电子商务模式是消费者最理想的模式，具有广阔的发展前景；B4C 是以提供增值服务为主的一种衍生电子商务模式，需要解决诚信、安全、物流、售后服务等主要问题；B2F 电子商务是企业以家庭成员为中心所开展的各种商品及服务的零售；O2O 模式有多种类型，但也存在线上信息与线下商家服务不对称、线上价格和线下价格差异等问题可能带来的风险；B2B2C 是将 B2C、C2C、B2B 三个商务流程衔接起来而形成的一种衍生电子商务模式。

即测即练

复习与研讨

1. 复习思考题

（1）C2B 模式的优势与劣势是什么？你认为 C2B 会成为未来电子商务的主流模式吗？

（2）B4C 模式的主要特点是什么？市场前景如何？试结合具体案例进行分析。

（3）O2O 模式适合在哪些领域应用？实施 O2O 电子商务需要考虑哪些风险问题？试结合具体实例进行讨论。

（4）B2B2C 电子商务是在企业信息化及物流配送设施不完善的环境下产生的，随着我国企业信息化程度的提升以及物流服务体系的完善，其发展前景如何？阐述你的观点及依据。

2. 小组研讨作业

除了本书提及的衍生电子商务模式以外，目前我国电子商务市场上还活跃着哪些新型电子商务模式？请各小组列举所能找到的新型电子商务模式，并对其运营特点和盈利方式进行讨论，形成报告，然后在班上做一次演讲。

第 5 章 移动电子商务

本章学习目标

- 理解移动电子商务的含义、特点与发展概况；
- 熟悉移动电子商务的相关技术；
- 熟悉移动电子商务的主要业务模式。

引例：王老板的 Mobile 生活

王刚是一家制造企业的总经理，年富力强，对新鲜事物充满着无比的热情。企业从创建到现在，也是几经风雨、几经蜕变。十几年间，公司从几十号人发展到上千号人，产品也从国内卖到了国外。虽然整天忙忙碌碌，然而令王总非常欣慰的是，自从应用移动电子商务并使之与公司现有 OA（办公自动化）、CRM（顾客关系管理）、ERP 等信息系统对接，通过移动互联网将企业内部网络的外延扩大到随身携带的手机上，整个企业的运作就尽在轻松掌控之中。王总可以通过短信或微信，实现移动审批、下达管理指令等。

王总的企业工作篇

王总每天早上首先要做的就是打开公司的数字报表神经系统了解营运状况，其中会有一封记录着各事业部业绩战报及月累计营业额报表的 E-mail 专门发送给王总。对分秒必争的王总来说，在上班的路上会通过智能手机来查看邮件。王总的两名大将销售经理和生产经理，每天也都会把收到的销售订单、重要的生产信息以及一些临界的警报信息，通过智能手机或 iPad 随时随地及时处理，确保业务运作处于主动状态，不会像以前一样被动忙乱。

如何让企业执行力不打折扣？这是王总一直考虑的问题。通过数字报表神经系统的自动启动，每天晚上12点，将每天预先设定的重要报表信息自动发送到中层主管的 E-mail 中，每人每天使用10份报表，100个干部则每月就有1 000个指令被彻底执行，工作由中层干部执行到位，王总自然轻松多了。同时，生成精确的损益表送回至王总的 E-mail 中，再也不会出现拖延很久的现象了。

王总的个人休闲篇

王总平时工作之余的休闲生活：钓鱼时用手机听听音乐，旅行途中看看电影、分析股市行情，甚至在咖啡馆里利用手机进行视频会议。在国外休假的日子里，经常会遇到紧急订单或其他急需王总会签的情况，这个时候，数字报表神经系统会定时启动将报表送到 E-mail 中，让王总签注意见，对于更重要的信息（如异常报表）则同步送出手机信息，通过智能手机及时会签，将会签的结果同时传送给等待结果的部下。

王总的感叹

王总的心得：企业首先要有一个好的信息化基础（ERP、CRM 等系统）才能提供对管理者有用的数据，这是移动电子商务化的基础；应用移动电子商务可以极大地提升企业的整体运作效率和管理人员的控制力，产生了强大整合的自动化效益；对企业流程中出现异常的部分也能实时提出预警，方便、及时地给出解决方案。

案例思考：应用移动电子商务可以给企业的生产和管理带来哪些便利？企业开展移动电子商务需要什么条件？

5.1 移动电子商务的定义及特点

5.1.1 移动电子商务的定义

移动电子商务是通过智能手机、个人数字助理等手持移动终端从事的商务活动，一般不通过有线网络传输用户商务数据。

从用户角度来看，移动电子商务可以随时随地实现各种商务需求。例如，可以利用手机在网络上购物、搜索餐馆或电影、发送电子邮件、下载和聆听数字音乐等。

从企业角度来看，管理人员可以在移动环境下通过移动终端联网实时查看重要的销售和市场日报汇总、实时处理各种业务及管理信息；营销人员可以借助移动电子商务实现精准营销。

从技术角度来看，移动电子商务是技术的创新。移动电子商务利用各种移动设备和移动通信技术（Mobile Communication Technology），充分运用其移动性消除时间和地域的限制，使各种商业信息能随时随地地传输、存储和交流，也使随时随地进行各种商业交易成为可能。

从管理角度来看，移动电子商务是一种企业管理模式的创新。手机、个人数字助理和笔记本电脑等移动通信设备与企业后台连接，通过无线通信技术进行网上商务活动，使移动通信网和互联网有效结合，突破了互联网的局限，能更加高效、直接地进行信息互动，使企业管理人员能更及时地把握市场动态。

从商务角度来看，移动电子商务是通过移动通信网络进行数据传输，并利用手机等移动终端开展各种商业经营活动的一种电子商务形态。移动电子商务活动以应用移动通信技术、使用移动终端为显著特性，是与商务活动参与主体最贴近的一类电子商务模式。

综上所述，可以给出移动电子商务的完整定义：移动电子商务是通过移动电子网络进行商务数据传输，并利用手机等移动终端开展各种商业经营活动的一种电子商务运营方式，可以实时处理各种业务和随时随地实现各种商务需求，是企业管理模式和技术的创新。

5.1.2 移动电子商务的特点

移动通信技术的成熟和广泛商业化为移动电子商务提供了通信技术基础，而功能强大、价格便宜的移动通信终端的普及为移动电子商务提供了有利的发展条件。移动电子商务的特点如图 5-1 所示。

（1）时域性。移动电子商务不受时间和地域的限制，借助简单的移动终端设备如笔记本电脑、手机等，便可以在任何时间与地点通过无线网络进行商品交易，或即时获取并处理各种市场资讯，真正做到随时随地。

（2）新媒体。新媒体是利用数字技术，通过计算机网络、无线通信网、卫星等

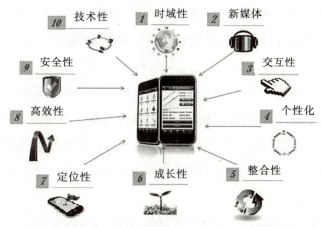

图 5-1　移动电子商务的特点

渠道，以及电脑、手机、数字电视机等终端，向用户提供信息和服务的传播形态。移动电子商务以数字压缩和无线网络技术为支撑，实现了与新媒体应用的有机融合。

（3）交互性。移动电子商务具有很强的交互性，借助各种新媒体工具，可以实时地与用户进行双向沟通。随着 5G（第五代移动通信技术）在移动电子商务中的应用，虚拟现实（VR）等人工智能技术使移动电子商务的交互性从人与人之间的交互扩展到人与物、物与物之间的交互。

（4）个性化。移动电子商务能充分根据消费者的个性化需求和喜好定制服务，用户在任何地点与时间所传递的资讯，经过数据分析技术处理后，可形成更具价值的资讯，作为企业针对个人或整体服务的参考依据。

（5）整合性。移动电子商务通过移动装置及无线网络实现企业内部资源系统的整合、线上线下业务的充分融合，并通过此渠道，回传资讯或进行交易。现代移动电子商务应用的关键是整合各种资源为顾客提供价值。

（6）成长性。移动电子商务随着移动通信技术的更新换代而不断发展，从 3G、4G 到 5G 的应用，具有强大的技术支撑和旺盛的生命力；智能手机用户人数和手机网民规模的持续增长，使得移动电子商务呈现出广阔的市场发展前景。

（7）定位性。移动电子商务可以提供与位置相关的交易或信息服务。位置定位和跟踪是无线通信技术最具特色的功能，借助北斗卫星定位系统、GPS 卫星定位系统，在任何特定的时刻都能确定顾客的位置并提供相关的服务。移动电子商务的定位性通常与个性化结合在一起使用，可以根据用户所处的位置及其偏好给用户发送个性化信息。

（8）高效性。通过移动电子商务，用户可以做到随时随地响应工作，方便、快捷地获取所需的服务信息、选择及购买商品和各种服务等，提高了效率，大大节省交易的时间。

（9）安全性。移动电子商务的安全主要包括移动接入的安全和移动商务系统的安全。移动电子商务运营商和相关应用服务提供商一般会提供可靠的安全解决方案，在数据完整性、信息的保密性、网络的安全性以及信息处理的每一个步骤均进行周密设计，既保证移动商务应用的移动接入安全，又保护移动商务系统本身的信息安全和设备安全。

（10）技术性。移动电子商务是无线网络技术、移动通信技术和其他相关技术与商务活动完美结合的产物，无线互联网应用和移动数据通信技术的发展，为移动电子商务的发展提供了坚实的技术基础。

5.2 移动电子商务的应用发展概况

全球移动商务调查数据显示，全球有超过 100 个国家手机的持有量超过了其总人口数。移动终端已成为人们接收信息的主要渠道之一，越来越多的用户发现了移动终端的巨大力量和它给商业带来的巨大便利，零售收入正在向移动终端集中，移动购物在全球多个地区表现出惊人的增长潜力。

5.2.1 国外移动电子商务的发展特征

1. 美国移动电子商务的发展特征

美国是最早的 3G 标准的开发国与拥有国。美国拥有众多移动运营服务商，同时还拥有世界知名的终端设备生产商、IT 企业等，具有很大的市场影响力。例如，美国苹果公司推出的 iPhone 系列，推动了全球智能手机发展的高潮。

美国移动电子商务的发展显现出鲜明的特征：以移动终端企业和 IT 企业为主导进行发展。

在发展移动电子商务时，美国移动运营商的策略为：与终端厂家密切配合，推出各种终端设备和移动服务。在业务方面，美国重视集团业务，主要业务包括用手机收发电子邮件、手机音乐、专为学生开发的手机、手机电视、用手机查看实时路况和行车路线、手机定位等。

美国三大电信运营商 AT&T、Verizon 和 T-Moblie 在 2019 年先后启动了 5G 商用，市场调研公司 Opensignal 2021 年发布的美国 5G 网络调研报告显示，美国 5G 网络实测的整体表现均不尽如人意。5G 技术要正式投入移动电子商务应用，在覆盖范围、下载速度等方面尚有待进一步完善。

2. 欧洲移动电子商务的发展特征

在欧洲聚集着诸多世界顶尖的移动网络设备制造商、移动通信设备制造商、移动终端设备制造商、IC 卡（集成电路卡）制造商以及移动运营商，这为欧洲国家开展移动电子商务业务供了技术基础。虽然欧洲同样拥有众多移动运营商，但绝大多数移动通信的制式为 GSM（全球移动通信系统），为移动电子商务业务的开展提供了统一的标准。此外，欧洲人均收入水平高，移动终端用户数量大。这些因素对欧洲成为世界上移动增值业务和移动电子商务开展较成熟的地区产生了积极的影响。

知识卡片 5-1 GSM

欧洲移动运营商发展移动电子商务的策略与美国相似，同样强调与终端厂家的紧密合作，但在服务内容上，欧洲同时重视企业集团的服务和个人服务。近些年来，欧美国家的通信基础设施越来越陈旧，很多国家网络资源跟不上形势变化。

3. 日本移动电子商务的发展特征

日本是世界上最早提供 3G 业务的国家之一。日本政府在 2000 年颁发了 3G 牌照和 3G 许可证，获得许可证的移动运营商 NTT DoCoMo、KDDI 和后来的软银公司在此后两年相继推出 WCDMA 和 CDMA2000 标准的 3G 业务，至 2009 年日本移动电子商务已完全进入建立在宽带基础上的 3G 时代。在此后的 10 多年中，运营商、制造厂商和服务提供商纷纷推出应用最新技术的 4G 业务和终端，促进了整个移动通信产业的飞速发展。如今，移动电子商务已经渗入日本人生活的方方面面，涵盖了移动搜索、移动音乐、移动社交网、移动电子书、移动电视、基于位置的服务和移动广告等各个领域。

4. 韩国移动电子商务的发展特征

韩国是世界上移动网络最为密集发达的地区之一。

韩国的网络覆盖率高，运营商地位强势，占据韩国移动电子商务领导地位的主要是 SKT、KTF 和 LGT 等 3 家公司。在 3G 时代无线技术主要采用 **CDMA2000** 制式，其业务主要在 CDMA2000 1X 和

知识卡片 5-2 CDMA2000

CDMA2000 EVDO 上开展。在 4G 时代为了配合业务的发展,韩国普遍采取定制手机的策略,三星、3COM、LG、SKTeletech 等终端厂商,按照运营商的要求,提供各种功能强大、针对性强的终端设备。韩国也是 5G 手机普及速度最快的国家之一。

5.2.2 中国移动电子商务的发展阶段

移动通信网络和移动数据业务的不断发展,为我国移动电子商务应用奠定了基础。**云计算、物联网**,为移动电子商务的发展提供了更多技术条件。从技术发展的层面来看,中国移动电子商务的发展可划分为拓荒期、成长期、成熟期和拓展期四个阶段。

知识卡片 5-3
云计算

拓荒期(2000—2008 年):以第一代移动电子商务系统为主要标志,主要是基于短信的访问技术。这种技术存在着许多严重的缺陷,其中最严重的问题是实时性较差,查询请求不会立即得到回答。此外,由于短信长度的限制也使得一些查询无法得到一个完整的答案。

知识卡片 5-4
物联网

成长期(2009—2011 年):以第二代移动电子商务系统为主要标志,采用基于 WAP(Wireless Application Protocol,无线应用协议)技术的方式,手机主要通过浏览器的方式来访问 WAP 网页,以实现信息的查询,部分地解决了第一代移动访问技术的问题。第二代移动访问技术的缺陷主要表现在 WAP 网页访问的交互能力极差,极大地限制了移动电子商务系统的灵活性和方便性。此外,WAP 网页访问的安全问题也是一个严重的问题。这些问题也使得第二代技术难以满足用户的要求。

成熟期(2012—2019 年):以第三代和第四代移动通信技术的商业应用为主要标志。这个阶段的移动电子商务系统同时融合了 3G、4G 移动技术、智能移动终端、VPN(虚拟专用网络)、数据库同步、身份认证及 Web Service 等多种移动通信、信息处理和计算机网络的最新前沿技术,以专网和无线通信技术为依托,使得系统的安全性和交互能力有了极大的提高,同时为电子商务人员提供一种安全、快速的现代化移动商务办公机制。

微课视频 5-1
中国移动电子商务
的发展阶段

拓展期(2019 年以后):以第五代移动通信技术商用牌照发放为标志(表 5-1)。5G 是具有高速率、低时延和大连接特点的新一代宽带移动通信技术。

国际电信联盟（ITU）定义了 5G 的三大类应用场景（表 5-1）。增强移动宽带主要面向移动互联网流量爆炸式增长，为移动互联网用户提供更加极致的应用体验；超高可靠低时延通信主要面向工业控制、远程医疗、自动驾驶等对时延和可靠性具有极高要求的垂直行业应用需求；海量机器类通信主要面向智慧城市、智能家居、环境监测等以传感和数据采集为目标的应用需求。5G 技术通过更快的数据传输和更可靠的连接能提供良好的消费者体验，并提高商务实用性。

中国移动电子商务发展各阶段的特点如表 5-1 所示。

表 5-1 中国移动电子商务发展各阶段的特点

特点	阶段			
	拓荒期（2000—2008 年）	成长期（2009—2011 年）	成熟期（2012—2019 年）	拓展期（2019 年以后）
服务定位	移动电子商务初步定位，拓展了包括银行业务、交易、订票、购物等一系列服务	移动电子商务的产品进一步丰富，重点发展移动电子商务下的 B2C 模式	技术、顾客、产品、支付、物流等环境逐渐成熟，移动电子商务服务进入平台化，提供更专业的服务	5G 的三大类应用场景：增强移动宽带、超高可靠低时延通信、海量机器类通信
市场分析	市场处于探索期：企业开始探索移动电子商务发展，先后推出手机银行卡、手机支付、移动商易通等业务，形成移动电子商务市场雏形	市场处于发展期：技术的成熟，3G 时代来临，运营商纷纷拓展移动电子商务这一渠道，营收规模接近亿元级	市场处于成型期：获得 3G、4G 牌照企业成为移支电子商务领头羊，营收规模将超过亿元级	市场处于快速发展期：用户体验极大改善，应用向工业控制、远程医疗、自动驾驶、智能家居、环境监测等领域纵深拓展
政府导向	2007 年国家发展改革委、国务院信息办印发《电子商务发展"十一五"规划》，将移动电子商务定为重点示范工程	2009 年 1 月 7 日，中国移动、中国联通和中国电信分别获得工业和信息化部发放的三张 3G 牌照	依据过往经验，进行移动电子商务行业规范与整顿，出台相关法律	2019 年 6 月 6 日，工业和信息化部正式向中国电信、中国移动、中国联通、中国广电发放 5G 商用牌照，中国正式进入 5G 商用元年

5.3 移动电子商务技术基础及协议

实现移动电子商务的基本技术及协议主要有无线局域网（wireless local area networks，WLAN）技术、无线通信技术 [包括蓝牙（Blue Tooth）技术、4G、5G、移动 IP（Mobile IP）技术]、无线应用协议等。

5.3.1 无线局域网技术

无线局域网技术的成长始于 20 世纪 80 年代中期。
WLAN 是指以无线信道做传输媒介的计算机局域网络，是计算机网络与无线通信技术相结合的产物，它以无线多址信道作为传输媒介，提供传统有线局域网的功能，能够使用户真正实现随时、随地、随意的宽带网络接入。与有线局域网的主要区别在于传输媒体与媒体访问控制（MAC）协议。有线局域网通过铜线或光纤等导体传输信息，无线局域网使用电磁频谱来传递信息。

1. 无线局域网的硬件组成

无线局域网的组成包括无线网卡和无线接入点。无线局域网利用常规的局域网（如 10/100/1000M 以太网）及其互联设备（路由器、交换机）构成骨干支撑网，利用无线接入点（AP）来支持移动终端（MT）的移动和漫游（roaming），配有无线网卡的台式 PC、笔记本电脑或其他设备就可以与无线网络连接。

对于顾客端，无线网卡作为无线网络的接口实现与无线网络的连接。无线网卡根据接口类型的不同，主要分为三种：PCMCIA 无线网卡（适用于笔记本电脑，支持热插拔）、PCI 无线网卡（适用于台式机）和 USB 无线网卡（适用于笔记本电脑和台式机，支持热插拔）。无线接入点的作用是完成 WLAN 和 LAN（局域网）之间的桥接，WLAN 工作站也可漫游在不同的 AP 之间，在实际情况下（通常在室外），还需要加上外接增益天线，使传输距离更远。

2. 无线局域网的拓扑结构

WLAN 技术使网上的计算机具有可移动性，能快速、方便地解决有线方式不易实现的网络信道的连通问题，WLAN 利用电磁波发送和接收数据，而无须线缆介质。无线局域网的拓扑结构如图 5-2 所示。

图 5-2　无线局域网的拓扑结构

3. 无线局域网的优点

与有线网络相比，WLAN 具有以下优点。

（1）安装便捷。无线局域网的安装工作简单，它无须施工许可证，不需要布线或开挖沟槽。

（2）覆盖范围广。无线局域网的通信范围不受环境条件限制，网络传输范围大大拓宽，最大传输范围可达到几十千米。

（3）经济节约。WLAN 不受布线接点位置的限制，具有传统局域网无法比拟的灵活性，可以避免或减少以上情况的发生。

（4）易于扩展。WLAN 有多种配置方式，能够根据需要灵活选择。这样，WLAN 就能胜任从只有几个用户的小型网络到上千用户的大型网络，并且能够提供诸如"漫游"等有线网络无法提供的特性。

（5）传输速率高。WLAN 的数据传输速率现在已经能够达到 11Mbit/s，传输距离可远至 20km 以上。应用到**正交频分复用**（OFDM）技术的 WLAN，甚至可以达到 54Mbit/s。

知识卡片 5-5 正交频分复用（OFDM）

此外，无线局域网的抗干扰性强、网络保密性好。对于有线局域网中的诸多安全问题，在无线局域网中基本上可以避免。而且相对于有线网络，无线局域网的组建、配置和维护较为容易，一般计算机工作人员都可以胜任网络的管理工作。

4. Wi-Fi 技术

Wi-Fi 是 Wireless Fidelity 的缩写，又称为无线保真，是一种可以将个人电脑、手持设备（如 PDA、手机）等终端以无线方式互相连接的技术，其实质是一个高频无线电信号。Wi-Fi 属于无线局域网技术中的一种，是目前 WLAN 的一种主流连接方式。Wi-Fi 接入 WLAN 的常见形式是通过无线路由器接入，在这个无线路由器电波覆盖的有效范围都可以采用 Wi-Fi 连接方式进行联网。如果无线路由器连接了一条 ADSL（非对称数字用户线路）或者别的上网线路，则又被称为"热点"。现在市面上常见的无线路由器多为 54M、108M 的传输速率，这并不是使用互联网的速度，使用互联网的速度主要是取决于 Wi-Fi 热点的互联网线路。

Wi-Fi 主要优势有：其一，无线电波的覆盖范围广，基于蓝牙技术的电波覆盖范围非常小，半径大约只有 15 米，而 Wi-Fi 的半径则可达 300 英尺（1 英尺 =0.3048 米）左右，约合 100 米，但是信号会有所减弱。其二，虽然由 Wi-Fi 技术传输的无线通信质量不是很好,数据安全性能比蓝牙差一些,传输质量也有待改进,但传输速度非常快,可以达到54Mbps,符合个人和社会信息化的需求。其三,厂商进入该领域的门槛比较低。厂商只要在机场、车站、咖啡店、图书馆等人员较密集的地方设置"热点",并通过高速线路就可将互联网接入上述场所。

5.3.2 无线通信技术

1. 蓝牙

蓝牙这个概念最初是由瑞典的手机制造商爱立信在1994年提出的。蓝牙作为一种低成本、低功率、小范围的无线通信技术,可以使移动电话、个人电脑、个人数字助理、便携式电脑、打印机及其他计算机设备在短距离内无须线缆即可进行通信。

蓝牙使用短波连接,让电脑及各类便携式电子设备之间实现无线通信,形成一个小型的私有网络,它为各种不同的设备创造了相互连接的环境,就像提供了统一的通信语言。如图5-3所示,配备蓝牙功能的笔记本电脑或智能手机可以与蓝牙耳机、蓝牙音箱、智能电视、智能空调等设备进行通信,配备蓝牙功能的终端不再需要串口电缆连接。

图5-3 采用蓝牙进行无线连接

蓝牙技术可以让各种便携设备和家电访问无线局域网、移动通信网络和互联网。例如,用户可以用手机连接自动售货机,使用蓝牙技术通过无线付款系统付钱购买商品。"蓝牙"支持64kb/s实时话音传输和数据传输,传输距离为10~100m,其组网原则采用主从网络。

2. 移动通信技术

移动通信技术已历经 1G、2G、3G、4G 到 5G 的发展。每一次代际跃迁，每一次技术进步，都极大地促进了产业升级和经济社会发展。从 1G 到 2G，实现了模拟通信到数字通信的过渡，移动通信走进了千家万户；从 2G 到 3G、4G，实现了语音业务到数据业务的转变，传输速率呈百倍提升，促进了移动互联网应用的普及和繁荣；从 4G 到 5G，宽带移动通信技术以高速率和低时延的特点实现人、机、物互联。

5G 作为一种新型移动通信网络，不仅要解决人与人通信，为用户提供增强现实、虚拟现实、超高清（3D）视频等更加身临其境的极致业务体验，更要解决人与物、物与物通信问题，满足移动医疗、车联网、智能家居、工业控制、环境监测等物联网应用需求。最终，5G 将渗透到经济社会的各行业各领域，成为支撑经济社会数字化、网络化、智能化转型的关键新型基础设施。

3. 移动 IP 技术

移动 IP 是由互联网工程任务小组（IETF）在 1996 年制定的一项开放标准。它的设计目标是能够使移动用户在移动自己位置的同时无须中断正在进行的互联网通信。移动 IP 现在有两个版本，分别为 Mobile IPv4（RFC 3344）和 Mobile IPv6（RFC 3775）。目前广泛使用的仍然是 Mobile IPv4。移动 IP 主要使用三种**隧道技术**，即 IP 的 IP **封装**、最小封装和通用路由封装（GRE）来解决移动节点的移动性问题。

知识卡片 5-6

隧道技术

4. 无线射频识别技术

无线射频识别（radio frequency identification，RFID）技术是 20 世纪 90 年代兴起的一种非接触式的自动识别技术，它可在阅读器和射频卡之间进行非接触双向数据传输，以达到目标识别和数据交换的目的。有关 RFID 系统的组成、工作原理及流程等内容请读者参阅 12.2.2 节。

知识卡片 5-7

封装

5.3.3 无线应用协议

无线应用协议是开展移动电子商务的核心技术之一，使用户可以通过移动设备很容易地访问和获取以统一的内容格式表示的互联网或企业内部网信息和各种服务。通过 WAP，手机可以随时随地、方便快捷地接入互联网，真正实现不受时间和地域约束的移动电子商务。目前，全球各大手机制造商已经保证提供支持 WAP 网络的无线设备。

1. WAP 网络架构

WAP 网络架构由三部分组成，即 **WAP 网关**、WAP 手机和 WAP 内容服务器。其中 WAP 网关起着协议的"翻译"作用，是联系 GSM 网与 Internet 的桥梁；WAP 内容服务器存储着大量的信息，以提供 WAP 手机用户来访问、查询、浏览信息等。

知识卡片 5-8
WAP 网关

WAP 网络的基本架构如图 5-4 所示。当用户从 WAP 手机键入他要访问的 WAP 内容服务器的 URL 后，信号经过无线网络，以 WAP 协议方式发送请求至 WAP 网关，然后经过"翻译"，再以 HTTP 方式与 WAP 内容服务器交互，最后 WAP 网关将返回的内容压缩处理成二进制流返回到顾客的 WAP 手机屏幕上。

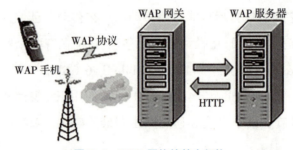

图 5-4　WAP 网络的基本架构

2. WAP 的协议标准

WAP 技术的提出和发展是基于在移动设备中接入 Internet 的需要，该技术同样需要一定的协议标准来支持。WAP 技术的协议**栈**采用层次化设计，这为应用系统的开发提供了一种可伸缩和扩展的环境。每层协议栈均定义有接口，可被上一层协议使用，也可被其他的服务或应用程序直接应用。在设计中，WAP 充分借鉴了 Internet 的协议栈思想，并加以修改和简化，使之可以有效应用于无线应用环境。WAP 技术的实现是由以下协议来支持的。

知识卡片 5-9
栈

（1）WSP。该协议的英文全称为 Wireless Session Protocol，它的中文含义为无线会话层协议，该协议为上层的 WAP 应用提供面向连接的、基于会话通信服务或基于 WDP 无连接的、可靠的通信服务。

（2）WTP。该协议的英文全称为 Wireless Transaction Protocol，它的中文含义为无线处理协议，该协议提供一种轻量级的面向事务处理的服务，专门优化并适用于移动终端的设计。

（3）WTLS。该协议的英文全称为 Wireless Transport Layer Security，中文含义为无线传输安全协议，该协议是一种基于 SSL 的安全传输协议，用来保证信息传输的安全。

（4）WDP。该协议的英文全称为 Wireless Datagram Protocol，它的中文含义为无线数据报协议。

手机通过使用 WAP 协议栈可以为无线网络节省大量的无线带宽。

5.4 移动电子商务主要业务模式

随着无线通信技术和无线局域网的发展，移动电子商务的业务内容也越来越丰富，可以从不同的角度对其分类。从功能角度，移动电子商务业务内容可分为移动营销、移动搜索、移动支付（mobile payment）、移动购物等形式。

5.4.1 移动营销

伴随着无线互联网发展，移动营销模式正逐渐展现其独特的魅力，并成为当前移动电子商务的主流应用。

1. 移动营销的含义

移动营销是指利用手机为主要传播平台，直接向目标受众定向和精确地传递个性化即时信息，通过与消费者的信息互动达到市场沟通的目标，移动营销也称作手机互动营销或无线营销。移动营销在强大的数据库支持下，利用手机通过无线广告把个性化即时信息精确有效地传递给消费者个人，达到"一对一"的互动营销目的。移动营销基于定量的市场调研、深入地研究目标消费者，全面地制定营销战略，运用和整合多种营销手段，如流媒体、声讯、短信回执、短信网址、彩铃、彩信等，来实现企业产品在市场上的营销目标。

移动营销的主要作用：扩大品牌知名度；收集顾客资料数据库；增加顾客参加活动或者拜访店面的机会；提升顾客信任度和增加企业收入。

2. 移动营销的业务形式

目前移动营销的业务内容丰富、形式多样，主要有移动广告、位基服务营销、手机优惠券促销等形式，呈现出广阔的发展空间。

（1）移动广告。移动广告是通过移动设备（手机、平板电脑等）访问移动应用或移动网页时显示的广告，广告形式包括图片、文字、链接、视频、插播广告、重力感应广告、HTML5 网页等。移动广告具有以下特点。

① 精准性。相对于传统广告媒体，移动广告在精确性方面有着先天的优势。它突破了传统的报纸广告、电视广告、网络广告等单纯依靠庞大的覆盖范围来到达营销效果的局限性，而且在受众人数上传播更广，可以根据用户的实际情况和实时情境将广告直接送到用户的手机上，真正实现"精准传播"。

② 即时性。移动广告的即时性来自手机的可移动性。手机是个人随身物品，它的随身携带性比其他任何一个传统媒体都强，绝大多数用户会把手机带在身边，甚至 24 小时不关机，所以手机媒介对用户的影响力是全天候的，广告信息到达也是最及时最有效的。

③ 互动性。移动广告的互动性为广告商与消费者之间搭建了一个互动交流平台，让广告主能更及时地了解顾客的需求，使消费者的主动性和自主地位增强。

④ 扩散性。移动广告的扩散性，也称可再传播性，指用户可以将自认为有用的广告转给亲朋好友，向身边的人扩散信息或传播广告。

⑤ 整合性。移动广告的整合性优势得益于移动通信技术的发展速度，手机已不仅仅是一个实时语音或者文本通信设备，也是一款功能丰富的娱乐工具（如提供影音功能、游戏终端、移动电视等）和金融终端（如作为手机电子钱包、证券接受工具等）。

⑥ 可测性。移动广告相对于其他媒体广告的突出特点还在于它的可测性或可追踪性，使受众数量可准确统计。

（2）位基服务营销。位基服务（location-based service，LBS）又称适地性服务、移动定位服务、基于位置的服务，它是通过移动运营商的无线通信网络（如 GSM 网、CDMA 网）或外部定位方式 [如北斗卫星导航系统（Beidou Navigation Satellite System，BDS）] 获取移动终端用户的位置信息（地理坐标），在地理信息系统平台的支持下为用户提供相应服务的一种增值业务。位基服务可以用来辨认人或物所处的位置，也能通过顾客目前所在的位置提供直接的手机广告，或其他个性化服务信息，甚至提供本地化的游戏等。

【微型案例 5-1】 随着社交网络的发展以及基于"位置服务"的营销不断走进人们的生活，星巴克注意到了这一点，推出了名为"Mayor"的促销活动。用户可以在任意一家星巴克咖啡馆"签到"，签到次数最多的人将成为"Mayor"。而作为"本咖啡厅"的"Mayor"，他可以获得星冰乐便宜1美元的优惠。

（3）手机优惠券促销。手机优惠券是一种以手机短信、彩信或微信等形式免费发送，以优惠券照片、图片、文字等多媒体形式存储在手机上的无纸化电子文件，可通过微信、手机上网、短信（彩信）服务定制或二维码关注下载的方式获取，携带方便、快捷。手机优惠券与传统纸质优惠券功能一样，可以享受商家的促销优惠，只是用一种全新的形式替代了纸质优惠券。商家可以通过短信、彩信、微信等形式发放优惠券，消费者只需要下载一个优惠券顾客端，就可以查看、收藏和使用优惠券。

5.4.2 移动搜索

移动搜索是基于移动网络的搜索技术的总称，是指以移动设备为终端对互联网的搜索，从而高速、准确地获取信息资源。用户可以通过 SMS（short message service，短信息服务）、WAP、IVR（interactive voice response，互动式语音应答）等多种接入方式进行搜索，获取互联网信息、移动增值服务及本地信息等信息服务内容。近年来手机技术的不断完善和功能的增加，利用手机上网搜索已成为一种获取信息资源的主流方式。

1. 移动搜索与桌面搜索的区别

移动搜索与桌面搜索的区别主要表现在以下方面。

（1）移动搜索更容易搜出本地的搜索结果，因为绝大多数人用手机搜索兴趣点应该在本地信息上。

（2）移动搜索用户与桌面搜索用户相比，对搜索结果的关注度较高，但由于屏幕所限，很少有用户使用下拉条，在移动搜索结果上排名第一与第四之间的点击率可能相差90%以上。

（3）移动搜索结果很少使用过滤，搜索引擎会记录用户的习惯，给出定制的搜索结果。点击率和跳出率是决定移动搜索结果排名的一个关键词因素。

（4）移动搜索很少使用关键词，用户所处的"地点"是关键；而桌面搜索就宽泛很多，内容是通用的，地点也不那么重要。因此，如果用户要优化自己的手机网站，做地区优化是必不可少的，甚至需要修改网站的地理位置信息。

2. 移动搜索的优化策略

搜索引擎优化服务提供商在对移动用户的需求做适当研究后，开发和设计了相应的移动搜索优化策略，使移动用户想要的信息简单、明了，同时能满足其需求。启动移动搜索优化过程时，360、百度和腾讯、中搜各有各的做法。360 是通过安全卫士和手机助手这些顾客端来聚集流量；百度鉴于其在移动互联网的弱势，采用由 PC 端向手机端导流的方式；腾讯与 360 的做法相似，通过顾客端向移动搜索导用户、导流量。

5.4.3 移动支付

1. 移动支付的含义

移动支付是指用户使用具有移动通信功能的终端设备 [如手机、掌上电脑、移动 POS 机（电子付款机）等] 对所消费的商品或服务进行账务支付的一种服务方式，是网络经济与电子商务、金融创新与技术发展融合的产物，具有便捷、快速、安全等特点。

移动支付是互联网技术与金融技术、通信技术结合的产物，整个移动支付价值链包括移动运营商、支付服务商（如银联等）、应用提供商（如公交公司、校园后勤部门、公共事业机构等）、设备提供商（如终端厂商、芯片提供商等）、系统集成商、商家和终端用户。

移动支付业务是将移动网络与金融系统结合，为用户提供更为便利的手段进行商品交易、缴费等金融业务。移动支付区别于传统支付的最大特点，在于移动支付为消费者提供了便捷快速的支付渠道，同时具有随身、实时、成本低廉等特性，可以依靠较少的基础设备投入完成较多的支付业务，突破银行机构提供金融服务的传统模式，移动支付既有利于满足社会公众多样化的支付需求，也有利于缓解银行机构服务资源相对不足的矛盾。

2. 移动支付的方式

移动支付的方式从不同的角度，可以划分为多种不同的类型。移动支付方式分类体系如图 5-5 所示。

（1）按支付技术条件分类。按支付技术条件特点，移动支付方式可分为远程

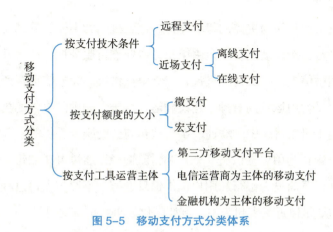

图 5-5 移动支付方式分类体系

支付（remote payment）与近场支付两种类型。①远程支付指用户利用移动通信终端，依托移动通信网络（包括 Wi-Fi），通过 Web、WAP 等远程接入系统发送支付指令或借助支付工具完成的支付行为。②近场支付是指用户利用移动通信终端、非接触 SIM 卡（用户身份识别卡）等，通过红外、蓝牙、RFID、NFC（近场通信）等近距离通信方式完成支付的方式。根据支付时 POS 机与后台系统实时交互与否，近场支付又分为离线支付和在线支付。离线支付是指支付交易过程中，POS 机不与后台系统实时交互，仅由用户的移动通信终端或非接触式 SIM 卡与 POS 终端交互认证鉴权及扣款操作即可完成支付；在线支付是指支付过程中，POS 机都需要通过网络连接到后台账户系统，由后台账户管理系统完成用户鉴权验证和扣款操作，其资金账户由后台账户系统管理。

知识卡片 5-10 NFC

（2）按支付额度的大小分类。按支付额度的不同，移动支付可分为微支付（micro payment）和宏支付（macro payment）两大类。①微支付是指交易过程只在移动终端和销售终端之间进行，不需要移动支付平台参与的支付活动，通常适用于少于 10 美元的小额消费支付，例如购票、购买游戏卡、流媒体服务、网络游戏、缴纳停车费等。②宏支付是指交易过程需要由移动终端、销售终端和移动支付平台三方共同参与完成的支付活动，通常适合于大额消费支付，例如在线商场购物、消费结算和转账等。微支付与宏支付两者之间最大的区别就在于安全要求级别不同。例如对于宏支付方式来说，通过可靠的金融机构进行交易鉴权是非常必要的；而对于微支付来说，使用移动网络本身的 SIM 卡鉴权机制就足够了。

（3）按支付工具运营主体分类。目前移动支付工具的运营主体主要包括第三方移动支付平台、电信运营商为主体的移动支付、金融机构为主体的移动支付三种。①第三方移动支付平台：指移动支付平台由第三方专业支付服务提供商管理、建设和运行维护，主要包括微信支付、支付宝钱包、二维码支付等。②电信运营商为主体的移动支付：移动支付平台由运营商管理、建设和运行维护，如中国电信的翼支付、中国移动的手机钱包与手机银行、中国联通的手机钱包与公交刷卡手机等。③金融机构为主体的移动支付：银行为用户提供交易平台和付款途径，通过可靠的银行金融机构进行交易鉴权，移动运营商只为银行和用户提供信息通道，不参与支付过程。金融机构推出的移动支付主要是以近场支付为主，例如闪付、NFC 手机支付等。

从市场竞争格局来看，以支付宝、财付通为代表的第三方支付企业在移动支付领域占据了更大的优势。

5.4.4 移动购物

移动购物是通过移动网络和移动终端实现的一种电子商务业务模式，也是移动电子商务一个更高的发展层次。人们利用智能手机等移动终端安装上各种应用软件，可以随时随地在线选购商品、付款、管理交易等。

【微型案例 5-2】上海地铁通道中曾出现这样的情景：超市中常见的商品货架整齐排列，商品琳琅满目，但这样的货架是"贴"在墙上的，每个产品下方都有相应的价格和一个手机二维码，用户通过手机摄像头扫描二维码便可完成购买行为。这是一家电子商务网站推出的一种购物模式，将手机二维码技术融入移动互联网平台，同时依托网站 App，实现实时移动购物。这种全新的无线购物方式，极大地提升了用户体验。

1. 移动购物的主要形式

移动购物实现途径主要有两种：①自行开发移动终端系统，如 App 应用程序的开发。②借助第三方接口，直接对接现有的移动系统（如微信系统等）。

（1）手机 App 等移动顾客端购物。随着智能手机的普及、电信运营商和第三方支付业务的日趋成熟，越来越多的消费者开始尝试在移动顾客端上购物，App 已经成为手机购物的主流应用，许多电商都推出了手机购物类 App，如淘宝、京东等的购物 App。

（2）微信系统购物。微信是一个社交信息平台，也是移动端的一大入口，随着其用户规模的爆炸式增长，正在演变成为一大商业交易平台。目前基于微信系统的购物平台主要有腾讯微信商城和微信商城系统。

2. 移动购物的特征

移动购物是电子商务的一种重要应用形式，除了具备电子商务的一般特点外，还具有其独有的特征。

（1）移动性。移动购物并不受接入点的限制，用户可以随身携带手机、PDA等移动通信设备在有无线网络覆盖的区域随时随地购物。

（2）泛在性。移动技术可以让用户在任何具有移动通信信号覆盖的地方获取信息，使得移动购物可以无处不在。

（3）个性化。移动硬件有存储容量上的限制，内存软件可以更好地帮助用户进行信息存储和分类，以满足用户的需求。

（4）灵活与便捷。移动通信设备的便捷性表现在用户可以不受时间、地点的限制进行购物。不论用户忙于旅行、工作还是其他活动，都可以通过手机和PDA互相交流，也可以单向接收信息。

（5）传播性和本地化。零售商或其他信息编写者都可以通过无线网络向部分或者全部进入本地区域的移动服务用户发送特定信息。

3. 移动购物存在的问题

虽然移动购物的发展前景广阔，但也面临着诸多问题。例如大量图片浏览带来的网络流量不可忽视、不同支付渠道并没有完全打通、更多电商面临着盈利路线不清晰等问题。

（1）速度与费用问题。通过手机等移动终端购物，移动搜索网速的快慢、图片下载的难易以及移动上网的费用等是影响移动购物的重要因素。

（2）商品规模问题。移动电子商务要吸引消费者，必须提供足够齐全的商品种类供用户选择，满足普通消费者的不同需求。

（3）商品显示问题。由于手机屏幕小，如何让商品更条理、更清晰地展示在用户面前是提升用户体验的核心因素。

（4）商品搜索问题。手机移动购物还需要有相应精度较高的移动搜索工具配合。如何解决手机用户的商品检索难题，是移动购物能否普及的重要因素之一；如何通过短信快速检索到用户所需要的商品信息，也是手机移动购物必须解决的问题。

（5）法律法规缺失问题。目前移动电子商务方面的法律、法规尚不健全，而传统商务和电子商务的相关法律、法规又不能完全适用于移动商务。

移动购物几乎不受时间、空间、设备等限制，尽管还面临着诸多问题，但已经逐渐被大众接受，并将成为未来的主流购物方式。

5.4.5 其他应用模式

1. 无线医疗

无线医疗（wireless medical）是指以计算机、可穿戴终端、物联网、无线通信和云计算等技术为依托，充分利用有限的医疗人力和设备资源，并发挥大医院的医疗技术优势，在疾病诊断、监护和治疗等方面提供的信息化、移动化和远程化医疗服务。无线医疗的快速发展需要一张无处不在的网络，随时随地连接医生、患者及医疗设备，实现无线医疗的数字化、智能化和可持续发展，对医院和患者都具有重要的价值。

2. 移动理财

目前各大银行的手机银行除了简单的手机充值、转账汇款等功能外，还加载了更多的金融服务，如理财计算器、银行网点查询、理财产品、基金资讯等。与此同时，各大券商和银行也根据目前用户的需求推出各种平台的手机顾客端。此外，为了推广手机银行业务，众多银行均发力移动顾客端，推出了各自手机银行的专属理财产品。

本章小结

移动电子商务是电子商务和无线网络发展到一定阶段的产物，近年来在我国发展迅速。本章主要介绍了移动电子商务的含义与特点、所需技术基础与协议、主要业务模式，以及中国移动电子商务的应用现状与发展阶段。随着4G、5G业务的推广，移动电子商务在我国存在巨大的发展潜力和广阔的发展空间。

即测即练

复习与研讨

1. 复习思考题

（1）无线远程通信网络在移动电子商务中有什么作用？移动电子商务应如何扩展其影响？

（2）移动电子商务的主要技术有哪些？目前影响移动电子商务发展的瓶颈是什么？试举例说明并陈述理由。

（3）在移动电子商务中，哪些商品的销售最好？列出可以为移动商务的发展提供最好机会的产品和服务。

（4）请举出若干有关移动电子商务应用的实例，并对导致其成功的主要因素和可能存在的风险进行讨论。

2. 小组研讨作业

（1）对于下列领域之一，每个小组调查其移动商务的商业应用：金融服务业，包括银行业、证券业、保险业；市场营销和广告业；制造业；旅游和交通业；人力资源管理；公共服务和医疗保健业等。每个小组根据其发现向全班做一个报告。

（2）5G技术对移动电子商务的应用发展会产生哪些影响？能带来什么样的机遇？青年学生应该如何应对？分小组展开讨论。

第6章　农村电子商务

 本章学习目标

- 理解农村电子商务的含义，了解我国农村电子商务的发展特征；
- 熟悉农村电子商务的主要运营模式；
- 掌握农村电商网店运营的常用策略。

引例：农村电商发展的"阿克苏模式"

8月的新疆阿克苏，青皮核桃上市迎来了丰收，沉甸甸的核桃缀满枝头，清甜的核桃香沁人心脾。近日，阿克苏市开辟绿色对农通道，为群众"量身定制，精准服务"，组织爱心志愿服务队伍，走进田间地头，采摘新鲜瓜果蔬菜，并借助直播带货平台，现场吆喝，就地带货，帮助农户拓宽销售渠道，让志愿服务与群众需求无缝对接，放大惠民效益。

"现在是咱们新疆新鲜核桃成熟上市的季节，鲜嫩的核桃仁好剥皮，吃起来不涩不苦、油香酥脆，还可以凉拌、打豆浆等多种吃法……"在镜头前这个正在为阿克苏青皮核桃直播带货的小伙叫米尔扎提·卡米力，3年前在杭州打工的米尔扎提发现阿克苏的冰糖心苹果、纸皮核桃、红枣等农特产品在浙江很受欢迎，便萌生了回到阿克苏，为自己家乡农特产品代言的想法。主播米尔扎提说："我最早先接触的是淘宝，当时效果不是特别好，就想着换一个平台试试，我就开始到田间地头拍视频，通过直播给大家分享我们家乡的农特产品，效果很不错。"

经过3年的发展，米尔扎提从一开始只有自己在做，到现在也有了团队合伙人。米尔扎提的团队充分发挥电商线上销售渠道作用，通过自己的直播平台，发挥自身资源优势，为农产品拓宽销路，帮助农民销售青皮核桃，形成了"农户＋网络平台＋志愿者＋直播带货"的电商模式。

此外，阿克苏市还发挥对口援疆城市杭州市"电商之都"的优势资源，建立多层次、可持续的农村电子商务援疆合作关系，形成了援疆帮扶带动型农村电商发展模式。在尉犁县，围绕"智慧达西、电商先行"战略，形成了红色"淘宝村"带动型模式；在沙湾市，依托已经建成的"阿里巴巴·沙湾产业带"电商平台，完善网上商城地方馆功能，整合已建成的网上创业孵化基地、万村千乡农资仓储配送、邮政小包裹配送等设施，形成了电商服务引领带动型发展模式；民丰县与京东电商平台合作，让当地甜瓜、昆仑雪菊、薄皮核桃等特色优势农产品搭上了电商"快车"，探索出了特色资源电商扶贫示范型模式；察布查尔锡伯自治县深入挖掘锡伯族旅游文化资源，积极探索民族旅游文化、特色产品资源与农村电子商务融合发展的途径，形成了特色民族文化电商促进型模式。

案例思考：新疆阿克苏地区开展农村电子商务主要有哪些创新性应用模式？这些应用模式对于在民族地区发展农村电子商务可以给予什么有益的启示？

中国是个农业大国，农村有不可忽视的广大市场，也具有强大的生产能力。在发展社会主义新农村的背景下，把互联网发展技术应用于农村经济是大势所趋，电子商务在农村大有可为。

6.1 农村电子商务的概念与特点

近年来，随着互联网在农村地区的普及和农村基础设施的逐步完善，农村电子商务呈现出迅猛的发展势头，交易量持续保持高速增长。农村电子商务已成为农村转变经济发展方式、优化产业结构、促进商贸流通、带动创新就业、增加农民收入的重要动力。

6.1.1 农村电子商务的含义

农村电子商务是指将电子商务技术应用于县、镇、村的农业环境中，提高农业资源利用率，拓展农业产品销售渠道，帮助农业从业者致富的电子商务业态。

农村电子商务是伴随着农产品电子商务的兴起而产生的，农村电商平台配合密集的乡村连锁网点，以数字化、信息化的手段，通过集约化的管理、市场化的运作、成体系的跨区域跨行业联合，构筑紧凑而有序的商业联合体，从而降低农村商业成本，扩大农村商业领域，使农民成为平台的最大获利者，使商家获得新的利润增长点。

6.1.2 我国农村电子商务的发展特征

我国农村互联网的普及率与城市地区的普及率相比还有很大差距，这就意味着农村电商在未来还有非常大的发展空间。从农村电商交易内容来看，农村网络零售中实物商品占到了90%以上（数据统计至2021年），未来农村电商服务类商品（包括农村旅游服务等）发展潜力巨大。目前，我国农村电子商务的发展主要呈现出以下特征。

（1）在区域分布上呈现出东西部发展的不平衡性。经过多年的发展，东部地区依然占据农村电商非常大的发展比例，但是随着中国农村电商整体基础设施条件持续不断地完善，西部地区同比增速具备比较大的快速增长潜力。首先，从技术条件上看，整个宽带覆盖率、4G网络覆盖率已经能够支撑农村电商的发展，伴随5G推广，会有更多的新场景、新模式应用到农村电商领域。其次，从快递物流完善程度上来看，快递覆盖率在乡镇达到96.6%，这是农村电商发展所依赖的基础条件。最后，从政策角度，电商进农村示范县持续推进，提升了农村电商发展氛围，进一步完善了农村电商的公共服务体系。

（2）多元化和专业化发展态势明显。我国农村电商在发展过程中，与一些区域优势资源紧密结合，呈现多元化发展态势。在此背景下，每一个多元化模式的背后都拥有相应的专业化服务团队，从而使得农村电商的专业化水平不断提升。

（3）催生出一批新业态和新模式。近年来，直播电商与农村电商进行紧密的多元化结合，爆发出非常大的发展活力，集中表现在直播电商带来了体验感，尤其是可以与农产品电商的非标化进行完美契合。通过主播信用机制附加，可以带给农产品更多信任感。另外，从供应链发展看，农产品逐步实现了**拉式供应链**，为适应农村电商市场的细分化、圈层化的需求，随着乡村基础设施数字化的程度加深，会有更多农村电商新业态和新模式涌现。

知识卡片 6-1
拉式供应链

6.2 农村电子商务的运营模式

随着农村电子商务的不断发展，各种运营模式层出不穷，大致可以从生态经济特征、区域集聚特色、平台运营属性和平台产品特点等角度，对农村电子商务的运营模式进行归纳分类，如图 6-1 所示。

图 6-1　农村电子商务运营模式类型

6.2.1 按生态经济特征分类

1. 产业链生态经济模式

产业链生态经济模式是以某一品类的产品为切入点，所有与该产品有关的县（区）共同参与，制定产品分类标准，建立溯源体系（农产品类）和服务标准（服务业），按统一的标准进行产品加工或服务定制，统一进行品牌宣传，打通该产品产前、产中、产后全产业链，包括生产或种植、加工、质检、仓储、物流、销售、售后等环节。

知识卡片 6-2
产业链

2. 一县一品生态经济模式

一县一品生态经济模式就是以某一品类农村特色产品或品牌为起点，以其所处县（区）的企业、政府、社会组织、区域带头人为宣传载体，多维度、系统化地通过在线上线下塑造本地化地域品牌，即通过一县一品为切入点，树立农村品牌，发展农村电商经济的一种模式。目的是推动当地经济发展，将当地的特色产品通过电子商务推向全国乃至全球。

3. 集散地生态经济模式

集散地生态经济模式就是利用区位和交通便利的优势，通过发展物流产业提供物流发货的高性价比，吸引大批有实力的企业聚集在一起，形成农村电商产品交易的集散地，从而带动当地电商及区域经济的快速发展。集散地生态经济模式具有独特的区位优势、发达的仓储物流、完善的电商体系、较强的整合当地资源能力等特征。

6.2.2 按区域集聚特色分类

按农村电子商务形成集聚效应的区域范围，农村电子商务的业务模式可分为县域电子商务模式和村域电子商务模式两大类。

1. 县域电子商务模式

农村电子商务在发展过程中，许多地方依托所在地的资源优势和区位特征发展电子商务，逐渐形成了一大批县域电子商务模式，代表性的有遂昌模式、临安模式、通榆模式、成县模式等。

（1）"服务驱动"的遂昌模式。遂昌县位于浙江省西部，5万人口的县城却聚集了几千家网店。遂昌模式的核心是以本地综合服务商为主体带动县域电子商务生态发展，实现遂昌县本地农特产品的触网和上行。遂昌模式的特色大致可以概括为：①搭建地方性的农产品公共服务平台，如从事孵化和宣传的遂昌网店协会，主要对农村电商的参与主体进行培训。②推出"赶街网"，主要从事农村代购、农村创业和本地生活服务等方面业务，以定点定人的方式实现农产品上行。③以"协会+公司"的地方性农产品公共服务平台解决农村（农户、合作社、农企）对接市场的问题。

（2）"一带一馆"的临安模式。浙江临安依托杭州的区位优势发展县域农村电子商务平台，大力推进其优势产品坚果炒货的生产和销售，打造以坚果炒货为代表的各类优质生态农产品产业带。同时，临安积极开展城、乡、企联动，在天猫平台和淘宝平台打造特色中国—临安馆，在微信平台上打造集旅游、传媒、娱乐、生活、服务于一体的具有临安本土情怀的"微临安"，形成线上与线下相互配合、齐头并进的发展态势。

（3）"亲民为民"的通榆模式。吉林省通榆县是典型的农业大县，拥有优质天然弱碱沃土，出产杂粮、杂豆、打瓜、牛羊肉等特色优质农产品，拥有"葵花之乡""绿豆之乡"的美誉，但因其地处偏远，一直无法解决市场前端的销售难题。随着电子商务在农村的应用和发展，通榆政府根据实际情况，整合当地农产品资源，积极与杭州具有实力的相关电商企业开展系统性合作，为通榆农产品量身打造"三千禾"品牌，并配套建立相应的电商网站平台、绿色食品园区、线下展销店等，初期与知名网上超市签订原产地直销战略合作协议，后期开展全网营销，通过优质电商渠道全面实施"原产地直销"计划，把通榆当地农产品销往全国。为消除消费者对通榆农产品质量的疑虑，通榆县委和县政府主要成员曾联名写了一封面向全国消费者的信——"致淘宝网民的一封公开信"，张贴在淘宝聚划算网站的首页，告知广大消费者其制定的农产品质量检测体系及流程、每名副县级领导包保一个粮豆品种的产业发展等措施。这一诚恳亲民的做法赢得了网友的一致称赞，很大程度上提振了消费者对于通榆农产品的信任感，迅速创造出"电子商务＋基地化种植＋科技支撑＋深加工"的全产业链线上线下一体化运作模式，带动了通榆县域经济的发展。

（4）"由产品到产业"的成县模式。甘肃省成县模式的特点是：首先选择一个优势产品，整合所有资源，集中推、整体推，在一点上率先突破，然后由点到面，集中全县人力物力全力突破，带动全民电商创业和电商全面发展。其具体做法是：发动成县党政干部、县直各部门、乡镇村组、大学生村官、致富带头人等开通微博，并吸引媒体和社会各界加入，异口同声地集中宣传核桃产品。在强大的宣传攻势形成的市场机遇下，成立电商协会，并迅速推出核桃产品形象展示店、营销窗口、展销厅等，夏季卖的是鲜核桃，冬季卖的是干核桃，同时上线核桃加工产品，整合线上线下各处优势资源，以核桃为单品突破，再逐次推动其他农产品电商，打通整条农村商城网站平台产业链。

2. 村域电子商务模式

村域农村电子商务模式主要有淘宝村模式、网红或农户直播带货模式等，代表性的典型案例前者如江苏睢宁的沙集模式，后者如浙江义乌的北下朱电商村模式等。限于篇幅，本书仅介绍沙集模式。

（1）沙集模式的含义。沙集模式指的是这样一种模式，即农户自发地使用市场化的电子商务交易平台变身为网商，直接对接市场进行网络直销；网络销售细胞裂变式复制扩张，带动制造业及其他配套产业发展，各种市场元素不断跟进，塑造出以公司为主体、多物种并存共生的新商业生态；这个新的商业生态又促进了农户网商的进一步创新乃至农民本身的全面发展，形成信息网络时代农民的创业致富新路。沙集主要从事家具网销与生产，明显具有集群经济的特征，沙集模式除了品牌效应外，产业集群本身的壮大也成为其一大优势。

（2）沙集模式的三大核心要素。沙集模式的核心要素是"农户＋网络＋公司"，这三大要素都具有自身的特殊性。①这里的农户，不再是与大市场相隔离、只能依靠别人提供的信息或靠惯性被动盲目生产的弱势小生产者，而是在各自家中就可以直接对接市场、主动掌握信息，按需生产自主经营的平等的市场主体。②这里的网络，不是通常由国家投资、专门机构管理、农户却不太方便使用的那种信息网络平台，而是市场化的公共电子商务交易平台。农户在这种平台上从事网络销售不需要国家财政补贴，自身应用成本低且实效显著。③这里的公司，不再是那种控制农户生产、经常与农争利的传统公司，而更多是土生土长、农户变身而来的新公司，以此为基础吸引其他市场元素跟进，形成了一个为农户网商服务共生多赢的新生态。

（3）沙集模式三大要素间的逻辑关系。首先，由农户到网络，体现了沙集模式是农户自发、主动应用既有的公共电子商务平台的特点，这是一种农民用户主导、自下而上的信息化应用，区别于那种常见的由政府主导、自上而下的电子商务推广模式；其次，由网络到公司，体现了沙集模式由网销带动加工制造，以信息化带动工业化和农村产业化的典型路径特征，区别于那种农村常见的"先工业化、再信息化"的发展方式，也区别于电子商务不改变原有生产结构只作为辅助销售手段的应用模式；最后，由公司到农户，体现了沙集模式以公司为基础、以市场化的新型生态服务并促进农民网商进一步成长的和谐发展关系，区别于以往公司凌驾于农户之上的不平等关系。总之，"农户＋网络＋公司"三个环节相互作用，循环往复滚动发展，从而推动沙集以网络销售为龙头的产业群快速发展壮大。沙集模式三大核心要素及其逻辑关系如图6-2所示。

（4）沙集模式的关键成功因素。沙集模式堪称成功发展农村电子商务的典型范例，其取得成功的关键因素主要有：①以信息化引领发展的路径独特。沙集模式的发展路径是：农民自发开网店→细胞裂变式复制→网销带动工业→其他产业

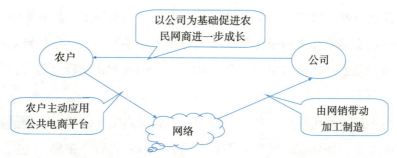

图 6-2 沙集模式三大核心要素及其逻辑关系

元素跟进→激发更多的农户网商创新,最终使得产业链不断拓展、规模迅速扩张、经济社会发展。与其他常见的农村电子商务发展路径相比,沙集模式特别具有以信息化引领发展的典型意义。②竞争合作关系的主体明确。沙集模式以农户为主体,农民网商在发展中起到了主导作用。特别是新一代创业型的农民网商,在其中发挥了巨大和连续不断的示范效应。与城市迥然不同的农村社会关系所形成的社会资本,对网商裂变式的快速复制起到重要的促进作用。③政府引领协调的服务环境生态良好。物流、电信、IT、供电、信贷乃至政府等各环节协调服务,在沙集电子商务生态环境中各物种和谐共生。特别是政府在网商顺利发展时放手让其发展,碰到问题则帮助协调解决问题的做法起到了关键的作用。

（5）沙集模式的启示。沙集模式对于我国农村许多地方发展村域电子商务具有重要的借鉴意义,其普适性的启示可以概括为两点:①选择适当的产品切入市场。沙集网商经过摸索,选择以家具作为起步产品。由于家具品种多样,有板材、实木、低档、高档之分,弹性空间非常大,这就使产业的发展具备了很强的容纳性和快速扩张的条件。因此,发展村域电子商务初期宜选择市场进入门槛低、需求容量大、利润空间明显、具有广阔的拓展前景的产品切入市场。②借助低成本高人气的市场化公共电子商务基础设施。以淘宝网为代表的市场化公共电子商务基础设施已经发展成熟,加上现在一般农户买电脑、上网并不困难,具备了农户在网络平台上开店的基础条件。沙集网商在淘宝集市免费开店,进入市场门槛极低,这也是沙集模式得以成功的重要条件。

6.2.3 按平台运营属性分类

按农村电子商务运营平台属性,农村电子商务的业务模式可分为代运营网店模式、自主运营网店模式和自建农村电商平台模式。

（1）代运营网店模式。代运营网店模式即农户与市场上比较有影响力的商家合作，把网店交给合作平台来经营，农户只负责包装和供货。这种模式比较适合那些生产有大量农产品而自身又不具备相关电子商务知识或没有精力自行打理网店的农户。

（2）自主运营网店模式。自主运营网店模式即店主掌握相应的电子商务知识，在淘宝、天猫等平台开网店并自主运营，主要推广、销售农户生产的产品。这种模式能精确地掌握产品的品质和库存，可以在运营过程中积累顾客流量，从而掌握经营的主动权，比较适合有精力和能力自行管理和维护网店的农户在线零售农产品及**农副产品**。

（3）自建农村电商平台模式。这种模式对于经营者的要求更高一些，需要拥有独立的农村电商平台，可以根据顾客需求自行设计商品上架时间，可以设置网站管理员，分派不同管理权限。这种模式比较适合系统了解或掌握了电子商务相关知识、拥有的产品数量大或品类丰富的农户在这类平台上做批发或零售。

6.2.4 按平台产品特点分类

涉及农村电子商务业务的电商平台按其经营产品的品类特点可分为综合农村电商平台、垂直农村电商平台两大类。

（1）综合农村电商平台。综合农村电商平台是在综合类电子商务网站上从事农村电商相关业务的电商平台。综合电商平台倾向于提供丰富多样的商品品类，平台上的产品横向分类非常多，不仅仅是单一的同一类型产品，强调用户选择的优势，消费者通常对一站式购物有着强烈的需求，而不是有限商品的选择，往往通过各种有效的商品组合及相关的促销激励策略，刺激消费者在一个平台上完成多样商品的购买。

（2）垂直农村电商平台。垂直农村电商平台是指在某一行业或细分市场上深化经营的农村电子商务模式，网站或网店所经营的商品属于同一类产品。这类平台的特点是能提供更适合目标消费群体的特定类型的产品，满足特定领域的需求，更容易加深用户的信任、加深顾客的印象，有利于品牌的推广。

6.3 农村电商网店运营策略

网店是大部分农户开展电子商务的首选,在农村电子商务中占有重要地位,无论是代运营模式还是自主运营模式,都离不开网店运营。网店要想持续、稳定地发展,需要对其产品进行准确定位,并制定相适应的运营策略。下面主要从运营平台的选择、网店设计策略、农产品拍摄方法与技巧、网店商品图片处理方法、网店装修技巧、网店推广策略等方面阐述网店运营的策略技巧。

6.3.1 运营平台的选择

农村电商开设网店可供选择的平台有很多,因功能、入驻条件等不同而具有不同的特点,其中有适合个人开网店零售的低门槛平台,也有适合企业开网店零售或批发的较高门槛平台。按电商平台运营的主要特点,其可分为综合性农村电商平台和垂直性农村电商平台两大类。

1. 综合性农村电商平台

综合性农村电商平台一般依托自身在电商市场的巨大影响和地位涉足农产品电商业务,并呈现出不同的市场特点。例如,阿里巴巴 1688 是 B2B 批发平台,天猫商城、京东商城、拼多多等是 B2C 零售平台,淘宝主要是 C2C 零售平台。农村电商在选择运营平台时要根据不同平台的特点,结合自身实际需求量力而行。

(1)阿里巴巴 1688 平台。阿里巴巴 1688 适合货品需求量大、以批发为主要经营形式的网商,具有企业资质或者个体户资质者才能在阿里巴巴开店。开通阿里巴巴 1688 平台的网店无须保证金、年费和技术服务费,但需缴纳相应的费用开通诚信通,销售无扣点佣金。

(2)天猫商场。天猫平台实行邀请入驻制度,只有列入天猫品牌库的品牌方或者有较强线下销售实力、能通过申请进入天猫品牌库的品牌方才可开店,适合有较长时间品牌运作经历、较强线下实体销售能力的品牌入驻。

(3)京东商城。在京东上开店需要具有企业资质和品牌资质,审核较严格。保证金、平台使用费和销售佣金扣点等按不同类目收取不同的费用,并且平台使用费无返还政策。京东平台适合有一定资金和品牌实力、想长久做好品牌的企业入驻。例如,京东旗下 7FRESH 吸纳了许多**地理标志产品**入驻该平台。

知识卡片 6-4

地理标志产品

（4）拼多多。拼多多依托微信生态和低价拼团模式改造供应链，使得上游能做批量定制化生产，去掉了产品流通中的加价环节。

（5）淘宝网。淘宝网店分为个人店和企业店两种形式。①个人店的开通条件较低，只需身份证、支付宝实名认证与至少100元的保证金即可，而且销售无扣点佣金，一般5个工作日即可通过审核完成开店。其因门槛较低而被认为是个体农户触网开展电子商务的最佳选择。值得注意的是，个人店虽然开通成本较低，但会因缺乏品牌力而只能获得相对较低的消费者信任。②企业店的开通条件则较高，需要具有企业资质才能开通，而且需要缴纳相应的保证金（现阶段至少1 000元），销售无扣点佣金，通过审核并完成开店一般需要7个工作日。具备企业资质或想要建设自主品牌的网商可以考虑开通企业店。

2. 垂直性农村电商平台

该类电商平台专注于农资领域，目标顾客明确，能轻易实现同类产品之间的比价、比货功能，注重顾客服务，主要由农资生产商、供应商入驻，面向各类农业经营主体。

（1）惠农网。惠农网是一个典型的农产品电商交易服务平台，主要以B2B的方式为农村用户服务，为农产品提供信息发布平台和供销渠道。惠农网拥有全国各地的农产品信息，提供的信息包括水果、蔬菜、畜禽肉蛋、水产、农副加工、粮油米面、种子种苗、农资农机等18大类目共2万多种常规农产品，并为县域电商和数字农业、智慧农业发展提供大数据服务。

（2）一亩田。一亩田采取B2B电商业态，主要为具备一定规模的农产品经营主体提供交易撮合服务，平台供应商主要有农村合作社、经纪人、种植大户、家庭农场等，采购商主要有农产品批发商、农产品加工企业、超市、餐饮连锁企业、B2C卖家、出口贸易企业等。

（3）农一网。农一网是一个以农药为主的农资类B2C电商平台，以农药为切入点，逐步向肥料、农机具、种子等农资品类延伸，为农资零售商、种植大户等提供一站式农资采购服务。其服务方式采取"平台＋县域工作站＋乡村代购员"三级模式，即依托网站平台整合优质供应商资源，在县城设立代购工作点，在村级设置代购员，帮助农民下单。传统经销商成为农一网会员后只负责配送和售后服务，免去了以往有农民赊销的负担。

（4）云农场。云农场是一个农资交易平台，同时也是农场主互动社交圈。平台拥有数万农场主资源和包括化肥、种子等多个品类的农资产品，运用 B2C 电商模式直接让农民从厂家采购农资（品类涵盖了化肥、种子、农药、农机等），并提供农技服务。云农场平台自营与商户入驻店铺大约各占一半，采用村站模式，在农村基层设立服务站帮助农民下单。目前，云农场已成为集农村电商、农村物流、农技服务、农民社交等多个领域于一体的综合性农资服务平台。

此外，还有农资市场网、易农网等平台，各具特色。例如，农资市场网是以发布农资产品组织、生产、流通、供求等为主题的资讯类网站，主要发布涉农领域的行业新闻、农资市场的最新动态和价格走势以及种植设备、养殖设备、种子、种苗、菌种、农药、化肥、农机、农具、畜药、饲料、农膜等方面的供求信息。

6.3.2 网店设计策略

1. 网店首页的框架设计

网店的首页相当于实体商店的门面，具有传达品牌形象、传递活动信息、进行流量疏导等功能，设计合理的网络商店首页会增加消费者的页面停留时间、对网络商店的访问深度和点击率等，从而提升运营绩效。网络商店首页的框架通常包括以下几个部分。

（1）店招。店招即商店的招牌，一般出现在网商页面的左上方，包含品牌定位、商品定位和店铺竞争优势三类信息，所呈现的品牌形象会对消费者是否选择继续留在网店浏览商品产生一定的影响。

（2）通栏。通栏的位置一般在店招的下面，主要包括网店所有商品分类、信用评价、会员制度、品牌故事等部分。

（3）导航栏。导航栏的作用是帮助消费者快速找到目标商品，同时也便于店主管理网店中的商品。导航栏通常有三种形式：①页头中的通栏导航栏。②左侧分类栏中的纵向导航栏。③内容区中的横向导航栏。

（4）焦点图。首页上的焦点图通常会以轮播的方式呈现，焦点图一般为 1~5 张，其内容通常以商品的营销推广为主。

（5）商品陈列。商品陈列是商品陈设排列展示设计的简称，它集广告性、艺术性、思想性、真实性于一体，通过不同的表达方式，将网店中的商品尽可能美观且不失真地呈现给消费者，以激发消费者的购买欲望。因此，设计时应该根据消费者的心理特征，运用商品陈列艺术，使商品陈列做到悦目、便利、美观、实用。农产品通常可以采用以下方式在网店中陈列：①醒目陈列。商品陈列应该做到醒目突出、数量充足，以便迅速引起消费者的注意。②裸露陈列。裸露陈列的方式如图6-3（a）所示，允许消费者看商品外表及内部细节，以减少消费者的顾虑，从而使之作出购买决策。③关联陈列。让具有相关性的商品相邻摆放，激发消费者的潜在需求，促进商品销售。在实际进行商品陈列设计时，通常会综合运用多种方式，如图6-3（b）所示。不管采用何种方式陈列，都需要做到重点明确、形式统一、显而易见、关联有序、对比鲜明。

（a） （b）

图6-3 农产品陈列示例
（a）裸露陈列；（b）醒目陈列＋关联陈列

（6）在线客服。可以根据网店的风格设计个性化的在线客服模块，并根据需要调整在线客服的数量。

（7）搜索框。搜索框是具有搜索网店内商品功能的模块，通过搜索框进行关键字搜索，用户可以查询关键字（商品）的搜索指数、成交指数和市场细分情况。

（8）页脚。页脚的主要作用是引导消费者浏览其他商品，降低页面跳失率，增加网店的收藏量等。

2. 网店商品详情页设计

网店商品详情页不仅是介绍商品的页面，也是商品交易达成的关键页面，具有传递商品信息、提升转化率、增加消费者页面停留时间、提高客单价等功能。设计网店商品详情页一般应包含以下内容。

（1）商品基本信息。商品基本信息主要包括商品的相关属性、功效、参数、尺码、材质或品质、颜色、上市时间、使用场景、设计特点等。不同商品的基本信息不同。

（2）商品整体展示。整体展示商品时需要注意：①充分展示商品的亮点。

②尽量使用场景图去激发消费者的潜在需求。③为消费营造拥有商品的良好感觉。

（3）商品细节与亮点展示。在展示商品时，可以通过强烈的视觉效果对商品细节和亮点进行必要的展示，以便凸显商品的差异化特色并吸引消费者购买。

（4）商品对比。有时为了体现商品的品质和优点，可以在网店商品详情页中做商品的对比说明。需要注意的是，对比时不要出现其他商品的品牌信息，以避免引起纠纷。

（5）生产流程与实力展示。可以通过在商品详情页展示农产品的产地或生产环境、生产流程或工艺、仓储或门店等信息，来展示品牌商或网店主的实力，以赢得消费者对商品品质的信任。

（6）资质证书。可以通过展示权威的资质证书，包括农产品的质检报告、认证证书等，体现商品的专业性和优质特征。

（7）品牌文化。品牌文化包括品牌故事、品牌成长历程、品牌愿景、公益活动等。

（8）承诺。常见的承诺有7天无理由退换货、24小时发货、假一赔三、正品保障等。

（9）包装展示。包装展示通常有三种形式：①展示商品的外包装。②展示物流的外包装，这对于易碎、液态、不防震不抗压的农产品而言尤为重要。③展示商品的礼盒包装。

（10）常规问答资料。常规问答资料一般是对消费者经常提出的问题的回答，并以一问一答的方式呈现出来，使消费者快速获得相关问题的答案，从而提升静默下单转化率。

（11）关联销售。关联销售是提升客单价的重要方式。做关联销售时需要注意：①选择合适的关联销售呈现位置，如在网店商品详情页的中间位置放置相搭配的商品或辅助性商品做关联。②选择合适的商品做关联。

此外，网店商品详情页有时还包括尺寸对照、使用说明、买家秀等内容，网店主可以根据所售商品特点决定是否使用。

3. 基于移动端的网店首页设计

基于移动端的网店首页主要包括店招、二维码商品、分类、活动、优惠券等模块。在设计首页时必须优化页面图片，并控制页面长度，以适应移动设备屏幕比较小的情况。此外，在设计首页时还需要注意：①首页长度一般以6屏为佳，并要控制模块数量。②要突出网店的定位、经营理念和主营商品。③要具有互动性、趣味性和专业性等特点。④色彩搭配要协调统一、主次分明、逐层递进。⑤如果有 PC 端网店，则两者的设计风格和设计元素要统一。

4. 基于移动端的网店商品详情页设计

基于移动端的网店商品详情页主要应注意以下几点。

（1）场景。由于消费者具有碎片化购物的特点，因此基于移动端的网店商品详情页上要展现更多的场景，以便让消费者更加快捷地认知和理解商品。

（2）尺寸。要考虑移动设备屏幕的尺寸，尽可能让消费者在有限的空间中获得比较充分的信息。

（3）图片。在移动设备上观看的图片，适合将其设计成竖幅，而且要尽可能减少图片上不必要的元素，这样有助于消费者将注意力集中到重点内容上。

此外，由于移动购物消费者通常使用碎片化时间访问页面，因此商品信息表达要简洁、准确、清晰，并且要具有一定的趣味性和互动性，这样有利于将消费者在碎片化时间的"闲逛"行为转化为购物行为。

6.3.3 农产品拍摄方法与技巧

1. 通用拍摄技术

要想拍摄清晰、有层次感、构图效果美观的农产品照片，需掌握光圈大小调节、景深控制、曝光补偿、白平衡调整与构图技巧以及拍摄环境、布光知识与运用方法等通用拍摄技术。

（1）调节光圈与景深拍摄清晰有层次感的商品照片。在需要拍摄突出主体的商品照片时需采用小景深拍摄，当需要拍摄成套系列商品的照片时需采用大景深拍摄。对于专业相机与带手动功能的数码相机，要牢记"大光圈小景深，小光圈大景深"的原则，就能拍出有远近层次和虚实效果的照片。对"傻瓜机"来说，景深较难控制，需要通过选择不同的拍摄模式，如人像模式或使用微距功能才能拍出较好的景深效果。

（2）手动调节曝光补偿值使画面达到最佳的亮度和对比度。同一台数码相机拍摄的同一个场景，因为曝光补偿值的不同，画面的亮度和清晰度也会有所区别。如果照片过亮，就需要减小曝光值（expose value，EV 值），做曝光负补偿；如果照片过暗，就需要增加 EV 值，做曝光正补偿，EV 值每增加 1.0，相当于摄入的光线量增加 1 倍，则照片的亮度提高。可以按照不同相机的补偿间隔以 1/2（0.5 倍）或 1/3（0.3 倍）的单位来调节，但不管曝光值的调整是增还是减，最终的效果是要将照片调整到一个最佳的亮度。

（3）**白平衡**调整。白平衡调整是指在不同的光线条件下，调整好红、绿、蓝三原色的比例，使其混合后成为白色。一般家用数码相机多采用按照光源种类来区分的设置方式，如日光、阴影、阴天、闪光灯、荧光灯、钨丝灯和手动调节等。当现场光源很复杂，以上各种白平衡模式都不适用时，使用手动白平衡设置可以正确还原现场色彩。手动设置白平衡不需要将相机对准参照物聚焦，只需把相机改为手动对焦模式，将镜头设置为无限远对焦，然后拿一张白色打印纸凑在镜头前完成手动设置，或者因地制宜地在现场找一些白色的东西做参照物来帮助完成手动白平衡的调整。

知识卡片 6-5
白平衡

（4）农产品拍摄的环境。一张成功的商品照片与拍摄时的环境选择和布置密不可分。一般来说，农产品可以在室外其生长环境空间里拍摄，也可以放到室内房间窗户边有自然光的地方或自制的简易拍摄棚中进行。图 6-4（a）所示的微型摄影棚就能有效地解决单件农产品的拍摄环境问题。如果没有准备摄影棚，尽量使用白色或者纯色的背景来替代，如白纸和颜色单纯、清洁的桌面等，如图 6-4（b）所示。

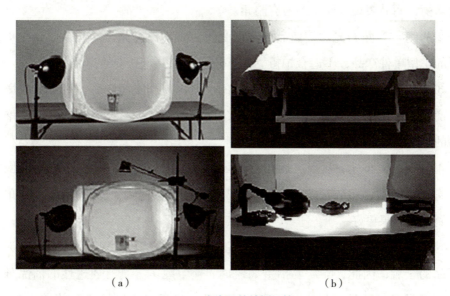

（a）　　　　　　　　　　　（b）

图 6-4　农产品的拍摄环境

（5）常见的布光方式。室外拍摄农产品时，可以采用自然光加反光板补光的方式进行拍摄，这样的照片比较容易形成独有的个性特色和营造泛商业化的购物氛围。室内拍摄时，布光是让塑造的形象更具有表现力的关键，常见的布光方式如图6-5所示。

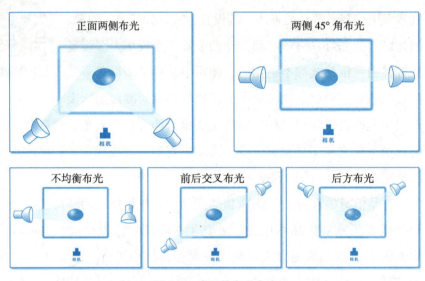

图6-5　常见的布光方式

①正面两侧布光。这是商品拍摄中最常用的布光方式，正面投射出来光线全面而均衡，商品表现全面、不会有暗角。

②两侧45°角布光。使商品的顶部受光，正面没有完全受光，适合拍摄外形扁平的小型单件产品，不适合拍摄立体感较强且有一定高度的商品。

③单侧45°角的不均衡布光。商品的一侧出现严重的阴影，底部的投影也很深，商品表面的很多细节无法得以呈现，同时由于减少了环境光线，反而增加了拍摄的难度。

④前后交叉布光。从商品后侧打光可以表现出表面的层次感，如果两侧的光线还有明暗差别，那么就能既表现出商品的层次又保全了所有的细节，比单纯关掉一侧灯光效果更好。

⑤后方布光。从背后打光，商品的正面因没有光线而产生大片阴影，无法看出商品的全貌，因此，除需要拍摄如琉璃、镂空雕刻等具有通透性的商品外，最好不要轻易尝试这种布光方式。同样的道理，如果采用平摊摆放的方式来拍摄，

可以增加底部的灯光，通过从商品后方打光来表现这种通透的质感。

2. 不同质感农产品的拍摄技巧

拍摄农产品图片除了掌握上述通用拍摄技术外，还需要了解一些专门的拍摄技巧。摄影其实就是用光的艺术，由光影结合来表现物体的质感。衡量一张商品照片是否合格，最重要的判断标准是看它能否正确地表现出商品的形态、质感和色彩，符合这个条件的商品照片可以称为达到了"如实描述"的要求，反之则属于不合格的商品照片，而这两者之间的差距很大程度上是由如何用光来决定的。根据商品表面质感对光线的不同反应，可以划分为吸光体和半吸光体、反光体和半反光体、透明体和半透明体三大类。拍摄时需要针对拍摄对象不同的质感特点，分别采用不同的拍摄技巧，以达到更完美、更个性化的表现。

（1）吸光类商品的布光方式。水果、蔬菜等农产品的表面通常是不光滑的，因此对光的反射比较稳定，即物体的固有色比较稳定统一。这类商品表面吸光，通常本身的视觉层次就比较丰富，为了再现吸光体表面的层次质感，布光的灯位通常以侧光、顺光、侧顺光为主，使其层次和色彩都表现得更加丰富。吸光体的布光效果示例如图 6-6 所示。

图 6-6　吸光体的布光效果示例

（2）反光类商品的拍摄技巧。拍摄反光体一般都是让其出现"黑白分明"的反差视觉效果，最好的方法就是采用大面积照射的光或利用反光板照明，光源面积越大越好。大多数情况下，反射在反光体表面的白色线条可能并不均匀，但必须保持统一性和渐变效果，这样才会显得真实。如果反光面上出现高光，则可通过很弱的直射光源降低高光效果。反光体布光的关键在于反光效果的处理，特别是一些有圆弧形表面的柱状和球形商品，在实际拍摄中通常可使用黑色或白色卡纸来打反光，以加强其表面的立体感。反光与半反光商品的布光效果示例如图 6-7 所示。

图 6-7　反光与半反光商品的布光效果示例

（3）透明类商品的拍摄技巧。农用地膜、蜂蜜等透明或半透明商品既有反光特性，也有透光特性，光线的入射角度越小，反射光量越多，但能显示透明质感的恰是这种反光。在拍摄时需要采用侧光、侧逆光和底部光等照明方式，利用光线穿过透明体时因厚度不同而产生的光亮差别，使其呈现出不同的光感，来表现清澈透明的质感。因透光体具有反光特性，所以一般不要用直接光照明，而要选择使用间接光照明，这可以使商品的表面产生少量反光，以便更好地显示其外形和质感。透明与半透明商品的布光效果示例如图 6-8 所示。

图 6-8　透明与半透明商品的布光效果示例

3. 商品细节展示拍摄技巧

拍摄农产品的细节特写呈现其品质和特色，是网店商品陈列中常见的形式。例如，在商品描述中放一张水果的特写图片，可以让顾客对水果质量有非常直观的认识。一般使用微距功能就可以拍摄出符合要求的商品细节放大图片。图 6-9 是使用相机的微距功能拍摄的西红柿内部特写细节图片。

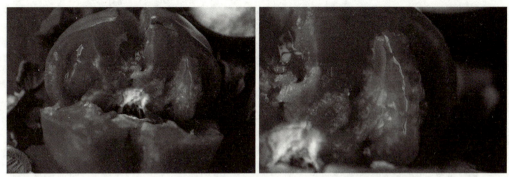

图 6-9 微距功能拍摄水果的特写细节

6.3.4 网店商品图片处理方法

拍摄好的商品照片需要下载到电脑里进行后期处理，使用智能手机拍摄的照片也可以直接调用手机的图片编辑功能进行编辑处理。商品图片后期处理主要是对拍摄时的不足进行修改和完善，还要将图片像素调整至能够上传到网上正常浏览的大小，也可以加一些图框和文字做适当的美化处理。常用的图片处理软件主要有光影魔术手（nEO iMAGING）、Photoshop、美图秀秀、ACDSee 等。

1. 光影魔术手

光影魔术手是一种简单、易用的绿色软件，可以调整照片的画质和效果，批量处理功能也非常强大，能快速为图片加上防盗的水印和精美的边框，能够满足绝大部分店铺商品图片后期处理的需要。例如，可利用光影魔术手软件的"白平衡一指键"加"曲线"功能对画面有偏色和过暗的原始图片进行色彩校正和亮度调节；选择"精细锐化"命令调整照片的清晰度；选择下拉菜单中的"图像"→"裁剪/抠图"命令进行图片的裁剪；选择下拉菜单中的"图像"→"缩放"命令调整图片的大小；选择下拉菜单中的"工具"→"花样边框"命令添加图片边框；选择下拉菜单中的"工具"→"自由文字与图层"命令添加文字和图片水印；还可以选择光影魔术手软件的"文件"→"批处理"菜单（图 6-10 左图），打开批量处理对话框（图 6-10 右图），采用批处理方式进行图片处理。

光影魔术手软件可以通过其官方网站（www.neoimaging.cn）免费下载，网站上还有许多教程和素材供学习与下载。由于光影魔术手操作简便，所以更适合刚入门的新手使用。

图 6-10　批量处理菜单命令及对话框

2. Photoshop

Photoshop 简称 PS，是一个由 Adobe Systems 开发和发行的功能强大的图像处理软件，主要处理以像素构成的数字图像。Photoshop 有 PC 桌面版，也有手机版，其众多的编修与绘图工具，可以更有效地进行图片编辑。

3. 美图秀秀

美图秀秀是目前流行的一种图片处理软件，因为可以免费使用，而且操作比 PS 简单得多，尤其可以在手机上直接处理照片，所以深受年轻人喜欢。

4. ACDSee

ACDSee 是一款数字资产管理、图片管理编辑工具软件，提供良好的操作界面、简单人性化的操作方式、优质的快速图形解码方式，支持丰富的 RAW 格式，具有强大的图形文件管理功能等。ACDSee 拥有多个版本以满足不同的用户需求，初学者或者对功能要求不高的用户可以选择 ACDSee 20 版，专业摄影师或者对图像编辑要求较高的用户可以选择 ACDSee 2021 专业版，对图像创作和后期处理有较高要求的用户可以选择 ACDSee 2021 旗舰版。

6.3.5　网店装修技巧

网店装修也称网店形象设计，包括店铺基本形象设计和高级功能形象设计。网店要想容易被消费者搜索到、记住，网店风格一定要有特色。网店风格是店铺形象的外在体现形式，关系到一个网店的经营绩效。影响装修风格的要素包括店铺的整体色彩、色调、图片的拍摄风格等，装修风格应与网店经营的商品类型相协调。因此，网店装修应既能够满足网店业务需要，又能适合网购者的审美要求。下面结合网店装修的基本内容介绍相关装修技巧。

1. 店标

店标也称店招，可以使顾客建立一个良好的第一印象。如果店标位置是空白的，会降低顾客对网店的评价，因此要制作一个能反映网店特色的静态或动态图片作为 Logo（标识）。店标的格式一般为 GIF 或 JPG、JPEG、PNG，文件大小在80K 以内，建议尺寸为 80 像素 ×80 像素的图片。

2. 店名

网店取名可以参考以下几条原则。

（1）店名的容量不要超出 30 个汉字，短一点便于记忆。

（2）充分利用关键字来提高搜索概率，因为顾客可能会通过搜索店铺这种站内搜索方式或者外部搜索引擎来查找店铺和店主，在店名里面加入相应的关键字，根据经营情况来设计和优化店名，就可以使店铺被更多的人搜索到。

（3）店名一定要简洁通俗，读起来要响亮畅达、朗朗上口。如果招牌用字生僻，读起来拗口，就不容易为浏览者熟记。

（4）店名别具一格，独具特色。用与众不同的字眼，使店名体现出一种独立的品位和风格，吸引浏览者的注意。

（5）店名用字要与其经营商品相关。让人从店名中就看出店铺的经营范围，有利于提高成交率；如果名字与商品无关，很可能导致浏览者的反感。

（6）用一些符合中国人审美观的吉祥字，给人美感。不要为引人注意而使用一些隐晦低俗、惹人反感的名字，这样的结果会适得其反。

总之，店名可以使用以下的关键字元素来进行组合：店铺或主营品牌、经营内容、定位特点等行业介绍类关键字；皇冠、钻石、好评率等信誉信息类关键字；包邮、打折、清仓、新货上架、热卖程度、收藏有奖等促销信息类关键字；原创手工、外贸原单、厂家直销等专业特色类关键字；在线情况、议价态度、发货周期等个性化关键字；商盟、满就送、搭配减价等淘宝组织或活动类关键字等。

图 6-11 列举了三个店铺名字，第一个会令人产生负面联想，容易引起顾客的误解。第二个使用了不易拼读的生僻字，不容易让顾客记忆，也不便于店铺搜索。第三个就符合以上店名设计原则的特点，容易记忆和被搜索到。

图 6-11 店铺取名对比举例

3. 网店类别与人气类目

根据店铺主营产品的类目选择店铺的类别，如食品、茶叶、零食、农特产、水果、蔬菜、生鲜、种子、化肥、农药、农具、地膜等，以方便零售平台对店铺进行监管和用户分类浏览。

人气类目是方便买家了解网店经营状态而添加的参数，此参数是参考店铺的商品数量和销售状态等数值，综合分析网店所涉及的商品类目中最有优势的一个类目。但是，无论店铺所涵盖的商品类目有多少，每个店铺只有一个人气类目。店铺的人气类目不需要手动修改，也不可以手动修改，这个数据只是帮助商家了解自己的优势类目，如果网店的商品类目状态有所改变，系统也会作出相应的判断和更新。

4. 店铺介绍与商品描述

店铺介绍是将店铺情况编辑成文字内容，可通过编辑器更改一下字体、颜色、大小、插入图片和链接等来突出重点信息，使文字的排版更加美观。

一般来说，用文字描述网络商品需把握以下几个要点。

（1）为商品起一个好的标题。标题应真实不夸大且符合商品性能特点，可由品牌、品名、规格、其他说明等组成，字数在 30 个汉字以内，以买家的关心程度排序。

（2）详细的商品说明，包括商品的相关背景、规格和功能、使用特点、价格等内容。

（3）其他备注情况。如有关付款、交货方式的约定、"三包"服务条款、开店的心路历程、店铺经营理念、产品使用知识与技巧等，最好能与顾客进行情感交流，以吸引并打动顾客。

【微型案例 6-1】"吴裕泰中华老字号茶叶茉莉花茶浓香型花茶茉莉绿茶"侧重品牌；"长白山整枝保鲜参 / 煲汤泡酒滋补品老人专用高营养高品质正宗鲜人参"侧重性能和品质；"粽子 / 滋补 / 礼品粽 [Z27]// 情系五方"，侧重于产品用途和时机，大打感情牌。

利用图片对网店商品进行描述也非常重要。在商品描述页面里插入一些细节图片（图6-9），让顾客看清楚商品的细节，能让顾客加深对商品的直观感觉，让顾客增加信任感。图片使用要以反映物品的真实状况为原则，可以借助图片工具进行美化，但不能造成顾客误解或投诉。

总之，网店恰当而独特的装修风格能给消费者留下深刻的印象，店主必须站在方便消费者的角度进行精心设计，并在装修过程中注意相关技巧。例如，做好农产品分类，将辣椒分为尖椒、圆椒等。

6.3.6 网店推广策略

农村电商网店推广可以采用网店站内推广和网店站外推广两种策略。对于中小农产品卖家来说，特别要注意充分利用电商平台提供的站内免费推广方式，主动向消费者推广店铺的产品。

1. 网店站内推广

网店站内推广的主要工作通常是站内引流，主要有以下渠道。

（1）免费推广。一般电商平台都会不同程度地向卖家提供一些网站内免费推广渠道，常见的主要有：①商品标题。卖家可以优化店内展示的商品标题关键词，即充分利用电商平台规定的商品标题字数，合理添加商品标题关键词，让店内商品得到更多展现机会。例如，淘宝标题规定30个汉字以内，添加商品标题时尽量将这30个字充分利用。②发帖与回帖。例如，淘宝网提供了"论坛""淘吧""帮派"等可以发帖与回帖的场所，卖家可以利用发帖与回帖的机会做非常精确的广告宣传。③商品上架。店铺商品上架时间选择在人气最旺的黄金时段，可以有效地吸引消费者关注。一般每天上午8：00—10：00、下午3：00—5：30、晚上8：00—10：30是网店人气高峰期，这些时段上架商品往往可以提高商品的关注率和购买率。

（2）付费推广。不同电商平台提供的付费推广工具名称不同，但工作原理及功能却大同小异。例如，淘宝网的三大引流工具——直通车、钻展及淘宝客，京东商城提供的京东直投、京东快车、京东挑客等推广渠道。

（3）个性化推广。个性化推广是卖家采用时下比较流行的媒体传播形式充分展示店铺个性化特色的推广策略，常见的形式有店铺直播、内容推广等。例如，淘宝网提供的"淘宝达人""淘宝直播""有好货""必买清单""每日好店""猜你喜欢"等个性化推广方式。个性化标签越引人注目，带来的流量越精确，推广效果就越好。

（4）活动推广。电商平台及其站内的许多网店通常会不定期地推出一些优惠活动以吸引消费者。例如，淘宝网上的"淘抢购""天天特价"活动、拼多多平台上的"特卖""砍价免费拿"活动，以及一些网店推出的各种限时优惠活动等。

2. 网店站外推广

农村电商网店站外推广通常可以采用以下策略。

（1）结合产品特点推广。经营农产品网店可以结合商品优势和亮点，找到切入市场的卖点进行推广。例如，很多消费者非常喜欢那种农村种植的比较天然的农作物，就可以根据这些特点，通过突出农作物的天然无污染来吸引消费者购买。

（2）结合当地特色宣传推广。农村电商可以结合当地特色，采用老百姓感兴趣、喜闻乐见的方式来进行推广宣传。例如，设计便于在智能手机上转发的具有浓郁乡土气息的农产品广告图案、顺口溜一样的宣传语，在集市上或者村庄广场进行路演推广，或者利用各种文化下乡机会采用集表演、游戏、体验与促销于一体的形式进行宣传推广等。

（3）携手知名电商平台合作推广。与大品牌电商平台合作有利于农村电商网店快速提升知名度，因为农村电商在很多情况下没有足够好的渠道去宣传自身，选择一个口碑比较好的大平台合作往往可以收到事半功倍的宣传效果。

此外，还应充分挖掘当地的人才资源潜力，利用村镇的门户网站打造本地网络特长，借助农户及消费者的口碑传播进行落地营销推广。

本章小结

我国农村电商多元化和专业化发展态势明显，在未来还有非常大的发展空间，电子商务在农村大有可为。农村电子商务突破空间、地域限制，有助于实现农产品安全高效流通，构建标准化、精益化、信息化农产品生产与销售模式，为优质农产品外销提供新技术和新通路，同时也为开展农业数字化变革发展、实现乡村振兴战略提供了重要的辅助途径。

即测即练

复习与研讨

1. 复习思考题

（1）什么是农村电子商务？我国农村电子商务的发展有何特征？

（2）农村电子商务的运营模式主要有哪些？分别有什么特点？

（3）农产品图片拍摄及处理需要注意哪些技巧？

（4）何为网店装修？有何技巧？

2. 小组研讨作业

选取一个典型的农村电子商务应用案例，进一步查阅相关资料，对时下农村电子商务的特征、商业模式、制约因素与发展前景等问题展开讨论。

第 7 章　跨境电子商务

本章学习目标

- 理解跨境电子商务的概念及特点；
- 熟悉跨境电子商务的主要类型及运营模式；
- 了解跨境电子商务的主要物流模式。

引例：环球资源助力能源与绿色出行行业出海

环球资源是一家从事全球贸易的多渠道 B2B 贸易平台，以定制化的采购方案及可信赖的市场资讯连接全球诚信买家与已核实的供应商，通过外贸 B2B 贸易网站、Apps、展会、商业配对以及采购直播等渠道助力买卖双方诚信贸易。

随着全球的环境污染问题受到越来越多人的关注，能源产业与绿色出行产业需求激增，许多国家把推动绿色、低碳经济发展作为首要任务，能源与绿色出行行业迎来黄金发展期。2022 年全球太阳能产业规模达 2 348.6 亿美元，预计 2029 年将达到 3 738.4 亿美元；2022 年全球摩托车、踏板车和迷你摩托车市场销售额达到了 515.3 亿美元，预计 2029 年将达到 561 亿美元；2022 年全球汽车后市场规模达 40 028.46 亿元人民币，预计 2028 年全球汽车后市场规模将达到 52 162.29 亿元人民币。太阳能照明灯、电动自行车与自行车、太阳能系统及配件、迷你摩托车及滑板车、电池及配件、汽车内饰＆车辆保养和清洁等产品市场未来 3～5 年将保持高增长。为更好帮助能源与绿色出行供应商把握全球商机，快速锁定优质买家，环球资源推出"能源与绿色出行"扬帆计划，通过培训等服务帮助新商家掌握平台运营方式，提升与优质买家的互动能力，助力供应商在外贸之路上"扬帆远航"！

案例思考：能源与绿色出行行业国际市场目前及未来3~5年会出现什么情况？环球资源是如何提前运筹把握市场先机的？

7.1 跨境电子商务概述

随着互联网时代与全球化时代的到来，无国界的商业流通已经成为必然的发展趋势。在这样的大背景下，中国的跨域电子商务迎来了前所未有的高速发展，无论是在出口领域还是在进口领域，都涌现出很多创新的服务模式和类型。

7.1.1 跨境电子商务的含义

跨境电子商务是指分属不同关境的交易主体，通过电子商务平台达成交易、进行支付结算，并通过跨境物流送达商品，最终完成交易的一种国际商业活动，包括B2B跨境贸易、B2C与C2C跨境网络零售等。狭义的跨境电子商务特指跨境网络零售。

跨境电子商务也称国际在线贸易或国际电子商务，是通过网络平台实现各个国家和地区商品流通的一种新型电子商务形态。

尽管不同的组织机构或研究者对跨境电子商务概念有不同的描述，但是体现出如下共识：①交流渠道的现代化，即以现代信息技术和网络渠道为交流途径。②运营空间的国际化，即由一个经济体成员向另一个经济体成员跨越关境提供贸易服务。③交易方式的数字化，包括交易组织机构的数字化与交易流程中的许多环节的数字化。

7.1.2 跨境电子商务的特点

跨境电子商务是基于网络发展起来的，网络空间相对于物理空间来说是一个新空间，是一个由网址和密码组成的虚拟但客观存在的世界。网络空间独特的价值标准和行为模式深刻地影响着跨境电子商务，使其不同于传统的交易方式而呈现出自身的特点。

微课视频7-1

跨境电子商务的特点

1. 跨境电子商务与传统国际贸易的区别

由于跨境电子商务需要在互联网与电子商务技术支撑下进行运作，因此，不同关境的交易主体之间在信息沟通、产品展示、商务合同签订与订单执行等环节，都与传统国际贸易显著不同。

（1）跨境电子商务效率更高。跨境电子商务使传统贸易实现了电子化、数字化和网络化，提高了国际贸易活动的效率。在跨境电子商务交易过程中，交易合同、运输单据、进出口报关单等各种单证都以电子文档的形式存在；跨境订单的生成、支付结算等业务也可以在线完成；一些数字化产品同样可以直接通过网络完成支付。因此，相比传统国际贸易活动，跨境电子商务的服务效率大大提高了。

（2）跨境电子商务减少了买卖双方的交易环节和信息不对称。在跨境电子商务平台的支撑下，由于信息在互联网上流动的便捷性和快速性，国际贸易卖家可以直接面对来自不同国家和地区的消费者，因而最大限度地减少了传统贸易所必须涉及的交易环节。同时，跨境电子商务交易主体间往往呈现多边贸易的网状关系，消除了供需双方之间的信息不对称。

（3）跨境电子商务能够提供更加个性化的产品和服务。跨境电子商务促使国际贸易订单从少品种、大批量的交易模式向多品种、小批量、高频度转变。由于跨境电子商务平台具备产品类目多、信息丰富、产品更新快、支付结算手段灵活多样、信息交互及时、信息处理速度快等特点，跨境电商企业有能力为境外各类买家提供更加个性化的产品和服务。

2. 跨境电子商务与境内区域电子商务的区别

跨境电子商务融合了国际贸易和电子商务两方面的特征，与境内区域电子商务相比，在参与主体、业务流程、风险因素等方面具有更大的复杂性，表现出明显的区别。

（1）参与主体众多。跨境电商的交易主体分属不同关境，遍及全球很多国家和地区。不同国家和地区的企业和消费者在习俗、文化、消费习惯等方面都会有显著区别，这就要求跨境电子商务企业在产品展示、品牌推广、服务流程设计等方面符合当地用户的思维习惯。

（2）业务流程复杂。跨境电子商务的实质是跨境贸易，与境内区域电子商务相比，整体业务环节更多且相对复杂，牵涉到海关、检疫检验、外汇结算、出口退税、进口征税、跨境运输等多个环节。由于跨境电商业务涉及跨境交易，电商平台及相关电商企业除了需要掌握一般的电子商务操作规则外,还必须及时了解国际贸易中的相关操作细则,以保证跨境交易不伤害别国(地区)企业和消费者的利益,同时也保护自身的利益不被侵犯。

(3)风险触发因素较多。跨境电子商务在宏观层面容易受到国际经济、政治及各国(地区)政策等因素的影响;在微观层面需要交易过程中的资金流、信息流、物流等多种要素紧密结合,任何一方面的不足或衔接不好,都会阻碍整体商务活动顺利完成。特别是在交易过程中的跨境支付、跨境物流、退换货纠纷解决等方面,跨境电商企业都需要比境内区域电子商务企业承担更高的风险。

7.1.3 跨境电子商务的类型

跨境电子商务随着实践的发展,跨境交易的产品种类不断丰富,市场也逐渐多元化。跨境电子商务从不同的角度,可以划分为多种不同的类型。

1. 按商品流向分类

(1)出口跨境电子商务。出口跨境电子商务即涉及出口交易的电子商务模式,采用这种模式的主要有中国制造网、敦煌网、全球速卖通等。

(2)进口跨境电子商务。进口跨境电子商务即涉及进口交易的电子商务模式,采用这种模式的有洋码头、跨境通等。

2. 按运营方式分类

(1)平台型跨境电子商务。平台型跨境电子商务即通过搭建线上商城,整合物流、支付等运营服务资源,吸引商家入驻并为其提供跨境交易服务的运营方式。代表性企业如全球速卖通、环球资源网等。

(2)自营型跨境电子商务。自营型跨境电子商务即运营商通过搭建网上交易平台并整合供应商资源,以较低的交易价格采购商品,然后以较高的售价出售商品的跨境电子商务运营方式。代表性企业如兰亭集势、米兰网等。

(3)综合型跨境电子商务。综合型跨境电子商务即"平台+自营"型,自身既是自营型平台,通过销售商品赚取差价盈利,同时也允许部分商家入驻,并为其提供交易服务收取服务费。代表性企业如亚马逊等。

3. 按交易主体分类

(1)B2B跨境电子商务。B2B跨境电子商务即分属不同关境的卖方企业与买方企业通过网络平台完成的跨境商品贸易活动。代表性企业如阿里巴巴国际站、敦煌网等。

（2）B2C 跨境电子商务。B2C 跨境电子商务即分属不同关境的卖方企业与消费者之间基于网络平台实现产品或服务的跨境贸易活动。代表性企业如天猫国际、京东全球购、网易考拉、亚马逊等。

（3）C2C 跨境电子商务。C2C 跨境电子商务即分属不同关境的卖方消费者与买方消费者在线销售产品或服务，并通过跨境物流送达商品完成交易的跨境贸易活动。代表性企业如洋码头、亚马逊等。

7.2 跨境电子商务的运营平台

跨境电子商务的运营平台种类繁多，本书仅介绍国内外一些主要从事跨境批发（B2B）与跨境零售（B2C、C2C）的网络平台。

7.2.1 典型跨境 B2B 电商平台

1. 国内主要平台

（1）阿里巴巴国际站。阿里巴巴国际站是阿里巴巴集团最早创立的业务，主要是帮助国内企业做外贸批发业务、拓展海外买家。阿里巴巴国际站提供的一站式通关、退税、物流等服务，让外贸企业在出口流通环节也变得更加便利和顺畅。

（2）敦煌网。敦煌网成立于 2004 年，是为国内中小企业提供 B2B 网上交易的网站，它采取佣金制，免注册费，只在买卖双方交易成功后收取费用。

（3）中国制造网。中国制造网是一个面向全球提供中国产品信息的电子商务服务平台，利用互联网将中国制造的产品介绍给全球采购商，由中国的焦点科技股份有限公司开发并运营。

（4）环球资源网。环球资源网是一个致力于促进国际贸易，并通过展会、数字化贸易平台及贸易杂志等多种渠道连接全球诚信买家及已核实的供应商，提供定制化的采购方案及值得信赖的市场资讯的跨境 B2B 电子商务平台。

2. 国外主要平台

（1）TradeKey。TradeKey 总部位于沙特阿拉伯，运营中心设在巴基斯坦，致力于全球买家数据的采集与分析，以出口为导向。

（2）TradeWheel。TradeWheel 是一个美国的 B2B 电子商务网站，创立于 2003 年，比较倾向一站式服务，主要以平台为载体提供跨境商务辅导和官网引流等服务。

（3）IndiaMART。IndiaMART 是印度的跨境 B2B 电子商务平台，网站提供很多商业和工业产品，大部分制造商来自印度，商家可以注册并创建一个小型网站来展示产品。

（4）ECPlaza。ECPlaza 总部位于韩国，为出口商提供网站为基础的方案服务，有中、英、韩、日四种语言版本，在美国、韩国、日本、中国、马来西亚和阿联酋都有站点。

7.2.2 典型跨境网络零售平台

跨境网络零售平台包括跨境 B2C 电商平台和跨境 C2C 电商平台，国内外都有大量的电商平台在做跨境零售业务。

1. 国内主要平台

（1）天猫国际（www.tmall.hk）。天猫国际是阿里巴巴旗下的进口零售平台，主要为中国消费者提供全球的进口品牌商品，帮助海外品牌直接触达中国消费者，建立相关品牌认知和消费者洞察。

（2）全球速卖通（open.aliexpress.com）。全球速卖通是阿里巴巴旗下面向海外买家市场打造的在线出口交易平台。全球速卖通一般通过支付宝国际账户进行担保交易，并使用国际快递发货，其海外市场集中在俄罗斯、巴西、美国、西班牙和土耳其。

（3）考拉海购（www.kaola.com）。考拉海购是阿里巴巴旗下以跨境业务为主的**会员制电商**。销售品类涵盖母婴、美容彩妆、家居生活、营养保健、环球美食、服饰箱包、数码家电等。

知识卡片 7-1

会员制电商

（4）洋码头（www.ymatou.com）。洋码头是一个帮助中国消费者不出国门就能购买到全球商品的海外购物平台。洋码头的特色频道"聚洋货"汇集全球各地知名品牌供应商，提供团购服务。洋码头移动端 App 内拥有"扫货直播"频道。洋码头自建跨境物流体系贝海国际，保证境外商品现货库存，以缩短境内用户收到国际包裹的时间。

（5）苏宁国际（g.suning.com）。苏宁国际是苏宁集团旗下的跨境电商平台，采用"海外本地供应链+自营+招商"的模式，经营的商品涵盖母婴、美妆、食品保健、家居日用、数码 3C、服饰箱包等品类，支持 30 天无忧退。

2. 国外主要平台

（1）亚马逊。亚马逊主要市场在美国和加拿大，在全球很多国家都有独立站，为顾客提供图书、影视、鞋类、食品、玩具等数百万种商品。

（2）eBay。eBay 于 1995 年 9 月在美国加利福尼亚州圣荷西成立，它是一个在线拍卖和购物网站，主要市场在美国、欧洲等。

（3）Wish（www.wish.com）。Wish 于 2011 年创建于美国硅谷，平台主要的市场是欧美地区顾客，且以女性为主，力求给消费者带来便捷的购物体验。

（4）Lazada（来赞达）。Lazada 成立于 2012 年，是东南亚最大的电子商务平台，主要经营 3C 电子、家居用品、玩具、时尚服饰、运动器材等产品，主要目标市场是马来西亚、印度尼西亚、新加坡、泰国、越南、菲律宾。

（5）Cdiscount。Cdiscount 总部位于法国波尔多市，是法国最大的综合类本土电商平台，经营的产品类目涵盖日常生活用品、食品、电子产品、家用电器、婴幼儿用品、箱包、玩具等与人们生活息息相关的产品。Cdiscount 是最早对中国卖家敞开大门的国外平台之一，在哥伦比亚、科特迪瓦、厄瓜多尔、泰国、越南、塞内加尔、巴西、喀麦隆、巴拿马等国家也有分站。

（6）Shopee（虾皮网）。Shopee 是东南亚上市互联网集团 Sea 旗下电商平台，于 2015 年在新加坡成立并设立总部，业务服务市场范围主要是东南亚和中国台湾。

（7）Filmart。Filmart 是印度最大的电子商务零售平台，沃尔玛、亚马逊都巨资入股，它也在发展自有品牌。

（8）Mercado Libre（美客多）。Mercado Libre 是一家阿根廷网上商城，其业务遍及拉美的 18 个国家及地区。

（9）Joom。Joom 是一个移动端购物平台，以俄罗斯市场为主，盈利方式主要是根据订单金额收取 5%～15% 的佣金。

（10）Yandex.Market（Yandex 市场）。Yandex.Market 是俄罗斯本土最大的跨境电子商务平台，提供来自 150 个电子商务网站的书籍、电影、化妆品、鞋类、服装、文具和玩具等。

（11）Newegg（新蛋网）。新蛋公司位于美国加利福尼亚州，是一家在线零售商，其经营产品主要包括计算机硬件和消费电子产品。

（12）Sears（西尔斯）。西尔斯是美国零售商，经营商品包括电子产品、家居用品、户外生活、工具、健身、玩具等品类。

（13）Rakuten（乐天）。Rakuten 是日本最大的电子商务网站，主要经营类目为体育用品、健康和美容、家居和园艺、珠宝和玩具等。

（14）Tesco（乐购）。Tesco 是英国最大的食品和日用杂货零售商，经营的产品包括家居和园艺、运动休闲、服装和珠宝等，只对被邀请的卖家开放。

（15）Mercado Livre（魅卡多网）。Mercado Livre 是巴西本土最大的 C2C 平台，范围覆盖巴西、阿根廷、智利、哥伦比亚、哥斯达黎加、厄瓜多尔、墨西哥、巴拿马、秘鲁、多米尼加、巴拉圭、委内瑞拉和葡萄牙 13 个国家和地区。

（16）Gmarket。Gmarket 是韩国最大的综合购物网站，主要销售书籍、MP3、化妆品、电脑、家电、衣服等。

（17）Jumia。Jumia 是非洲尼日利亚最大的电子商务零售公司，主要出售电子产品、服装、冰箱等各类商品。

（18）Otto（奥托集团）。Otto 是来自德国的电子商务解决方案及服务的提供商，同时也是全球最大的在线服装、服饰和生活用品零售渠道商，其网店出售的商品品种多达上百万种。

7.3 跨境电子商务物流模式

跨境电子商务物流具有工作区域国际化、技术高风险、运作流程复杂等特征，是跨境电子商务的核心环节之一，在跨境电子商务交易过程中发挥着举足轻重的作用。由于跨境电子商务企业不仅通过批发销售产品，也可以在线零售，因而跨境电子商务物流服务模式也呈现出多样性。现阶段，跨境电子商务物流模式主要有跨境商业快递、邮政物流、专线物流、海外仓物流。

7.3.1 跨境商业快递

跨境电子商务物流中常用的商业快递方式主要包括 SF Express（中国顺丰速运）、DHL（德国敦豪快递）、TNT（荷兰天地快运）、UPS（美国联合包裹服务公司）、FedEx（美国联邦快递）、Toll（澳大利亚拓领快递）等。这些国际快递商通过自建的全球网络，利用强大的 IT 系统和遍布世界各地的本地化服务，为中国制造业企业的海外顾客带来极好的物流体验。需要说明的是，不同的国际快递公司具有不同的渠道，在价格、服务、时效等方面都有所区别。例如，通过 UPS 寄送到美国的包裹，最快可在 48 小时内到达。然而，优质的服务伴随着昂贵的价格。一般中国商户只有在顾客时效性要求很强的情况下，才使用国际商业快递来派送商品。

1. SF Express

SF Express 是我国领先的一家快递企业，1993 年诞生于广东顺德，目前拥有国内外 12 300 多个营业网点，跨境物流通达美国、日本、韩国、新加坡、马来西亚、泰国、越南、澳大利亚等国家以及我国的港、澳、台地区。SF Express 主要提供四种快递服务，即"顺丰即日""顺丰次晨""顺丰标快""顺丰特惠"，其中涉及跨境物流业务的是"顺丰标快"和"顺丰特惠"。用户可登录 SF Express 网站 www.sf-express.com 查询有关货物在途信息、资费标准、体积和重量限制等信息。

2. DHL

DHL 可称得上全球快递行业市场领导者，成立于 1969 年，可寄达 220 个国家和地区，涵盖超过 120 000 个目的地（主要邮递区码地区）的网络，向企业及私人用户提供专递或速递服务，尤其是寄往西欧、北美的邮件有优势。DHL 可全程跟踪信息，并可以查到签收时间和签收人姓名。用户可登录网站 www.cn.dhl.com 查询有关 DHL 的全程跟踪信息、资费标准、体积和重量限制等详细信息。

3. TNT

TNT 是一家全球领先的快递服务提供商，成立于 1946 年，在欧洲、南美、亚太（包括中国）、中东地区拥有航空和公路运输网络。TNT 快递一般货物在发货次日即可实现网上追踪，单件包裹不可以超过 70 千克，TNT 的资费标准包括基本运费和燃油附加费两部分，其中燃油附加费每个月会有变动。用户可登录 TNT 的网站 www.tnt.com 查询有关 TNT 的全程跟踪信息、资费标准、体积和重量限制等详细信息。

4. UPS

UPS 是全球最大的一家快递承运商和包裹递送公司，成立于 1907 年。UPS 主要提供四种快递服务：一是全球特快加急；二是全球特快；三是全球速快（俗称"红单"）；四是全球快捷（俗称"蓝单"）。其中全球特快加急资费最高，全球快捷的资费最低、速度最慢。用户可登录 UPS 的网站 www.ups.com 查询有关 UPS 的全程跟踪信息、资费标准、体积和重量限制等详细信息。

5. FedEx

FedEx 成立于 1973 年，总部位于美国，在我国香港地区设有亚太区总部，同时在我国上海、日本东京、新加坡等地设有区域性总部。FedEx 在我国主要提供两种服务：①中国联邦快递优先型服务（FedEx IP）。②中国联邦快递经济型服务（FedEx IE）。其中优先型服务时效高，一般为 2~5 个工作日，清关能力强，覆盖面广，可达全球 200 多个国家和地区；经济型服务价格比较优惠，服务时效一般为 4~6 个工作日，清关能力强，可达全球 900 多个国家和地区。用户可登录 FedEx 的网站 www.fedex.com.cn 查询有关 FedEx 的全程跟踪信息、资费标准、体积和重量限制等详细信息。

6. Toll

Toll 是一家亚洲领先的综合物流服务提供商，成立于 1888 年。Toll 最高限重 15 千克，运费包括基本运费和燃油附加费两部分，到澳大利亚、泰国、越南等亚洲地区 Toll 的价格较有优势。

7.3.2 邮政物流

邮政物流是指各国邮政部门所属物流系统，包括各国及中国香港邮政局的邮政航空大包、小包，以及中国速递物流分公司的 EMS（Express Mail Service）、ePacket（俗称 e 邮宝，又称 EUB）等。邮政网络基本覆盖全球，比其他任何物流渠道都要广，因此，邮政物流信息服务在跨境电子商务物流方面具有先天的优势。跨境邮政物流信息服务主要通过万国邮政联盟和卡哈拉邮政组织（KPG）制定的一些公约法规来改善国际邮政业务、发展邮政方面的国际合作。卡哈拉邮政组织要求所有成员国的投递时限达到 98% 的质量标准，如果货物没能在指定日期投递给收件人，那么负责投递的运营商按货物价格的 100% 赔付顾客。这些严格的要求都促使成员国（地区）之间深化合作，努力提升服务水平。例如，从中国发往美国的邮政包裹，一般 15 天以内可以到达。据不完全统计，中国出口跨境电商 70% 的包裹都是通过邮政系统投递，其中中国邮政占据 50% 左右。

1. EMS

EMS 是中国邮政速递物流与世界各国及地区邮政合作开办的特快专递邮政服务，在各国及地区邮政、海关、航空等部门均享有优先处理权。EMS 跨境物流的投递时间通常为 3~8 个工作日，不包括清关时间。EMS 快递网站（www.ems.

com.cn）可以为做跨境贸易的制造企业用户提供查看邮件投递过程信息、资费标准、体积和重量限制、禁寄范围等信息服务。EMS跨境物流信息服务的主要优点是：投递网络强大，信息服务覆盖面广，具有优先处理通关信息权，一些特殊商品（例如药材、明胶等）可通过敏感货物通道进行处理；EMS跨境物流信息服务的主要缺点是：速度比商业快递慢，适用于小件以及对时效性要求不高的货物，网站查询信息滞后，一旦出现问题只能做书面信息查询，查询时间较长。

2. ePacket

ePacket是中国邮政速递物流开办的跨境电子商务物流业务，目前主要发往美国、澳大利亚、加拿大、英国、法国和俄罗斯。做跨境贸易的制造企业用户可以登录中国邮政快递网站或拨打客服热线查询ePacket物流资费标准和物流环节等信息。ePacket信息服务的特点是：不受理查单业务，不提供邮件丢失、延误赔偿，不承诺投递时限。

3. 中国邮政大包

中国邮政大包也称中邮大包，既包括航空邮政大包，也包括水陆运输的邮政大包。用户可登录网站11185.cn/index.html查询中邮大包寄达各国的资费标准、体积和重量等信息。对时效性要求不高而又稍重的物品，可以选择此种方式发货。

4. 中国邮政小包

中国邮政小包是指重量在2千克以内（阿富汗为1千克以内），外包装长、宽、高之和小于90厘米，且最长边小于60厘米，通过航空寄往国外的小邮包，可分为中国邮政平邮小包和挂号小包两种。平邮小包不受理查询，但能通过面单条码（bar code）以电话查询形式查询到邮包在国内的状态；挂号小包提供的物流跟踪条码能跟踪邮包在大部分国家的实时状态，从事跨境贸易的制造业（外向型制造业）企业用户可以成为中国邮政的协议顾客向收寄邮政局申请大顾客号，通过邮政内网进行查询，也可以尝试登录目的地所在国的中国邮政的网站进行查询。

7.3.3 专线物流

跨境专线物流一般是通过航空包舱方式运输到境外，再通过合作公司进行目的国（地区）的派送。专线物流的优势在于其能够集中大批量到某一特定国家或地区的货物，通过规模效应降低成本。因此，其价格一般比商业快递低。在时效上,专线物流稍慢于商业快递,但比邮政包裹快很多。市面上最普遍的专线物流产品是美国专线、欧洲专线、澳大利亚专线、俄罗斯专线等,也有不少物流公司推出了中东专线、南美专线、南非专线等。

1. Special Line-YW

Special Line-YW(航空专线–燕文)俗称燕文专线,是我国大型物流服务商,总部位于北京,目前开辟有拉美、俄罗斯、印度尼西亚等航空专线。拉美专线直飞欧洲后快速中转,大大缩短了妥投时间;俄罗斯专线实现一单到底、全程无缝可视化跟踪,正常情况下至俄罗斯50万以上人口城市的时间不超过17天,其他地区不超过25天;印度尼西亚专线经我国香港地区中转,采用香港邮政挂号小包服务,妥投时间要优于其他邮政小包。用户可登录 Special Line-YW 网站 www.yw56.com.cn 查询有关货物在途信息、资费标准、体积和重量限制等信息。

2. Russian Air

Russian Air(中俄航空专线)是一家专门从事中俄航空物流专线服务的企业,成立于 2013 年,总部位于我国哈尔滨,目前已开辟 Ruston(俄速通)专线。俄速通主要发往俄语系国家,推出的服务有俄罗斯航空大包小包、俄罗斯 3C 小包、乌克兰大包小包、白俄罗斯航空小包挂号、俄速通云仓哈尔滨边境仓、俄速通云仓莫斯科海外仓、俄速通 B2B 大货商品等。俄速通包裹的重量不得超过 2 千克,可全程跟踪,用户可登录网站 www.ruston.cc 查询有关货物在途信息、资费标准、体积和重量限制等信息。

3. Aramex

Aramex(中外运安迈世)俗称"中东专线",是全球五大综合物流商之一,成立于 1982 年,总部位于迪拜,目前在全球 240 多个国家和地区拥有物流网络。用户可登录网站 www.aramex.com 查询有关货物在途的实时状态、资费标准、体积和重量限制等信息。

4. Posti Finland

Posti Finland(芬兰邮政速优宝)是专门针对 2 千克以下小件物品推出的经中国香港口岸出口的特快物流服务,分为挂号小包和经济小包,运送范围为俄罗斯及白俄罗斯全境邮局可到达区域。芬兰邮政速优宝的信息可与全球速卖通对接,具有在俄罗斯和白俄罗斯清关速度快、时效快、经济实惠等特点。

5. 中俄快递 –SPSR

中俄快递 –SPSR 是俄罗斯最大的商业物流企业之一的 SPSR Express 提供的跨境电子商务物流服务，可经北京、上海、香港等地多条快递路线出境，运送范围为俄罗斯全境，重量不超过 15 千克。用户可以登录 SPSR 官网查询包裹在国外的实时状态信息，全球速卖通用户也可以在订单详情页查询包裹实时状态信息。

7.3.4 海外仓物流

海外仓是指在本国（地区）之外的国家（地区）所建立的物流配送仓库。海外仓物流服务指为卖家在销售目的地进行货物仓储、分拣、包装和派送的一站式控制与管理服务。比较规范的海外仓物流服务流程主要包括货物的头程运输、货物到达之后的仓储管理和尾程运输三部分。

微课视频 7-2

跨境电商的海外仓物流模式

（1）头程运输。头程运输是货物最开始的运输过程，即买方购买之后，跨境卖方选择一定的跨境运输方式将货物运输到目的地国（地区）的海外仓库。跨境运输方式有海运、空运、陆运或者联运等多种，卖方可以根据货物及产品价值进行选择。

（2）仓储管理。此即卖方通过物流信息系统远程操作境外仓储货物，实时管理库存。

（3）尾程运输。尾程运输也称本地配送，是指货物到达中转仓储中心后，海外仓储中心根据订单信息，通过目的地所在国家或地区的当地邮政或快递将商品配送给顾客。

本章小结

本章介绍了跨境电子商务的含义、特点、类型以及典型的运营平台和跨境物流模式。对于从事跨境电子商务的企业来说，可以根据自身的主营产品、目标市场等要素选择适合的跨境电商平台和物流服务模式。例如，跨境电商企业在选择物流服务时，应该根据所售产品的特点（尺寸、安全性、通关便利性等信息）来选择合适的物流模式，对于大件产品（如家具等）就不适合走邮政包裹渠道，而更适合海外仓模式。

🔍 **即测即练**

🔍 **复习与研讨**

1. 复习思考题

（1）什么是跨境电子商务？它有什么特点？

（2）总结对比我国典型跨境 B2B、B2C、C2C 电商运营平台的业务特点、目标市场（或主要范围）、发展趋势或前景。

（3）目前国内外跨境物流服务模式主要有哪些？分别有什么特点？

2. 小组研讨作业

调查一个典型的跨境电子商务企业，进一步查阅相关资料，对时下跨境电子商务的特征、运营模式、支付方式、物流模式、典型企业案例、存在问题等内容展开讨论。

第 8 章 社交电子商务

本章学习目标

- 理解社交电子商务的含义及特征；
- 熟悉社交电子商务的主要经营模式和盈利模式；
- 了解国内典型的社交电子商务平台，讨论社交电子商务应该如何合法合规经营。

引例：拼多多如何开展社交电子商务

拼多多将娱乐社交的元素融入企业商业运营，与社交平台对接，对互联网社交个体进行引流，并建立畅通的分享渠道，使互联网社交个体成为拼多多的传播者，进而注册成为拼多多的用户，最终转化为拼多多的消费者。拼多多开展社交电子商务的具体做法总结如下。

（1）通过微信实现社交裂变传播。拼多多有效利用微信社交属性，以拼团模式通过自身社交生态链和生态圈将产品分享，积极主动地分享到社交平台，用户幂次级的裂变增长，实现了"滚雪球"效应。拼多多创造了"用户发展用户"的良性互联网生态传播机制，利用社交媒体的传播作用，实现用户通过微信来邀请好友参与拼团，促进了用户和用户之间、平台与消费者之间的互动联系，促使拼多多依靠拼团模式迅速裂变发展，活跃顾客不断增多，市场范围不断扩大，并在规模化扩张后逐渐降低对微信流量的依赖。

知识卡片8-1
用户画像

（2）精准定位参与拼团消费群体并缩短其决策路径。拼多多基于互联网社交生态实现购物分享，激发用户潜在的购物欲望。研究发现，在广大用户的朋友圈中往往存在大量相似**用户画像**的人，他们可以形成相似的购物需求，构成了潜在的购物消费群体。拼多多通过对用户画像，进一步识别和筛选消费需求相似的群体并向其推荐适合的商品，有效地触发其购物欲望。拼多多没有设置"购物车"功能，大大缩短了用户的购物决策路径：用户挑选自己喜爱的商品→直接选择参与拼单→微信或支付宝付款，仅需要三步就可以实现快速购物。

（3）游戏式购物体验提高用户黏性。拼多多在购物过程中设置了多种游戏，通过"种树、养猪、消星星"等游戏化体验，让用户花费更多的时间在拼多多界面，以此来保证用户在平台的活跃度，实现边购物边游戏的愉悦体验，进而达到留住顾客、增强用户黏性的目的。例如，在"多多果园"游戏中，用户登录拼多多后，可以在多多果园种植作物，而且拼多多承诺，当多多果园内的作物成熟后，可以将作物作为奖励礼物邮寄给用户。在多多果园里，拼多多不断引导用户进行分享，达到增强老顾客黏性、吸引新用户入场的效果。

（4）依托社交互动分享实现低成本引流。拼多多通过社交娱乐机制，拉近与用户的距离，不断培养用户黏性。用户在拼多多购物时，需要登录拼多多微信小程序或App，通过搜索商品→参与拼单或发起拼单→分享网购信息，使得所有用户都是其免费的流量分发节点。所以，拼多多大幅降低了电商流量成本，这使得拼多多用户的复购率非常高。

案例思考：拼多多是如何将社交元素融入其商业运营的？在社交电子商务的运营过程中需要注意哪些问题？

随着社交网络平台的发展，消费者的需求越发个性化，越来越注重场景化的体验，再加上电商平台对商家的控制力度越来越弱，传统电商为增强顾客黏性，开始推行场景化营销策略，在运营的过程中增添一些社交元素。在传统电商遭遇流量获取成本高、顾客沉淀难等困境的情况下，社交电子商务的出现为电商经营者提供了一个新思路。

8.1 社交电子商务的含义与特征

社交电子商务主要基于人际关系网络，利用抖音、新浪微博、小红书等多种社交媒介传播渠道，借助社交互动、用户自生内容等手段进行品牌或产品推广。

8.1.1 社交电子商务的含义

社交电子商务是指将关注、分享、沟通、讨论、互动等社交化的元素应用于电子商务交易过程的现象。从消费者的角度来看，社交电子商务是消费者购买前的店铺选择、商品比较，购买商品时通过即时通信、论坛等与电子商务企业交流与互动，购买商品后消费评价及购物分享等过程；从电子商务企业的角度来看，社交电子商务通过社交化工具的应用以及与社交网络媒体的合作，完成企业营销推广和商品最终销售。

社交电商借助社交媒体，通过整合基于人际关系互动的社交图谱和基于信息流互动的兴趣图谱达到推广销售产品和服务的目的。社交电商已受到普遍关注和认同，并逐渐成为电子商务的主流形态之一。

8.1.2 社交电子商务的特征

社交电子商务相较于传统商务模式，具有黏性大、互动性强、用户细分精确、商业潜力巨大、营销成本低等诸多特点，而社交性、内容自生性、需求被动性、信任传递性则是社交电商与其他普通电商模式区别开来的重要特征。社交电子商务在实践中具体呈现出以下特征。

微课视频8-1
社交电子商务的特征

（1）带有明显的社交化元素。社交电子商务通过用户之间或用户与企业之间的互动与分享实现交易，在交易过程中往往努力增强卖方与买方的互动，在互动过程中卖方精准地把握买方需求并向其提供相应的商品，从而使买家的个性化需求得到极大的满足。

（2）基于熟人关系实现流量转化。社交电子商务是基于熟人关系发展起来的，由熟人推荐导购的商品，往往更容易得到用户认可，更容易建立起口碑效应，从而增强用户的黏性与互动性，更好地实现商业转化。据调查，传统电商的转化率不足1%，社交电商的转化率能达6%～10%。

（3）以流量内容为基础。社交电子商务改变了传统电商多级搜索类目的产品展示方法，为卖方增设流量入口，并采用场景化营销方式实现平台入口与消费群体之间的高效连接，将商品以更有血有肉、有活力、有内涵的方式呈现给用户。

8.2 社交电子商务的商业模式

商业模式是个复杂的概念，从系统角度、价值角度、经济角度、整合角度分别有不同的表述。从系统角度来看，商业模式的基本逻辑最终是为了获得利润、为企业创造价值，在价值网络中向顾客提供产品与服务，其运作包括参与者角色、收入来源和潜在利益等要素，是特定实体为了达成交易额、获得利润，对目标顾客提供特定产品与服务的过程；从价值角度来看，商业模式是组织价值创造与传递的核心逻辑，是企业根据已有的资源进行价值创造与价值传递的过程，通常由价值创造、价值传递和价值实现三个过程组成一个全面结构；从经济角度来看，商业模式是用来阐述企业如何赚钱、如何创造利润增长的经济逻辑，它是企业赖以生存与发展的经营方式，企业能用这种方式实现交易并获得利润，描述了企业收入来源、各个参与者角色和利益相关方的潜在利益；从整合角度来看，商业模式是对企业战略实施过程与组织内部关系的一种解释说明，从经济、运营及战略三个角度对商业模式进行有效实施，最终在同行业中获得竞争优势，从而帮助企业在经营活动中找准自己的市场定位，明确企业的产品内容和服务对象，并在运营过程中采用一系列整体的战略组合实现企业的盈利目标。本书从经营和盈利两个方面对社交电子商务的商业模式展开讨论。

8.2.1 社交电子商务的经营模式

社交电子商务的经营模式从不同的角度可以划分为不同的模式类型，从具体的呈现形式看，社交电商平台可划分为导购型社交电商、内容型社交电商、分享型社交电商、O2O 型社交电商四种模式。

1. 导购型社交电商

导购型社交电商从某种意义上来说也可称为社交零售电商，起源于淘宝或者京东等大电商平台的淘客，以平台商家给的返利及优惠券为依托，借助社交软件进行推广引流吸粉，实现去中心化的零售。这类模式一般是以个体自然人为单位通过社交工具或场景，整合供应链多元品类及品牌，开发线上分销商城，利用个人社交圈的人脉进行商品零售及提供服务交易。典型代表如逛逛网、云集微店等。

【微型案例8-1】口袋购物运营方发现，某款服装共被1 000位用户收藏，但这些用户并未下单。为了刺激用户消费，经营者组织了团购定制活动，为这批用户提供优惠价格，并以短信方式通知他们，最终达成的交易量超过300件，转化率达30%以上，明显高于2%的平均水平。

2. 内容型社交电商

内容型社交电商借助意见领袖的口碑，由内容驱动成交，受众立足于共同的兴趣爱好聚合在一起形成社群，通过发表高质量的内容吸引海量用户访问，在积累粉丝的同时增强顾客信任度和黏性，从而产生购买，成为某一品牌或平台的忠实消费者。内容型社交电商可分为两种模式。

（1）兴趣社交模式。此即商家根据社群成员的兴趣发布其可能感兴趣的商品推广信息，双方交易达成后提供给平台一定比例的报酬的模式，典型代表有小红书、蘑菇街、美丽说等。

（2）"图片+兴趣"模式。此即以图片形式在社交平台进行产品推广，用户可以将其感兴趣的内容图片钉定在钉板中，并在信息中添加店铺链接，方便用户直接点击链接进行购买的模式，典型代表有花瓣网等。

【微型案例8-2】聚美优品的广告词"我为自己代言"直击年轻消费群体的心理，能够引起他们的情感共鸣。除此之外，该品牌在微博平台开展推广活动，能够在获取新用户的同时实现成本控制，并保持较高的利润获取量。

3. 分享型社交电商

分享型社交电商也称第三方社交电商，主要通过用户分享，在微信等社交媒介或平台上利用社交关系实现商品销售与品牌传播。例如，社交拼团分享模式主要就是通过低门槛促销活动来迎合用户贪便宜、炫耀、兴奋等心理，以此吸引用户拼团砍价并引起用户裂变，借助社交的力量卖一些需求广、单价低、高性价比的产品。典型代表有拼多多等。

4. O2O型社交电商

O2O型社交电商即线上线下互动促进消费的社交电商模式，其以大众点评、千品网为代表的线上导购、线下消费模式，特点是用户有着明确的消费目标，娱乐属性弱，对商品方面的要求较高。以好多巴多为代表的线下体验引流、线上消费模式，特点是平台对用户的黏性较高，重复购买率高，但需要布局大量线下网点。

8.2.2 社交电子商务的盈利模式

社交电子商务是以用户为内容创作和传播的中心，通过用户间的交流分享实现更有效的销售转化。从商业价值角度看，社交电子商务实现长远良性发展的关键是要设计出合理有效的盈利模式。当前，我国社交电子商务的盈利渠道主要包括平台广告、佣金提成、增值服务三种。

1. 平台广告

网络广告一直是电子商务的一个重要盈利渠道。社交电子商务平台由于聚合了众多同质性用户，因此对企业和广告主更具吸引力，越来越多的企业开始将广告投放的重心放在网络社群平台上。数据显示，广告收入在社交电子商务平台的营收占比最高可达 80% 左右。

2. 佣金提成

社交电商平台并不直接向消费者出售商品，而是通过为买卖双方提供一个高效对接、沟通和交易的方式，分享售卖方的部分利润。由于平台自身并不售卖商品，因此这类社交电商平台不用花费大量资金、精力自建物流体系和进行供应链管理。国内采用这种盈利模式的典型社交电子商务平台有美丽说、蘑菇街等。

3. 增值服务

社交电商平台通过增值服务盈利包括以下两种形式。

（1）向平台用户提供个性化服务收取会员费。平台让愿意付费的用户成为平台的付费会员，享受普通用户无法获得的有偿服务和特殊服务。实践显示，平台中只要拥有不低于 8% 的付费会员就能实现盈利，这显然对很多社交电商网站都有很大的吸引力。例如，好多巴多是一个综合性购物的会员制社交电商平台，其会员除了能以优惠价格购物外，还能享受免费使用好多巴多线下生活馆场地、免费喝茶等诸多福利。好多巴多通过收取会员费的方式，保证了平台的运营，同时有足够的空间给会员带来优质的服务。此外，还有许多专业性较强、能为用户带来某种特定价值的垂直性社交电商网站，也比较适用该盈利模式，如百合网、智联招聘等平台就是主要通过收取会费的方式保证了收入的长期稳定。

（2）向平台用户提供虚拟物品获取收益。此即平台提供增值虚拟服务，通过鼓励用户消费虚拟物品获取收益，这种方式在社交游戏中最为常见。例如，基于聚合起的庞大用户群体，腾讯推出"QQ农场"游戏，通过刺激玩家购买装备道具，在虚拟物品交易中获得了丰厚收益。此外，很多社交电商平台还通过发行虚拟货币（如Q币、校内豆等）等方式，深度激发用户消费虚拟物品的欲望，进而通过交易获利。

8.3 我国社交电子商务的演进与典型平台

随着消费者越来越重视自身的个性化需求，电商平台通过在运营过程中添加社交元素增强消费者黏度，并经过长期运营逐渐形成良好的品牌效应，最终实现商业转化。现阶段服饰、美妆、鞋帽等为社交电商的主导品类，随着社交电商市场的发展，电竞产品、母婴产品、食品等也都会陆续加入进来。研究显示，我国社交电商领域蕴藏着巨大的发展空间及市场开发潜力。

8.3.1 我国社交电子商务的演进路径

伴随着电子商务进入新的发展阶段，用户的主体与中心地位更加凸显，越来越多的商业内容和行为由终端用户创造或主导，基于熟人关系推荐的商品往往更容易得到用户认可。一方面，传统电商市场面临同质化竞争、价格战等诸多发展痛点；另一方面，社交媒体一直在探索适宜的商业盈利模式。为此，结合电子商务与社交媒体的社交电子商务就应运而生，并迅速受到越来越多的关注。大众点评和豆瓣的成功率先证明了社交电商的巨大潜力，随后以蘑菇街、美丽说、花瓣网等为代表的购物分享平台的兴起表明了我国社交电子商务的全面爆发。国内社交电子商务平台主要有以下发展演化来源。

1. 电子商务企业社交化

电子商务企业社交化演进主要有以下两种途径。

（1）电商平台推出相对独立的社交电商模块。其主要是一些综合性大型电子商务平台为布局社交电商领域而推出的社交电商模块，这类社交电商模块与其母平台联系紧密，但也具有一定独立性。例如，天猫曾上线图片分享渠道"范儿"，方便用户在平台发布图片，与其他用户进行互动，品牌方可通过图片推广方式提高用户黏度，引发口碑效应。淘宝达人专区、京东京范儿也是这方面的典型代表。

微课视频 8-2
我国社交电商主要演化来源

【微型案例 8-3】海宝网的时尚达人在平台中分享自己的穿搭

经验，结合淘宝商品推荐信息，对用户进行引导。在这个过程中，达人会与粉丝互动，在了解其需求的基础上进行针对性营销；粉丝用户通过反馈形式自发推广优质内容，扩大信息覆盖范围。这样，平台联合达人可实施精准营销，激发用户的消费需求。

（2）电商企业与社交平台联合。很多数字化产品都通过微博进行推广，并在微博平台发布相关信息供用户浏览，这种营销方式不仅能节省消费者的时间与精力，还能进一步拓展企业的利润获取空间。在此形势下，各大电商巨头都在社交电商领域积极布局。例如，阿里巴巴推出淘宝头条内容板块，并与新浪微博达成合作，积极探索、创新社交电商模式；京东推出"京东号"内容板块，并与微信、QQ两大移动社交平台合作，探索社交电商模式等。

2. 社交平台电商化

社交平台电商化主要是聚焦于细分领域的信息分享社交平台（社交网站），在初期发展阶段以网络社区运营为主，随着在长期发展过程中积累了庞大的用户群体，逐渐开始电商化运营。社交平台电商化主要也有以下两种途径。

（1）社交网站增加电商功能。例如，社交网站的典型代表新浪微博通过添加购物频道，涉足电商运营。蘑菇街、美丽说也是这方面的典型代表。

（2）社交网站与电商平台联合。例如，人人网联合淘宝商城、京东商城、凡客等知名电商企业，上线"人人爱购"平台，为用户提供品类丰富、质量可靠的商品，对接社交平台中各类用户的消费需求；微博联合淘宝电影在"发现"中上线"电影"专栏，用户不仅能够搜索电影相关信息，还能直接点击购票。社交平台运营方可以利用大数据技术掌握用户需求，在电商化运营中占据优势地位。

3. 传统零售企业涉足社交电商

在社交电商背景下，传统零售企业的营商模式更加注重用户体验，强调与用户建立更强的联系，顾客圈层更加明显，更加关心顾客实际需求，注重与用户的良性互动，最大化地开发顾客的终身价值，不断提高消费者的忠诚度，从而为零售企业带来持续的交易和商业效益。例如，宜家与微信协作推出——"IKEA宜家家居快闪店"社交电商小程序，移植了宜家在家居处理方案的部分特色，店内供给白色放映厅、FIKA时间、好味即存、一吻上墙、自定义澡堂等五个家居主题产品套装，分别对应观影、咖啡、贮藏、挂件、澡堂等家居场景。传统线下零售企业涉足社交电商主要体现为以下三个方面。

（1）从专注产品到以顾客为中心打造网络品牌。传统零售企业在社交电商背景下摒弃了粗暴推销产品的方式，努力基于网络平台进行品牌的塑造及推广，主要体现为以互联网平台为基础利用搜索、论坛社区、社交媒体、时尚平台等多种方式形成良好口碑效应的快速传播。在社交电商的背景下，消费者之间通过社区分享、评价交流等随时随地进行沟通，因此也变得更加专业和挑剔，消费者的自身需求不再单纯地依据购买行为，更加关注的是售卖商品的品牌以及品质等。社交电商的社交属性决定了零售企业必须重视顾客，要充分了解顾客和把握顾客需求，打造行业网络品牌，并形成积极正面的品牌和企业影响力。

（2）以在线顾客服务为营销关键与消费者良性互动。零售企业基于网络社区的社交关系能够更加方便地提供售后服务，以及关系管理中的良性互动。因此，随着社交电商的兴起，一些传统零售企业敏锐地抓住社交红利的良好契机，注重顾客参与和互动，为消费者提供个性化的服务，并从服务中创造新的价值，也使企业在运营中在一定程度上体现出社交电商的特征。

（3）市场运营更加专业化和多样化以构建社交电商体系。传统零售企业为了推动与社交电商持续稳定地融合发展，需要更加注重市场运营的专业化和多样化。在社交背景下，零售企业不仅需要突出产品优势，还要加强社交电商专业人才的培养和引进，构建一套完整的社交电子商务运行体系，包括完善的培训体系、严谨的管理体系、合理的产品布局、保姆式的扶持系统等。一些传统零售企业结合"抖音""快手""小红书"等App进行商品的营销和推广，增加产品的曝光度和知名度，吸引消费者的关注并由此也带来消费行为，就是多样化运营思想的体现。

8.3.2 我国典型社交电子商务平台

社交电子商务已然成为行业亮点，裂变式的社交购买方式让商家以极低的成本带动用户增长。社交电商近年来以高效率和低成本等优势快速地集聚了大量的顾客群体，很多企业开始融入其中，使得中国社交电商市场规模快速增长。代表性社交电商平台主要有以下六种类型。

1. 会员分销型社交电商平台

（1）云集。云集是云集共享科技有限公司旗下主打社交驱动的会员电商平台，为平台会员提供美妆护理、手机数码、母婴玩具、水果生鲜等品类的商品。平台负责选品、配送和售后等全供应链流程。通过销售提成刺激用户成为分销商，利用其自有社交关系进行分享裂变，实现"自购省钱，分享赚钱"。①模式特点：通过分销机制，让用户主动邀请熟人加入形成关系链，平台统一提供货、仓、配及售后服务。②流量来源：关系链（熟人社交）。③目标用户：有分销能力及意愿的人群。④适用商品：有一定毛利空间的商品。

（2）贝店。贝店创立于2017年，是贝贝集团旗下专注于家庭消费的社交电商平台，主要提供居家、服饰、美食、美妆、母婴等货品。贝店采用"自营+品牌直供"的模式，与源头品牌直接合作，店主无须囤货、发货，由贝店统一采购、统一发货、统一服务。

2. 社区团购型社交电商平台

（1）国美美店。国美美店是以组团购物模式为核心的生活消费类社交购物平台，经营百货、生鲜、零食、美妆、母婴、电器等商品。国美美店依托国美强大的供应链体系，与品牌商家直接进行合作，并由商家直接发货，免去代理渠道费、运输物流成本。

（2）每日一淘。每日一淘是由生鲜电商"每日优鲜"打造的主营时令水果、食材、食品饮料、休闲零食等美食的社区团购型社交电商品牌，采用前端"社交分享+会员制"，后端"直采+直供"的S2S（share to shop）共享商业模式。

（3）美家优享。美家优享是一家基于网络社区知识、经验、活动分享的社交电商类生活服务平台，涉及水果、蔬菜、肉蛋、水产、零食、乳品、轻食、粮油、饮品等多个品类的食材，通过整合生鲜供应链资源与冷链技术提供及时送达服务。

3. 拼团型社交电商平台

（1）拼多多。拼多多主要借助沟通、分享等社交理念，聚集2人及以上的用户，通过拼团减价模式，激发用户分享形成自传播，形成拼多多独特的社交电商思维。①模式特点：以低价为核心吸引力，每个用户成为一个传播点，再以大额订单降低上游供应链及物流成本。②流量来源：关系链（熟人社交）。③目标用户：价格敏感型用户。④适用商品：个性化弱、普遍适用、单价较低的商品。

（2）京东拼购。京东拼购是由京东打造的利用拼购价及社交分享等方式刺激用户多级分享裂变，最终实现商家低成本引流及用户转化的一个社交电商平台，主营商品包括家用电器、手机数码、电脑、办公用品、家居/家具/家装、厨具、鞋服箱包、美妆、宠物、运动户外、汽车用品、母婴/玩具、乐器、食品生鲜等众多品类。

（3）苏宁拼购。苏宁拼购是一家专注于C2B拼团购买的第三方社交电商平台，将用户体验、商家服务、商户赋能三者融合，通过沟通分享的社交拼团形式，帮助用户购买到优质商品。

4. 直播型社交电商平台

（1）淘宝直播。淘宝直播是阿里巴巴推出的直播型社交电商平台，定位于"消费类直播"，用户可边看边买，涵盖的范围包括母婴、美妆等。

（2）抖音电商。抖音是由北京字节跳动科技有限公司孵化的一个面向全年龄的短视频社区平台。抖音电商可以为用户获得优价好物和商家流量变现提供多元选择，其直播模式主要有店铺直播、主播海外代购、基地走播、产地直播、直播间出品、秒杀模式、达人模式、抢拍模式等。

（3）快手。快手是北京快手科技有限公司旗下的一个短视频社区，是用于用户记录和分享生产、生活的社交平台。在快手上，用户可以用照片和短视频记录自己的生活点滴，也可以通过直播与粉丝实时互动。

5. 内容型社交电商平台

（1）小红书。小红书通过形式多样的内容引导消费者进行购物，实现商品与内容的协同，从而提升电商营销效果。①模式特点：形成发现→购买→分享的商业闭环，通过内容运营激发用户购买热情，同时反过来进一步了解用户喜好。②流量来源：内容链（泛社交），用户可以在小红书社区分享文字、图片、视频笔记等。③目标用户：容易受影响的消费人群／有共同兴趣的社群。④适用商品：根据平台内容的特征适用的商品品类不同。

（2）小红唇。小红唇是一个针对女性的消费品社交电商平台，构建了以泛美妆网红达人为核心，以"短视频＋图片"为内容媒介，聚集优质用户的高活跃网络社区。小红唇通过垂直化的平台运营，自有流量的精准导入，成功打造出集社交电商平台运营、短视频内容生产、化妆品品牌传播与销售于一体的完整营销闭环。

（3）宝宝树。宝宝树是中国最活跃的母婴类社区平台，采用"核心App+网络社群双驱动"模式，提供准备怀孕、怀孕期、0～1岁、1～3岁、3～6岁不同时段的育儿知识与育儿问答等方面的内容，满足新一代母婴用户优生优育、交流交友、健康成长、优选购物四大需求。

6. 社交电商服务商

（1）微盟。微盟主要面向电商零售、商超生鲜、餐饮、美业等行业提供数字化升级解决方案，为企业数字化转型打造出一整套去中心化的商业基础设施，并通过多端一体化产品服务矩阵,吸引第三方生态伙伴和开发者共同打造云端商业服务生态体系,助力商家社交化电商运营,从而实现企业服务价值共创共享。

(2)有赞。有赞是一个商家服务公司,拥有社交电商、新零售、美业、教育及有赞国际化五大业务体系,通过旗下的社交电商、门店管理和其他新零售SaaS软件产品、解决方案及服务,全面帮助商家解决在移动互联网时代遇到的推广获客、成交转化、顾客留存、复购增长、分享裂变等问题。

本章小结

社交电子商务在我国经历了从诞生到逐渐发展并受到普遍高度关注的过程,呈现出巨大的市场发展潜力,但社交电商的商业模式还有待在实践中进一步成熟和完善。此外,有些社交电商平台在发展过程中涉及"虚假宣传""超范围索取权限""过度收集用户个人信息"等问题,需要建立行业规范和相关制约监管机制,提高社交电商从业人员业务水平和诚信意识,营造依法守信、诚信经营的营商环境,引导社交电商行业依法合规地健康发展。

即测即练

复习与研讨

1. 复习思考题

(1)什么是社交电子商务?与普通电子商务相比,社交电子商务有哪些特征?

(2)社交电子商务有哪些主要的经营模式和盈利模式?

(3)我国目前有哪些典型的社交电子商务平台?分别有什么特点?

2. 小组研讨作业

选取一个典型的社交电子商务平台,进一步查阅相关资料,对时下我国社交电子商务的特征、商业模式、存在的问题与发展前景等问题展开讨论。

第三篇　电子商务支持服务

篇首寄语

　　只要你愿意投入时间和精力来培养新技能，那么你就能做你应该做的事。如果你只涉猎你能力所及的领域，那么你的技能就会过时。

——杰夫·贝索斯

第 9 章 电子商务网站建设规划与维护

本章学习目标

- 了解电子商务网站的构成要素、主要功能、建设技术、后台内容管理；
- 熟悉电子商务网站建设规划的主要内容、特点、方法和一般步骤；
- 理解电子商务网站维护目的、原则、内容和措施。

引例：S 公司的销售网站优化设计

一个网站自主营销能力是极其重要的。许多企业在电子商务运用和开展中，常常只重视搜索引擎、B2B 平台等网络推广类的渠道而忽视或者轻视企业自身的网站源头。这种只重视渠道的思维是错误的，就好比造了一家店面，修好了东南西北能到达这家店的路，但店里的货却没配齐或装修太差根本不吸引人。

优化网站格局

某工业金属探测器制造商（以下简称"S 公司"）在工业金属检测分离以及回收分选和分拣技术方面具有世界领先的水平，并分别在法国、英国、美国和新加坡建有分公司，业务遍及全球。网站优化前，S 公司拥有 4 个完全不同的域名（不包括不同的国家域名），且公司不同的两类产品技术，即分选系统和金属分离系统的产品信息，分别被放在了两个完全没有关联的域名下。网站上不仅企业产品资料不全，且缺乏及时更新与必要的功能。于是 S 公司决定请专业网站优化公司"翼帆企业营销"对其网站进行整体调整，建设统一的营销型网站。

"翼帆企业营销"公司与 S 公司接触后，就网站建设方面达成两点共识：第一，放弃同时使用 4 个不同域名，仅留用 1 个作为企业固定域名，同时购买分公司所在国家的域名，以及主要销售额产生国家的域名。第二，统一企业的网络品牌形象，取消原来独立设计的各分公司网站，采用统一的网站设计，部分栏目可根据各分公司的实际销售重点做独立处理。

改版后的网站，所有产品资料均由总公司网站 CMS（内容管理系统）统一管理，各分公司则另设有独立 CMS 供其针对各自的区域性销售，做适当的服务栏目、产品推介等方面的调整，从而形成既有统一风格又各具特色的企业网站对外整体形象。

细分顾客

网站最终的使用者是企业的潜在顾客，如何能够使其无障碍地带着愉悦的心情使用网站，并最终实现由网站的访客向企业的顾客转化呢？这是进一步要为 S 公司解决的问题。首先需要将顾客根据不同的标准分类，然后通过适合其特征的不同方式，引导其找到最适合的产品。通过对 S 公司顾客的细分，"翼帆企业营销"公司一共为其制作了三种不同的产品搜索系统，细心体察每一位顾客的需求，不仅使顾客通过网站图片数据、动画、短视频等，对产品有一个全面、理性的了解，也方便顾客继续对产品参数做进一步比对和相关信息传递。

就这样通过优化网站格局和细分顾客，S 公司拥有了一个具有极强营销能力的网站，配合多语种、多渠道的网络推广，最终每月的高质量询盘数量可过百，使网站真正成为企业的一个高效销售渠道。

案例思考： S 公司网站定位为何种类型？其改版前存在哪些问题？改版后有何优越性？

网站是一种信息门户，它既可以面向全世界，也可以面向一个特殊的用户群。电子商务网站是企业进行信息咨询、资金运作、新技术开发与应用、产品广告、人才流动、商品贸易的网络互动平台，可以为市场中的各类用户提供产品信息、人才信息、中立的物价信息、资金需求信息、行业发展信息等市场服务。

9.1 电子商务网站基本知识

电子商务网站是在计算机软件和硬件基础设施支持下,由一系列网页和后台数据库等构成的,具有宣传企业形象、发布产品信息、提供商品在线交易等商业服务功能的集成系统。电子商务网站可以有诸多形式,如企业门户网站(enterprise information portal)、网上商城、网店等。

9.1.1 电子商务网站的构成要素

从不同的角度考察,电子商务网站的构成要素具有不同的组合。从技术的角度,电子商务网站的构成要素包括顾客端、网络、服务器、应用集成、企业数据等。从功能角度,电子商务网站除了包括一般网站的域名、空间、网页三要素外,还包括产品目录、购物车、在线支付系统、留言板/论坛、会员管理系统、报表系统等一些特殊的要素。下面仅从功能角度讨论电子商务网站的构成要素。

(1)网站域名。互联网是基于 TCP/IP 协议进行通信和连接的,每一台主机都有一个唯一的标识固定的 IP 地址。网站 IP 地址如果用具有一定含义的字符表示,就称为网站域名。域名可分为顶级域名、二级域名或中文域名、网络实名等多种形式,企业可以根据其业务范围和目标顾客,选择域名注册代理机构注册其所需域名。我国域名体系是在顶级域名 CN 之外暂设"中国""公司"和"网络"3 个中文顶级域名,在顶级域名 CN 之下设"类别域名"和"行政区域名"两类英文二级域名。其中,"类别域名"包括 .ac(科研机构)、.com(企业)、.edu(教育机构)、.gov(政府部门)、.mil(军事机构)等 7 个,"行政区域名"34 个,主要以其汉语拼音的第一个字母命名,如北京市域名为 BJ,上海市域名为 SH。域名格式要求:各级国际域名长度限制在 20 合法字符(包括汉字、英文 a~z、A~Z、数字 0~9 和字符 -);中文域名不能是纯英文或数字,应至少有一个汉字。

(2)网站空间。网站空间是指能够在互联网上存放网站文本、图形图像、Web 页面、业务文档、数据库表单、视频、声音文件等内容的容量。网站空间按其形式可分为虚拟空间、合租空间、独立主机等类型。虚拟空间主要由空间提供商维护,成本低廉,小型或微型企业网站比较适合采取这种形式;合租空间一般是几个或者几十个用户合租一台服务器,中型网站比较适合采用这种形式;独立主机的成本较高,一般对安全性能要求极高以及网站访问速度要求极高的企业网站可以采用。

（3）网页。简单地说，网页就是让互联网用户浏览的网站内容。一般的网页上都会有文本、图片等信息，而复杂一些的网页上还会有声音、视频、动画等多媒体内容，为网页增添了丰富的色彩和动感。几乎所有的网页都含有链接，便于进入同一网站的其他网页或相关网站。

（4）网站产品目录。企业网站产品目录可以是二维的，也可以是三维的。网站三维产品目录可以充分利用三维资源，在线为各经营机构提供一种电子化展示产品、深层次挖掘顾客、几何式降低成本的专业性服务。

（5）网站购物车。购物车是电子商务网站为广大用户提供的一种快捷购物工具，是连接商品和付款台的关键环节。通过购物车，顾客可以在网站一次性批量购买多个商品，并可一次性通过网站所支持的支付工具完成付款。

（6）在线支付系统。在线支付是网络交易的重要环节，电子商务网站支付系统所提供的付款方式和支付工具也多种多样，如信用卡付款、第三方支付工具支付、货到付款等方式，让顾客可依需求来选择。

（7）留言板/论坛。留言板/论坛服务是电子商务网站一种极为常见的互动交流服务。论坛可以向用户提供开放性的分类专题讨论区服务，顾客可以在此发表购物体验、交流相关技术经验乃至人生的感悟与忧欢，亦可以作为商家了解顾客需求的渠道。电子留言板可以让顾客留下反馈意见和其联系方式，并存入系统数据库；网站后台管理员可查询新的反馈信息并进行回复。

（8）电商会员管理系统。电商会员管理系统是电子商务网站必须拥有的一款应用软件，一般应具备顾客信息及关系管理、活动管理、商机单据管理、异议处理、竞品信息管理、顾客服务知识库管理、顾客满意度调查等功能。

（9）网站后台报表系统。网站后台报表系统可以对网站日常运营数据进行管理，通过数据分析生成采购数据、销售数据、滞销品数据、月度统计、单品销售数据、月度进销存数据等各类报表，为网站运营提供决策支持。

9.1.2 电子商务网站的主要功能

企业电子商务网站是企业在网络上宣传和销售产品与服务、与顾客保持密切联系的主要平台。企业建设独立的电子商务网站，有利于提升企业的形象、使企业具有网络沟通能力、降低通信费用、节约经营成本。电子商务网站的主要功能可以概括为五个方面，如图9-1所示。

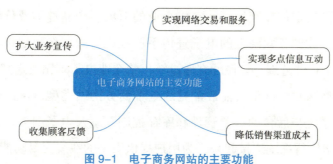

图 9-1 电子商务网站的主要功能

（1）实现网络交易和服务。实现网络交易是电子商务网站最基本也最重要的功能。对于以网络交易为主的企业来说，可以通过网络直接实现产品的在线销售，辅助企业增加销售额。

（2）实现多点信息互动。电子商务网站连接企业的各个分支机构，建立起企业的信息交互和资源共享网络，实现对企业的业务流转过程和管理过程更全面、及时、有效的监控与分析，使企业能迅速掌握市场信息，并对市场需求的变化快速作出反应，提高顾客满意度。

（3）降低销售渠道成本。电子商务网站可以帮助企业控制销售业务过程，围绕商机、谈判、合同、产品、订货、运输、交付等各个业务环节进行有效的管理，进而改善市场销售状况，有效降低渠道成本，提高企业的盈利能力。

（4）收集顾客反馈。企业借助自建的电子商务网站，可以方便地收集最终顾客和中间商的基本信息与完整的业务流程信息，并建立统一的资料发送和接收系统，可以有效地保证顾客的利益，提高服务质量。

（5）扩大业务宣传。通过企业网站展示公司总体情况，如公司规模、组织结构、产品、市场定位、文化理念、经营宗旨、经营目标、价值观、远景规划、新产品研发、产品或服务特色以及公司所获得的荣誉、未来的发展趋势等，可以达到扩大业务宣传和提升公司形象的效果。

9.1.3 电子商务网站的常见类型

随着电子商务应用的普及和发展，市场上涌现出了种类繁多的电子商务网站，下面分别从网站的服务内容、服务领域、服务对象等角度对其进行分类讨论。

1. 按服务内容划分

（1）广告型网站。这是最早的电子商务网站类型，网站主要提供企业及其产品信息。该类网站定位在利用网站宣传企业的形象、产品种类及价格、联系方式等信息，相当于放到互联网上的电子宣传手册或广告牌。在规划该类网站时，一般需要提供电子邮件链接，以便顾客通过链接给企业电子邮箱发送邮件。

（2）交易型网站。这是目前最常见的电子商务网站类型，网站通过将网络前端的信息交互系统与后台的订单管理和库存控制系统及电子商务认证中心、物流配送中心、网络银行系统连接起来，为用户提供安全的在线交易功能。

（3）专业信息服务型网站。一般面向特定行业的用户提供经过过滤的专业化程度较高的信息服务，包括定制的、经集成处理的信息交互传送，体现了企业以顾客为中心的经营理念。

【微型案例9-1】某汽车制造企业，通常需要从多个供应商处采购材料及零部件，以确保质量和及时交付并保持价格上的竞争优势，当采购的品种繁多时，即使都采用在线交易，由于不同的供应商提供不同的订单接口，企业为了使其工作人员和商务系统都能适应这些接口，也必须付出许多代价。后来借助专门的行业信息服务网站，使之前的难题迎刃而解。

（4）企业门户网站。企业门户网站是用以提供企业内部资讯、互动的平台，通常包含企业常见的公告、内容发布、文件管理、协同作业等应用，并依使用者权限提供正确的资讯给使用者。企业通过门户网站把内部管理信息系统和外部的顾客及供应商连接起来。在规划该类网站时，一般需要包含以下功能：①企业基本信息发布。②企业动态与新闻。③企业产品与服务。④搜索与索引。⑤电子邮件与顾客反馈。⑥用户访问统计。⑦网站访问分析与统计。⑧个性化服务。⑨网络社区。⑩相关链接。

（5）内部管理网站。这类网站是企业内部为了进行广告及商品管理、顾客管理、合同管理、营销管理等目的而建立的网上办公平台。因此，在规划该类网站时应包括如下功能：①广告及商品管理。其包括广告资源管理、计划与系统管理，以便为公司的市场、销售等经营部门提供及时的信息服务。②顾客管理。其主要包括商务代表管理、代理商（大顾客）管理等功能，以便及时为公司营销管理人员提供最新的顾客信息及相关资料。③运营管理。其主要包括经营预算、结算管理、产品销售量、商务代表业绩、顾客采购量、销售金额等信息的统计与分类管理功能。④网站管理。其主要包括用户及权限设置、数据库维护、网页设置、标志与标题设置及网站各栏目内容编辑等功能。

2. 按服务领域划分

（1）垂直型网站。垂直型网站是指锁定某一特定行业或领域，为该行业或领域内部整条供应链上从原材料供应商到生产制造商、各级分销商（或中间商），再到最终用户提供一整套专业化服务的网站。它通常采用"商务平台＋增值服务内容"的工作模式。

（2）水平型网站。水平型网站又称"综合型网站"，其用户囊括了不同的行业和领域，服务于不同行业的从业者，其强大的竞争力来自多样化的服务形式、丰富的信息资源、广泛的用户群落和强大的物流配送体系，具有网上订购商品价格低廉、送货及时等特点。

3. 按服务对象划分

（1）面向企业的网站。面向企业的网站是典型的 B2B 网站模式，这类网站一般具备会员管理、产品目录管理、流程审批、订单管理、交易定价与支付、拍卖与投标采购等功能。

（2）面向消费者的网站。面向消费者的网站包括 B2C、C2C 等网络零售平台。在规划该类网站时，一般需要考虑以下需求：①用户管理需求，包括用户注册、注册用户信息管理。②顾客需求，包括提供产品目录、商品搜索、商品评估、购物车、订单的确认与撤销和修改、在线支付、订单状态进度跟踪等功能。③销售商的需求，包括检查顾客的注册信息、商品信息发布、处理顾客订单、顾客选购商品的结算、商品库存管理、跟踪物流配送系统、与银行之间建立接口等。

9.2 电子商务网站规划

网站规划（website planning）是网站建设的基础和指导纲领，决定了一个网站的发展方向，同时对网站推广也具有指导意义。电子商务网站规划应站在企业战略的高度考虑问题。

9.2.1 电子商务网站规划的含义

电子商务网站规划是指在网站建设前对电子商务市场进行调查和需求分析，确定网站目标和功能，并根据需要对网站建设中的技术、内容、进度、费用、测试、维护等作出系统性的计划安排。

电子商务网站规划的主要任务包括制定网站的发展战略、总体结构方案、项目开发计划、资源分配计划等。网站规划在网站建设阶段起到计划和指导作用，在内容更新和维护阶段起到定位的作用。

9.2.2 电子商务网站规划的原则

电子商务网站规划粗线条地描述网站的总体概貌，并为后续工作提供指导，具有较强的不确定性，应遵循以下原则。

（1）支持企业的总体战略目标。电子商务网站规划工作应从企业的战略目标出发，分析企业管理的相关信息需求，逐步导出网站的战略目标和总体结构。

（2）着眼核心需求兼顾其他。电子商务网站规划整体上应着眼于企业高层管理的核心需求，同时兼顾各管理层的要求。

（3）摆脱商务系统对组织机构的依从性。对企业业务流程的了解往往需要从企业现行组织机构入手，但只有摆脱对企业组织机构的依从性，才能提高商务系统的应变能力。

（4）使系统结构有良好的整体性。网站的规划和实现的过程是一个"自顶向下规划、自底向上实现"的过程，采用自顶向下的规划方法，可以保证系统结构的完整性和信息的一致性。

（5）便于实施。规划应给后续工作提供指导，要便于操作实现；方案选择应追求实效，宜选择最经济、简单、易于实施的方案；技术手段强调实用，不片面求新。

9.2.3 电子商务网站规划的主要内容

电子商务网站规划的主要内容包括确定网站的主题和名称、栏目、目录结构、链接结构以及设计企业网站形象（corporate identity，CI）、设计网站整体风格等。

1. 确定网站的主题和名称

网站的主题是网站题材的集中体现。网站题材千姿百态，网站设计首先需要解决的问题就是如何选择题材。

（1）选择网站题材的原则。选择网站题材应遵循的原则如下：①主题要小而精，即定位要小、内容要精。②题材最好是设计者擅长或者喜爱的内容。兴趣是制作网站的动力，没有热情，很难设计制作出优秀的网站。③题材不要太滥或者目标太高。

（2）网站名称的确定。网站名称是网站设计中十分关键的一个要素，网站名称是否正气、响亮、易记、有特色，对网站的形象和宣传推广有很大影响。例如，"电脑学习室"和"电脑之家"显然是后者简练；"儿童天地"和"中国幼儿园"显然是后者大气；"音乐前卫""网页陶吧""e书时空"等，在体现出网站主题的同时，能点出特色之处。

2. 确定网站栏目和目录结构

网站栏目是指网站建设的主要板块内容，一般可分为一级栏目（网站导航栏目）、二级栏目、三级栏目、四级栏目等多个层次，主要是为了方便用户快速找到其想了解的内容，增强用户体验。目录结构的合理与否，对于网站的运营维护有着重要的影响。为用户提供有价值的内容是电子商务网站运营产生价值的核心基础，网站的栏目和目录结构的设计应该为更好展现网站内容服务。因此，设计网站栏目和目录结构要注意以下问题。

（1）设计适当的栏目数量与目录层次。电子商务网站的一级栏目一般以 8~11 个为宜，而目录层次则以三级以内比较适合。这样对于大多数信息，用户可以在不超过 3 次点击的情况下浏览到其内容页面，不至于因栏目数量或者目录层次过多给浏览者带来麻烦。

（2）主栏目清晰并且全站统一。电子商务网站一般应该有一个表明站内各个栏目和页面链接关系的网站地图，每个页面有一个辅助导航。另外，如果产品类别或信息类别较多，设计一个专门的分类目录也是必要的。

（3）设立可以双向交流的栏目。例如，设立论坛、留言本、邮件列表、常见问题解答、资料下载等，既能为网站访客提供方便，又能拓展企业收集各种有用信息的渠道。

3. 确定网站的链接结构

网站的链接结构是指页面之间链接的拓扑结构。它建立在目录结构基础之上，但可以跨越目录。建立网站的链接结构有两种基本方式：一是树状链接结构，首页链接指向一级页面，一级页面链接指向二级页面；二是星状链接结构，类似网络服务器的链接，每个页面相互之间都建立有链接。在实际的网站设计中，总是将这两种结构混合起来使用，即首页和一级页面之间用星状链接结构，一级和以下各级页面之间用树状链接结构。

4. 设计企业网站形象

企业网站形象是指通过视觉来统一企业的形象。电子商务网站与实体公司一样，需要整体的形象包装和设计，准确的、有创意的 CI 设计，对网站的宣传推广往往可以起到事半功倍的效果。具体的做法如下。

（1）设计网站的标识。网站标识如同商标一样，是站点特色和内涵的集中体现，能让人见到标识就联想起相应的站点。网站标识的设计创意来自网站的名称和内容，常见的方式：①用网站有代表性的人物、动物、花草等作为设计蓝本，加以卡通化和艺术化，如迪斯尼的米老鼠、搜狐的卡通狐狸等。②用本专业有代表的物品作为标识，如中国银行的铜板标识、奔驰汽车的方向盘标识等。③用网站的英文名称做标识，采用不同的字体、字母的变形、字母的组合可以很容易制作个性化标识，如阿里巴巴、苏宁易购等网站的标识。

（2）设计网站的标准色彩。标准色彩是指能体现网站形象和延伸内涵的色彩。一般来说，一个网站的标准色彩不超过三种，太多则让人眼花缭乱。标准色彩要用于网站的标识、标题、主菜单和主色块，给人以整体统一的感觉。至于其他色彩也可以使用，但只是作为点缀和衬托，绝不能喧宾夺主。适合于网页标准色的颜色有蓝色、黄色或橙色、黑/灰/白三大系列色，要注意色彩的合理搭配。

（3）设计网站的标准字体。标准字体是指用于网站标识、网页标题、主菜单的特有字体，一般网页默认的字体是宋体。为了体现站点的特有风格，也可以根据需要选择一些特别字体。例如，体现专业可使用粗仿宋体，体现设计精美可用广告体，体现亲切随意可用手写体等。

（4）设计网站的宣传标语。电子商务网站的宣传标语是其核心理念与经营目标的体现，一般用一句话甚至一个词来高度概括，类似实际生活中的广告金句。

5. 设计网站的整体风格

网站风格（website style）是指网站页面设计上的视觉元素组合在一起形成的整体形象所展现给人的直观感受，包括企业网站形象、页面布局、页面内容、交互性等因素。企业形象宣传的整体色调、企业的行业性质、企业文化、提供的相关产品或服务特点都应该在网站风格中得到体现。好的网站风格能帮助企业网站在众多网站中迅速脱颖而出，提升企业品牌形象。

9.3 电子商务网站维护

电子商务网站建成发布并投入运营一段时间后,由于企业的情况和电子商务市场在不断变化,网站的内容也需要随之调整,这就不可避免地涉及网站维护问题,网站的维护与更新也就成了摆在企业面前的长期而又艰巨的任务。

9.3.1 电子商务网站维护的目的

网站维护的主要目的是让网站长期、稳定地运行,及时地调整和更新网站内容,在瞬息万变的电子商务市场中抓住更多的网络商机。

(1)吸引顾客和潜在顾客。电子商务网站要想让更多的人光顾,必须不断地改善用户的购物体验与访问体验,以留住老顾客,吸引潜在顾客的关注。疏于管理的企业网站不但不能提升企业品牌形象,反而会有损企业形象。

(2)增添网站生命力。电子商务网站应该定期更新相关内容,不断地给网站添加新鲜、有用的商品或服务信息。只有不断地提供人们所需要的内容,网站才会有生命力。

(3)让推广与维护并进。网站推广会给网站带来访问量,但真正想提高网站的知名度和有价值的访问量,可以在网站维护的同时,推出能吸引更多人关注的有价值的内容,或增加一些有价值的友情链接。

总之,电子商务网站的内容需要不断调整维护,给人常新的感觉,给访问者良好的印象。特别是在企业推出新产品,或者有了新的服务项目内容,有了大的动作或变更的时候,都应该通过维护把企业的现有状况及时地在网站上反映出来,以便让顾客和合作伙伴及时地了解企业的详细状况,也可以及时得到相应的反馈信息,以便作出合理的相应处理。

9.3.2 电子商务网站维护的原则

电子商务网站需要进行长期、不间断的维护和更新,才能达到维持网站长期稳定运行的目的。为此,电子商务网站维护必须遵循以下五项原则。

(1)坚持自己的特色。特色是目的的体现,坚持特色就是坚持建站的目的。经常变换特色对电子商务网站来说是灾难性的,等于不断重新建设新的网站,多少努力都会因形不成积累而付之东流,而且人力、资金浪费很大。

（2）集中最多的信息。电子商务网站如同集市，总是商品最多的地方能吸引最多的人。在可能的情况下，一定要最大限度地集中所在领域的相关信息，采取一切办法收集和展示网站丰富的内容。

（3）保持技术的先进。电子商务网站建成以后，必须有相应的技术力量对网站持续地进行技术改造修正和完善提高。如果在技术上不能与其他同行保持同步甚至超越，网站很快就会淡出市场。

（4）掌握用户的需求。电子商务网站维护时，用户需求应该是放在第一位考虑的问题。参与通常是用户最重要的需求，网站是否满足用户的需求，其参与程度是一个主要标志。例如，用户能够在网站上发表言论、留言、提出批评或建设性意见，这是一般性参与；用户还可能会希望深度参与到产品的设计或生产过程，以满足其更具个性化的需求。

（5）追踪超前的意识。网络的魅力在于不断创新和超越。电子商务网站建设者一定要追踪不断涌现的超前意识，并将其及时反映到网站中，这是维护领先地位的必然要求。

9.3.3 电子商务网站维护的内容

网站维护是一项专业性较强的工作，其维护的内容也非常之多，包括商品信息录入或删除、网站功能改进、页面修改、安全管理、网站推广等，有时甚至涉及网络营销策划。通常将网站维护工作内容分为以下三类。

（1）网站内容的编辑。这里的内容编辑是针对网站关键词进行的原创内容的增、删、改，主要是为了配合网站优化而进行的内部优化，从而让网站在搜索引擎上有一个好的排名表现。

（2）网站的外部链接建设。网站的外部链接建设是为了网站推广和优化网站排名，使其能获得更多的流量，在同行网站里面脱颖而出。

（3）安全维护。电子商务网站运营所依托的电子网络目前主要是因特网，而因特网是没有安全保障的。因此，网站必须做好安全维护，需要经常备份数据，以便在遭遇攻击时完善程序，及时恢复网站访问。

9.3.4 电子商务网站维护的措施

对于企业管理者来说，应该制订明确的电子商务网站维护管理措施，使之成为一种经常性行为，并获得制度方面的保障。电子商务网站维护可采取如下措施。

（1）重视后续维护并保障所需资源充足。在电子商务网站建设初期，就要对后续维护给予足够的重视，并保证网站后续维护所需资金和人力。

（2）从管理制度上保证信息渠道的通畅和信息发布流程的合理性。网站上各栏目的信息往往来源于多个业务部门，要进行统筹考虑，确立一套从信息收集、信息审查到信息发布的良性运转的管理制度。既要考虑信息的准确性和安全性，又要保证信息更新的及时性。

（3）区分经常需要更新的内容和相对稳定的内容。在建设过程中要对网站的各个栏目和子栏目进行尽量细致的规划，并在此基础上确定哪些是经常需要更新的内容、哪些是相对稳定的内容。由承建单位根据相对稳定的内容设计网页模板，有利于后续维护；对于需要经常变更的信息，尽量用结构化的方式（如建立数据库、规范存放路径）管理起来，保证信息维护环境的方便性。

（4）选择合适的网页更新工具。采用不同的更新工具，效率也会大大不同。倘若既想把信息放到网页上，又想把信息保存起来以备以后再用，那么采用能够把网页更新和数据库管理结合起来的工具效率会更高。

总之，网站维护是一项专业性较强的工作，需要专业人员来完成。如果企业配备专门的网站维护人员，就意味着增加开支；如果由其他人兼职，则网站维护的专业水准将会下降。所以，企业网站维护应结合企业的实际发展情况采取恰当的措施，才会给企业带来真正的效益。

本章小结

网站是企业开展电子商务的重要基础。一个能够为顾客提供高质量服务的网站，是企业开展电子商务的重要基础和基本保证。从功能方面看，电子商务网站具有实现网络交易和业务、实现多点信息互动、建立完整的交易体系、完善物流信息管理、加强顾客关系的管理等功能。电子商务网站具有多种类型。网站规划对网站建设起到计划和指导的作用，对网站的内容和维护起到定位的作用。网站建成后还需进行推广，并进行长期的维护管理。在网站建设运营的不同阶段，其维护管理工作的内容是不同的。

即测即练

 复习与研讨

1. 复习思考题

（1）电子商务网站建设规划的主要内容是什么？需要遵循什么原则？

（2）电子商务网站维护目的和原则是什么？应如何有效地进行电子商务网站维护？

2. 小组研讨作业

【案例资料】某医药商业企业建有公司网站，因为是商业公司，在当初进行网站规划时，基本上按B2B的思路进行网站设计，重点是站在顾客（经销商）的角度来考虑，忽略了患者，所以网站设计时没有考虑到与患者的互动部分，同时也忽略了与经销商的互动部分，这是这个网站的缺陷。通过网上调查，公司发现网上有不少的患者在使用公司代理的某一品牌外用药品时存有大量的困惑，但这些困惑往往得不到正确的、专业的回答；其他网站上的有些回答甚至误导了患者的正常用药，这对药品树立品牌形象是极为不利的。然而公司自身网站缺少互动功能，对其他网站的操控能力又很低，有些根本是无能为力。

针对上述案例中该医药公司面临的难题，讨论以下问题：

（1）你认为应该如何解决该公司所面临的难题？列出具体措施。

（2）该公司在药品营销过程中，应注意收集什么信息？网站还需在哪些方面进一步完善？

（3）医药电子商务与其他行业的电子商务相比，有什么特殊性？从这个案例中，我们可以得到哪些有益的启示？

第 10 章 电子商务安全

本章学习目标

- 熟悉电子商务安全体系的构成与在线交易的安全需求、SET 与 SSL 协议；
- 理解数字摘要、数字签名、数字证书、数字信封、数字时间戳的含义及工作原理；
- 了解防火墙技术、对称加密与非对称加密技术、信用安全问题。

引例：网络钓鱼

引子：存款不翼而飞

早春时节的南方，某服装公司的张经理在网上又谈妥了一笔生意，待顾客把货款转入其银行账户，便满心欢喜地登上网络银行账户查看转账情况。当页面上显示出账户剩余金额时，张经理心里一紧，接着有了眩晕的感觉：账户里原来的存款不翼而飞，唯有顾客刚刚转入的货款。张经理机械地掏出手机报警……

视觉陷阱：网页背后的钓竿

警察正在分析张经理那台笔记本电脑硬盘里的数据，张经理本人在报案时因心脏病发作而住进了医院。由于无法得知张经理最后一次登录网络银行的时间，而且系统里也没有感染任何偷盗账号的后门程序，案件变得有点扑朔迷离起来。一个分析员无意中打开了 Foxmail，发现最后一封信件是银行发送的，主题为

"××网络银行关于加强账户安全的通告",分析员预测案件与这封信件有重大关系,马上打开阅读。这是一封 HTML 网页模板的信件,内容大意为:银行为了加强账户安全而升级了系统,请各位顾客尽快重新设置账户密码,末尾还给出了设置密码的 URL 链接。分析员马上查看信件源代码,很快就找出了其中的猫腻:这个邮件的作者采用了"看的是一套,进的是另一套"这种简单的欺骗手法,入侵者利用 HTML 语言里 URL 标记的特性对它进行了改写,将所谓的更改密码页面伪造得与真正的银行页面完全一致,但是它的"更改密码"功能却是把账号和密码发送到幕后的"垂钓者"手上。一旦顾客习惯性地点击设置密码的 URL 链接,其输入的信息就会落入"垂钓者"之手,然后"垂钓者"登录上真正的网络银行更改受害者设置的密码,并"顺手牵羊"把银行账户里的存款转移。

案例思考:本案例中"垂钓者"利用了人们怎样的心理漏洞?如何才能不给犯罪嫌疑人可乘之机?

10.1 电子商务安全概述

电子商务安全是一个复杂的系统问题,是由开放型网络的客观条件决定的。电子商务安全既与电子商务应用的环境、人员素质、社会因素有关,也与计算机硬件、软件技术水平有关,其中系统软件安全是目前电子商务系统安全的关键问题。

10.1.1 电子商务安全的含义

电子商务是一个社会与技术相结合的综合性系统,其安全性是一个多层次、多方位的系统工程的概念。从狭义上讲,电子商务安全是指在整个电子商务流程中的信息安全,即信息在采集、存储、处理、传播和运用过程中得到良好保护的状态,包括网络信息的存储安全和信息的传输安全两个方面。从广义上讲,电子商务安全包括电子商务系统的硬件安全、软件安全、运行安全以及电子商务立法、电子商务信用环境等,它不仅与计算机系统结构有关,还与电子商务应用的环境、人员素质和社会因素有关。

电子商务系统硬件安全是指保护计算机系统硬件(包括外部设备)的安全,保证其自身的可靠性并为系统提供基本安全机制。

电子商务系统软件安全是指保护软件和数据不被篡改、破坏和非法复制,使系统中信息的存取、处理和传输满足系统安全策略的要求。根据计算机软件系统的组成，系统软件安全可分为操作系统安全、数据库安全、网络软件安全和应用软件安全。

电子商务系统运行安全是指保护系统能连续和正常地运行，使电子商务系统在单位时间内的故障率尽可能低而故障修复率尽可能高。网上曾出现的信用卡账号和密码泄露，实际上很多属于软件系统出现的漏洞或者受到攻击导致的，当然也有一部分是由于人员管理方面的失误导致的。

电子商务安全立法是指对电子商务犯罪的约束，它是利用国家机器，通过安全立法，体现与犯罪斗争的国家意志。

10.1.2 电子商务安全体系的构成

电子商务的安全体系，由建立在一定法律、法规和相关政策基础上的计算机网络安全和商务交易安全体系构成。其中，计算机网络安全是针对计算机网络本身可能存在的安全问题，实施网络安全增强方案，包括计算机网络设备、网络系统、数据库等的安全；商务交易安全即实现电子商务交易信息的保密性、完整性、不可伪造性或不可抵赖性、交易者身份可鉴别性等，保证电子商务交易过程的顺利进行。

微课视频 10-1
电商安全体系构成及其关系

计算机网络安全是电子商务交易安全的基础，而法律、法规和相关政策是整个电子商务安全的基础，即计算机网络安全和电子商务交易安全的相关技术保障，与法律控制、社会道德规范、完善的管理政策和制度共同构成电子商务的安全体系。电子商务安全体系构架如图 10-1 所示。

10.1.3 电子商务交易的安全需求

电子商务交易的非面对面、非现金以及所依托的主要电子网络 Internet 的开放性等原因，使其产生了一些特殊的安全方面的需求。电子商务交易的安全需求主要有以下几个方面。

1. 交易信息的保密性

交易信息的保密性是指信息在传输或存储过程中不被他人窃取。例如，信用卡号码和密码在网上传输时，如果非持卡人从网上拦截并知道了该号码，就可以用这

图 10-1　电子商务安全体系构架

个号码进行购物。因此，对商务系统中存储的资料要严格管理，必须对重要和敏感的信息进行加密，然后再放到网上传输，确保非授权用户不得侵入、查看、使用。

2. 交易信息的完整性

交易信息的完整性包括信息存储和传输两个方面的含义，在存储时要防止被非法篡改和破坏；在传输过程中则要求接收端收到的信息与发送方所发送的信息完全一致。信息在传输过程中的加密，只能保证第三方看不到信息的真正内容，但并不能保证信息不被修改或保持完整。例如，发送的资料为"1234567"，接收端收到的却是"12457"，这样，信息就不再完整，信息的内容就遭到了破坏。

3. 交易信息的不可否认性

交易信息的不可否认性是指信息的发送方不能否认已发送的信息，接收方不能否认已收到的信息。在电子商务交易过程中，商情是千变万化的，但交易达成后是不能任意更改和否认的，否则，必然会损害一方的利益。例如，买方向卖方订购某器材，订货时市场价格较低，收到订单时价格上涨了，如果卖方否认收到订单的时间，甚至否认收到过订单，那么买方就会受到损失；相反购买者不能随意否认自己的买卖行为，谎称寄出的订单不是自己的或根本否认自己参与了交易。因此，电子交易通信过程的各个环节都必须是不可否认的。

4. 交易者身份的真实性

交易者身份的真实性也称可鉴别性，是指交易双方确实是存在的，不是假冒的。网上交易的双方可能相隔很远且互不了解，要使交易成功，除了互相信任以外，确认对方身份的真实性、合法性是很重要的。对商家而言要考虑顾客不是骗子，对顾客而言要考虑商店不是"黑店"且有信誉。因此，能方便而可靠地确认对方身份是交易的前提。

总之，电子商务交易中，只有确保信息的保密性、完整性、不可否认性以及交易双方身份的真实性，才能保证交易的安全进行，而这些安全要素都需要通过一定的技术手段来实现。

10.1.4 电子商务系统的安全隐患

电子商务系统的安全隐患主要包括来自电子商务系统攻击者的安全威胁、网络硬件与网络软件（包括服务软件）的安全隐患等。

1. 来自电子商务系统攻击者的安全威胁

电子商务系统的攻击者主要有两大类：内部攻击者和"黑客"。最坚固的堡垒，最容易从内部攻破。据统计，70%以上的信息安全案件是由于内部管理疏忽导致。"黑客"攻击对于网络安全也是致命的，资料显示，互联网上1/3的防火墙曾被"黑客"攻破过。电子商务系统遭受攻击的主要表现形式有以下几种。

（1）网络监听。由于互联网设计的原因，在网络中占领一台主机及局域网的最佳方式就是网络监听，通过网络监听可以获得很多关于网络和主机以及主机间在网络上传递的信息。

（2）拒绝服务。拒绝服务是指一个或若干用户占有大量的系统资源，使系统没有剩余资源给其他用户再提供服务的严重攻击形式。

（3）缓冲区溢出。缓冲区溢出是指计算机程序向缓冲区内填充的数据位数超过了缓冲区本身的容量，它是病毒编写者和木马编写者偏爱使用的一种攻击方法。

（4）电子邮件攻击。互联网上，攻击者往往利用电子邮件服务器提供邮件服务的默认端口号实现对邮件系统的攻击，如窃取篡改数据、伪造邮件、发送垃圾邮件等。

（5）"黑客"攻击。"黑客"为实现攻击目的常采用的手段有埋植木马、Web欺骗、病毒、恶意代码、垃圾邮件等。

2. 网络硬件与网络软件（包括服务软件）的安全隐患

（1）网络硬件的安全隐患。网络硬件安全隐患主要包括物理硬件损害和故障（如自然灾害、事故等）、电磁辐射与干扰、误操作与机房安全管理。

（2）网络软件的安全隐患。网络软件的安全隐患包括网络系统软件的安全隐患和网络服务软件的安全隐患。其中，网络系统软件的安全隐患包括网络操作系统的安全漏洞、网络传输协议的安全隐患等；网络服务软件的安全隐患包括WWW服务软件、FTP（文件传输协议）服务软件、DNS（域名系统）软件等的安全漏洞。

综上所述，电子商务安全不仅是技术层面的问题，它还包括管理层面、社会层面的问题。那种认为只要在技术上解决了网络交易的安全隐患，就能保障电子商务安全进行的观点是错误的。电子商务安全需要社会公共约束与维护，只有这样才能保证网络交易的安全顺利进行。

10.2 电子商务网络安全

电子商务主要是在互联网上进行的，对网络的依赖性很高，网络的安全性是电子商务安全非常重要的一环。网络及应用系统能够为电子商务的安全性、可靠性和可用性提供足够的保证，是进行电子商务的前提。

10.2.1 网络安全概述

互联网是一个高度开放的网络系统，它使得无穷的资源访问成为可能，带来了无限商机。开放系统是人们渴求的，但是开放也会带来一些安全问题。一方面，在开放的网络环境中，任何系统都潜在地存在着已知或未知用户对其进行非法访问的可能性，而电子商务交易过程中人们正越来越多地使用开放网络传递安全敏感信息；另一方面，对攻击者来说，可以得到的技术越来越先进，并且这些技术的使用成本在下降，从而使密码分析技术的实现变得越来越容易。这就对网络安全防护提出了更多、更高的要求。网络安全工作的根本任务在于保护网络中的信息免受各种攻击,为此就需要针对各种安全威胁,采取相应的防护措施,并开展相应的安全业务进行应对。

1. 安全威胁

安全威胁是指人、物、事件对某一资源的保密性、完整性、可用性或合法使用所造成的危险。某种攻击就是某种威胁的具体实现。常见的安全威胁主要分为以下两类。

（1）基本威胁。基本威胁主要包括：①信息泄露,即一些不该公开的信息泄露给了非授权的人,如窃听、搭线等。②完整性破坏,如数据的一致性受到破坏,文本、合同数据被修改,这类威胁对电子商务活动可能是致命的。③业务拒绝,使一些正常业务不能实施,如某电子商务网站被"黑客"在短时间内发出大量的无用数据包,服务器持续处于忙碌状态,使得正常业务被屏蔽。④非法使用,即资源被未授权用户使用,侵入系统中的攻击者,可能会利用这个系统作为一个攻击别的网站的中转点。

（2）潜在威胁。潜在威胁主要包括：①渗入威胁,即假冒进入一个安全防范不严密的系统,或使用一些不正当手段获得更高一级的使用权限。②植入威胁,如植入特洛伊木马越过系统屏障。③操作人员不慎导致信息泄露（如一些存储媒体上未删除安全敏感信息）、人员安全等。

2. 安全防护措施

安全防护措施是指保护资源免受威胁的一些物理的控制机制、策略和过程。常用的安全防护措施主要包括：①物理安全,即对环境、线路、设备等方面的控制。②媒体安全,即媒体的防盗、防毁等。③管理安全,主要是制定并落实各种安全管理制度。④辐射安全,即对电磁泄漏和电磁干扰的控制。⑤软件安全,包括对软件生命的周期控制等。

3. 安全业务

在网络中,实施安全防护措施的工作被称为安全业务,主要用于应对各种安全威胁。常见的安全业务包括：①认证业务,即对业务访问者提供身份认证。②访问控制业务,如给用户授权等。③保密业务,如提供对交易信息的保密等。④数据完整性业务,如防止未经授权修改数据等。⑤不可否认业务,即一个商业合同签订后,为防止一方事后否认曾经发生过的交易或不承认做了某种修改所采取的应对措施。应对典型安全威胁的安全业务如表 10-1 所示。

表 10-1　应对典型安全威胁的安全业务

安全威胁	安全业务
假冒攻击	认证业务
授权攻击	访问控制业务
窃听攻击	保密业务
完整性攻击	完整性业务
业务否认	不可否认业务
业务拒绝	认证业务、访问控制业务、完整性业务

10.2.2　防火墙技术

如何实现互联网与企业内部网之间的连通，为用户提供应有的服务，同时又能保证企业内部资源和信息的安全性呢？使用防火墙技术可以在一定程度上解决这个难题。表 10-2 给出了互联网与企业内部网的区别。

表 10-2　互联网与企业内部网的区别

互联网	企业内部网
全球性的网络，唯一（没有统一的管理）	企业内部网络
资源共享，开放	大量单位内部敏感信息，安全保密性极其重要
安全机制松散，没有统一的管理	集中管理

1. 防火墙的基本概念

防火墙是一种将企业内部网和公众访问网（如 Internet）分开的方法，它实际上是一种建立在现代通信网络技术和信息安全技术基础上的应用性安全隔离技术。防火墙是在 Internet 与 Intranet 之间构筑的一道屏障，用以保护 Intranet 中的信息、资源等不受来自 Internet 中非法用户的侵犯，它控制 Internet 和 Intranet 之间的所有数据流量，既控制和防止 Intranet 中有价值的数据流入 Internet，也控制和防止来自 Internet 的无用垃圾流入 Intranet。

防火墙可以由硬件实现，也可以由软件实现，一般是软、硬件结合的产物。防火墙的基本概念模型如图 10-2 所示。

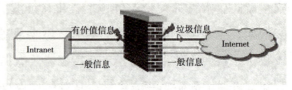

图 10-2　防火墙的基本概念模型

2. 防火墙的组成

防火墙本身必须建立在安全操作系统所提供的安全环境中，安全操作系统可以保护防火墙的代码和文件免遭入侵者的攻击。具有防火墙的主机称为堡垒式主机，它可以暴露在公众访问网中，抗击来自"黑客"的直接攻击。

虽然不同站点的防火墙构造不尽相同，但通常都由一套硬件和适当软件组成，主要包括安全操作系统、过滤器、网关、域名服务器和 E-mail 处理系统五部分，如图 10-3 所示。

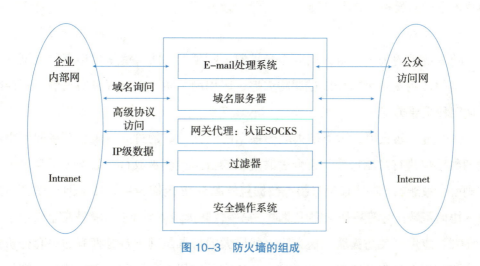

图 10-3 防火墙的组成

3. 实现防火墙的主要技术

（1）包过滤技术。在 OSI（开放式系统互连）参考模型的七层协议中，包过滤技术是在网络层通过对数据包进行分组过滤，把满足过滤规则的数据包都发送到目的地址端口，把不满足过滤规则的数据包从数据流中除掉，从而过滤掉所有的源路由分组和假冒的 IP 源地址。

（2）应用网关技术。这是建立在 **OSI 参考模型** 的应用层上的协议过滤技术，通过在内部网络和外部网络之间设置一个代理主机，针对特定的网络应用服务采取特定的数据过滤规则或逻辑。应用网关技术，通常利用 FTP、SMTP（简单邮件传输协议）等各种网关，能控制和监测 Internet 提供的所用通用服务，同时还能对数据进行统计分析并形成数据报告。

知识卡片 10-1
OSI 参考模型

（3）代理服务技术。此即利用一个应用层网关作为代理服务器，防止公众访问网上的非法用户直接获取企业内部网中的信息。新一代防火墙采用了两种代理机制：一种用于代理从内部网络到外部网络的连接，另一种用于代理从外部网络到内部网络的连接。前者采用网络地址转换（NAT）技术透明地对所有内部地址做转换，后者采用非保密的用户定制代理或保密的代理系统技术来解决。

4. 防火墙的主要功能

防火墙的主要功能有：①过滤进出网络的数据包。②管理进出网络的访问行为。③封堵某些禁止的访问行为。④记录通过防火墙的信息内容和活动。⑤对网络攻击进行检测和告警等。

5. 防火墙的类型

随着技术的进步和防火墙应用场景的不断延伸，防火墙呈现出多种类型，按照不同的使用场景可以分成过滤防火墙、应用网关防火墙、服务防火墙、监控防火墙四种主要类型。

（1）过滤防火墙。这类防火墙会根据已经预设好的过滤规则，对在网络中流动的数据包进行过滤操作。符合过滤规则的数据包会被放行，数据包不满足过滤规则就会被删除。防火墙通过检查数据包的源头 IP 地址、目的 IP 地址、数据包遵守的协议、端口号等特征来完成过滤。第一代防火墙就属于过滤防火墙。

（2）应用网关防火墙。这类防火墙最大的特点是基于自身拥有的一套分析逻辑在应用层上进行危险数据的过滤，分析内部网络应用层的使用协议和计算机网络内部的所有数据包，如果数据包不符合应用逻辑则不会被放行通过防火墙。

（3）服务防火墙。服务防火墙主要用于服务器的保护，以防止外部网络的恶意信息进入服务器的网络环境中。

（4）监控防火墙。如果说前三种防火墙都是被动防守的话，那么监控防火墙则是不仅防守，还会主动出击。监控防火墙一方面可以像传统的防火墙一样过滤网络中的有害数据；另一方面还可以主动对数据进行分析和测试，以判断网络中是否存在外部攻击。这种防火墙对内可以过滤，对外可以监控，是传统防火墙的重大升级。

6. 防火墙的应用策略

为使防火墙发挥更好的安全作用，应用防火墙时要考虑合适的应用策略。实践中一般需要注意：①每一个与互联网的连接处都要安装防火墙，保证整个网络有一个安全的边界。②对于同一个被保护网络，应遵循同样的安全策略，避免出现漏洞。③安装防火墙的计算机应当专用，并且只能保留系统软件和防火墙软件。

④把对防火墙的访问，直接连到防火墙的控制台上，不允许远程访问；⑤防火墙需要积极地维护和升级，保护网络安全是动态的过程。

7. 防火墙的局限性

防火墙只是网络安全策略中的一个组成部分，它也有自身的局限性，无法理解数据内容和无法控制绕过它的数据流。防火墙的局限性主要体现在以下方面。

（1）防火墙主要是保护网络系统安全的，不能保证数据安全，缺乏一整套身份认证和授权管理系统。

（2）防火墙无法防范来自防火墙以外的通过其他途径刻意进行的人为攻击，无法防范来自内部用户的攻击。或内部用户因误操作而造成口令失密受到的攻击，以及病毒或者受病毒感染的文件的传输，都可能使防火墙的安全防范失效。

（3）数据在防火墙之间更新是一个难题，延迟太久将无法支持实时系统；防火墙采用过滤技术，会使系统性能降低。因此，防火墙通常作为辅助安全策略。

10.2.3　身份识别技术

身份识别技术的目的是证实被识别对象有效，其基本思想是通过验证被识别对象的属性来确认被识别对象的真实有效。被识别对象的属性可以是口令、问题解答或指纹、声音等生理特征，常用的身份识别技术有口令法、标记法和生物特征法。

（1）口令法。口令法是传统的身份识别技术，要求被识别对象提交口令给识别方（提供服务方），将其与系统中存储的用户口令进行比较，以确认是否为合法的访问者。由于口令以明文方式输入，易被截获或盗用而泄密。口令法的改进方式是将口令转化为密码并以密文的形式存储在系统中，从而在一定程度上提升安全等级。

（2）标记法。标记是记录用于机器识别的个人信息的介质，其作用类似于钥匙，用于启动电子设备。标记法由于易被修改和转录，逐渐被智能卡代替。

（3）生物特征法。采用模式识别技术，基于物理特征和行为特征自动识别人员。每个人都有唯一且稳定的特征，如指纹、虹膜、说话和书写等做事的标准方法，这些特征非常难以伪造，并且几乎一直可用。用于此法的生物特征必须拥有以下特点：①普遍性，即每个人必须拥有相同的特征。②唯一性，即任何两个人不能拥有相同的特征。③永久性，即特征在期限内不会有重大的变化。④防伪性，即特征不能通过欺诈的方法提出。⑤可接受性,即大多数人对使用这种方法不会有异议。⑥可收集性,即特征必须能够容易地由提供的技术设备测量。⑦可执行性,即系统必须准确、快速,并且不要求过多的资源。

10.2.4 病毒防范技术

病毒是一种暗中感染计算机系统并进行破坏的程序。病毒代码潜藏在其他程序、硬盘分区表或引导扇区中等待时机,一旦条件成熟便发作。不同病毒的危害不一样。

1. 网络反病毒技术

(1)预防病毒技术。预防病毒是指通过一定的技术手段防止计算机病毒对系统进行破坏,包括对已知病毒和未知病毒的预防。预防病毒技术主要包括磁盘引导区保护、加密可执行程序、读写控制技术、系统监控技术等。

(2)检测病毒技术。计算机病毒的检测技术主要有两种:一种是判断计算机病毒特征的监测技术,包括监测病毒关键字、特征程序段内容、传染方式、文件长度等病毒特征的变化;另一种是文件自身检测技术,这是一种借助文件自身特征检验其是否感染病毒的技术,若文件出现差异,即表示该文件已感染上了病毒。

(3)消除病毒技术。计算机病毒的消除技术是计算机病毒检测技术发展的必然结果,是计算机病毒传染程序的逆过程。但由于杀毒软件的更新一般在病毒出现后才能研制,有很大的被动性和滞后性,而且由于计算机软件所要求的精确性,某些变种病毒无法消除,因此实践中应经常升级杀毒软件。

2. 计算机病毒的防范措施

在与计算机病毒的对抗中,如果采取有效的防范措施,就能使系统不染毒,或者减少受感染后造成的损失。常用的计算机病毒防范措施如下。

(1)安装可靠的杀毒软件。使用杀毒软件应注意以下两点:①杀毒软件互不兼容。一般一台计算机系统上只能安装一种杀毒软件。②杀毒软件不是万能的。没有哪一种杀毒软件可以百分之百地清除任何种类的病毒。

(2)养成良好的上网和下载习惯。人们常说"病从口入",网络是病毒最重要的来源,所以一定要管好这个"入口"。为此需做到以下几点:①尽量不要访问不正规的网站。②在一些知名度高、可靠性好的网站下载软件,并且在使用软件前先用杀毒软件查毒,安装软件时一定要看清各种说明和协议,切记不要安装软件中不需要的项目。③收到邮件不要轻易打开其中的附件，宜首先用"另存为……"命令保存到本地硬盘，待杀毒软件检查无毒后才可以打开使用。

（3）养成良好的计算机操作习惯。应主要注意以下两点：①做好系统和数据备份工作。为系统做好备份，一旦系统崩溃可以迅速恢复；各种有价值的文件数据应经常备份到其他存储设备上，以免受病毒侵扰或发生其他安全问题时造成重要数据丢失。②操作系统及时更新。及时安装必要的系统补丁程序并更新病毒库，使用计算机时打开实时监控，以便发现病毒并及时处理。

10.3 电子商务交易安全

网络安全是电子商务交易安全的基础，交易过程对保密性、完整性、可鉴别性、不可伪造性和不可抵赖性等方面的安全需求，可以分别用安全交易协议、加密技术、安全认证技术等来保障。

10.3.1 安全交易协议

针对电子商务安全交易的要求，业界陆续推出了许多相关的安全协议，其中最重要的有安全套接层协议和安全电子交易协议。

1. 安全套接层协议

安全套接层协议是由 Netscape 公司研究制定的安全协议，主要用于提高应用程序之间数据的安全性。该协议向基于 TCP/IP 协议的顾客机/服务器应用程序提供顾客端和服务器的鉴别、数据完整性及信息机密性等安全措施，通过在应用程序进行数据交换前交换 SSL 初始握手信息来实现有关安全级别的审查。在 SSL 握手信息中采用了 DES（对称加密算法）、MD5（信息摘要算法）等加密技术来保障数据的完整性和机密性，并采用 X.509 国际标准的数字证书实现鉴别。

（1）SSL 协议的主要作用。采用 SSL 协议，可确保信息在传输过程中不被篡改，实现数据的保密性与完整性。SSL 协议的主要目的是提供 Internet 上的安全通信服务，是基于 RSA 算法（非对称加密算法）的专用密钥序列密码，能够对信用卡和个人信息、电子商务交易数据提供较强的加密保护。

（2）SSL 协议下的交易流程。SSL 协议在建立连接过程中采用公开密钥，在会话过程中使用私有密钥。基于 SSL 协议交易的具体流程主要包括：①顾客将购买信息发往商家。②商家将信息转发给银行。③银行验证顾客信息的合法性。④银行通知商家付款成功。⑤商家通知顾客购买成功,如图10-4所示。

图10-4 基于SSL协议的交易流程

（3）基于SSL协议交易存在的安全问题,主要体现在以下方面:①SSL协议本身存在缺陷。SSL协议只能保证信息传输过程的安全,而无法知晓信息在传输过程中是否被窃听,"黑客"却可借此破译经SSL协议加密的数据,破坏和盗窃Web信息。②顾客资料的安全性受到威胁。SSL协议运行的基础是商家对顾客信息保密的承诺,顾客的订单信息、支付信息首先传到商家,由商家审阅后再传到银行。这样,顾客资料的安全性便受到来自商家诚信和"黑客"攻击的双重威胁。③认证服务不对称。整个过程只有商家对顾客的认证,缺少顾客对商家的认证。

在电子商务的初始阶段,由于参与电子商务的企业大都信誉较好,SSL协议缺陷的问题没有引起人们的重视。随着越来越多的企业参与到电子商务之中,对商家认证的问题也就越来越突出,这使SSL协议的缺点完全暴露出来,SSL协议也逐渐被新的SET协议所取代。

2. 安全电子交易协议

为了克服SSL协议的缺点,达到交易安全及合乎成本效益的市场要求,两家信用卡组织Visa和Mastercard联合其他国际组织,制定了安全电子交易协议。

（1）SET协议的组成。SET协议由SET业务描述、SET程序员指南和SET协议描述三个文件组成,为基于信用卡进行电子交易提供了实现安全措施的规则。

（2）SET协议的工作流程。SET协议实现起来比较复杂,每次交易都需要经过多次加密,并且还需在顾客端上安装专门的交易软件。基于SET协议的网上交易流程如图10-5所示。由于支付指令中包括了交易ID（身份标识号）、交易金额、信用卡数据等信息,这些涉及与银行业务相关的保密数据对支付网关是不保密的,因此支付网关必须由收单银行或其委托的信用卡组织来担当。

（3）SET协议的主要特点。SET协议主要有以下特点:①SET协议采用双重签名技术,支付信息和订单信息是分别签署的,这样保证了商家看不到支付信息,

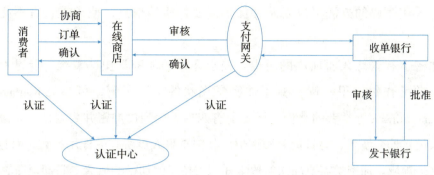

图 10-5 基于 SET 协议的网上交易流程

而只能看到订单信息。顾客资料虽然要通过商家到达银行，但商家不能阅读这些资料，所以 SET 协议解决了顾客资料的安全性问题。②SET 协议解决了网上交易存在的顾客与银行之间、顾客与商家之间、商家与银行之间的多方认证问题。③由于整个交易过程建立在 Intranet、Extranet 和 Internet 的网络基础上，因此 SET 协议保证了网上交易的实时性。

微课视频 10-2

SET 协议的优缺点

3.SET 协议和 SSL 协议的比较

（1）认证要求方面。SSL 协议不能实现多方认证，而 SET 协议则解决了网上交易存在的多方认证问题。

（2）安全性方面。SET 协议解决了顾客资料的安全性问题，其安全性比 SSL 协议高。

（3）网络协议位置方面。SSL 协议是基于传输层的通用安全协议，而 SET 协议位于应用层，对网络上其他各层也有涉及。

（4）应用领域方面。SSL 协议主要和 Web 应用一起工作，而 SET 协议更为通用。

10.3.2 加密技术

采用密码技术对信息加密，是最常用的安全交易手段。在电子商务中，加密技术是通过使用代码或密码来保障信息数据的安全性。加密的目的是防止敌方破译信息系统中的机密信息。

1.加密技术简介

加密技术是保护信息安全的主要手段之一。加密学是结合数学、计算机科学、电子与通信等诸多学科于一身的交叉学科，包括编码学和密码分析学，是编码和破码的学问。密码编码技术和密码分析技术是相互依存、密不可分的两个方面。采用密码的方法可以隐蔽和保护需要保密的信息，使未授权者不能提取信息。

加密学有着悠久而灿烂的历史。关于完整的加密学史，戴维·卡恩（David Kahn）的著作仍值得一读；对于加密学现状的全面了解，可参见 Kaufman 等、Schneier、Stinson 等学者的著作。历史上有四种人用到过加密并为之作出贡献，即军事人员、外交使者、写日记者和情侣。其中军事人员所起的作用最大，而且还扩展了这个领域。加密学需要高深的数学知识支持，但加密的概念本身却很简单。

（1）几个基本概念。①被传递的消息称为明文；经过以密钥（key）为参数的函数加以转换，将明文换成另一种隐蔽的形式输出，称为密文。②由明文到密文的变换过程称为加密；而其逆过程则称为解密。③加密或解密时使用的算法称为密钥；发信人通过一个加密密钥 K 将明文转换成收发双方之外的人不可辨识的密文的过程称为加密；收信人收到密文后用一个解密密钥 H 将密文转变为明文的过程称为解密。

（2）加密与解密过程模型。在计算机出现以前，加密的主要困难之一是译码员的译码能力，尤其是在装备简陋的战场。另一个困难是从一种加密方法到另一种加密方法的快速转换，因为这需要重新训练一大批人。由于敌方可能俘虏译码员，快速更换加密方法就成为博弈中保障通信安全的基本要求。这些相互矛盾的需求产生了如图 10-6 所示的模型。即使侵犯者侦听到或准确复制了全部的密文，但由于其不像合法接收者那样拥有解密密钥，因而也不能轻易地破译密文。

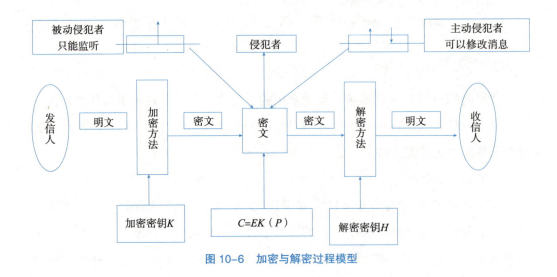

图 10-6　加密与解密过程模型

（3）简单加密和解密实例。以一个简单实例来看看加密和解密的过程。一个简单的加密方法是把英文字母按字母表的顺序编号作为明文，将密钥定为17，加密算法为将明文加上密钥17，就得到一个密码表，如表10-3所示。

表10-3　一个简单的密码表

字母	A	B	C	…	Z	空格	，	。	/	:	?
明文	01	02	03	…	26	27	28	29	30	31	32
密文	18	19	20	…	43	44	45	46	47	48	49

运用表10-3的密码表对信息进行简单的加密或解密，如表10-4所示。

表10-4　一个简单的加密和解密过程

信息	T	h	i	s		i	s		a		s	e	c	r	e	t	.
明文	20	08	09	19	27	09	19	27	01	27	19	05	03	18	05	20	29
密文	37	25	26	36	44	26	36	44	18	44	36	22	23	35	22	37	46

2. 密码技术分类

（1）古典密码体制。古典密码可分为两类：替换密码和位移密码。①替换密码。将每个或每组字母由另一个或另一组伪装字母所替换。最古老的一种替换密码是恺撒密码，据说是由恺撒大帝（Gaius Julius Caesar）发明的。在这种方法中，将a换成D，b换成E，c换成F，z换成C，于是attack就变成了DCOWDFN。另一种替换密码的方法是将明文中的字符换成另一个字符，如将26个字母中的每一个字母都映射成另一个字母。这种方法若给出很小一段密文，可以容易地破译。②位移密码。将恺撒加密法稍加变化后，即允许加密字母不仅移动3个字母，而且可移动 K 个字母。在这种情况下，K 成了循环可移动字母方法的密钥。

（2）现代密码体制。现代密码学包括对称密码和非对称密码两种体制，对称密码又进一步分为**流密码**、分组密码、杂凑算法等。对明文消息按字符（如二进制字符）逐位加密的称为流密码；将明文消息分组（含有多个字符）逐组进行加密的称为分组密码。杂凑算法也称作"散列算法"或"哈希算法"，散列编码是用散列算法求出某个消息散列值的过程。对称加密也称单钥密码体制，非对称加密也称双钥密码体制。

知识卡片10-2

流密码

3. 单钥密码体制

（1）单钥密码体制的工作流程。单钥密码体制又称私有密钥加密或对称加密，它用且只用一个密钥对信息进行加密和解密，即加密和解密所使用的密钥相同（$K=H$）。单钥密码体制的工作流程如图 10-7 所示。单钥密码体制的保密性主要取决于系统的安全性，必须通过安全可靠的途径将密钥送至接收端。如果不能有效地传递密钥，其应用会大大地受到限制。

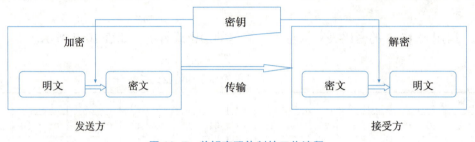

图 10-7 单钥密码体制的工作流程

（2）单钥密码体制的加密算法。①古典算法：包括简单代换、多表代换、同态代换、乘积密码等多种。②现代常用算法：主要有 DES、IDEA 等。DES 是美国数据加密标准，是一种分组加密算法，它的密钥长度是 56 位；IDEA 是欧洲数据加密标准，采用 128 位加密，即密钥长度是 128 bit。

（3）单钥密码体制的缺点。其主要体现在两个方面：①在进行保密通信之前，双方必须通过安全信道传递所用的密钥，相距较远的用户可能要付出较大的代价，甚至难以实现。②在有众多用户的网络通信环境中，为了使 N 个用户之间进行保密通信，需要 $N \times (N-1)/2$ 个密钥，当 N 值很大时，会占用系统很大的开销，代价也会很高。

4. 双钥密码体制

双钥密码体制也称公钥密码体制或非对称加密。在数学的指数运算中，顺着运算容易，而反过来运算难，这种特性叫作非对称性。双钥密码体制克服了单钥密码体制的缺点，特别适合多用户的网络购物环境。

（1）双钥密码体制原理。1977 年，麻省理工学院的 3 位教授（Rivest、Shamir 和 Adleman）发明了 RSA 双钥密码系统，其原理就是利用指数运算难易程度的非对称性。双钥密码体制与单钥密码体制不同的是，在系统中会生成一对密码，给发信人用（可在网络上公开）的叫公钥，由收信人自己使用和保管（不公开）的叫私钥。收信人可以在交易前首先公开双钥体制中的一把密钥（公钥），发信人用收信人的公钥加密所发送的信息；而收件人则用其保管的与公钥配对的私钥解密所收到的加密信息。双钥密码体制通过数学手段保证加密过程是一个不可逆的过程，即只有用私钥才能解密与之配对的公钥加密的密文。双钥密码体制的工作流程如图10-8所示。

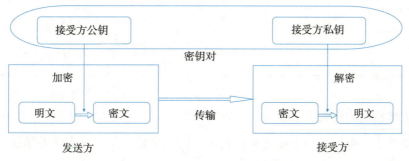

图 10-8 双钥密码体制的工作流程

（2）RSA算法生成密钥对的运算过程。RSA是3个发明者Rivest、Shamir、Adleman名字的首字母。RSA算法生成密钥对的运算过程如下：

①选取两个足够大的质数 P 和 Q；

②计算 $n = P \times Q$ 和 $z = (P-1) \times (Q-1)$；

③找出一个小于 n 的数 e，使其与 z 互为质数；

④另找一个数 d，使其满足 $(e \times d)$ MOD $z = 1$，其中 MOD（模）为相除取余。

加密过程：密文 $C = M^e$（MOD n）；（其中 M 为明文，C 为密文）

解密过程：明文 $M = C^d$（MOD n）。

　　　　（n, e）为公钥；

　　　　（n, d）为私钥。

一般要求 P 与 Q 为安全素数，N 的长度大于512 bit，这主要是因为RSA算法的安全性依赖。

（3）RSA算法应用举例。假定 $P = 3$，$Q = 11$，则 $n = P \times Q = 33$，$z = (P-1) \times (Q-1) = 20$，选择 $e = 3$，因为3和20没有公共因子。

$(3 \times d)$ MOD $(20) = 1$，得出 $d = 7$。

从而得到（33, 3）为公钥；（33, 7）为私钥。

加密过程为将明文 M 的 3 次方模 33 得到密文 C；解密过程为将密文 C 的 7 次方模 33 得到明文。表 10-5 显示了双钥密码体制加密和解密的过程。

表 10-5　双钥密码体制加密和解密的过程

明文 M				密文 C	解密	
字母	序号	$M3$	$M3$（MOD 33）	C^7	C^7（MOD 33）	字母
A	01	1	01	1	01	A
E	05	125	26	8031810176	05	E
N	14	2744	05	78125	14	N
S	19	6859	28	13492928512	19	S
Z	125261	17576	20	128000000	26	Z

RSA 加密时先将明文分成块，再把每一块明文转化为与密钥长度相等的密文块。明文分块的大小可变，但不超过密钥长度。RSA 密钥越长，加密效果越好，但加密的开销也大，所以要在安全与性能之间折中考虑。由于非对称性加密算法的指数运算量太大，尤其是在密钥长的情况下，所以一般不宜用来直接加密长原文。

（4）双钥密码体制的优点。①解决了密钥的发布与管理问题，商家可以公开公钥而保留私钥，购物者则可用公钥对交易信息加密后安全地传递给商家，然后由商家用其配对的私钥解密。②在多人之间进行保密信息传输，所需的密钥组合数量很少。③公钥没有特殊的发布要求，可以方便地在网上公开。④其是实现数字签名等安全认证技术的基础。

10.3.3　安全认证技术

安全认证是保障电子商务安全交易的重要手段。认证的目的主要有两个：①验证信息发送者的真实身份，避免假冒。②验证信息的完整性，即验证信息在传递或存储过程中未被篡改、重放或延迟等。电子商务交易过程中，常用的安全认证技术主要有数字摘要（message digest）、数字签名、数字信封（digital envelop）、数字时间戳（digital time-stamp，DTS）、数字证书等。

1. 数字摘要

数字摘要又称信息摘要或安全 Hash 编码等，是指从原文中通过 Hash 算法而得到的一个固定长度（128 位）的散列值。不同的原文所产生的数字摘要必不相同，相同原文产生的数字摘要必定相同。因此数字摘要类似于人类的"指纹",可以通过数字摘要去鉴别原文的真伪。

数字摘要的工作流程(图10-9)可分为四个步骤:①对原文使用Hash算法得到数字摘要。②将数字摘要与原文一起发送。③接收方对接收到的原文应用Hash算法产生一个摘要。④用接收方产生的摘要与发送方发来的摘要进行对比,若两者相同则表明原文在传输过程中没有被修改,否则就说明原文被修改过。

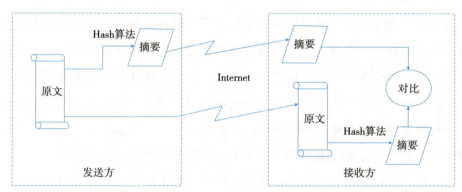

图10-9 数字摘要的工作流程

2. 数字签名

数字签名是密钥加密和数字摘要相结合的技术,用于保证信息的完整性和不可否认性。

数字签名的工作流程(图10-10)可分为六个步骤:①对原文使用Hash算法得到数字摘要。②发送者用其私钥对数字摘要加密。③发送者将加密后的数字摘要与原文一起发送。④接收者用发送者的公钥对收到的加密摘要进行解密。⑤接

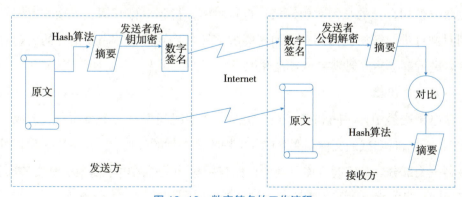

图10-10 数字签名的工作流程

收者对收到的原文用 Hash 算法得到接收方的数字摘要。⑥将解密后的摘要与接收方生成的摘要进行对比，相同说明信息完整且发送者身份是真实的，否则说明信息被修改或不是该发送者发送的。

由于发送者的私钥是其自身严密管理的，他人无法仿冒，同时发送者也不能否认用自己的私钥加密发送的信息，所以数字签名解决了信息的完整性和不可否认性问题，但却没有解决信息传输过程中的保密性问题。

3. 数字信封

（1）数字信封的含义与工作原理。数字信封是一种综合利用双重加密技术来保证只有规定的特定收信人才能阅读信息内容的信息安全传输技术。数字信封首先采用对称加密技术对需要传输的信息加密，然后采用非对称加密技术将对称加密密钥用接收者的公开密钥封装，并将其和经对称加密后的数据一起传送给接收者。被公钥加密后的对称密钥被形象地称为消息的"数字信封"，接收者先用其私钥解密数字信封，得到对称密钥后再使用对称密钥解密被其加密的信息。

（2）数字信封的作用。数字信封既发挥了对称加密算法速度快、安全性好的优点，又发挥了非对称加密算法密钥管理方便的优点。数字信封与数字签名综合使用，可以解决信息传输过程中的保密性、完整性和不可否认性问题。

（3）数字信封与数字签名整合使用的方法。在实践中，数字信封与数字签名常常综合使用，其具体方法流程如下：①发送方首先用哈希函数生成一个明文文件的数字摘要，并用自己的私钥对这个数字摘要进行加密，形成发送方的数字签名。②发送方选择一个对称密钥对上述明文文件加密形成密文，然后通过网络将所形成的数字签名作为附件，并与报文密文一起发送给接收方。③发送方用接收方的公钥给对称密钥加密，并通过网络把加密后的对称密钥传输到接收方。④接收方使用自己的私钥对密钥信息进行解密，得到对称密钥。⑤接收方用对称密钥对文件进行解密，得到经过加密的数字签名。⑥接收方用发送方的公钥对数字签名进行解密，得到数字签名的明文。

4. 数字时间戳

在电子交易中，时间和签名同等重要。数字时间戳是一个经加密后形成的凭证文档，包括时间戳的文件摘要、DTS 机构收到文件的日期和时间、DTS 机构的数字签名三个部分。数字时间戳是由专门的权威机构提供的电子商务安全服务项目，用于证明信息的发送时间。数字时间戳的获得过程如图 10-11 所示。

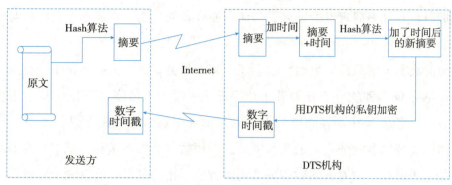

图 10-11　数字时间戳的获得过程

需要数字时间戳的用户首先将文件用 Hash 算法加密得到摘要，然后将摘要发送到提供数字时间戳服务的专门机构，DTS 机构对原摘要加上时间以后，用其私钥加密（即数字签名）再发还给原用户，获得数字时间戳的用户就可以将它再发送给自己的商业伙伴以证明信息的发送时间。

5. 数字证书

由于电子商务交易各方在整个交易过程中可以互不谋面，为了保证每个商务对象（如买、卖双方）及其服务机构（如银行等）都被准确无误地识别，需要进行身份认证。身份认证可以通过验证各参与方的数字证书来实现。

（1）数字证书的概念与作用。数字证书是标识网络用户身份信息的一系列数据，用来在网络应用中识别通信各方的身份信息。数字证书采用双钥密码体制，每个用户拥有一把仅为本人所掌握的私钥，用它进行信息解密和数字签名；同时拥有一把公钥，并可以对外公开，用于信息加密和签名验证。当发送一份保密文件时，发送方使用接收方的公钥对数据进行加密，而接收方则使用自己的私钥进行解密，这样，信息就可以安全无误地到达目的地，即使被第三方截获，由于没有相应的私钥，也无法进行解密。数字证书是由权威公正的第三方机构即 CA 签发的，其作用类似于现实生活中的居民身份证。数字证书可用于发送安全电子邮件、访问安全站点、网上证券交易、网上采购招标、网上办公、网上保险、网上税务、网上签约和网上银行等安全电子事务处理和安全电子交易活动。

（2）数字证书的主要内容。数字证书中一般包含以下内容：①版本信息，用来与 X.509 的将来版本兼容。②证书序列号，每个由认证中心发行的证书必须有一个唯一的序列号。③证书所使用的签名算法。④证书颁发机构的名称。⑤证书的有效期限。⑥证书拥有者的姓名。⑦证书拥有者的公钥。⑧证书颁发机构对证书的数字签名。

（3）数字证书的常见类型。数字证书有三种类型：个人数字证书、企业（服务器）数字证书和软件（开发者）数字证书。①个人数字证书仅为某个用户提供凭证，一般安装在顾客浏览器上，以帮助证书拥有者在网上进行如下安全操作：访问需要顾客验证安全的互联网站点；用数字证书发送具有证书拥有者本人签名的电子邮件；用对方的数字证书向对方发加密的邮件。②企业（服务器）数字证书为网上的某个 Web 服务器提供凭证，有服务器的企业就可以用具有凭证的 Web 站点进行安全电子交易：开启服务器 SSL 安全通道，使用户和服务器之间的数字传送以加密的形式进行；要求顾客出示个人证书，保证 Web 服务器不被未授权的用户入侵。③软件（开发者）数字证书为软件提供凭证，证明该软件的合法性。

（4）数字证书的管理机构——认证中心。认证中心是一个专门发放和管理数字证书的权威机构，负责验证交易双方的身份。验证方法是接受个人、商家、银行等涉及交易的实体申请数字证书，核实情况并批准或拒绝申请，颁发数字证书。认证中心除了颁发数字证书外，还具有管理、搜索和验证证书的职能。

（5）数字证书的申请。不同的 CA 中数字证书的申请步骤略有不同，一般如下：第一步，下载并安装 CA 的根证书。为了建立数字证书的申请人与 CA 的信任关系，保证申请证书时信息传输的安全性，在申请数字证书前，顾客端计算机要下载并安装 CA 的根证书。第二步，填交证书申请表。不需身份验证的申请表可在线填写后提交；需要个人或单位身份验证的，下载申请表填写后连同身份证明材料一起送达 CA。第三步，CA 进行身份审核。第四步，下载或领取证书。普通证书可以用身份审核后得到的序列号和密码，从网上下载证书；使用特殊介质（如 IC 卡）存储的证书，需要到 CA 领取证书。

10.4 电子商务信用安全

网上交易要求双方必须有良好的信用，而且有一套有效的信用机制降低信用风险。由于网上交易买卖双方互不谋面，交易前应相互了解其商业信誉、经营规模等情况，对于买方来说，最好选择那些建立时间较长且已经拥有良好信誉的网站,对比较生疏的网站则要有充分的防范意识,尤其对商品价格比市面价格低得离谱的网站更要提高警惕。

10.4.1 电子商务中的信用缺失问题

(1)买方的信用问题。对于个人买方来说,可能在网络上使用信用卡进行支付时恶意透支,或使用伪造的信用卡骗取卖方的货物;对于集团购买者来说,存在拖延货款的可能,卖方需要为此承担风险。

(2)卖方的信用问题。卖方不能按质、按量、按时寄送买方购买的货物,或者不能完全履行与集团购买者签订的合同,造成买方的风险。

(3)买卖双方都存在抵赖的情况。由于网上交易时,物流与资金流在空间和时间上是分离的,因此如果没有信用保证,网上交易是很难进行的。再加上网上交易一般是跨越时空的,交易双方很难面对面地交流,信用的风险就很难控制。

10.4.2 国内典型信用管理模式

目前国内电子商务界较为典型的信用管理模式主要有四种,即中介人模式、担保人模式、网站经营模式和委托授权模式。

(1)中介人模式。这种信用模式将电子商务网站作为交易中介人。这里的中介人是指以中立者的身份参与到交易全过程之中的各类实体。例如,电子商务网站"中国商品交易中心"就要求在达成交易协议后,购货的一方将货款、销售的一方将货物分别交给网站设在各地的办事机构,当网站的办事机构核对无误后再将货款及货物交给对方。这种信用模式试图通过网站的管理机构控制交易的全过程,要求以网站的信用为基础,也就是交易双方必须以信任网站的公正、公平和安全为前提。

(2)担保人模式。这种信用模式是以网站或网站的经营企业为交易各方提供担保为特征。例如"中国粮食贸易网"就规定,任何会员均可以"中国粮食贸易网"上的交易合同向中国粮食贸易有限公司申请提供担保。这种将网站或网站的主办单位作为一个担保机构的信用模式,最大的好处是使通过网络交易的双方降低了信用风险,但却加重了网站和网站经营商的责任,无形中增加了交易成本。因此,在实践中,这一信用模式一般只适用具有特定组织性的行业。

(3)网站经营模式。网站作为商品的经营机构,在取得商品的交易权后,让购买方先将购买商品的货款支付到网站指定的账户上,网站收到购物款后才给购买者发送货物。这种信用模式以网站的信誉为基础,它需要交易的一方(购买者)绝对信任交易的另一方(网站)。而对于网站是否能按照承诺进行交易,则需要社会的其他机构(如消费者协会、市场监督管理部门)来进行事后监督。这种信用模式主要适用从事零售业的网站。

(4)委托授权模式。这种信用模式是电子商务网站通过建立交易规则,要求参与交易的当事人按预设条件在协议银行建立交易公共账户,网络计算机按预设的程序对交易资金进行管理,以确保交易在安全的状况下进行。这种信用模式最可取的创新是电子商务网站并不直接进入交易的过程,交易双方的信用保证是以银行的公平监督为基础的。但要实现这种模式必须得到银行的参与,而要建立全国性的银行委托机制则不是所有的企业能够做到的。

国内电子商务目前所采用的这四种信用模式,是从事电子商务企业为解决商业信用问题所进行的积极探索,各自存在的缺陷也是显而易见的。特别是这些信用模式所依据的规则基本上都是企业性规范,缺乏必要的稳定性和权威性。妥善解决这些问题,需要加强政府部门对发展电子商务的宏观规划和专业指导,同时为电子商务的发展提供良好的法律法规环境。

本章小结

本章讨论了电子商务安全问题,比较系统地阐述了电子商务网络安全和交易安全中的各项技术,并对电子商务中的信用问题进行了简要论述。电子交易安全的四要素是交易信息的保密性、交易信息的完整性、交易信息的不可否认性、交易者身份的真实性;防火墙是在 Internet 与 Intranet 之间构筑的一道屏障,用以保护 Intranet 中的信息、资源等不受来自 Internet 中非法用户的侵犯,它主要包括安全操作系统、过滤器、网关、域名服务器和 E-mail 处理五部分;身份识别的基本思想是通过验证被识别对象的属性来确认被识别对象是否真实有效,常用的身份识别技术有口令、标记法和生物特征法。加密技术主要用于解决交易信息的保密性问题;数字摘要用于保证交易信息的完整性;数字签名用于解决信息的完整性和不可否认性(但没有解决保密性)问题;数字时间戳用于解决交易时间上的不可否认性问题;数字信封用于解决数字签名技术没有解决的保密性问题;数字证书用于解决交易者身份的确认性问题。

即测即练

 复习与研讨

1. 复习思考题

（1）电子商务交易中常用的安全认证技术有哪些？如何申请和领取数字证书？

（2）交易信息的保密性、交易信息的完整性、交易信息的不可否认性、交易者身份的真实性可以分别采用哪些技术来保证？试举例说明。

2. 小组研讨作业

每个小组选择一个不同的电子商务网站，讨论、分析该网站的安全措施以及可能存在的安全威胁和漏洞，并为该电子商务网站制定一个简洁的易于操作实施的安全策略，最终形成一份完整的电子商务网站安全运营报告在班上进行交流。

第 11 章　电子支付与网络金融

本章学习目标

- 理解电子支付的基本概念、特征，熟悉其一般工作机制与流程；
- 掌握常见电子支付工具如电子现金、电子钱包、银行卡、电子支票等的使用方法；
- 熟悉常见第三方支付平台的特点、模式类型，以及与银行的关系；
- 理解网络金融的概念、特征及其主要服务内容。

引例：招商银行的网上支付与数字化转型

深圳招商银行（www.cmbchina.com）是中国第一家由企业投资创办的股份制商业银行，也是国内首家推出网上银行业务的银行。

招商银行于 1995 年推出"一卡通"，被誉为我国银行业在个人理财方面的一个创举；1996 年在国内率先实现储蓄全国通存通兑，同年又推出 IC 卡变码印鉴，实现公司业务通存通兑；1997 年建立了国内第一个银行网站，并于 1998 年 4 月推出"一网通"服务，成为国内首家推出网上银行业务的银行。招商银行的"一网通"为顾客提供招商银行信息服务、个人银行、企业银行、网上支付等网上银行业务，利率、汇率、股市行情等金融信息，以及网上商城服务。2022 年 12 月，随着最后一批账户顺利迁移上云，历时三年的招商银行"全面上云"工程基本完成，标志着"数字招行"底盘完成升级换代。

作为金融服务业企业，招商银行加速推进自身数字化转型，将金融服务与企业数字化转型需求高度结合，推动数实深度融合。云是招商银行数字化战略的核心，云开放、云共享的模式，打破传统主机架构下系统与系统之间的壁垒，以"微服务"全面重构业务系统。伴随云转型，招商银行同步建立了企业级的技术中台和数据中台。"云＋中台"模式释放了科技生产力，让招商银行有条件承载过去难以支持的新形态业务，适应未来泛金融、场景化、运营化等业务需求。

案例思考：招商银行为推动我国电子支付的发展做出了哪些努力？其数字化转型说明金融服务领域正面临怎样的挑战与机遇？

11.1 电子支付概述

支付是指经济行为人之间由于商品交换和劳务关系所引起的债权、债务关系的清偿。电子支付是指电子交易的当事人，包括消费者、厂商和金融机构，使用安全电子支付手段，通过网络进行的货币支付或资金流转。电子支付是电子商务获得充分发展的必要条件。

11.1.1 电子支付的产生与意义

从 20 世纪 70 年代开始，网络技术的发展促进了**电子资金转账**系统的发展，缩短了银行之间支付指令的传递时间，并减少了在途资金的占压。各种电子支付方式也相继出现，电子商务发展的需求直接导致了电子支付结算的兴起。

知识卡片 11-1
电子资金转账

电子支付是买卖双方的在线资金交换，交换的内容通常是银行（或中介机构）发行的并由法定货币支撑的数字金融工具——电子货币，如智能卡、电子支票、电子现金等。电子货币是比各种金属货币、纸币以及各种票据更简便、更快捷的新型支付工具，是具有一般等价物作用、能实现货币的五种基本功能（价值尺度、流通手段、储蓄手段、支付手段和世界货币）的电子信息。电子货币需要用金融电子化设施才能判读，其流通手段、储蓄手段和支付手段等都是以电子信息方式来实现的。

如果说从现金支付到票据支付是支付方式的一次革命，那么，从票据支付到电子支付，则是这种革命的延续和深入。

11.1.2 电子支付的基本特点

电子支付采用先进的技术，通过电子货币以数字流转的形式来完成信息的传输和款项的支付。因此，电子支付具有效率高、成本低等特点。电子货币的基本流通形态如图11-1所示。

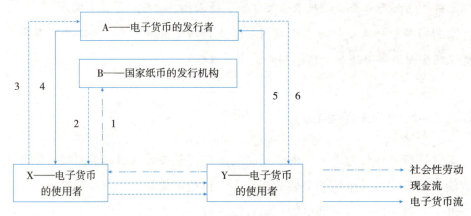

图 11-1 电子货币的基本流通形态

与传统的支付方式相比，电子支付具有以下特征。

（1）数字化方式进行款项流转。电子支付采用先进的通信技术手段通过数字流转完成信息传输，以数字化方式进行款项支付；传统支付方式则是通过现金流、票据转让、银行汇兑等物理实体完成款项支付。

（2）依托开放的网络平台。电子支付的工作环境一般需要基于一个开放的网络平台（如互联网），对软、硬件设施的要求很高，要求有联网的微机或移动终端、相关的软件及其他一些配套设施；传统支付在较为封闭的系统中运作，对工作环境没有这么高的要求。

（3）便捷高效。网络支付具有方便、快捷、高效的优势，用户只要拥有一台上网的PC或智能终端，便可足不出户，在很短的时间内完成整个支付过程，支付费用仅相当于传统支付的几十分之一甚至几百分之一。

在电子商务中，支付过程是整个商贸活动中非常重要的一个环节，同时也是电子商务中准确性、安全性要求最高的业务过程。电子支付的资金流是一种业务过程而非一种技术，但在进行电子支付活动的过程中需要用到许多电子支付工具，会涉及很多技术问题。

11.2 常用电子支付工具

网上支付所用的电子支付工具是完全数字化的，一切与支付有关的记录都被虚拟成一串串的数据位。目前常用电子支付工具可分为三大类：①银行卡（bank card），包括磁条卡[如信用卡、借记卡（debit card）]和芯片卡（如智能卡）。②数字货币（digital currency），如电子现金、电子钱包、数字人民币（e-CNY）等。③电子支票，如电子支票、电子汇款、电子划款等。这些模式各有其特点和运作方式，适用于不同的交易过程。

11.2.1 银行卡

银行卡是指经批准由商业银行（含邮政金融机构）向社会发行的，具有消费信用、转账结算、存取现金等全部或部分功能的信用支付工具。银行卡是目前应用最广泛的电子支付方式，也是金融服务的常见方式。

1. 网上银行卡与传统银行卡的区别

（1）信息传递的通道不同。传统银行卡支付使用专用网，因此比较安全；使用网上银行卡进行支付的消费者和商家均使用 Internet，只有银行使用专用网，因此，在 Internet 与银行的专用网之间必须设置网关，以保障银行内网及交易的安全。

（2）付款地点不同。传统银行卡支付必须在商场使用 POS 机进行付款；网上银行卡可以在任何地点使用计算机网络进行付款。

（3）身份验证方式不同。传统银行卡支付购物现场用身份证或其他身份证明验证持卡人的身份；网上银行卡支付是在计算机网络上使用 CA 提供的数字证书验证持卡人、商家、**支付网关**以及银行身份信息。

知识卡片 11-2 支付网关

（4）付款授权方式不同。传统银行卡支付使用手写签名的方式授权商家扣款；网上银行卡支付使用数字签名进行远程授权。

2. 银行卡分类

银行卡按结算方式可分为信用卡、借记卡两大类；按信息载体可分为磁条卡、芯片卡、复合卡、光卡四种。其中，普通的信用卡、借记卡通常就是磁条卡，芯片卡、复合卡、光卡又称为智能卡。

（1）信用卡。信用卡是一种非现金交易付款的方式，是简单的信贷服务。信用卡由银行或信用卡公司依照用户的信用度与财力发给持卡人，持卡人持信用卡消费时无须支付现金，待账单日再进行还款。信用卡又分为贷记卡和准贷记卡。

①贷记卡即通常称的信用卡，是指发卡银行给予持卡人一定的信用额度，持卡人可在信用额度内先消费、后还款的信用卡。贷记卡的特点：先消费后还款，享有免息缴款期（最长可达56天），并设有最低还款额，顾客出现透支可自主分期还款。顾客需要向申请的银行交付一定数量的年费，所缴年费标准，各银行不相同。

②准贷记卡是一种持卡人先按银行要求交存一定金额的备用金，存款有息、刷卡消费以人民币结算的单币种单账户信用卡。准贷记卡兼具贷记卡和借记卡的部分功能，能进行转账结算、现金存取、信用消费、网上银行交易等，当刷卡消费、取现而账户存款余额不足支付时，持卡人可在规定的有限信用额度内透支，并支付一定的利息，不存在免息还款期。准贷记卡作为中国信用卡产业发展过程中的过渡产品正在逐步退出历史舞台。

（2）借记卡。借记卡可以在网络或POS机消费或者通过ATM（自动取款机）转账和提款，不能透支，卡内的金额按活期存款计付利息。借记卡在使用时一般需要密码（PIN），消费或提款时资金直接从储蓄账户划出。借记卡的类型：①按等级可分为普通卡、金卡和白金卡。②按使用范围可分为国内卡和国际卡。③按功能可分为转账卡、专用卡、储值卡。其中，转账卡具有转账、存取现金和消费功能；专用卡是在特定区域、专门用途（是指百货、餐饮、娱乐行业以外的用途）使用的借记卡，具有转账、存取现金的功能；储值卡也称现金卡，是银行根据持卡人要求将资金转至卡内储存，交易时直接从卡内扣款的预付钱包式借记卡。储值卡可以被用在以下场所：快餐店、便利店、自动售货机、加油站、公交服务、杂货店、电影院、停车场、百货商店、出租车、自助餐厅等。智能卡又叫IC卡，是内嵌有微芯片的塑料卡（通常是一张信用卡的大小）的通称。智能卡20世纪70年代中期在法国问世，法国Roland Moreno公司采取在一张信用卡大小的塑料卡片上安装嵌入式存储器芯片的方法，率先开发成功IC存储卡。真正意义上的智能卡是在塑料卡上安装嵌入式微型控制器芯片的IC卡，于1997年由摩托罗拉公司和Bull HN公司研制成功。现代智能卡一般配备中央处理器（CPU）和随机存储器（RAM），可自行处理数量较多的数据而不会干扰到主机CPU的工作。智能卡还可过滤错误的数据，以减轻主机CPU的负担，适用于端口数目较多且通信速度需求较快的场合。一些智能卡包含一个RFID芯片，不需要与读写器的任何物理接触就能够识别持卡人，卡中数据分为外部读取和内部处理两部分。智能卡内的集成电路包括 CPU、RAM、电擦除可编程只读存储器（EEPROM）、固化在只读存储器 ROM 中的卡内操作系统（Chip Operating System，COS）。

智能卡按所镶嵌芯片类型可分为存储卡、逻辑加密卡、CPU 卡、超级智能卡、光卡等；按交互方式可分为接触式 IC 卡、非接触式 IC 卡、混合卡等。

此外，市场上常见的智能一卡通是以 IC 卡技术为核心，以计算机和通信技术为手段，将智能建筑内部的各项设施连接成为一个有机的整体，用户通过一张 IC 卡便可完成通常的钥匙、资金结算、考勤和某些控制操作，如用 IC 卡开启房门、IC 卡就餐、购物、娱乐、会议、停车、巡更、办公、收费服务等各项活动。智能一卡通按不同使用场合可以分为校园智能一卡通、小区智能一卡通、办公大楼智能一卡通、企业智能一卡通、酒店智能一卡通、智能大厦智能一卡通等。

11.2.2 数字货币

数字货币是指对货币进行数字化，可分为法定数字货币和私人数字货币两大类。法定数字货币具有中心化特征，以国家信用为**背书**，保证了其计价的稳定性，如电子现金、电子钱包、数字人民币等；私人数字货币采用以加密算法为核心的**区块链**技术，无中心化机制保障，通常也无信用背书，价值不稳，如虚拟货币、区块链货币等。

知识卡片 11-3 背书

1. 电子现金

（1）电子现金的含义。电子现金又叫数字现金，是一种在网上当作现金使用的电子货币，以数据形式流通。它把现金数值转化成为一系列的加密序列数，通过这些序列数来表示现实中各种金额的币值，用户在提供电子现金服务的银行开设账户并存入一定数额的钱后，就可以在接受电子现金的商家使用。

知识卡片 11-4 区块链

（2）电子现金的特点。电子现金在经济领域起着与普通现金同样的作用，除具有普通现金的一般特点外，还具有自身的特点。

①独立性。电子现金的安全性不能只靠物理上的安全来保证，必须通过电子现金自身独立使用的各项密码技术来保证。

②不可重复花费和不可伪造性。电子现金只能使用一次，重复花费能被容易

地检查出来。用户不能伪造电子现金，既不能凭空制造有效的电子现金，也不能根据其从银行提取和支付的电子现金信息仿造出有效的电子现金。

③可传递性与匿名性。电子现金能像普通现金一样，在用户之间任意转让，且不能被跟踪。银行和商家联合也不能跟踪电子现金的使用，就是无法将电子现金的用户的购买行为联系到一起，从而隐蔽电子现金用户的购买历史。

④可分性。电子现金不仅能作为整体使用，还能被分为更小的部分多次使用，只要各部分的面额之和与原电子现金面额相等，就可以进行任意金额的支付。

⑤风险性。由于电子货币存储在硬盘当中，如果硬盘损坏，电子现金丢失，就无法恢复，这个风险许多消费者都不愿承担。

（3）电子现金支付的使用系统。使用电子现金支付主要有 DigiCash、Netcash、Mondex 三种电子现金系统。

① DigiCash 系统。其是无条件匿名电子现金支付系统，其主要特点是通过数字记录现金，集中控制和管理现金，是一种足够安全的电子交易系统。

② Netcash 系统。其是可记录的匿名电子现金支付系统，其主要特点是设置分级货币服务器来验证和管理电子现金，使电子交易的安全性得到了保证。

③ Mondex 系统。其是欧洲使用的、以智能卡为电子钱包的电子现金系统，其特点是可以应用于多种场景，具有信息存储、电子钱包、安全密码锁等功能，可保证其安全可靠。

2. 电子钱包

电子钱包可以解决重复填写购物信息的问题，同时使信息不必存放在商店的服务器上。电子钱包是一种软件组件，当用户在接受电子钱包的商家处购物时，电子钱包会自动填写必要的信息，从而使用户进行"一击式"购物。

电子钱包是电子商务活动中顾客网上购物常用的一种支付工具，是在小额购物或购买小商品时常用的新式钱包。电子钱包是一种虚拟的钱包，它以智能卡为电子支付系统，增加了多种用途，具有信息储存、查询管理、安全密码锁等功能。使用电子钱包购物，通常需要在电子钱包服务系统中进行。世界上最早的电子钱包系统叫作 Mondex，是英国国民西敏寺银行发行的，于 1995 年在英国的斯温顿市试用，应用于超市、酒吧、珠宝店、食品店、停车场、公交车中。全球已有很多国家建立了电子钱包系统，最具影响的有 Visa cash 和 Mondex 两大电子钱包服务系统，其他电子钱包服务系统还有 HP 公司的电子支付应用软件（VWallet）、微软公司的电子钱包 MS Wallet、IBM 的 Commerce POINT Wallet 软件以及 Mastercard cash、Europay 的 Clip 和比利时的 Proton 等。我国开发和研制的电子钱包服务系统，如中国银行的中银电子钱包等。

3. 数字人民币

数字人民币是由中国人民银行发行的数字形式的法定货币，与纸钞硬币等价，由指定运营机构参与运营并向公众兑换，具有价值特征、**法偿性**和可控匿名性。

知识卡片 11-5

法偿性

数字人民币主要定位于现金类支付凭证，将与实物人民币长期并存，主要用于满足公众对数字形态现金的需求，支持银行账户松耦合功能。目前，数字人民币面向个人用户开展试点的官方服务平台，可提供数字人民币个人钱包的开通与管理、数字人民币的兑换与流通服务。例如，微信用户可以在数字人民币 App 内的钱包快付功能下开通"微信支付"，用户可以在视频号、小程序场景内，在支持数字人民币的商家中使用数字人民币进行交易。

数字人民币作为以国家信用为支撑的法定货币，具备一般电子支付工具所不具备的特点和优势，将形成我国数字支付的新格局。

4. 虚拟货币

虚拟货币是指由私人发行者为对等支付交易而发行、管理和控制的货币价值，是一种由其创建者控制，并被特定的成员所使用和接受的数字货币。虚拟货币的具体品种繁多，归纳起来主要可分为游戏币、积分金币和网络消费币三种。

（1）游戏币。游戏币是网络游戏中流通的货币，用于购买游戏中的各种虚拟道具和服务。不同的游戏币只能在相应的游戏中使用，不能跨游戏使用。

（2）积分金币。这种网络虚拟货币主要用于网站内各种虚拟物品消费，是各类网站为吸引网民、锁定顾客而推出的一种"奖励性"营销手段，可被用来计价、购买各种虚拟产品和服务。

（3）网络消费币。网络消费币具有第三方支付的性质，要以真实的货币作为基础，可以在网络中使用并进行跨境支付。这种虚拟货币在一定程度上对现实货币造成了冲击，我国境内目前尚未出现这类虚拟货币。

5. 区块链币

区块链币又称链币、区块币、加密货币等，目前大多数的区块链币都是通过使用私钥和公钥促进对等传输，实现点对点交易。区块链币中，发行方不对货币的价值、存在方式有任何控制，它运行在区块链网络上，价值取决于使用者。公钥和私钥保证了区块链币掌握在使用者手中，发行方或系统运营方无法对使用者手中的区块链币做任何更改。区块链币由于时间戳的关系，无法对区块链上运行的数据进行更改。一旦转账错误，是无法退回的。

11.2.3 电子支票

1. 电子支票的定义

电子支票是一种借鉴纸质支票转移支付的优点，利用数字传递将钱款从一个账户转移到另一个账户的电子付款形式。

电子支票的支付是在与商户及银行相连的网络上以密文方式传递的，电子商务交易中用电子支票支付，事务处理费用较低，而且银行也能为参与电子商务的商户提供标准化的资金信息，因而成为最有效率的支付手段之一。使用电子支票进行支付，消费者可以通过电脑网络将电子支票发向商家的电子信箱，同时把电子付款通知单发到银行，银行随即把款项转入商家的银行账户。这一支付过程在数秒内即可实现，然而，这里面也存在一个问题，那就是如何鉴定电子支票使用者身份的真伪。因此需要有一个专门的验证机构对此进行认证，同时，该验证机构还应像 CA 那样能够对商家的身份和资信提供认证。典型的电子支票系统有 NetCheque、NetBill、E-check 等。

2. 电子支票的支付流程与操作步骤

电子支票的使用一般要经过开具电子支票（在银行注册，并让银行在其出具的电子支票中加上数字签名）、电子支付付款、清算等几个主要环节。经过银行数字签名、被支付人数字签名背书，使用数字凭证确认支付者或被支付者身份以及支付银行和账户信息的真实性后，金融机构就可以使用签过名和认证过的电子支票进行账户存储。使用电子支票进行付款的基本流程如图 11-2 所示。

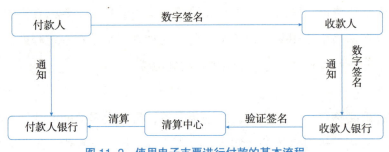

图 11-2　使用电子支票进行付款的基本流程

（1）付款人开具电子支票并加上数字签名。买方（付款人）与卖方达成购销协议，选择用电子支票支付，并根据要求产生一个电子支票，同时用其私钥在电子支票上进行数字签名。

（2）付款人用电子支票支付。付款人使用卖方的公钥加密电子支票，并通过 E-mail 或其他网络方式向卖方发出电子支票，同时向银行发出付款通知。

（3）收款人接收电子支票并向银行索付。卖方（收款人）收到加密电子支票后，用私钥解密并通过验证中心验证买方提供的电子支票，验证无误后，将电子支票送交收款人银行索付。

（4）银行完成清算。收款人银行在卖方索付时，通过验证中心对付款人提供的电子支票进行验证，验证无误后即向卖方兑付或转账。

3. 电子支票支付的特点

电子支票支付遵循金融服务技术联盟（FSTC）提交的 BIP（Bank Internet Payment）标准。电子支票的支付具有以下两个特点。

（1）易于接受和验证。电子支票与传统支票工作方式十分相似，容易理解和接受。加密的电子支票比基于公钥加密的数字现金更易于流通，收款人、收款银行和付款银行都可以使用公开密钥来验证支票，电子签名也可自动验证。

（2）可以避免无效或空头支票。在线电子支票支付与结算系统可以使卖方在收到支票的同时验证支票的签名、资金状况等信息，避免传统支票使用过程中产生的无效或空头支票。

11.2.4 其他支付工具

1. 微支付

微支付又称小额支付，指用款额特别小的电子商务交易，类似零钱应用的网络支付方式。这种支付机制有着特殊的系统要求，在满足一定安全性的前提下，要求有尽量少的信息传输、较低的管理和存储需求。微支付要求设计上简单高效，运作成本低廉。

微支付模型一般由顾客（customers，C）、商家（vendor，V）、交易代理或称经纪人（broker，B）三个实体组成。顾客通过微支付系统和商家进行交易，是用微电子货币购买商品的主体；商家给消费者提供商品并接受支付；交易代理作为可信的第三方为顾客和商家提供服务，主要包括维护账号、认证顾客和商家的身份、进行货币销售和清算、解决争端。交易代理可以是中介机构，也可以是银行等。典型的微支付模型如图11-3所示，其中虚线表示离线方式。

图 11-3 典型的微支付模型

2. 采购卡

采购卡（purchase card）是一种向员工发行的、不可循环使用的用于购买非战略性物资和服务（诸如文具、办公用品、计算机消耗品、修理和维护服务、快递服务和临时劳务服务等）的特定用途的支付卡。

除了明显的成本节约上的优点以外，采购卡还能带来以下好处：①提高生产率。采购部门可以从日复一日的采购活动中解放出来，集中精力建立和管理与供应商的关系。②账单集中。众多持卡人的小规模采购可以被集中到一起，通过EDI或EFT以电子化方式付账。③支付集中。来自采购卡公司的数据可以被更方便地集成到公司的财务系统中，使得集中支付流程更简单、更高效和更精确。④更优惠的价格。使用采购卡后，可以大大缩短结算时间，向供应商争取更优惠的价格。⑤管理报告。发行采购卡的金融机构可以提供采购活动的详细报告，这使公司更好地分析购买行为，并监督供应商的定价遵守情况。

11.3 第三方支付

第三方支付是具备一定实力和信誉保障的独立机构，采用与各大银行签约的方式，提供与银行支付结算系统接口的交易支持平台的网络支付模式。在第三方支付模式中，买方选购商品后使用第三方平台提供的账户进行货款支付，并由第三方通知卖方货款到账、要求发货；买方收到货物并检验商品进行确认后，就可以通知第三方付款给卖家，第三方再将款项转至卖家账户上。第三方支付作为目前主要的网络交易手段和信用中介，最重要的是起到了在网上商家和银行之间建立起连接，实现第三方监管和技术保障的作用。

11.3.1 第三方支付市场概况

我国中央银行曾先后分 4 批对 197 家企业发放了第三方支付牌照，确立了第三方支付的合法地位。目前中国第三方互联网支付市场中，交易规模市场份额排名靠前的核心企业主要有银联商务、支付宝（中国）、腾讯金融、快钱、宝付、易付宝支付等。

国际上，PayPal 是 eBay 旗下的一家网上支付公司，致力于让个人或企业通过电子邮件实现在线付款和收款。PayPal 账户是 PayPal 公司推出的安全网络电子账户，其所集成的高级管理功能可以帮助用户掌控每一笔交易详情。

11.3.2 国内主要第三方支付平台比较

中国第三方互联网支付市场主要有银联商务、支付宝、腾讯金融科技、快钱、宝付、易付宝等典型支付平台。

（1）银联商务。银联商务是由中国银联控股的国内大型非银行支付机构，提供以银行卡收单、网络支付为基础的综合支付服务，以及多样化和专业化的商户增值服务。

（2）支付宝。支付宝（中国）网络技术有限公司成立于 2004 年，是国内的第三方支付平台，致力于为企业和个人提供"简单、安全、快速、便捷"的支付解决方案，旗下有"支付宝"与"支付宝钱包"两个独立品牌。

（3）腾讯金融科技。腾讯金融科技的前身为财付通，是腾讯公司提供移动支付与金融服务的综合业务平台，以微信和 QQ 两大平台为基础，秉承合规、精品、风控、开放、有所为有所不为的发展理念，构建金融开放生态，为全球用户提供移动支付、财富管理、证券投资、企业金融、民生产品等服务。旗下支付平台有财付通、微信支付、手机 QQ 钱包和微信香港钱包。

（4）快钱。快钱公司是国内独立第三方支付企业，可以为各类企业及个人提供安全、便捷和保密的综合电子支付服务。快钱推出的支付产品包括人民币支付、外卡快钱支付、神州行支付、代缴/收费业务、VPOS 服务以及集团账户管理等众多支付产品，支持互联网、手机、电话和 POS 机等多种终端，满足各类企业和个人的不同支付需求。

（5）宝付。宝付全称为宝付网络科技（上海）有限公司，是漫道金服旗下的一家第三方支付公司，于 2011 年底荣获由央行颁发的《支付业务许可证》。宝付产品种类丰富,其中,收款类产品包括网银支付、充值卡支付、宝付账户支付、快捷支付、大额支付等;付款类产品包括批量代付款、宝付账户转账、大额资金付款等;平台类产品包括担保交易、委托代收、分账交易、行业特色定制等。宝付受众广泛,如网银支付支持30多家国内银行的借记卡、信用卡等通过网上银行实时进行在线支付,能为个人及企业提供灵活、自助、安全的互联网支付产品与服务。

(6)易付宝。易付宝也称苏宁支付,是在中国人民银行批准下成立、由南京苏宁易付宝网络科技有限公司开发的一款第三方支付平台,具有信用卡还款、转账汇款、话费充值、水电煤缴费、保险理财等功能,陆续推出平台商、实物类、虚拟娱乐类、航空旅游类等行业专业的电子支付解决方案。

11.3.3 第三方支付平台与银行的关系

1. 银行在第三方支付中的作用

(1)银行为第三方支付提供信用担保。在电子商务缺乏信用保证体系的情况下,卖方在接到订单发货后能不能顺利收款,成为卖方面对的第一问题。由于第三方支付平台与银行是互通的,能够借助银行确认买方的信用和银行支付能力,从而为第三方支付平台提供可靠的保障,也进一步提高了第三方支付的信誉度。

(2)银行为第三方支付平台提供安全技术支持。网上支付的安全性要求很高,必须有足够的技术及资金的支持。第三方支付平台由于资金及技术能力的限制很难建设自身的安全认证系统,也就缺乏足够的技术防止网上支付信息被盗取。为了支付信息的安全,必须依赖银行的专业技术和安全交易平台。

(3)银行为第三方支付平台的支付业务进行结算。目前大多数第三方支付平台并不直接经手和管理来往资金,而是将其交给银行管理。也就是说,第三方支付平台其实没有金融功能,支付功能的实现必须通过银行完成。

2. 网银与第三方支付的关系

网银与第三方支付的关系既有合作也有竞争。伴随着网银功能的完善,交易性质的网上支付、生活缴费也逐渐纳入网银的重点业务当中,手机网银的推广力度也在日益加大;而第三方支付则进一步拓展充值渠道,业务也向日常生活以及信贷、保险、投资理财等金融领域延伸。

中国电子支付市场业务模式的演变如图11-4所示。

国内提供网上支付的机构主要有银行网关、银联和第三方支付平台等。银行

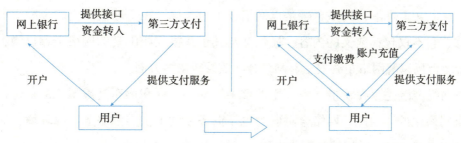

图 11-4 中国电子支付市场业务模式的演变

由于专门从事金融服务，信誉高、用户认可率高且资金和技术实力强。银联的支付方式比较简单，且大部分银行卡网上支付的开通无须申请，方便快捷，外卡受理、接入费用较低，消费者比较容易接受。因此，随着银行和银联电子支付的推进，第三方支付企业受到的冲击和挑战也会越来越大。

11.4　网络金融服务

网络金融服务是指传统金融机构及互联网企业利用互联网技术和信息通信技术实现资金融通、支付、投资和信息中介等服务的新型金融业务模式，包括众筹、第三方支付、数字货币、大数据金融、金融门户等。众筹指利用互联网等渠道让企业或个人向公众展示其项目进而获得所需资金的一种业务模式；第三方支付是指由非金融机构作为收、付款人的支付中介所提供的支付服务；数字货币指的是诸如数字人民币等互联网货币的运用；大数据金融指的是通过对大量非结构化数据的分析，为互联网金融机构提供顾客全方位信息及分析的业务模式；金融门户则是指利用互联网进行金融产品的销售以及为金融产品销售提供的第三方服务。

11.4.1　网络金融的定义

网络金融简单地说就是网络技术与金融的结合。网络金融又称电子金融（e-finance），是指基于金融电子化建设成果在国际互联网上实现的金融活动，包括网络金融机构、网络金融交易、网络金融市场和网络金融监管等方面。

从狭义上理解，网络金融是指以金融服务提供者的主机为基础，以互联网或者通信网络为媒介，通过内嵌金融数据和业务流程的软件平台，以用户终端为操作界面的新型金融运作模式，其业务包括网络银行、网络证券、网络保险、网络股票、期权等金融服务及相关内容。

从广义上理解，网络金融是以网络技术为支撑，在全球范围内的金融活动的总称，它不仅包括狭义的内容，还包括与其运作模式相配套的网络金融机构、网络金融市场以及网络金融安全、网络金融监管等诸多方面。

网络金融是存在于电子空间中的金融活动，其存在形态是虚拟化的，运行方式是网络化的。因此，网络金融既为电子商务活动提供金融服务支撑环境，同时也是电子商务在金融领域的重要应用。

11.4.2 网络金融的特征

网络金融与传统金融的最显著区别在于其技术基础的不同，而计算机网络给金融业带来的不仅仅是技术的改进和发展，更重要的是运行方式和行业理念的变化，也使网络金融具有如下重要特征。

（1）虚拟性。从本质上说，金融市场是一个信息市场，也是一个虚拟的市场。在这个市场中生产和流通的都是信息，货币是财富的信息，资产价格是资产价值的信息，金融机构所提供的中介服务、金融咨询顾问服务等也是信息。网络技术的引进不但强化了金融业的信息特性，而且虚拟化了金融的实务运作。例如，经营地点虚拟化——金融机构只有虚拟化的网址及其所代表的虚拟空间；经营业务虚拟化——金融产品和金融业务大多是电子货币、数字货币和网络服务，全部是理念中的产品和服务；经营过程虚拟化——网络金融业务的全过程采用电子数据化的运作方式，由银行账户管理系统、电子货币、信用卡系统和网上服务系统等组成的数字网络处理所有的业务。

（2）高效性。网络技术使得金融信息和业务处理的方式更加系统化，自动化程度也大大提高，突破了时间和空间的限制，而且能为顾客提供更丰富多样、自主灵活、方便快捷的金融服务，具有很高的效率。网络金融的发展使得金融机构与顾客的联系从柜台式接触改变为网上的交互式联络，这种交流方式不仅缩短了市场信息的获取和反馈时间，而且有助于金融业实现以市场和顾客为导向的发展战略，也有助于金融创新的不断深入发展。

（3）经济性。从运营成本来看，网络金融在为顾客提供更高效服务的同时，由于无须承担经营场所、员工等费用开支，因而具有显著的经济性。此外，随着信息的收集、加工和传播日益迅速，金融市场的信息披露趋于充分和透明，金融市场供求方之间的联系趋于紧密，可以绕过中介机构直接进行交易，非中介化的趋势明显。

(4）风险性。电子货币发行者的多元化（既有中央银行，又有民间组织），使得参与网络交易的行为具有潜在的、更大的风险，面临诸如在电子货币发行者破产、系统失灵或智能卡遗失的情况下如何保护顾客权益等问题。另外，在网络经济中舞弊和犯罪活动将变得更加隐蔽。

11.4.3 网络金融的服务内容

（1）网上银行。网上银行利用计算机和互联网技术，为顾客提供综合、实时的全方位银行服务。相对于传统银行而言，网络银行是一种全新的银行服务手段或全新的企业组织形式，它具有开放性、以顾客为中心、采用多种服务方式和服务渠道以及集成性等特点。

（2）网上保险。网上保险是指保险公司或新型的网上保险中介机构以互联网和电子商务技术为工具来支持保险经营管理活动的经济行为。通过广泛的网上保险信息共享系统，保险公司可以扩大与顾客群的接触面，直接提供和出售保险商品，从而减少了销售环节，节约佣金，降低人力成本，提高公司的竞争力，同时扩大市场份额。

（3）网上证券。网上证券主要指现代信息技术在证券市场的广泛应用，包含各种证券电子交易系统、网上证券经纪业务、网上证券支付以及网上证券综合信息服务等内容。

（4）网上理财。网上理财是指运用网络技术，为顾客提供理财信息查询和理财分析工具，甚至帮助理财者制订个性化的理财计划，以及提供理财投资工具的交易服务等一系列个人理财服务的活动。

11.4.4 网络金融与电子商务的关系

网络金融与电子商务是相互促进的关系。一方面，电子商务的发展对网络金融服务的需求，构成了网络金融得以产生和发展的外部推动力量。例如，网络银行的网上支付业务被认为是一种金融创新，其创新动力就来自其他行业电子商务的迅猛发展。另一方面，网络金融的发展为电子商务提供支付服务，又促进了其他行业电子商务的发展，为电子商务的繁荣提供了更便利的支付条件。

支付结算业务是电子商务的基本环节之一，绝大多数是由金融专用网络完成的。但是，要真正发挥金融电子化对电子商务的

微课视频 11-1

网络金融与电子商务的关系

支撑作用，除了电子银行、电子钱包、电子付款以及智能信用卡等的应用外，还需要建立完整的网络电子支付系统和金融管理信息系统，提供验证、银行转账对账、电子证券、账务管理、交易处理、代缴代付、报表服务等全方位的金融服务。

本章小结

本章介绍了电子支付的基本特点、常用支付工具、第三方支付平台、网络金融的定义和特征等内容。常用电子支付工具可以分为银行卡、数字货币、电子支票三大类。我国第三方互联网支付市场主要有银联商务、支付宝、腾讯金融科技、快钱、宝付、易付宝等典型支付平台。网络金融与电子商务是相互促进的关系。一方面，电子商务对网络金融服务的需求，构成了网络金融得以产生和发展的外部推动力量；另一方面，网络金融的发展为电子商务提供支付服务，又促进了其他行业电子商务的发展。

即测即练

复习与研讨

1. 复习思考题

（1）简述电子货币的种类及其主要功能，并对其支付机制的特点进行讨论。

（2）与传统的支付方式相比较，网络支付具有哪些特征？目前网络支付系统存在哪些问题？试举例说明，并就应采取哪些措施解决所存在的问题展开讨论。

（3）目前中国已经在实际应用的网络支付方式和存在的主要问题有哪些？试举例说明。

（4）第三方支付平台有什么特点？试举例说明，并对我国第三方支付平台的发展前景展开讨论。

2. 小组研讨作业

"区块链+互联网金融"模式目前有哪些应用化场景？其应用对电子商务的发展会产生什么样的影响？查阅相关资料进行小组讨论，并将研讨结果向全班报告。

第 12 章　电子商务物流服务

本章学习目标

- 掌握电子商务物流的基本概念与特点；
- 熟悉常用的电子商务物流信息技术与电子商务物流模式；
- 了解电子商务中逆向物流的定义、特点及其作用。

引例：顺丰携手海康威视借助微签撬动物流数智化转型

海康威视是国内智能物联企业，B2B 电子商务物流需求巨大，仅在顺丰每年的回单业务就超百万单。过去为了定期与顾客对账结款，规避抵赖风险，每一单快递都需要签署纸质回单并寄回存档，由此产生的相关成本无疑是一个庞大的数字。在双方达成合作后，顺丰科技通过微签（微 SIGN）为海康威视提供回单全流程无纸化签署方案，助力其数字化转型，为顾客带来多个积极变化。

（1）提高效率。无感收件，签署完成后实时回传，提高了收派件效率，已签署回单确保合格无须校验，直接归档。

（2）法律保障。可为已签署单据提供法律出证服务作为诉讼支撑材料，确保签署真实性，法律效力有保障。

（3）降低成本。降低耗材成本、管理运营成本，双方可共同实现年数百万元费用降本，实现双赢。

海康威视对微签在回单上的应用，是其在数字化转型上突破性的尝试，不仅仅是基于对合作方顺丰的完全信任，更是体现了其对新事物、新技术、新能力的开放性态度。在这期间，顺丰基于物流场景，持续对产品进行迭代更新，助推其走向成熟，逐步适配更多标准物流场景。2022年9月26日，顺丰科技宣布，海康威视已于日前完成纸质回单到微签电子回单的全量切换。

目前顺丰集团已经注册了"微SIGN"商标知识产权，并且上线微签增值服务"电子回单"，以帮助更多的企业完成关键节点的数智化改造，包括将针对不同垂直领域推出适配性方案，以及赋能第三方，让非顺丰发件顾客也能使用其产品。未来顺丰科技的微签产品将从供应链上下游纽带的回单凭证切入，以点到面的数字化变革，逐步渗透和推动全链路的企业数智化转型。

案例思考： 顺丰集团是如何依托科技赋能探索物流企业数智化转型的？这些探索对于中国电子商务物流服务行业的科技化升级之路有何启示？

电子商务时代的物流，不是某一商品制造过程中的单一物流，而是基于国际供应链整合中的"大物流"。电子商务物流服务就是利用电子化的手段来完成物流全过程的协调、控制和管理，实现从网络前端到最终顾客端的所有中间过程服务，最显著的特点就是各种信息技术与物流服务的融合和应用。

12.1 电子商务物流概述

物流是电子商务运营过程的重要组成部分。在电子商务交易中，如果物流配送滞后、效率低、质量差，则电子商务经济、方便、快捷的优势就不复存在，所以完善的物流系统是电子商务持续发展的关键因素之一。

12.1.1 电子商务物流的含义

电子商务物流是电子商务经济价值实现不可或缺的重要组成部分。

在电子商务环境下，商流、资金流与信息流的处理都可以通过电子网络在线实现，物流作为"四流"中最为特殊的一种，是物质实体从供应者到需求者的物理性流动过程，包括运输、储存、配送、装卸、保管、物流信息管理等各种活动。对于数字商品和某些服务来说，可以直接通过网络的方式进行传输，如各种电子出版物、信息咨询服务等；而对于实物商品来说，物流仍要经由物理方式运输。

对电子商务物流的定义，有人将其理解为与电子商务这一商务模式相配套的物流，也有人将其理解为物流企业的电子商务化。其实，可以从更广义的角度去理解这一概念，既可以理解为"电子商务时代的物流"，即电子商务对物流管理提出的新要求；也可以理解为"物流管理电子化"，即利用电子商务技术（主要是现代信息技术）对传统物流管理的改造。本书认为，电子商务物流是将现代信息技术和传统物流活动相结合进行物流运作与管理，实现企业间物流资源共享和优化配置的物流方式。

电子商务物流通过互联网对物流信息进行科学管理，减少物流中转环节和库存，从而使物流速度加快、准确率提高、成本降低，延伸并增强了传统的物流功能，使物流配送满足电子商务方便、快捷的需要。

12.1.2　电子商务物流的特点

电子商务物流涉及商务、物流、信息技术等领域，不仅包括电子商务物流企业，也包括物流供应链上的各个环节，具有以下一系列新特点。

（1）信息化和数字化。物流信息化是电子商务的必然要求，物流数字化是其信息化发展到一定程度实现产业转型升级的必由路径。没有物流的信息化，任何先进的技术设备都无法在物流领域得以应用，物流信息化表现为物流信息的商品化、物流信息传递的标准化和实时化、物流信息存储的数字化等。条码技术、数据库技术、GPS等信息技术在电子商务物流中的普遍应用是其信息化和数字化特征的重要体现。随着数字经济的兴起和发展，各行各业都在加速步入数字化时代。作为国民经济的"血脉"，物流数字化发展也是构建新发展格局、推动经济高质量发展的重要基础。对于物流企业来说，如何把握电子商务与数字化机遇，充分发挥数字经济的新优势，已成为其核心竞争力的关键。

（2）自动化和网络化。自动化和网络化的基础是信息化。自动化的核心是机电一体化，自动化的外在表现是无人化，自动化的效果是省力化和高效化。物流网络化有两方面的含义：①物流配送系统的计算机通信网络，包括物流配送中心与供应商、配送中心与顾客联系的计算机网络。②企业内部网物流节点网络。物流自动化的设施如自动分拣系统、自动存取系统等，为物流网络化提供了良好的内部环境，而信息技术和通信技术的发展则为物流网络化提供了良好的外部环境。

（3）智能化和柔性化。电子商务物流的实物位移自动化、半自动化程度高，物流供应链处于实时监控之中，而物流系统中的传统管理内容，如人事、财务、计划和物流控制等都可智能化操控。柔性化的物流是适应生产、流通与消费的需求而发展起来的一种物流模型，其实质是对生产、流通进行集成，根据需求端的需求组织生产、安排物流活动。一个智能化的电子商务物流管理系统可以模拟现实，可以发出指令、实施决策，根据物流过程的特点采用对应管理手段，从而实现电子商务物流管理的智能化和柔性化。

12.1.3 电子商务物流服务的基本内容

电子商务物流服务的基本内容包括物资运输、储存、装卸、搬运、包装、流通加工、配送、物流信息处理等环节，这些基本环节有效地组合、连接在一起，相互平衡，形成一个密切相关的系统。

1. 运输

运输是物流的主要活动要素之一，指物品的运载及输送。运输使物品产生空间位移，可以创造"场所效应"，实现"空间价值"。"场所效应"是指物品在不同场所的使用价值不同，通过空间的转换最大限度地发挥其使用价值、提高投入产出比。"空间价值"是通过改变物的空间位置而创造的价值。运输按其设备与工具不同可以分为公路运输、铁路运输、水路运输、航空运输、管道运输。

2. 储存

储存也是物流的主要活动要素之一。在物流中，运输承担了改变物品空间状态的责任，储存则改变了物品时间状态。储存包含储备与库存，储备是一种有目的地储存物品的行动；库存是指仓库中处于暂时停滞状态的物品，它是存储的静态形式。

库存主要分为基本库存和安全库存，基本库存是补给过程中产生的库存。在订货之前，库存处于最高水平，日常的需求不断地"抽取"存货，直至该储存水平降至零。实际中，在存储没有降至零之前，就要开始启动订货程序，在发生缺货之前完成商品的储备。补给订货的量就是订货量，在订货过程必须保持的库存量就是基本库存。为了应对不确定因素，诸如运输延误、商品到货但品种规格或质量不符合要求、销售势头好致使库存周转突然加快、紧急需要等对连锁物流的影响，都需要企业另外储备一部分库存，这就是安全库存。

确定合理库存是企业物流管理的重要内容之一。由于库存还没有统一的管理模型，而每个企业又有其特殊的库存管理要求，所以企业只能根据自身情况建立库存管理模型，以便解决具体问题。库存管理模型应抓住补充、存货、供给等几个相互联系的过程。为了确定最佳库存的管理模型，需要掌握每日存货增减状况和有关项目的内容。

3. 装卸、搬运

装卸是在一定范围内改变物品的存放、支撑状态的活动；搬运是在一定范围内改变物品空间位置的活动。在实际操作中，装卸与搬运是密不可分的，是伴随着发生的。如果正确规划装卸搬运系统，可以减少成本、减少劳动力、增强安全性、提高生产率、减少浪费、提高容积的使用率以及提高服务水平。装卸搬运系统有人工系统、机械系统。机械系统是最普遍的系统，通过使用机器设备移动货物，改善了劳动密集的状况。叉车是机械系统中的主要设备，其他设备还包括托盘、货架、可移动的传输设备等。机械系统最大的优点就是自动化，而且能够充分利用仓容。

4. 包装

包装是在流通过程中保护产品、方便运输、促进销售，按一定技术方法而采用的容器、材料及辅助物等的总体名称。包装处于生产过程的末尾和流通过程的开头，传统的观念强调包装是生产的终点，而现代物流观念则强调包装是物流的起点。

包装按其在流通中的作用不同分为销售包装和运输包装，物流要素中的包装侧重于运输包装。运输包装是用于安全运输、保护商品的较大单元的包装形式，一般体积较大，外形尺寸标准化程度高，坚固耐用，广泛采用集合包装，表面有明显的识别标志，主要功能是保护商品，方便运输、装卸和储存。

商品在一定的环境中移动并存储，所以包装必须能够保护商品，避免在移动和储存过程中发生货损。保护的程度由运输条件、商品价值来决定。商品价值越高，包装的成本越高。对于国际运输，包装成本可相对高些；国内运输或短途运输，包装成本可低些，但目前在包装方面经常出现过度包装的现象，所以有必要从物流环境和物流成本两个方面来考察包装的主要目的。

5. 流通加工

流通加工是一种特殊的物流形式，是物品从生产地到使用地或是物品从生产领域向消费领域流动的过程中，为了促进销售、维护产品的质量和提高物流效率，根据需要施加包装、分割、计量、分拣、刷标志、拴标签、组装等简单作业的总称。流通加工对物流起到补充、完善、提高的作用，但它不是每一个物流系统都必需的功能。目前在世界上许多国家和地区的物流中心都大量存在着流通加工业务，这一活动在日本、美国等一些物流发达的国家则更为普遍。

企业中的流通加工主要有以下类型：①分选加工。农副产品规格、质量差别较大，为获得一定规格的产品，采取人工或机械分选的方式加工称为分选加工。这种加工广泛用于果类、瓜类、谷类、棉毛原料等。②精制加工。农、副、牧、渔等产品精制加工是在产地或销售地设置加工点，去除无用部分，甚至可以进行切分、洗净、分装等加工。这种加工不但大大方便了购买者，而且可以对加工的淘汰物进行综合利用。③分装加工。许多生鲜食品零售起点较小，而为保证高效运出厂，包装较大，也有一些是采用集装运输方式运达销售地点。这样为了便于销售，在销售地区按所要求的零售起点进行新的包装，即大包装改小、散装改小包装、运输包装改销售包装。

6. 配送

配送是按照用户的订货要求和时间计划，在物流据点进行分拣加工和配货等作业后，将配好的货物送交收货人的过程。配送是物品位移的一种形式，一般距离较近、批量较小、品种较复杂。配送不是单纯的运输或输送，而是运输与其他活动构成的组合体。

物流配送中心可以通过合理的科学管理制度、现代化的管理方法和手段，充分发挥其基本功能，从而保障相关企业和用户整体效益的实现。

7. 物流信息管理

进入 21 世纪，物流已成为企业的第三利润源泉，是企业提高经济效益的重要因素。电子商务物流是一个相当复杂的系统工程，要使这样一个纵深庞杂、涉及面广的物流体系快速、高效和经济地运行，没有信息的作用是不可想象的。物流信息在电子商务物流活动中起着类似生物中枢神经系统的作用，物流信息系统已成为企业物流成功运作的重要平台之一，物流信息管理工作的好坏，直接影响到企业物流运作的效率和效果。

12.2 电子商务物流信息技术

物流信息技术（logistics information technology）是现代信息技术在物流各个作业环节中的综合应用，是现代物流区别传统物流的根本标志。常见的物流信息技术有条码技术、无线射频技术、定位技术、地理信息系统、物联网等，这些技术在电子商务物流中已得到广泛应用。

12.2.1 条码技术

早在 20 世纪 40 年代，美国的乔·伍德兰德（Joe Woodland）和伯尼·西尔沃（Berny Silver）两位工程师就开始研究用代码表示食品项目及相应的自动识别设备，并于 1949 年获得了美国专利，但条码得到实际应用和发展还是在 20 世纪 70 年代左右。现代条码技术已在世界上绝大多数的国家和地区普遍使用，其应用范围越来越广，已逐步渗透到包括电子商务物流在内的众多应用领域。

1. 条码的定义

条码又称条形码，是由一组按一定编码规则排列的条、空符号，用以表示一定的字符、数字及符号组成的信息。条码系统是由条码符号设计、制作及扫描阅读组成的自动识别系统，其核心是利用光电扫描设备识读条码符号，从而实现机器的自动识别，并快速、准确地将信息录入计算机进行数据处理，以达到自动化管理的目的。

2. 条码的特点

条码是迄今为止最为经济、实用的一种自动识别技术。条码作为一种图形识别技术，与其他识别技术相比，有如下特点。

（1）易于制作和印刷。条码标签简单、易于制作，对印刷技术设备和材料无特殊要求，被称为"可印刷的计算机语言"。

（2）信息采集速度快。普通计算机的键盘录入速度是每分钟 200 字符，而利用条码扫描录入信息的速度是键盘录入的 20 倍。

（3）采集信息量大。利用条码扫描一次可以采集十几位字符的信息，而且可以通过选择不同码制的条码增加字符密度，使录入的信息量成倍增加。

（4）可靠性高。键盘录入数据，误码率为三百分之一；利用光学字符识别技术，误码率约为万分之一；而采用条码扫描录入方式，误码率仅有百万分之一，首读率可达98%以上。据统计，键盘输入平均每300个字符一个错误，而条码输入平均每15 000个字符一个错误，如果加上校验位，误码率是千万分之一。

（5）应用简单、灵活。条码符号作为一种识别手段可以单独使用，也可以和有关设备组成识别系统实现自动化识别，还可以和其他控制设备联系起来实现整个系统的自动化管理。同时，在没有自动识别设备时，也可实现手工键盘输入。

3. 条码的分类

根据条码的编码方式不同可以将其分为一维条码、二维条码（2-dimensional bar code）和复合码。

（1）一维条码。一维条码又称线性条码，是只在一个方向（通常是水平方向）表达信息，而在其他方向不表达任何信息的条码符号。常见的一维码的码制包括UPC码、EAN码、交叉25码、39码、库德巴码（Codabar）、128码、93码等。

① UPC码。UPC码是一种长度固定的连续型数字式码制，其字符集为数字0～9。它采用四种元素宽度，每个条或空是1、2、3或4倍单位元素宽度。UPC码有两种类型，即UPC-A码和UPC-E码。UPC-A码可以编码13位罗马数字，其中包括一位验证码。另外UPC后面还可以跟上两位数或者5位数的附加编码，用于编码价格、商家等信息。UPC-E可以编码7位数（包括一位验证码）。

② EAN码。EAN码的字符编号结构与UPC码相同，也是长度固定的、连续型的数字式码制，其字符集是数字0～9。它采用四种元素宽度，每个条或空是1、2、3或4倍单位元素宽度。EAN码有两种类型，即EAN-13码和EAN-8码。

③ 交叉25码。交叉25码是一种长度可变的连续型自校验数字式码制，其字符集为数字0～9。采用两种元素宽度，每个条和空是宽元素或窄元素。编码字符个数为偶数，所有奇数位置上的数据以条编码，所有偶数位置上的数据以空编码。如果为奇数个数据编码，则在数据前补一位0，以使数据为偶数个数位。

④ 39码。39码是第一个字母数字式码制，其字符集为数字0～9、26个大写英文字母和8个特殊字符（+、-、*、/、$、%、.、空格Space），共44个字符。每个字符由9个元素组成，其中有5个条（2个宽条，3个窄条）和4个空（1个宽空，3个窄空），是一种离散码。

⑤ 库德巴码。库德巴码是一种长度可变的连续型自校验数字式码制，其字符集为数字0～9和6个特殊字符（-、:、/、.、+、¥），共16个字符，常用于仓库、血库和航空快递包裹中。

⑥ 128 码。128 码是一种长度可变的连续型自校验数字式码制，它采用四种元素宽度，每个字符有 3 个条和 3 个空，共 11 个单元元素宽度，又称（11，3）码。128 码的内容大致分为起始码、资料码、终止码、检查码四部分，其中检查码是可有可无的。128 码具有 A、B、C 三种不同的编码类型，可提供标准 ASCII（美国信息交换标准码）中 128 个字元的编码使用；允许双向的扫描处理，可自行决定是否要加上检查码；条码长度可自由调整，但包括起始码和终止码在内，不可超过 232 个字元。

⑦ 93 码。93 码是一种长度可变的连续型字母数字式码制，其字符集为数字 0 ~ 9、26 个大写字母和 7 个特殊字符（−、。、Space、/、+、%、¥）以及 4 个控制字符。每个字符有 3 个条和 3 个空，共 9 个元素宽度。

一维条码自问世以来，很快得到了普及并广泛应用。但是由于一维条码的信息容量很小，如商品上的条码仅能容 13 位的阿拉伯数字，更多地描述商品的信息只能依赖数据库的支持，离开了预先建立的数据库，这种条码就变成了无源之水，因而一维条码的应用范围受到了一定的限制。

（2）二维条码。二维条码简称二维码，是能够在横向和纵向两个方位同时表达信息的条码符号，用某种特定的几何图形按一定规律在平面（二维方向上）分布的黑白相间的图形上记录数据符号信息。二维条码在代码编制上巧妙地利用构成计算机内部逻辑基础的"0""1"比特流的概念，使用若干个与二进制相对应的几何形体来表示文字数值信息，通过图像输入设备或光电扫描设备自动识读以实现信息自动处理。二维条码具有条码技术的一些共性：每种码制有其特定的字符集，每个字符占有一定的宽度，具有一定的校验功能等。此外，二维条码还具有信息容量大、可靠性高、保密防伪性强、易于制作、成本低等优点。

【微型案例 12-1】加拿大的一对农民夫妇 Kraay 与 Rachel 在翻看杂志的时候看到上面有不少的二维码，突发奇想地计划将自家农场的玉米地改造成二维码的形状，二维码中包含的信息就是自家农场的网站，有人在乘飞机路过时拿手机对着这块地一扫，就可以自动跳转到自家的网站。这是一个多么好的创意啊，相信大多数人即使有了这个创意也不会实践，但这对夫妇却将它付出行动，最终在一块面积达 10 英亩的玉米地上真的种出了二维码，二维码的面积达到了 2.8 万平方米。这块玉米地也被正式收录进了吉尼斯世界纪录，成为世界上最大的二维码。

二维码根据编码原理可分为行排式二维码、矩阵式二维码和邮政码。

①行排式二维码,又称堆积式二维码或层排式二维码,其建立在一维条码基础上,按需要堆积成两行或多行。典型码制如 PDF417 码、16K 码、49 码等。PDF417 码是美国 Symbol 公司于 1991 年正式推出的,是一种高密度、高信息含量的便携式数据文件,是实现证件及卡片等大容量、高可靠性信息自动存储、携带并可用机器自动识读的理想手段;16K 码由特德·威廉姆斯(Ted Williams)于 1988 年推出,该码适用于激光系统;49 码出现于 1987 年,是一种多行的连续型、长度可变的字母数字式码制,它比以往的条形码符号具有更高的密度,主要用于小物品标签。

②矩阵式二维码,又称棋盘式二维码,是在一个矩阵空间通过黑、白像素在矩阵中的不同分布进行编码。在矩阵相应元素位置上,用点(方点、圆点或其他形状)的出现表示二进制的"1",用点的不出现表示二进制的"0",点的排列组合确定了矩阵式二维条码所代表的意义。典型码制如 Code One、MaxiCode、QR Code、Data Matrix 等。其中,Data Matrix 主要用于电子行业小零件的标识,如 Intel 奔腾处理器的背面就印制了这种二维码;MaxiCode 是由美国联合包裹服务公司研制的,主要用于包裹的分拣和跟踪。

③邮政码,通过不同长度的条进行编码,主要用于邮件编码。典型码制如 Postnet、BPO 4-State 等。

(3)复合码。复合码是一维条码和二维条码叠加在一起构成的一种新的码制,于 1999 年由国际物品编码协会(EAN)和美国统一代码委员会(UCC)联合推出,能够在读取商品的单品识别信息时,获取更多描述商品物流特征的信息,适合各个行业应用的物流条码标准。目前,复合码的应用主要在标识散装商品(随机称重商品)、蔬菜水果、医疗保健品及非零售的小件物品等方面。

4. 条码技术在物流领域的应用

条码技术在物流领域可广泛应用于配送管理、进货管理、库存货物管理、出库管理、产品信息跟踪等,可大大加快物流信息的传递速度和提升数据的准确性,实现实时物流跟踪,有效地控制库存,缩短商品的流转周期,减少配送中心由于管理不善而造成的损失。

二维条码在配送管理中具有重要的意义。配送前将配送商品资料和顾客订单资料下载到移动终端中,到达配送顾客处后,打开移动终端,调出顾客相应的订单,然后根据订单情况挑选货物并验证其条码标签,确认配送完一个顾客的货物后，移动终端会自动校验配送情况，并作出相应的提示。

12.2.2 无线射频技术

无线射频技术是一种非接触式的自动识别技术，其基本原理是电磁理论，主要基础是计算机芯片。芯片非常之薄，与纸制标签厚度相仿，把它置于条形码标签之中，固定在集装箱、货盘和货包上面。RFID 通过射频信号自动识别目标对象并获取相关数据，无须人工干预，可工作于各种恶劣环境。

1. RFID 系统的组成

（1）电子标签。电子标签由耦合元件及芯片组成，每个标签具有唯一的电子编码，附着在物体上标识目标对象。当受无线电射频信号照射时，能反射回携带有数字字母编码信息的无线电射频信号，供阅读器处理识别。RFID 电子标签分为集成固化式和现场改写式，可以存储多种数据类型，包括序列号、配置说明、活动记录等。集成固化式电子标签内的信息，一般在集成电路生产时就以 ROM 工艺模式注入，其保存的信息是一成不变的；现场有线改写式电子标签，一般是将电子标签保存的信息写入其内部的存储区，改写时需要专用的编程器或写入器，改写过程必须为其供电，一般具有特定的改写指令，适用于有源类电子标签。

（2）阅读器。阅读器也称查询器、通信器或读出装置，用以产生发射无线电射频信号并接收电子标签反射回的无线电射频信号，经处理后获取标签数据信息，有时还可作为写入标签信息的设备，可设计成手持或固定式。

（3）微型天线。微型天线是一种能将接收到的电磁波转换为电流信号，或者将电流信号转换为电磁波发射出去的装置，能在标签和阅读器间传递射频信号进行定位或者导航。

2. RFID 系统的基本工作原理

RFID 系统的基本工作原理是：由阅读器通过发射天线发送特定频率的射频信号，当电子标签进入有效工作区域时产生感应电流，从而获得能量被激活，使得电子标签将自身编码信息通过内置天线发射出去；阅读器的接收天线接收到从标签发送来的调制信号，经天线的调制器传送到阅读器信号处理模块，经解调和解码后将有效信息送到后台主机系统进行相关处理；主机系统根据逻辑运算识别该标签的身份，针对不同的设定作出相应的处理和控制，最终发出信号控制执行机构完成不同的阅读操作。

RFID 系统一般可以分为电感耦合（磁耦合）系统和电磁反向散射耦合（电磁场耦合）系统。电感耦合系统是通过空间高频交变磁场实现耦合，依据的是电磁感应定律；电磁反向散射耦合，即雷达原理模型，发射出去的电磁波碰到目标后反射，同时携带回目标信息，依据的是电磁波的空间传播规律。电感耦合方式一般适合于中、低频率工作的近距离 RFID 系统；电磁反向散射耦合方式一般适合于高频、微波工作频率的远距离 RFID 系统。

3. 无线射频技术在物流领域的应用

射频技术可有效地解决物流各环节业务资料的输入与输出、业务过程的控制与跟踪、出错率的降低等难题，实现对物流运营各环节的高效管理。

（1）在仓储环节的应用。在**自动化立体仓库**（AS/RS）里，射频技术最广泛的使用是存取货物与库存盘点，它能用来实现自动化的存货和取货等操作，如指定堆放区域、上架取货和补货等。这样，增强了作业的准确性和快捷性，同时降低了在库存盘点时人力的使用，减少了整个物流中由于商品误置、送错、偷窃、损害和出货错误等造成的损耗，从而最大限度地减少储存成本。

知识卡片 12-1
自动化立体仓库

（2）在运输环节的应用。例如，可将在途运输的货物和车辆贴上 RFID 标签，在运输线的一些检查点安装上 RFID 接收转发装置，接收装置收到 RFID 标签信息后，连同接收地的位置信息上传至通信卫星，再由卫星传送给运输调度中心，送入数据库中，从而实现对运输过程的监控管理。

（3）在配送环节的应用。在配送环节，采用射频技术能大大加快配送的速度和提高拣选与分发过程的效率与准确率，并能减少人工，降低配送成本。如果到达中央配送中心的所有商品都贴有 RFID 标签，在进入中央配送中心时，托盘通过一个阅读器，读取托盘上所有货箱上的标签内容。系统将这些信息与发货记录进行核对，以检测出可能的错误，然后将 RFID 标签更新为最新的商品存放地点和状态。这样就确保了精确的库存控制，甚至可确切了解目前有多少货箱处于转运途中、转运的始发地和目的地，以及预期的到达时间等信息。

（4）在零售环节的应用。RFID 可以改进零售商的库存管理，实现适时补货，有效跟踪运输与库存，提高效率，减少出错。同时，智能标签能对某些时效性强的商品的有效期限进行监控；商店还能利用 RFID 系统在付款台实现自动扫描和计费，从而取代人工收款。RFID 标签在供应链终端的销售环节，特别是在超市中，免除了跟踪过程中的人工干预,并能够生成100%准确的业务数据,因而具有较强的吸引力。

12.2.3 定位技术

定位技术在物流活动中对运输载体和物品位置的确定、跟踪以及监控发挥着重要作用。定位技术可分为两大类:一类是基于卫星定位导航系统的定位,如中国北斗卫星导航系统、美国全球定位系统、俄罗斯格洛纳斯系统(GLONASS)和欧盟伽利略卫星导航系统(GALILEO),是联合国卫星导航委员会认定的全球卫星导航系统四大核心供应商;另一类是基于移动网络和移动终端的定位,如蜂窝小区定位技术(Cell-ID)等。

1. 北斗卫星导航系统定位

北斗卫星导航系统是中国自行研制的全球卫星导航系统。北斗卫星导航系统由空间段、地面段和用户段三部分组成,可以在全球范围内全天候为各类用户提供高精度和高可靠的定位、导航、授时服务,定位精度为分米、厘米级别,测速精度0.2米/秒,授时精度10纳秒。

(1)北斗系统的特点。北斗系统具有以下特点:①北斗系统空间段采用三种轨道卫星组成的混合星座,与其他卫星导航系统相比,高轨卫星更多,抗遮挡能力强,尤其低纬度地区性能特点更为明显。②北斗系统提供多个频点的导航信号,能够通过多频信号组合使用等方式提高服务精度。③北斗系统创新融合了导航与通信能力,具有实时区域导航、快速定位、精确授时、位置报告和短报文通信服务等五大功能。

(2)北斗系统的应用。中国积极培育北斗系统的应用开发,打造由基础产品、应用终端、应用系统和运营服务构成的产业链,不断改善产业环境,扩大应用规模,实现融合发展,提升卫星导航产业的经济效益和社会效益。

①北斗基础产品已实现自主可控,国产北斗芯片、模块等关键技术全面突破,性能指标与国际同类产品相当。多款北斗芯片实现规模化应用,工艺水平达到28纳米。

②北斗系统自提供服务以来,已在交通运输、农林渔业、水文监测、气象测报、通信系统、电力调度、救灾减灾、公共安全等领域得到广泛应用,融入国家核心基础设施,产生了显著的经济效益和社会效益。例如,交通运输方面,北斗

系统广泛应用于重点运输过程监控、公路基础设施安全监控、港口高精度实时定位调度监控等领域；农林渔业方面，基于北斗的农机作业监管平台能够实现农机远程管理与精准作业。

③北斗系统大众服务发展前景广阔。基于北斗的导航服务已被电子商务、移动智能终端制造、位置服务等厂商采用，广泛进入中国大众消费、共享经济和民生领域，深刻改变着人们的生产生活方式。例如，在电子商务领域，国内多家电子商务企业的物流货车及配送员，应用北斗车载终端和手环，实现了车、人、货信息的实时调度；智能手机应用领域，国内外主流芯片厂商均推出兼容北斗的通导一体化芯片；智能穿戴领域，多款支持北斗系统的手表、手环等智能穿戴设备，以及学生卡、老人卡等特殊人群关爱产品不断涌现，得到广泛应用。

目前，全球范围内已经有 137 个国家与北斗卫星导航系统签下了合作协议。随着全球组网的成功，北斗卫星导航系统未来的国际应用空间将会不断扩展。

2. GPS 定位

GPS 是一种利用定位卫星在全球范围内实时进行定位、导航的系统。

（1）GPS 的特点。GPS 的前身是美国军方于 1958 年开始研制的一种子午仪卫星定位系统，20 世纪 70 年代美国陆、海、空三军联合开始研制新一代卫星定位系统 GPS，主要目的是为陆、海、空三大领域提供实时、全天候和全球性的导航服务，并用于情报收集、核爆监测和应急通信等。GPS 通过卫星不间断地发送自身的星历参数和时间信息，用户接收到这些信息后，可计算出接收机的三维位置、三维方向以及运动速度和时间信息。GPS 定位具有高精度、全天候、高效率、多功能、操作简便等特点，在民用领域可以提供车辆定位、防盗、反劫、行驶路线监控及呼叫指挥等功能。

（2）GPS 的组成。GPS 包括三大部分：空间部分——GPS 卫星星座，地面控制部分——地面监控系统，用户设备部分——GPS 信号接收机。

① GPS 卫星星座。GPS 由 21 颗工作卫星和 3 颗在轨备用卫星组成 GPS 卫星星座，记作（21+3）GPS 星座。24 颗卫星均匀分布在 6 个轨道平面内，轨道倾角为 55 度，各个轨道平面之间相距 60 度即轨道的升交点赤经各相差 60 度。每个轨道平面内各颗卫星之间的升交角距相差 90 度，轨道平面上的卫星比西边相邻轨道平面上的相应卫星超前 30 度。

②地面监控系统。对于导航定位来说，GPS 卫星是一动态已知点。卫星的位

置是依据卫星发射的星历——描述卫星运动及其轨道的参数算得的。每颗 GPS 卫星所播发的星历是由地面监控系统提供的，卫星上的各种设备是否正常工作以及卫星是否一直沿着预定轨道运行，都要由地面设备进行监测和控制。地面监控系统另一重要作用是保持各颗卫星处于同一时间标准——GPS 时间系统。这就需要地面站监测各颗卫星的时间，求出时间差，然后由地面注入站发给卫星，再由导航卫星发给用户设备。GPS 工作卫星的地面监控系统包括 1 个主控站、3 个注入站和 5 个监测站。

③ GPS 信号接收机。能够捕获到按一定卫星高度截止角所选择的待测卫星的信号，并跟踪这些卫星的运行，对所接收到的 GPS 信号进行变换、放大和处理，以便测量出 GPS 信号从卫星到接收机天线的传播时间，解译出 GPS 卫星所发送的导航电文，实时地计算出测站的三维位置甚至三维速度和时间。目前，各种类型的 GPS 接收机体积越来越小、重量越来越轻，便于野外观测。

3. 定位技术在物流领域的应用

定位技术和电子地图、移动通信网络和计算机技术相结合，可以实现车辆和货物的定位跟踪、动态调度、车辆导航等。

（1）车辆和货物的定位跟踪。通过定位技术和电子地图，可以实时了解车辆和货物的位置状况，实现在线跟踪和监控，提高车辆和货物的安全性。

（2）动态调度。定位系统可随时查出车辆的信息，对车辆进行动态实时调度，加快车辆的周转，提高车辆的重载率，并可在锁定的范围内查出可供调用的车辆。

（3）车辆导航。为车辆提供导航功能，例如，由驾驶员根据目的地设计起点、终点和途经点等人工线路规划，定位系统给出最快线路、最终简单线路、通过高速公路路段次数最少的路线等线路数据库。线路规划完毕后，显示器能够在电子地图上显示设计线路，并同时显示汽车运行路径和运行方法。

12.2.4　GIS 与物联网技术

1. GIS

GIS 是多种学科交叉的产物，它以地理空间为基础，采用地理模型分析方法，实时提供多种空间和动态的地理信息，是一种为地理研究和地理决策服务的计算机技术系统。GIS 的基本功能是将表格型数据转换为地理图形显示，然后对显示结果浏览、操作和分析，其显示范围可以从洲际地图到非常详细的街区地图，现实对象包括人口、销售情况、运输线路以及其他内容。

GPS在物流领域的应用主要是利用GIS强大的地理数据功能来完善物流分析技术，实时监控车辆等移动目标的位置，并根据道路交通状况向移动目标发出实时调度指令。而GIS、GPS和无线通信技术的有效结合，再辅以车辆路线模型、最短路径模型、网络物流模型、分配集合模型和设施定位模型等，能够建立功能强大的物流信息系统，使物流变得实时并且成本最优。

2. 物联网

（1）物联网的定义。国际电信联盟对物联网做了如下定义：通过二维码识读设备、射频识别装置、红外感应器、全球定位系统和激光扫描器等信息传感设备，按约定的协议，把任何物品与互联网相连接，进行信息交换和通信，以实现智能化识别、定位、跟踪、监控和管理的一种网络。物联网通过各种信息传感设备，实时采集任何需要监控、连接、互动的物体或过程等的信息，与互联网结合实现物与物、物与人以及所有的物品与网络的连接，方便识别、管理和控制。

（2）物联网在电子商务物流领域的应用。物联网可被广泛应用于电子商务物流仓储、销售管理、商品个性化购买等各个方面。

①在物流仓储方面。物联网广泛用于货物和库存的盘点及自动存取货物。运用物联网技术进行出入库产品信息的采集并嵌入相应的数据库，经过数据处理实现对产品的自动拣选、分类堆码和管理。若仓储空间设置相应的货物进出自动扫描记录，则可防止货物的盗窃或因操作人员疏忽引起的物品流失，从而提高库存的安全管理水平。

②在销售管理方面。利用物联网系统快速的信息传递能力，能够及时获取缺货信息，并将其传递到卖场的仓库管理系统，经信息汇总传递给上一级分销商或制造商。及时准确的信息传递，还有利于上游供应商合理安排生产计划，降低运营风险。

③在商品个性化购买方面。物联网的出现使得商品个性化购买变为现实。消费者随时掌握所购买产品及其厂商的相关信息，对有质量问题的产品进行责任追溯。这样，既保证消费者购买到满意商品，还可以防止残次产品因不及时有效处理而给周围环境带来威胁。

12.3 电子商务物流配送

12.3.1 电子商务物流配送的概念

物流配送是指在经济合理区域范围内，根据用户要求，对物品进行拣选、加工、包装、分割、组配等作业，并按时送达指定地点的物流活动。配送是物流中一种特殊的、综合的活动形式，是商流与物流紧密结合，包含商流活动和物流活动，也包含物流中若干功能要素的一种形式。

电子商务物流配送（e-commerce logistics distribution）是物流配送企业采用现代信息技术及先进的管理手段，严格、守信用地按照用户的订货要求，进行一系列分类、编配、整理、分工、配货等理货工作，定时、定点、定量地将物品交给没有范围限度的各类用户，满足其对商品的需求。电子商务物流配送能使商品流通比传统的物流配送方式更容易实现货畅其流、物尽其用，既减少了生产企业库存、加速资金流转、提高物流效率、降低物流成本，又刺激了社会需求，提高了整个社会的经济效益，促进市场经济的健康发展。

配送中心是从事配送业务的专门组织，它从供应者手中接收货物，接收并处理末端用户的订货信息，对上游运来的多品种货物进行分拣，根据用户订货要求进行包装、分类、保管、流通加工、分货、配货、信息处理等物流作业，按照消费者的需求，组织对用户的送货。

物流配送的流程一般比较规范，如图12-1所示，但并不是所有的配送均需按照图12-1所述流程进行，不同产品的配送可能有独特之处。例如，燃料油配送就不存在配货、分放、配装工序，而水泥及木材配送则多出了一些流通加工的过程。流通加工可能在不同环节出现。

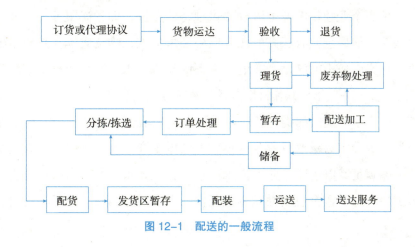

图 12-1　配送的一般流程

对电子商务物流配送概念的理解应把握以下几点。

（1）配送是一种综合性的物流活动，包括"配"和"送"两个环节。其中，"配"是一个广义的概念，它包括集货、存货、分货、配货、配装、加工等内容；送货则是将货物送到用户认为最合适的地点，诸如用户仓库、车间、工地及其他用货现场。

（2）货物配备通常在物流节点进行。物流节点可以理解为广义的货物集结点，它不仅是指配送中心，而且包括中转仓库、生产企业仓库、商业仓库、车站、港口等。

（3）具有一定的计划性和相对稳定性。电子商务物流配送是严格按照用户所要求的货物名称、品种、规格、数量、质量、时间、地点等进行的，具有一定的计划性和相对的稳定性。配送点的送货方案和路径是通过科学计算制定的，确保配送以最合理、最经济的方式进行。

12.3.2　电子商务物流配送模式

电子商务物流配送的常见模式有自营物流模式、物流联盟（logistics alliance）模式、第三方物流（third-party logistics，3PL 或 TPL）模式、第四方物流（fourth party logistics，4PL）模式、物流一体化模式等。

1. 自营物流模式

（1）自营物流的含义。企业自身经营物流称为自营物流，即电子商务企业自行组建物流配送系统，经营管理企业的整个物流运作过程。在这种方式下，企业有时也会向仓储企业购买仓储服务，向运输企业购买运输服务，但是这些服务都只限于一次或一系列分散的物流功能，而且是临时性的纯市场交易的服务，物流公司并不按照企业独特的业务流程提供独特的服务，即物流服务与企业价值链是松散的联系。如果企业有很高的顾客服务需求标准，物流成本占总成本的比重较大，社会物流服务不能满足企业电子商务的物流需求，而企业自身的物流管理能力较强时，企业一般不应采用外购物流，而应采用自营方式。

（2）自营物流模式的类型。我国采取自营物流模式的电子商务企业主要有两类：一类是资金实力雄厚且业务规模较大的电子商务公司，因第三方物流的服务水平远不能满足其电子商务业务需求而自建物流体系，如京东的自营物流；另一类是传统的大型制造企业或批发企业经营的电子商务网站，由于其自身在长期的传统商务中已经建立起初具规模的营销网络和物流配送体系，在开展电子商务时只需将其加以改进、完善，即可满足电子商务条件下对物流配送的要求。

（3）自营物流模式的特点。选用自营物流，可以使企业对物流环节有较强的控制能力，易于与其他环节密切配合。此外，自营物流能够保证供货的准确和及时，保证顾客服务的质量，维护了企业和顾客间的长期关系。但自营物流所需的投入非常大，建成后对规模的要求很高，因为规模大才能降低成本，否则将会长期处于不盈利的境地。

2. 物流联盟模式

（1）物流联盟的含义。物流联盟是指两个或两个以上的经济组织为实现特定的物流目标而采取的长期联合与合作方式，其目的是实现联盟参与方的"共赢"。广义的物流联盟包括第三方物流，是制造业、销售企业、物流企业基于正式的相互协议而建立的一种物流合作关系，参加联盟的企业汇集、交换或统一物流资源以谋取共同利益，同时合作企业仍保持各自的独立性；狭义的物流联盟存在于非物流企业之间。

（2）物流联盟的特点。物流联盟具有相互依赖、核心专业化及强调合作的特点，是一种介于自营和外包之间的物流模式，可以降低自营物流模式的风险。物流联盟为了达到比单独从事物流活动取得更好的效果，在企业间形成了相互信任、共担风险、共享收益的物流伙伴关系。企业间不完全采取导致自身利益最大化的行为，也不完全采取导致共同利益最大化的行为，只是在物流方面通过契约形成优势互补、要素双向或多向流动的中间组织。联盟是动态的，只要合同结束，双方又变成追求自身利益最大化的单独个体。

（3）选择物流联盟伙伴的策略。选择物流联盟伙伴时，要注意物流服务提供商的种类及其经营策略。一般可以根据物流服务的范围和物流功能的整合程度这两个标准，确定选择物流企业的类型。物流服务的范围主要是指业务服务区域的广度、运送方式的多样性、保管和流通加工等附加服务的广度；物流功能的整合程度是指企业自身所拥有的提供物流服务所必要的物流功能的多少。必要的物流功能包括运输、储存、配送、流通加工、信息管理等基本功能，能满足企业跨地区、全方位物流服务的要求。

3. 第三方物流模式

（1）第三方物流的含义。第三方物流是指独立于买、卖双方之外的专业化物流企业,长期以合同或契约的形式承接供应链上相邻组织委托的部分或全部物流功能,因地制宜地为特定企业提供个性化的全方位物流解决方案,使特定企业的产品或劳务快捷地向市场移动,并在信息共享的基础上实现优势互补,从而达到降低物流成本、提高经济效益的目的。它是由相对"第一方"发货人和"第二方"收货人而言的第三方专业企业来承担企业物流活动的一种物流形态。第三方物流企业通过与第一方或第二方的合作来提供其专业化的物流服务,它既不拥有商品,也不参与商品买卖,而是为顾客提供以合同约束和结盟为基础的,系列化、个性化、信息化的物流代理服务。服务内容一般包括设计物流系统、电子数据交换、报表管理、货物集运、选择承运人与货代人、海关代理、仓储管理、信息管理、咨询服务、运费支付和谈判等。第三方物流是物流专业化的重要形式,其发展程度体现了一个国家物流产业发展的整体水平。

（2）第三方物流的特点。第三方物流的特点可归纳为四个方面：①关系契约化。第三方物流是通过契约形式来规范物流经营者与物流消费者之间关系的。物流经营者根据契约规定的要求,提供多功能乃至全方位一体化物流服务,并以契约来管理所有提供的物流服务活动及其过程。②服务个性化。首先,不同的物流消费者存在不同的物流服务要求,第三方物流需要根据不同物流消费者在企业形象、业务流程、产品特征、顾客需求、竞争需要等方面的不同要求,提供针对性强的个性化物流服务和增值服务。其次,从事第三方物流的经营者也因市场竞争、物流资源、物流能力的影响需要形成核心业务,不断强化所提供物流服务的个性和特色,以增强其在物流市场的竞争能力。③功能专业化。第三方物流企业一般都是具有一定规模的物流设施设备（库房、站台、车辆等）及专业经验、技能的批发、储运或其他物流业务经营企业,其所提供的是专业化的物流服务。从物流设计、物流操作过程、物流技术工具、物流设施到物流管理都必须体现专门化和专业水平,这既是物流消费者的需要,也是第三方物流自身发展的基本要求。④信息网络化。信息技术是第三方物流生存和发展的基础,在物流服务过程中,借助现代信息网络实现物流信息实时共享,是促进物流管理科学化、提高物流运作效率和企业效益的基本保障。

4. 第四方物流模式

美国埃森哲咨询公司提出的"第四方物流"概念认为,4PL 是一个服务集成商,它对公司内部以及其他组织所拥有的不同资源、能力和技术进行整合,提供一套完整的供应链解决方案。第四方物流公司以其知识、智力、信息和经验为资本，为物流顾客提供一整套的物流系统咨询服务。虽然第四方物流公司并不需要从事具体的物流活动，也不用建设物流基础设施，只是对整个供应链提供整合方案，但其从事物流咨询服务必须具备良好的物流行业背景和相关经验，能为顾客提供真正最佳的增值服务，即迅速、高效、低成本和个性化服务。

通过第四方物流，企业可以大大减少在物流设施（如仓库、配送中心、车队、物流服务网点等）方面的资本投入，降低资金占用，加快资金周转速度，减少投资风险，提升企业形象。

5. 物流一体化模式

物流一体化是指以物流系统为核心的由生产企业、物流企业、销售企业直至消费者的供应链整体化和系统化。物流一体化是在第三方物流的基础上发展起来的物流模式，是物流业发展的高级和成熟阶段。

物流一体化的发展可分为三个层次：物流自身一体化、微观物流一体化和宏观物流一体化。物流自身一体化是指物流系统的观念逐渐确立，运输、仓储和其他物流要素趋向完备，子系统之间协调运作；微观物流一体化是指市场主体企业将物流提高到企业战略的地位，并且出现了以物流战略作为纽带的企业联盟；宏观物流一体化是指物流业发展到这样的水平：物流业占到国民生产总值的一定比例，处于社会经济生活的主导地位，它使跨国公司从内部职能专业化和国际分工程度的提高中获得规模经济效益。

物流一体化的实质是一个物流管理问题，即专业化物流管理人员和技术人员，充分利用专业化物流设备、设施，发挥专业化物流运作的管理经验，以求取得整体最优的效果。

12.4 电子商务中的逆向物流

12.4.1 逆向物流的定义

中国国家标准《物流术语》中的定义：逆向物流（reverse logistics）是为恢复物品价值、循环利用或合理处置，对原材料、零部件、在制品及产成品从供应链下游节点向上游节点反向流动，或按特定的渠道或方式归集到指定地点所进行的物流活动。逆向物流可分为两大类：一是回收物流，主要指不合格物品的返修、退货以及周转使用的包装容器从需方返回到供方所形成的物品实体流动；二是废弃物物流，主要指将经济活动中失去原有使用价值的物品，根据实际需要进行收集、分类、加工、包装、搬运、储存，并分送到专门处理场所时所形成的物品实体流动。

美国逆向物流执行协会（Reverse Logistics Executive Council，RLEC）认为：逆向物流是商品从典型的销售终端向其上一节点的流动过程，其内容涵盖由于产品缺陷或消费者喜好以及过量库存等原因而引起的退货商品、再循环利用的包装原料和容器、再加工利用的废旧机电产品等。

综上所述，逆向物流是与传统供应链物流流向相反，为恢复价值或合理处置，而对原材料、中间库存、最终产品及相关信息，从消费地到起始点的实际流动所进行的有效计划、管理和控制过程。

电子商务中逆向物流的表现是多样化的，从使用过的包装到经处理过的电脑设备，从网售商品的退货到机械零件的回收等，都可以归入逆向物流的范畴。逆向物流中的退货是指下游顾客将不符合订单要求的产品退回给上游供应商，退货来源有制造业退回、商业退回、产品召回、保修退回、终端使用退回。逆向物流中的回收是指将最终顾客所持有的废旧物品回收到供应链上的各个节点，逆向物流的回收方式有再使用、再制造、再循环、销毁处理等。

12.4.2 电子商务中逆向物流产生的原因

电子商务中的逆向物流主要包括退货物流和回收物流。退货物流一般是因为各种原因而产生的从消费者回到零售商的退货，以及从零售商手中返回生产厂家的商品。回收物流一般是指将最终消费者所持有的废旧物品回收到供应链上各节点企业，进行分类处理和再利用的过程。由于电子商务在线经营的特殊性，引起退货的原因和传统经营中产生的原因相似但不相同。电子商务中逆向物流产生的影响因素主要有以下几个方面。

（1）法律法规。为了保护环境，促进资源的循环利用，同时为了规范网站行为和保护消费者的利益，许多国家已经立法，明确规定电子商务网站必须采取退货政策。这些法律法规除了政府制定的法律法规外，还可能来自某些协会或者兴趣团体发起的要求规定。

（2）信息不对称。在电子商务模式下，顾客往往只能看到商品的电子图片或者电子说明书，从视觉上感知商品，不能全面了解所购商品的特性。当收到商品时发现实物与在网上看到的不一致，就会导致大量逆向物流的产生。

（3）消费者驱动。消费者在线购物时，购买了其不想购买的商品而引起的退货，或者消费者收到商品后，希望获得更好的产品型号而引起的退货。另外，零售商或者分销商将手中积压、滞销或者过季的商品退还给供应商而引起的退货。

（4）竞争驱动。商家为了在激烈的市场竞争中吸引更多的消费者，往往会竞相推出各种优惠的退货条件，如"不满意就退货"等。这些优惠措施在方便消费者的同时，也造成了大量的回收物流。

（5）商品本身原因。引起这类退货的原因有：商品存在瑕疵或者质量问题；商品接近或超过保质期；在配送过程中产生的损伤商品或错配商品等。

12.4.3　电子商务中的逆向物流管理

电子商务中产生的逆向物流特别是退货物流会极大地增加运营成本，因此必须对其实施有效管控，主要措施包括退货物流预防和逆向物流处理两个方面。前者主要关注如何避免和减少电子商务中的退货物流，后者则针对电子商务中产生的逆向物流采用合适的方式进行及时处理。

1. 退货物流预防

调查显示，电子商务交易中顾客不满意的原因主要集中在商品的质量和配送环节。因此，关于电子商务中退货物流的避免和预防策略，应从源头上加强控制，可以在设计网站功能时就充分考虑到退货问题，同时注重商品质量和配送环节服务质量。其具体做法如下。

（1）提供详尽的商品信息。电子商务网站应尽可能地提供售卖商品的详细信息，克服信息不对称等弊端。由于网上购物顾客不能直接看到商品实物，常常会发现网上的商品信息和实际收到的货品不符。网站提供的信息越详细、越接近实物，顾客错买的可能性就越小，退货的可能性也越小。

（2）提供商品对比功能。电子商务网站要尽量提供同类商品的对比功能，让消费者在充分的对比选择过程中，挑选到其最满意的商品，减少因一时冲动而造成的冲动购买。

（3）提供取消购物的方便性。当一份订单在网上被创建后，要让消费者有足够的时间考虑其决定是否正确，要允许消费者反悔，允许消费者在一定时间段内取消其订单。这样做表面上可能会减少订单的数量，但避免了因退货带来的成本增加和不必要的麻烦。

（4）保证商品的质量。商品质量永远是顾客关注的热点，企业得到顾客认可的首要条件就是优质的商品。因此，电子商务企业一定要选择正规的进货渠道，保证商品的质量。

（5）从正向物流入手减少不必要的退货物流。电子商务平台在选择物流配送企业时，不能只注重物流价格，更要重视服务质量。在综合考察、评价物流企业的服务质量等情况后，选择规模较大、覆盖范围广、配送能力强、人员素质高、服务态度好、管理规范、信誉良好的物流企业长期合作。

2. 逆向物流处理

电子商务平台的退换货政策对逆向物流的影响非常大。由于能否退货是影响顾客满意度和忠诚度的一个关键因素，现阶段电子商务网站（或网店）出于市场竞争和营销等方面的需要，大多承诺"7天无理由退货"，这项政策在方便消费者的同时，也极大地增加了逆向物流所产生的运营成本。

逆向物流的处理策略：管理上采用积极的退货政策；操作上采用合适的回收品处理方式。通过两方面的结合，给顾客创造良好的购物体验，增加顾客的满意度和忠诚度。其具体做法如下。

（1）充分认识退货物流的价值。退货物流的管理不仅与利润有关，还会影响信誉。一次成功的退货处理，不仅可赢得顾客的好感，还可避免同类退货再次发生。

（2）明确退货程序。网上销售无法避免退货发生，因此企业应在网页的醒目位置详细介绍退货或换货政策、方法和途径，显示退货程序，包括退货的基本条件、退货期限、退货的责任划分、退货运费的归属等，以便一旦消费者有退货的需要，可以在最快的时间选择最适合自身的方式进行退货，并获得退款。

（3）建立完善的退货物流信息系统。退货物流的成本有很大一部分是由信息化程度不高造成的。因此，电子商务企业应利用网络和信息技术，建立完善的退货物流信息系统，优化逆向物流路线，缩短逆向物流周期，从而降低成本、提高效率。

本章小结

电子商务物流是在传统物流的基础上，引入高科技手段对物流信息和流程进行科学管理，从而使物流速度加快、准确率提高、库存减少、成本降低。电子商务物流配送是根据用户要求，按时送达没有区域范围限制的指定地点的物流活动，往往需要配合包括条码技术、无线射频技术、定位技术在内的先进信息技术实现。电子商务运营中的逆向物流主要是退货物流，在方便消费者、提升顾客满意度的同时，也增加了卖方（包括商品生产提供商）的运营成本。

即测即练

复习与研讨

1. 复习思考题

（1）电子商务环境下的物流配送具有哪些明显的特征？有哪些实现模式？举例说明，并对各种不同模式间的差别进行讨论。

（2）电子商务物流采用的先进技术有哪些？它们分别应用于哪些领域？请举例说明，并对各种物流技术的特点进行分析讨论。

（3）什么是逆向物流？逆向物流与正向物流的关系是怎样的？试列举电子商务中逆向物流的表现形式，并讨论其价值。

2. 小组研讨作业

实地考察学校或家乡所在地的一家物流企业的电子商务应用及数字化与智能化转型需求，或者一家电子商务企业的物流运营情况，在小组充分讨论的基础上，完成一份企业电子商务物流运营管理调研报告。报告内容应基于客观事实的真实描述，包含必要的时间、地点、主要人物、关键事件等信息；语言表述完整准确、条理清晰、决策点突出、数据真实可靠。

第四篇　电子商务综合应用

篇首寄语

己所不欲，勿施于人。

——《论语》

第13章 网络营销

本章学习目标

- 理解网络营销的基本概念和特点,了解其常用工具和方法体系;
- 熟悉搜索引擎营销、许可 E-mail 营销、网络广告等网络营销方法的应用;
- 掌握网络市场调研方法,熟悉企业网络营销组合策略。

引例:网上赚钱网下赔钱的生意

一位43岁的美国妇女为她姨妈向政府申请了一个免费的轮椅,她所做的事情就是准备一些必要的文件和填写一些表格。为此,她写了一篇如何向政府申请免费轮椅的报告。

申请成功之后,她在网上以每份2美元的价格出售她的报告,后来一段时间里她每月可赚3万美元!简直难以置信,如此简单的事会有市场,会有如此的潜在利益!随后她又在报纸、杂志上刊登同样的广告,但是这次以纸张为载体的报告却使她赔钱。很奇怪,这份报告只能在网上赚钱。

如果反过来看这一现象,在许多情况下,传统市场营销(通过报纸、杂志、电视等)并没有取得成功的产品,却能在网上赚钱。虽然这是一个非常古怪的例子(从一个简单的报告中每月赚3万美元),但这确实发生了……也许下一个简单、奇怪的例子又会在网上产生。

案例思考：案例中这位妇女的那份报告为什么在网上可以赚钱而在传统媒体上却赔钱？网络营销有什么特点？

网络营销是随着互联网进入商业应用而逐渐诞生的，1994年美国发生了第一起利用互联网赚钱的"律师事件"，促使人们对E-mail营销开始进行深入思考，也直接促成了网络营销概念的形成。电子商务应用的普及对网络营销的发展起到了巨大的促进作用，而网络营销反过来又推动了电子商务的进一步普及和快速发展。

13.1 网络营销的概念和特点

网络营销是以互联网为主要传播渠道的一种营销手段，在企业经营中发挥着越来越重要的作用，其价值也为越来越多的实践应用所证实。

13.1.1 网络营销的概念

传统意义上的营销是指营销人员通过帮助或说服等手段，促使顾客采取购买行为的活动过程，一般利用广告、现场发布会等形式宣传商品和服务，通过挖掘或附加商品情感属性，来激发人们心中的情感共鸣，使之对所提供的商品（或服务）产生认同，从而作出购买决策，导致购买行为。

网络营销作为一种新型营销手段，由于网络环境在不断发展变化，各种网络营销方法不断出现，在不同时期人们从不同的角度对网络营销的认识也存在一定的差异。广义地说，凡是以互联网为主要手段开展的营销活动，都可称为网络营销。但实际上并不是每一种手段都合乎网络营销的基本准则，也不是任何一种方法都能发挥网络营销的作用。

从网络营销的内容和表现形式来看，有些人将网络营销等同于在网上销售产品，有些则把域名注册、网站建设这些基础网络服务内容认为是网络营销，也有些人只将网站推广认为是网络营销。应该说，这些观点都从某些方面反映出网络营销的部分内容，但并没有完整地表达出网络营销的全部内涵，也无法体现出网络营销的实质。

本书认为，网络营销是借助现代信息技术和数字交互式媒体，运用新的营销理念、新的营销模式、新的营销渠道和新的营销策略，为达到一定的营销目标所进行的宣传和经营活动。网络营销也称为在线营销、互联网营销等，传统市场营销人员则称为新媒体营销。网络营销的业务范畴包括信息发布、市场调查、顾客关系管理、产品开发、制定网络营销策略以及网上采购、销售、售后服务等。

网络营销具有网站推广、网络品牌建设与宣传、信息发布、销售促进、网上销售、顾客服务、顾客关系、网上调研八大职能。网络营销是为最终实现产品销售、提升品牌形象等目标而进行的活动，其目的是扩大销售，但网络营销不等于网上销售。网上销售只是网络营销的一个重要组成部分，是网络营销发展到一定阶段产生的结果。

13.1.2 网络营销的特点

互联网将企业、团体、组织及个人跨时空联结在一起，使信息交换和传播变得轻而易举，也使网络营销呈现出以下特点。

（1）跨时空的全球性市场。互联网的连通性和开放性，决定了网络营销可以在一种无国界的、开放的、全球的市场范围内去寻找目标顾客。营销的最终目的是占有市场份额，由于互联网能超越时间约束和空间限制进行信息交换，脱离时空限制达成交易成为可能，企业可以有更多时间和更大的空间进行营销，可以每周 7 天、每天 24 小时随时随地提供全球性营销服务。

（2）多样的信息媒体。互联网可以传输文字、声音、图像等多种媒体的信息，使得为达成交易而进行的信息交换以多种形式存在和传输，可以充分发挥营销人员的创造性和能动性。

（3）资源和方法的整合性。网络营销可以渗透到从商品信息展示到商品订购、售后服务的各个环节，是一种全过程的营销。在网络营销的过程中，企业借助互联网对不同的营销活动进行统一设计规划和协调实施，对有形和无形的多种资源、线上线下多种营销方法进行整合，以统一的传播口径向消费者传达一致的信息，避免传播不一致产生的消极影响。

（4）信息传递的双向交互性。交互营销的特征是用户可以主动、实时参与到营销活动中，这种参与可以是有意识的询问，也可以是随机、无意识的点击行为。互联网通过展示商品图像、商品信息资料库提供有关的查询，为产品联合设计、商品信息发布，以及各项技术服务提供最佳工具来实现供需互动与双向沟通。交互性是网络营销重要特征之一。在网络营销中，交互式广告、网络智能查询、在线实施服务等都有不同程度的交互性，交互的程度除了设定的程序之外，也与参与者的兴趣和方式有关。一项营销活动即使在功能上具备了交互性，但是如果不能引起用户的兴趣，这种交互性的效果同样无法表现出来。

（5）促销推广的个性化。互联网上可以方便地实现一对一、低成本与个性化的促销，而且这种促销通常是消费者主导的、非强迫性的、循序渐进式的，可以避免推销员强势推销的干扰，并通过信息提供与交互式交谈，与消费者建立长期良好的关系，符合**定制营销**的发展趋势。

知识卡片 13-1
定制营销

（6）运营实施的技术性。网络营销建立在现代信息技术作为支撑的互联网基础上，企业实施网络营销必须有一定的技术投入和技术支持，改变传统的组织形态，提升信息管理部门的功能。

13.2 网络营销常用方法

随着互联网技术和应用的不断发展，适用于网络营销的基本工具也相应发生变化，新的工具不断出现。在 Web 1.0 时代，常见的网络营销工具主要有企业网站、搜索引擎、网络广告、电子邮件等，其共性特征是用户只能被动地浏览信息；在 Web 2.0 时代出现的网络营销工具主要是一些社会化媒体，包括博客、微博、即时通信、电子书、网络视频、论坛、维基词条等，其共同特征是：用户既是信息的浏览者，也能参与信息的制造。借助各种网络营销工具，可以实现营销信息的发布、传递、与用户之间的交互等，相应地形成许多不同的网络营销方法。

微课视频 13-1
网络营销的常用方法

13.2.1 Web 1.0 网络营销主要方法

网络营销方法是对网络营销工具和各种网络资源的合理应用。Web 1.0 时代已经出现并且至今仍广泛应用的网络营销方法主要有搜索引擎营销、许可 E-mail 营销、网络广告、病毒式营销等。

（1）搜索引擎营销。搜索引擎营销是利用人们对搜索引擎的依赖和使用习惯，在人们检索信息的时候尽可能将营销信息传递给目标顾客。搜索引擎营销追求最高的性价比，以最小的投入，获得最大的来自搜索引擎的访问量，并产生商业价值。搜索引擎在网络营销中的作用主要表现在网站推广、产品促销、网络品牌、网上市场调研、作为网站优化的检测工具等方面。其中搜索引擎作为网站优化检测工具，主要是获得网站在搜索引擎检索结果中的表现信息，如检查网站链接数量、网站被搜索引擎收录网页数量、**网站 PR 值**（PageRank）等。

知识卡片 13-2
网站 PR 值

（2）许可 E-mail 营销。许可 E-mail 营销是在用户事先许可的前提下，通过电子邮件的方式向目标用户传递有价值信息的一种网络营销手段。许可 E-mail 营销包括三个基本要素：基于用户许可、通过电子邮件传递信息、信息对用户有价值。三个要素缺少任何一个，都不能称之为有效的许可 E-mail 营销。基于用户许可的 E-mail 营销与滥发邮件不同，许可 E-mail 营销比传统的推广方式或未经许可的 E-mail 营销具有明显的优势，例如可以减少广告对用户的滋扰、增加潜在顾客定位的准确度、增强与顾客的关系、提高品牌忠诚度等。许可 E-mail 营销是网络营销方法体系中相对独立的一种，既可以与其他网络营销方法相结合，也可以独立应用。

（3）网络广告。网络广告是广告主有偿运用互联网等传播媒体向公众传递经营信息的商业活动，是最早出现的网络营销形式，既可以独立采用，也可以与其他网络营销方法相结合。网络广告涉及的内容非常广泛，如网络广告设计、网络媒体投放策略、网络广告效果监测等，但其主要价值体现在品牌形象宣传、产品促销等方面。

（4）病毒式营销。病毒式营销是通过用户的口碑宣传网络，使营销信息像病毒传播一样扩散，利用快速复制的方式传向数以千计、百万计的受众，常用于进行品牌宣传、网站推广等。病毒式营销的基本思想是通过提供有价值或有独特创意的信息和服务，利用用户之间的主动传播来实现营销信息传递。病毒式营销背后的含义是如何充分利用外部网络资源（尤其是免费资源）扩大网络营销信息的传递渠道。

13.2.2 Web 2.0 社会化媒体营销方法

社会化媒体是对博客、微博、微信、社交网站等 Web 2.0 应用的一个综合表述，其核心是注重与用户的交互作用，让用户既是营销信息的浏览者，同时也是营销信息内容的建设者。

（1）博客营销。博客营销是企业或者个人利用博客这种网络交互性平台，发布并更新企业或个人的相关信息，密切关注并及时回复平台上顾客对于企业或个人的疑问与咨询，帮助企业低成本获得搜索引擎的较前排位，以达到宣传企业目的的营销手段。博客营销具有细分程度高、定向准确、互动传播性强、信任程度高、口碑效应好、影响力大等优势，能引导网络舆论潮流，并与搜索引擎营销无缝对接。

（2）微博营销。微博营销是指借助微博平台进行品牌推广、活动策划、个人形象包装、产品宣传等一系列的营销活动。企业微博每天更新的内容其实就是在与用户交流，通过用户感兴趣的话题，在潜移默化中达到营销目的。微博营销最大的特点是集成化和开放化，用户可以通过手机、IM（即时通信）软件（如 QQ、MSN、Skype 等）等途径向其微博客发布消息。

（3）微信营销。微信营销是借助微信平台开展顾客服务营销的一种营销渠道。由于微信不存在距离的限制，用户注册微信后即可与周围同样注册的"好友"形成一种联系。用户可以订阅其所需的信息，商家也可通过提供用户需要的信息推广其产品。微信营销具有形式灵活多样、可实现点对点精准营销等特点。

（4）社交网站营销。社交网站营销是集广告、促销、公关、推广为一体的营销手段，是在精准定位基础上开展的网络营销，偏重口碑效应的传播。简单地说，社交网站营销就是在社交网站上通过广告、口碑传播等进行品牌推广、产品推销等活动。典型的社交网站如抖音、快手、Twitter 等。

13.3 网络市场调研

网络市场调研是基于互联网对网络市场的相关数据系统地进行计划、收集与分析，并把分析结果向管理者反馈与沟通的过程。这些相关数据包括顾客需求、市场机会、竞争对手、行业潮流、分销渠道以及战略合作伙伴等方面的情况。所收集的信息按收集渠道可分为两类：①借助网站用户注册和填写免费服务申请表格等途径收集的原始资料。②利用搜索引擎通过各种网站收集的二手资料。

网络市场调研是企业网络营销的利器，它能促使企业在掌握了大量信息的基础上生产适销对路的产品，并根据市场环境变化及时地调整营销策略。网络市场调研促使新一代市场调查业诞生和发展，并以其调研信息的及时性和共享性、调研方式的便捷性和经济性、调研过程的交互性和充分性、调研结果的可靠性和客观性、调研活动无时空和地域的限制等优点，成为我国电子商务市场调查的主流方法。

13.3.1 网络市场调研的方法类型

利用互联网进行市场调查有两种方式：①利用互联网通过调查问卷等方式收集第一手资料的直接调查。②利用互联网的媒体功能收集二手资料进行间接调查。

1. 网络直接调研

网络直接调研可以采用借助自建的网站开展网上调查、借助现有的第三方网站平台进行调查、利用 E-mail 直接向潜在顾客发送调查问卷进行调查、在相应的新闻组或网络论坛中发布问卷信息或者调查题目进行调查等策略。网络直接调研的方法繁多，按采用的技术可以细分为站点法、电子邮件法、随机 IP 法和视讯会议法等。

（1）站点法。站点法即把网上调查问卷文件附加在一个或几个网络站点上，由浏览这些站点的用户回答调查问题。站点法属于被动调查法。

（2）电子邮件法。电子邮件法即通过给被调查者发送电子邮件的形式将调查问卷发给一些特定的网上用户，由用户填写后以电子邮件的形式再反馈给调查者的调查方法。电子邮件法属于主动调查法。

（3）随机 IP 法。这是以产生一批随机地址作为抽样样本的调查方法。随机 IP 法属于主动调查法，其理论基础是随机抽样。利用该方法可以进行纯随机抽样，也可以依据一定的标志排队进行分层抽样和分段抽样。

（4）视讯会议法。视讯会议法是将分散在不同地域的被调查者通过互联网视讯会议功能虚拟地组织起来，在主持人的引导下讨论调查问题的调查方法。

2. 网络间接调研

网络间接调研主要是利用互联网收集与企业网络营销相关的市场、竞争者、消费者以及宏观环境等方面的间接信息。间接信息的来源包括企业内部信息源和企业外部信息源。

（1）企业内部信息源。与市场有关的企业内部信息来源，主要包括企业自行收集和整理的市场信息、企业产品在市场销售的各种记录和档案材料，诸如顾客名称表、购货销货记录、推销员报告、顾客与中间商的通信记录和往来邮件等。

（2）企业外部信息源。此即企业外部的市场信息来源，其范围极广，包括与国际市场信息有关的公共机构（如本国政府机构网站、外国政府网站、公共图书馆和大学图书馆）、商情调研机构（如艾瑞市场咨询）、国际组织（如世界贸易组织）、国际性大银行等。

网络直接调研一般只适合于针对特定问题进行专项调查，企业用得最多的通常还是网络间接调研方法，因为它信息广泛，能满足企业管理决策需要。

13.3.2 网络市场调研的步骤

网络市场调研与传统的市场调研一样，应选用适当的方法，并遵循一定的步骤，以保证调研过程的质量。网络市场调研一般包括以下几个步骤。

1. 确定调研问题和调研目标

互联网上有海量的数据信息，如果没有一个清晰的目标，在网上搜索信息时可能无法精确地找到所需要的重要数据。因此，网络市场调研一定要确定调研问题、明确调研目标。例如，了解目标顾客群体的需求和竞争对手情况、明确谁是潜在顾客等。

2. 制订调研计划

网络市场调研需要根据调研目标制订出最为有效的信息收集计划。具体来说，要确定资料来源、调查方法、抽样方案和联系方法。

（1）资料来源。要确定调研中需要收集的是第二手资料还是第一手资料（原始资料），是否需要两者同时收集。

（2）调查方法。网上市场调查可以使用专题讨论法、问卷调查法和实验法。专题讨论法是借用新闻组、邮件列表讨论组和网上论坛的形式进行；问卷调查法可以使用 E-mail 分送（主动出击）和在网站上发布（被动）问卷等形式；实验法则是选择多个可比的主体组，分别赋予不同的实验方案，控制外部变量，并检查所观察到的差异是否具有统计上的显著性。这种方法与传统的市场调查所采用的原理是一致的，只是手段和内容有区别。

（3）抽样方案。确定抽样单位、样本规模和抽样程序。在组织抽样调查时，必须确定合理的抽样单位数。抽样单位数目过多，会造成人力、物力和财力的浪费；抽样单位数目过少，会造成抽样误差增大，影响抽样推断的可靠程度。一般来说，确定抽样单位数目主要受以下几个因素的影响：①抽样推断的可靠程度。可靠程度越高，抽样单位数目要求越多。②总体标志变异程度。变异程度大，需要抽样单位数目多些；变异程度小，可以少些。③极限误差的大小。极限误差大，要求推断的可靠程度低，抽样单位数目也就要求少些；极限误差小，抽样单位数目则应多些。④抽样方法与抽样组织形式。在相同条件下，重复抽样需要多抽一些，不重复抽样可少抽一些。另外，采用分类抽样、标志排队、等距离抽样等方式，抽样单位数比简单随机抽样方法可少一些。⑤人力、物力和财力的可能条件。从以上因素考虑抽样单位数目时，还应结合人力、物力和财力的具体情况做适当调整。

对社会经济现象进行抽样调查，需要根据调查现象总体的分布状况选择合适的抽样组织形式。不同的**抽样组织形式**，计算抽样误差的方法不同，因而会影响到抽样单位数目的多少。

知识卡片 13-3
抽样组织形式

（4）联系方法。确定拟采用的网上交流形式，如 E-mail 传输问卷、第三方网站平台发布问卷、参加网上论坛等。

3. 收集信息

网上市场调研可以不受时间和地域的限制，收集信息直接在网上递交或下载即可。在线问卷调查中访问者经常会有意无意地漏掉一些信息，这种情况可以通过在页面中嵌入脚本或 CGI（公共网关接口）程序进行实时监控。如果访问者遗漏了问卷上的一些内容，程序会拒绝递交调查表或者验证后重发给访问者要求补填。最终，访问者会收到证实问卷已完成的公告。在线问卷的缺点是无法保证问卷上所填信息的真实性。

知识卡片 13-4
CGI

4. 分析信息

收集信息后要做的是分析信息，调查人员如何从数据中提炼出与调查目标相关的信息，直接影响到最终的调查结果。分析信息是网络市场调研能否发挥作用的关键，要尽量排除不合格问卷，对大量回收的问卷进行综合分析和论证。此外还要使用一些数据分析技术，如交叉列表分析、概括、综合指标分析和动态分析等，目前国际上较为通用的分析软件有 SPSS、SAS 等。网上信息的一大特征是即时呈现，而且竞争对手也可能从网站上看到同样的信息，因此分析信息能力相当重要，它能使企业在动态的变化中捕捉到商机。

5. 撰写调研报告

调研报告的撰写是整个调研活动的最后一个阶段。报告不是数据和资料的简单堆砌，调研人员不能把大量的数字和复杂的统计技术扔到管理人员面前，否则就失去了调研的价值。正确的做法是把与网络营销关键决策有关的主要调查结果报告出来，并以调查报告所应具备的正规结构写作。

作为对填表者的一种激励或犒赏，网上调查应尽可能地把调查报告的全部结果反馈给填表者或广大读者。对一些"举手之劳"式的简单调查，可以实施互动的形式公布统计结果，效果更佳。

13.3.3　在线调查问卷的设计

1. 在线调查问卷的构成

（1）卷首语。说明由谁执行此项调查，调查的目的、意义何在。其主要功效是使被调查者感到正在进行的调查项目是合理、合法的，是值得他们花些时间和精力认真填写的。卷首语虽然不是问卷的主体部分，但它的作用不容忽视，即消除顾虑、取得被调查者的信任。所以一定要注上明确的单位名称、地址、联系电话和网址。

（2）问题指导语。这是向被调查者解释怎样以及如何正确地填写问卷的语句，也即填表说明。这部分非常重要却容易被忽视，如果指导语描述不专业，则很有可能造成歧义，进而直接影响调查结果的可信度。

（3）问卷的主体。问卷主体包括问题和备选答案，是问卷的核心部分。问题的类型可以分为开放型和封闭型。网络市场调查中有的在线问卷多采用封闭型问卷，即在提出问题的同时，给出备选的答案。封闭型问卷的优势非常明显，时间省、回收率较高、资料便于统计处理和进行定量分析。但在线调查问卷有时也要结合一定的开放型题目，以获取调查对象对某些问题的详细看法、意见或建议。因此，在线调查问卷的题型应多样化，总的原则是：以封闭型为主，开放型为辅，封闭和开放相结合。在设计问题时应注意特征标志（年龄、性别、学历、职业、地区等）的作用，根据需要设置一定的特征标志问题，以方便日后统计分析。

另外，在问卷设计中应把握以下基本原则：①目的性。目的性原则即所列问题应与调查主题密切相关，与本次调查无关的问题不应出现在问卷中。②可接受。可接受原则即保证被调查者选择的自由权，允许被调查者不回答某些问题，关乎被调查者个人隐私的问题不应出现在调查问卷中，以免引起反感。③简明。问卷主体简明、扼要，使被调查者易读、易懂，回答问题方式也尽可能方便。问卷总题数一般不要超过20题，回答时间控制在10分钟以内为宜。

（4）结束语。问卷结束一般要设置一段结束语，对被调查者的参与表示感谢，要诚恳、亲切。同时，还应要求被调查者留下自己的联系方式，以便中奖后联系。最后，还应说明问卷提交的方式，如果是 HTML 格式的问卷，那么最后应该留出一个"提交"按钮，如果采用 E-mail 方式回收，则应该留下 E-mail 地址。

2. 在线调查问卷设计时应注意的问题

在设计在线调查问卷时，有些细节问题不容忽视，否则，将会影响调查者参与积极性和调查结果的准确程度。

（1）公布保护个人信息的声明。无论哪个国家，对个人信息都有不同程度的自我保护意识，要让用户了解调研目的，并确信个人信息不会被公开或者用于其他任何场合。如果以市场调查为名义收集用户个人信息以展开所谓的数据库营销或者个性化营销，不仅会严重损害企业在消费者特别是在被调查者中的信誉，同时也将损害合法的市场调查。目前，国内的一些网站利用在线调查收集到的用户信息和电子邮件地址，大量发送商业广告，或直接将用户信息转卖给其他站点，非法牟取利益，这些都对用户个人隐私造成了严重的侵犯。因此，有必要在问卷开头声明保护用户个人隐私的承诺。

（2）对被调查者的合作给予一定的物质答谢和奖励。作为补偿或者刺激被调查者参与调查的积极性，问卷调查机构应该提供一定的奖励措施。合理设置奖项有助于减少不真实的问卷。

（3）吸引尽可能多的人参与调查。参与者的数量对调查结果的可信度至关重要。因此，要采取一定的措施尽量增加被调查者的数量，如加大宣传推广力度，网上调查与适当的激励措施相结合，必要时还可以与访问量大的网站合作以增加参与者数量。

（4）尽量减少无效问卷。除了问题易于回答之外，可利用电脑程序在问卷提交时给予检查，并提醒被调查者对遗漏的项目或者明显超出正常范围的内容进行完善。必要时还可设置 IP 地址鉴别或访问口令，以保证一人一答。

（5）正式投放前进行小范围测试。在正式发放调查问卷之前，可以先在小范围（如自己的同事、同学、朋友）对调查表进行测试，让同事和朋友作为被调查者，认真回答各项问题并选择合适的选项，收集测试过程中发现的问题，对调查表进行必要的修正，以确保正式调查的顺利进行。

（6）采用多种调研手段相结合。常用的网上调研手段除了在线调查表之外，还有电子邮件调查、对访问者的随机抽样调查、固定样本调查等。具体使用时应根据调查目的和预算,将多种网上调查手段相结合,以最小的投入取得尽可能多的有价值的信息。

还要注意,在线调查一般需要几天甚至几个月的时间,随着在线调查的展开,获得资料逐渐增加,应对这些资料给予及时的备份,以免发生意外丢失数据。同时在调查过程中,应及时处理无效问卷,删除数据库中的无效回答(如同一用户的多次提交或系统工作不正常所引起的异常问卷等),提高在线调查的质量。

本章小结

网络营销是一种新型营销手段,现代电子及通信技术是网络营销产生的技术基础,消费者价值观的改变是网络营销产生的观念基础,商品竞争的日益激烈化是网络营销产生的现实基础,社会经济的发展是网络营销产生的经济基础。Web 1.0时代的网络营销方法中用户只能被动地接收营销信息;Web 2.0时代的社会化媒体营销方法中,用户既可以接收营销信息,也可以参与营销信息的制造。网上市场调查方式主要有两种:①利用互联网直接进行问卷调查等方式收集一手资料。②利用互联网的媒体功能,从互联网收集二手资料进行网络间接调查。

即测即练

复习与研讨

1. 复习思考题

(1) 网络营销的常用方法主要有哪些?

(2) 网络市场调研一般包含哪几个步骤?在线调查问卷由哪几个部分构成?

2. 小组研讨作业

对你所学专业的就业情况展开网络间接调研,调研内容包括:毕业生的就业意向、择业心态、期望薪酬、求职准备情况、用人单位情况、薪酬水平、岗位与专业贴近度、就业满意度、职务、毁约/离职率等,并撰写调研报告。

第 14 章 电子商务策划

本章学习目标

- 理解电子商务策划的含义与原则；
- 掌握电子商务运营策划书和创业策划书的撰写技巧和内容结构；
- 善于将企业的商务需求通过电子商务策划转变为电子商务应用。

引例：上海企业电子商务运营策划专员招聘

岗位职责：①编制企业年度及季度电子商务业务规划；结合电商市场需求制订具体营销活动计划并掌握活动节奏。②负责品牌在线宣传策划、营销主题创作、活动文案撰写；针对热点事件、节日等及时策划新的线上活动并推进执行，同时负责对活动资源统筹协调并总结评估活动效果。③负责策划新产品宣传文案、推广计划；配合设计团队挖掘新老产品亮点、卖点，统一文案和视觉输出，提高转化率。④负责其他各种电子商务活动策划、活动排期以及与各渠道的沟通落地。⑤关注竞品动向，研究其营销策略；关注同行业企业的营销策划手法，如促销、广告诉求、文案风格，并结合本企业实际情况进行优化调整。

任职要求：①电子商务类或市场营销、服装相关专业。②有很强的需求分析能力、语言表达能力和扎实的文字功底，能制订高品质的市场分析文案和产品运营计划。③有丰富的用户体验经验，有电商或品牌营销策划岗位经验为佳；有新媒体策划传播经验，如直播、众筹等经验者优先。④有敏锐的市场观察力、丰富的想象力，能及时发现产品问题并推动研发部门解决，善于利用各种资源开展合作。⑤性格开朗，能承受一定压力，做事情细心负责，喜欢创新。

资料来源：m.zhipin.com。

案例思考：电子商务运营策划专员职业岗位对人员的知识、能力、情感素养方面分别有什么要求？若要胜任这类岗位你还需要做哪些准备？对于后期的专业学习你从案例中能得到怎样的启示？

电子商务策划是一门有趣的学问，它涉及心理学、美学、市场营销学、网络技术、网络知识、网络营销、营销管理、广告学、财务、物流、支付、人力资源等多项学科，在国外，已逐渐有这方面的专业理论；在国内，随着中国高质量商务网站的增加和电子商务市场竞争的加剧，电子商务策划的专业化进程加快。

14.1 电子商务策划的定义与原则

策划是一门以预测和定位为基础的学问，是一种高智力的活动，运用到商业上，往往能起到点石成金的功效，不但给策划对象带来利益，而且能够为策划者自己带来利益。如果一个公司能够预测到未来出现的市场，那么它就可以通过生产或提供这些市场所需要的产品或服务，取得商业上的成功。

14.1.1 电子商务策划的定义

策划又称"策略方案"或"战术计划"，是指人们为了达成某种特定的目标，借助一定的科学方法和艺术，为决策、计划而构思、设计、制作策划方案的过程，可分为策略思考与计划编制两个阶段。策略思考是指为达成某种特定目的所需采用的方法论的思考与设计；计划编制是指按照已经确定的方法与设计编制具体行动计划的过程。

对于电子商务策划的概念，存在着不同的理解。根据现阶段电子商务策划的工作内容和实际运作的形态特征，本书认为，电子商务策划是借助现代信息技术和预测手段，有效地组织各种策略方法来实现电子商务战略的一种系统工程。对于企业而言，电子商务策划一般是通过了解企业的产品或服务，根据企业现有的管理模式、财务状况、分销渠道，分析企业电子商务的应用现状，利用企业的内部资源和外部资源与电子商务的相关性，提出适合企业发展需要的电子商务解决方案，进而帮助企业进行电子商务运营或实现数字化转型。对于电子商务策划定义的理解，须把握以下三方面的特点。

（1）电子商务策划必须深入企业内部体现个性化。这一点很重要，现在很多互联网服务公司几乎都提供标准化服务，但是往往不能很好地满足企业的需求。因为每个企业都有各自的特点和外部资源，有各自的个性化需求，只有充分了解这些以后才能为企业提供正确、专业的建议或方案，必要时还需要对员工网络应用水平进行测试甚至培训，所以电子商务策划必须是深入企业内部的个性化的产物。

（2）电子商务策划是一个资源整合的过程。网络整合营销是一个很好的营销方式，实施网络整合营销的一个很重要的因素就是会利用各方面的资源，如人脉、资金流、企业联合等，但是这些资源不是随随便便就可以拿来用的，需要分析，需要监控，需要评估，而这些可以通过电子商务策划统筹进行。

（3）电子商务策划已形成一种职业。做电子商务策划需要了解多方面的知识，既要了解传统行业，还要了解人的心理活动；既要懂营销，还要有一定的专业知识或技术基础。

14.1.2　电子商务策划的原则

我国虽然在电子商务领域具有相关的技术规范，但针对电子商务策划的规范尚处于空白状态。根据有关电子商务策划机构的实践，总结出电子商务策划应遵循如下原则。

1. 系统性

电子商务是以网络为工具的系统性的企业经营活动，它在网络环境下对市场的信息流、商流、物流、资金流、制造流和服务流进行管理。因此，电子商务方案的策划是一项复杂的系统工程。策划人员必须以系统论为指导，对企业电子商务活动的各种要素进行整合和优化，使之相得益彰。

2. 创新性

网络为顾客对不同企业的产品和服务所带来的效用与价值进行比较带来了极大的便利。在个性化消费需求日益明显的电子商务环境中，创新创造与顾客的个性化需求相适应的产品特色和服务特色，是提高效用和价值的关键。创新带来特色，不仅意味着与众不同，而且意味着额外的价值。在电子商务方案的策划过程中，必须在深入了解电子商务环境尤其是顾客需求和竞争者动向的基础上，努力营造旨在增加顾客价值和效用、为顾客所欢迎的产品特色和服务特色。

3. 操作性

电子商务策划的结果是形成相应的电子商务方案，所形成的电子商务方案必须具有可操作性，否则毫无价值可言。这种可操作性，表现为在电子商务方案中，策划者根据企业电子商务的目标和环境条件，就企业在未来的电子商务活动中做什么、何时做、何地做、何人做、如何做的问题进行了周密的部署、详细的阐述和具体的安排。也就是说，电子商务方案是一系列具体的、明确的、直接的、相互联系的行动计划的指令，一旦付诸实施，企业的每一个部门、每一个员工都能明确自己的目标、任务、责任以及完成任务的途径和方法，并懂得如何与其他部门或员工协作。

4. 经济性

电子商务策划必须以经济效益为核心。电子商务策划不仅本身消耗一定的资源，而且通过电子商务方案的实施，改变企业经营资源的配置状态和利用效率。电子商务策划的经济效益，是策划所带来的经济收益与策划和方案实施成本之间的比率。成功的电子商务策划，应当是在策划和方案实施成本既定的情况下取得最大的经济收益，或花费最小的策划和方案实施成本取得目标经济收益。

5. 协同性

电子商务策划应该是各种电子商务手段的协同应用，而不是某种方法的孤立使用。诸如论坛、博客、社区、短视频等社会化媒体资源往往需要协同应用才能达到预期效果。

14.2 电子商务策划的类型

根据所要实现的具体目标的不同，电子商务策划可以分为电子商务运营策划、电子商务市场策划、电子商务网络营销策划、电子商务网站策划、电子商务创业策划等类型。

14.2.1 电子商务运营策划

电子商务运营策划大致可以从产品定位、资源整合、企业电子商务业务实施、物流配送、售后服务等几个方面来进行。

1. 产品定位

通过产品定位可以增强电子商务网站的凝聚力和专业性，进而提升电子商务网站整体运营能力。产品定位需考虑市场对该产品的购买力与潜力，同时需考虑产品利润。

2. 资源整合

基于资源整合的电子商务运营策划一般应根据公司现状，将其现有资源与购物网站进行整合利用，尽可能地提升网购用户参与的积极性，以实现互利互惠为原则。

3. 企业电子商务业务实施

企业实施电子商务通常需要解决线上线下价格不统一、协调传统渠道分销商等问题。

（1）解决线上线下价格不统一问题的方法。其主要有比例法和商品差异化处理法两种。①比例法：网上价格一定要比线下低，但需要保持一定的让大家都可以接受的比例，通常的黄金比例是 10%～15% 的区间，这样可使线上线下都不受影响。②商品差异化处理法：线上和线下商品进行差异化的处理，即线上只卖线下没有的款式或者产品，这样就不存在价格冲突的问题，对于公司的价格体系与信誉是极有帮助的。而针对网络用户的特点，开发出更加适合网购人群的产品，这样既可以提升收益，又能促进对公司线下的品牌宣传。

（2）协调传统渠道分销商。第一步，防止分销商乱定价。将网络分销业务收归企业统筹管理和经营，制定网络分销协议，以防分销商搞乱价格市场。第二步，线上线下配合。网上进行商品交易，同时让当地的分销商负责某一片区域的配送，然后进行利润分配。

此外，在制订电子商务实施计划时应尽量提供较完全的网上购物服务给顾客。例如，销售数码相机的店铺，宜同时提供相关的配件，诸如电池等。

4. 物流配送

在完成网上交易后，电子商务网站需要向消费者配送相关物品，完善的物流配送系统可以为电子商务网站带来更好的口碑和良好的用户感受。对于一些新成立的电子商务网站而言，建立物流配送体系成本较高，因此需要选择较好的物流合作伙伴，并在未来资金实力允许的情况下，建立库存运维中心，以提高货物到达率；完善物流信息化平台，以提升电子商务网站整体运营能力。物流配送在中国电子商务发展中有着举足轻重的地位。

5. 售后服务

要建立企业自己的客服队伍，这样才能更好地为本企业的用户提供良好的服务，让用户感觉到这不仅仅是一种购物，还是一次享受。目前有些网络公司的售后服务是外包的，这种售后服务模式虽然有其优势，但也带来很多的投诉。

14.2.2 电子商务市场策划

电子商务市场策划是企业不可或缺的一部分。电子商务市场策划的内容主要包括以下方面：①分析市场需求，依据产品特点，制订网络营销方案。②负责产品的网络营销推广及网络广告的投放和跟进。③独立完成广告策划方案、品牌推广方案、方案设计报告的撰写。④收集分析顾客对老产品的反馈意见，策划完善老产品，尽量延长其市场生命周期。

【微型案例14-1】亚洲资讯曾为其顾客制订了一套完整的电子商务市场策划，以帮助其省钱、省力地将产品信息传达给用户。该份电子商务市场策划的主要内容包括：①适合企业的网络构架和发展计划。②出色的网络店面设计，将广告效应和品牌形象完美结合。③统一的网络平台设计，可同时进行市场促销活动，满足一对一市场需求，以方便用户并节省开支。④网络商店，即在线商店，手推车购物功能，可以在线管理店面的电子商务网站。⑤网络管理员将对网站进行实时内容管理、维护和更新。⑥提供用户信息管理工具，使资料更新、查找都方便。⑦网络沟通。可向与公司网站相关网站的用户和公司现有用户自动发送定制的时事快讯。越来越多的企业开始认识到将一个偶然购买本公司产品的用户变成一个终身用户的价值，这也是电子商务网站的获利所在。⑧能自动发送电子邮件到所有用户。⑨ERP管理系统发展，以及更多更有力的特点。

14.2.3 网络营销策划

一份完整的以网站为网络营销平台的网络营销策划方案必须包括以下几个基本要素：网站分析、网站优化、网站推广、网络营销培训、收费形式、经典案例、联系我们。网络营销策划大致可分为三个层次。

（1）信息应用层策划。在这个层次上，企业主要利用互联网来发布信息，并充分利用网络优势，与外界进行双向沟通。这是最简单、最基本的一层，企业不需要对信息技术有太高的要求，只是最基本的使用。例如通过发 E-mail 与消费者进行沟通、交流，定期给顾客发各种产品信息邮件、产品推荐邮件、电子刊物等，加强与顾客的联系；建立企业网站主页，将一些有关企业及其产品、服务的介绍放在主页，辅以精美的图文，供访问者浏览；通过专用数据专线上网等。

（2）战术营销层策划。在这个层次企业主要进行下列工作：①网络营销调研。利用互联网在线调研可以轻松地完成大量复杂的调研工作，能够充分满足各种统计数据的要求，提高营销调研的质量。由于它使用电子问卷，大大减少了数据输入工作，缩短了调研时间。②网上销售。这是目前网络营销最具诱惑力的职能之一。数以千计的企业在网上"安营扎寨"，销售产品种类繁多。网上销售与传统的商业销售的实物流程相分离，是一种信息时代的营销手段。③营销战术系统。其主要包括：用于管理库存的子系统，用于宣传产品、链接网站的子系统及用于答复用户意见、反馈信息的子系统。决策者们利用网上的这一系统分析工具，进行着各种各样的决策活动。

（3）战略营销层策划。这个层次建立在战术营销层基础上，将整个企业营销组织、营销计划、营销理念等完全融入网络，依靠网络指定方针，开展战略部署，实现战略转移，缔结战略同盟等战略决策。

14.2.4 电子商务网站策划

电子商务网站策划的主要内容包括确定网站主题、网站结构设计、网站内容设计、网站功能设计、网站的表现形式设计等方面。

（1）确定网站主题。确定网站主题需注意以下两点：①网站主题集中反映企业的经营理念、建网目标和服务定位。②网站主题有感召力。

（2）网站结构设计。网站结构设计要考虑以下主要问题：①必须站在网民的角度，充分考虑其上网的期望和习惯。②画出站点地图，显示页面与页面之间的链接关系。③必须符合其网站风格。④必须有合理的层次性和条理性。

（3）网站内容设计。规划电子商务网站内容时需考虑以下问题：①网上购物的特殊性和实现交易的目的，在主页设立网上产品介绍、购物说明、折扣及优惠信息等。②内容服务于人，提供迎合顾客需求的信息。③内容设计有创意。

（4）网站功能设计。网站功能设计应该遵循以下原则：①满足需求为主。②方便扩充，以满足未来需求。③功能、经济性一致可行。

（5）网站的表现形式设计。设计网站的表现形式时需考虑以下主要问题：①网站的色彩搭配。②字体与字号选择。③背景修饰等艺术表现手段。

有关电子商务网站的相关详细内容，请读者参阅本书第9章。

14.2.5 电子商务创业策划

一个酝酿中的电子商务创业项目，往往很模糊，通过编制策划书，把正、反理由都书写下来，然后再逐条推敲，这样创业者就能对其所创项目有更清晰的认识。创业策划书的主要目的之一往往就是筹集资金，一份好的策划书能帮助创业者把创业计划推销给风险投资家。因此，策划书的好坏往往决定了投资交易的成败，对于正在寻求资金以及初创的风险企业来说，策划书的作用尤为重要。

电子商务创业策划书一般应包含研究报告（或计划书）、原始调研资料及其他相关分析报告，以及采用电子商务模式实现立业、创业的详细企划书等内容。

14.3 电子商务策划书的编写

电子商务策划书撰写的好坏，直接影响到项目的推广以及融资等各个方面，因此，电子商务策划书一定要体例规范、结构清晰、内容完整。

14.3.1 编写电子商务策划书的规范要求

（1）逻辑规范。策划书的编写在逻辑上要遵循以下原则：①可支持性，即给投资者一个充分的理由，说明投资的可行性。②可操作性，即解释以什么来保证创业及投资成功。③可盈利性，即告诉投资者带来预期回报的概率有多大、时间有多长。④可持续性，即告诉投资者拟创企业能生存多久。

（2）内容规范。策划书的编写在内容上要遵循以下原则：①结构完整。该说的话绝对不能少，经常见到缺乏财务预估、市场状况及竞争对手数据的策划书，这样的策划书影响到的自然是投资方对方案评估速度的减慢、投资可能性的减小。

②层次清晰。清晰的逻辑层次会给人一种思路清晰的感觉，看了这样的策划书，投资人可以最简洁的方式了解策划者的构思与想法，不仅节省了别人的时间，而且增强了成功的可能性。③深入浅出。尽量将艰深难懂的想法、服务与程序以浅显的文字表现出来，尤其是当资金是来自银行或一群不具专业知识的投资者时更需如此。④顾客导向。简单地说，就是针对募资的对象，行文的语调、章节的编排、数据的呈现、重点的强调等，都应根据需要进行适当调整。

（3）突出重点。①突出项目的独特优势。目前，有关电子商务的创业项目层出不穷，而且大多数都具有网络推广、网上销售等共性特征，要想在众多项目当中脱颖而出，在撰写项目优势的时候一定要突出重点、表达清晰，可以站在不同的视角对项目优势展开分析。②突出产品细节。在策划书中，应提供所有与企业的产品或服务有关的细节，包括企业所实施的所有调查。这些问题包括：产品正处于什么样的发展阶段；它的独特性怎样；企业分销产品的方法是什么；谁会使用企业的产品，其选用该产品的原因是什么；产品的生产成本是多少，售价是多少；企业发展新的现代化产品的计划是什么。把出资者拉到企业的产品或服务中来，这样出资者就会和创业者一样对产品有兴趣。在策划书中应尽量用简单的词语来描述每件事，包括商品及其属性的定义，因为对撰写者来说是非常明确的定义，但其他人却不一定清楚它们的含义。

（4）团队组织结构的优化。把一个思想成功地转化为一个企业的风险行为，其关键的因素就是要有一支强有力的管理队伍，这支队伍的成员必须有较高的专业技术知识、管理才能和多年工作经验。管理者的职能就是计划、组织、控制和指导企业实现目标的行动。在策划书中应首先描述一下整个管理队伍及其职责，然而再分别介绍每个管理者的特殊才能、特点和造诣，细致描述每个管理者将对公司所做的贡献。策划书中一般还应明确管理目标，最好附上组织结构图。

（5）详细的市场调研分析。策划书要给投资者提供对目标市场的深入分析和理解，要细致分析经济、地理、职业以及心理等因素对消费者选择购买本产品行为的影响，以及各个因素所起的作用。策划书中还应包括一个主要的营销计划，计划中应列出本项目打算开展广告、促销以及公共关系活动的地区，明确每一项活动的预算和收益。此外，策划书还应特别关注销售中的细节问题。

（6）市场机会与切入点分析。电子商务的市场细分非常重要，对电子商务项目而言，现阶段并不是市场适应性越强越好，而是向更加精准、专一、特色的市场方向转变。因此，策划书要针对项目的目标市场进行市场机会、市场容量、市场切入时机等方面的调研分析，可以从人群市场、地域市场和行业市场等几方面进行市场细分。

（7）问题与风险及其对策分析。任何一个项目都不可能十全十美。对于创业项目而言，清楚地认识到拟创业项目的问题与风险并未雨绸缪，找到相应的对策，是必不可少的环节。但是往往有些创业者为了突出项目优势，在撰写策划书的过程中刻意回避项目的问题与风险，或者避重就轻，这都不是明智的选择。如果在策划书中能深入透彻地分析客观存在的问题与风险，并切合实际地找到相应的解决对策，这样不仅不会让策划书逊色，而且会增强策划书的可行性。

（8）做好竞争分析。在策划书中应细致分析竞争对手的情况。竞争对手都是谁？其产品有哪些？竞争对手的产品与本企业的产品相比有哪些相同点和不同点？竞争对手所采用的营销策略是什么？诸如此类的问题都应分析清楚。要明确每个竞争者的销售额、毛利润、收入以及市场份额，然后再讨论本项目相对于每个竞争者所具有的竞争优势，并向投资者展示顾客偏爱本项目的原因（如产品质量好、送货迅速、定位适中、价格合适等）。策划书要使其读者相信，本项目不仅是行业中的有力竞争者，而且将来会是确定行业标准的领先者。此外，在策划书中还应阐明竞争者带来的风险以及所采取的对策。

（9）投入与产出以及盈利预测。一个好的项目最终应该是一个具有盈利能力的项目，而具有什么样的盈利能力最终要通过相应的财务报表分析来体现。因此，财务分析是策划书应该着重突出的问题。

（10）项目摘要言简意赅。策划书中的项目摘要十分重要，好的项目摘要能让读者对项目产生兴趣并渴望进一步得到更多的相关信息，给人留下长久的印象。以电子商务创业策划为例，项目摘要往往是投资者首先要看的内容，而且会着重关注计划中与筹集资金最相干的细节，包括公司内部的基本情况、创新能力以及局限性、竞争对手、营销和财务战略、管理队伍等情况，是否有简明而生动的概括描述。

14.3.2 策划书的内容体系

完整的电子商务策划书一般应包括项目摘要、产品介绍、人员及组织结构、市场预测、营销策略、生产制造计划、财务规划、风险因素及其对策等。

1. 项目摘要

项目摘要列在策划书的最前面，它是浓缩了的策划书的精华。项目摘要涵盖了计划的要点，要求内容一目了然，以便读者能在最短的时间内评审计划并作出判断。项目摘要一般包括以下内容：公司介绍、主要产品和业务范围、市场概貌、营销策略、销售计划、生产管理计划、管理者及其组织、财务计划、资金需求状况等。

在介绍项目时，首先，要说明该项目的思路、新思想的形成过程以及企业的目标和发展战略。其次，要交代企业现状、背景和经营范围。要对企业以往的情况做客观的评述，不回避失误。中肯的分析往往更能赢得信任，从而使人容易认同企业的策划书。最后，还要介绍一下创业者自身的背景、经历、经验和特长等。企业家的素质对企业的成绩往往起关键性的作用。在这里应尽量突出自身的优点并表示具有强烈的进取精神和创新能力，以给读者留下一个好印象。

在项目摘要中，企业还必须回答下列问题：①即将进入的市场的基本情况，诸如所处的行业、经营的性质和范围等。②主要产品（服务）的内容。③市场在哪里，谁是目标顾客群体，他们有哪些需求。④需要多少启动资金，一旦企业建立并运转，资金将从何而来。⑤竞争对手是谁，竞争对手对项目的发展有何影响。

摘要应尽量简明、生动，一般1～2页纸，特别要详细说明自身的不同之处以及获取成功的市场因素。

2. 产品介绍

这里所说的产品泛指一切实体产品、数字产品以及服务产品。在进行投资项目评估时，投资人最关心的问题之一，就是风险企业的产品、技术或服务能否以及在多大程度上解决现实生活中的问题，或者风险企业的产品能否帮助顾客节约开支、增加收入。因此，产品介绍是策划书中必不可少的一项内容。通常产品介绍应包括以下内容：产品的概念、性能及特性；主要产品；产品的市场竞争力；产品的研发过程；发展新产品的计划和成本分析；产品的市场前景预测；产品的品牌和专利。

在产品介绍部分，要对产品进行详细准确、通俗易懂的说明，使不是专业人员的投资者也能明白。产品介绍要附上产品原型照片或其他介绍。一般来说，产品介绍必须回答以下问题：①顾客希望产品能解决什么问题，顾客能从该产品中获得什么好处。②该产品与竞争对手的产品相比有哪些优缺点，顾客为什么会选择该产品。③该产品采取了何种保护措施，拥有哪些专利、许可证，或与已申请专利的厂家达成了哪些协议。④为什么产品定价可以使企业产生足够的利润，为什么用户会大批量地购买该产品。⑤采用何种方式去提高产品的质量、改进产品的性能，对发展新产品有哪些计划等。

产品介绍的内容比较具体，因而写起来相对容易。虽然夸赞自己的产品是推销所必需的，但应该注意，策划书所做的每一项承诺都要努力去兑现，如果企业不能兑现承诺，企业信誉必然要受到极大的损害。

3. 人员及组织结构

高素质的管理人员和良好的组织结构则是管理好企业的重要保证。企业是否拥有一支富有战斗力的管理团队、管理效果的好坏，直接决定了企业经营风险的大小。因此，风险投资家会特别注重对管理队伍的评估。

企业管理人员应该是互补型的，而且要具有团队精神。一个企业必须具备负责产品设计与开发、市场营销、生产作业管理、企业理财等方面的专门人才。在策划书中必须阐明主要管理人员所具有的能力、在本企业中的职务和责任、过去的详细经历及背景等。此外，还应对企业组织结构进行简要介绍，包括企业的**组织结构图**、各部门的功能与责任、各部门的负责人及主要成员、企业的薪酬体系、股东名单（包括认股权、比例和特权）、董事会成员及各位董事的背景资料等。

知识卡片 14-1

组织结构图

4. 市场预测

当要开发一种新产品或向新的市场扩展时，首先要进行市场预测。如果预测的结果并不乐观，或者预测的可信度让人怀疑，那么投资者就要承担更大的风险，这对多数风险投资家来说都是不可接受的。策划书的市场预测部分应包括以下内容：市场现状综述、市场需求预测、竞争对手预测、目标顾客和目标市场、本产品的市场地位、**市场区隔**和特征等，其中最基本也最重要的是市场需求预测和竞争对手预测。

知识卡片 14-2

市场区隔

（1）市场需求预测。其主要内容包括：市场是否存在对这种产品的需求；需求程度是否可以给企业带来所期望的利益；新的市场规模有多大；需求发展的未来趋向及其状态如何；影响需求都有哪些因素。

（2）竞争对手预测。其主要内容包括：对企业所面临的市场竞争格局进行分析，市场中主要的竞争者有哪些；是否存在有利于本企业产品的市场空当，本企业预计的市场占有率是多少；本企业进入市场会引起竞争者怎样的反应，这些反应对企业会有什么影响等。

对市场的预测应建立在严谨、科学的市场调查基础上，尽量扩大收集信息的范围，重视对环境的预测和采用科学的预测手段与方法。

5. 营销策略

营销是企业经营中最富挑战性的环节，影响营销策略的主要因素有：①消费者的特点。②产品的特性。③企业自身的状况。④市场环境。⑤营销成本和营销效益。

在策划书中，营销策略应包括以下内容：①市场机构和营销渠道的选择。②营销队伍和管理。③促销计划和广告策略。④价格决策。

对于创建初期的企业来说，由于产品和企业的知名度低，很难进入其他企业已经稳定的销售渠道中去。因此，企业发展初期一般采取高成本、低效益的营销战略，如上门推销、大打商品广告、向批发商和零售商让利，或交给任何愿意经销的企业销售等。对发展中的企业来说，一方面可以利用原来的销售渠道，另一方面也可以开发新的销售渠道以适应企业的发展。

6. 生产制造计划

对于关心企业准备怎样来创造利润的投资者或财务管理者来说，除了想了解企业产品在技术上的优势和对未来市场的占有情况外，也会关心策划者究竟打算怎样生产，也就是项目策划书中的生产制造计划应包括产品制造和技术设备现状、新产品投产计划、设备更新的要求、质量控制和质量改进计划等。

产品生产制造计划一般应回答以下问题：企业生产制造所需的厂房、设备情况如何；怎样保证新产品在进入规模生产时的稳定性和可靠性；设备的引进和安装情况，谁是供应商；生产线的设计与产品组装是怎样的；供货者的前置期和资源的需求量；生产周期标准的制定以及生产作业计划的编制；物料需求计划及其保证措施；质量控制的方法；相关的其他问题。对于创业策划而言，在寻求资金的过程中，为了增加企业在投资前的评估价值，创业者应尽量使生产制造计划更加详细、可靠。

7. 财务规划

财务规划对于评估风险企业所需的资金数量、提高风险企业取得资金的可能性是十分关键的。如果财务规划准备得不好,会给投资者留下企业管理人员缺乏经验的印象,从而降低风险企业的评估价值,同时也会增加企业的经营风险。财务规划需要花费较多的精力来做具体分析,其中就包括**现金流量表**、**资产负债表**以及**利润表**的编制。流动资金是企业的生命线,因此企业在初创或扩张时,对流动资金需要有预先周详的计划和执行过程中的严格控制;资产负债表则反映在某一时刻的企业状况,投资者可以用资产负债表中的数据得到的比率指标来衡量企业的经营状况以及可能的投资回报率;利润表反映的是企业的盈利状况,它是企业在一段时间运作后的经营结果。财务规划一般包括以下内容:①策划书的条件假设。②预计的资产负债表、预计的利润表、现金收支分析、资金的来源和使用。

知识卡片 14-3
现金流量表

知识卡片 14-4
资产负债表

知识卡片 14-5
利润表

企业财务规划应该与策划书的假设相一致。事实上,财务规划和企业的生产计划、人力资源计划、营销计划等都是密不可分的。要完成财务规划,必须明确下列问题:①产品在每一个期间的发出量有多大。②什么时候开始产品线扩张。③每件产品的生产费用和定价是多少。④使用什么分销渠道,所预期的成本和利润是多少。⑤需要雇用哪几种类型的人。⑥雇用何时开始,工资预算是多少等。

8. 风险因素及其对策

投资人或企业项目审批者还会重点关注项目实施的风险有多大,策划书对这一问题是否进行了细致的思考与分析,有没有提出系统的风险应对计划。一般来说,风险及其对策分析应包括以下内容:市场风险、技术风险、经营风险、财务风险、人力资源风险及其他不可预见的风险等,并针对所提出的各种风险逐项进行应对分析。

对创业策划而言,由于策划书只是创业者依据已有的经验与市场调研所做的创业构想,尚未经市场检验,因而不管创业者对风险分析如何细致也难以保证将来创业或投资的成功。但是进行充分的风险分析更多的是在向合伙人或投资人传达这样一种信息:创业者已经做好了充分的风险准备,并具有一定的风险应对能力。这样做的结果是增强投资人对创业企业的投资信心,以提升融资成功的可能性。另外,风险分析也具有提醒创业者本人创业存在失败的可能,促使创业者经常关注自身不足的方面，不要一心只想着成功而不顾任何可能付出的代价。

需要强调的是，以上介绍的策划书各部分的内容要求并非一成不变的僵化模式，策划者可以根据企业及项目具体情况的不同在此基础上增、删、改。在编写策划书时忌泛泛而谈，明确投资者或企业决策者所关心的重点是策划书能否取得认可的关键。一般来说，投资者或企业决策者最关心的问题主要有两点：一是项目的商业创意、产品或服务是否有唯一性；二是管理阶层能否胜任。因此编写策划书时一定要着重对这两方面加以分析。获取利益是投资者或企业决策者的根本目的，及早收回资金是其投资的前提，所以对于未来收益的财务预测及设计风险资金的退出之路也是策划书需要阐述的重点。

14.3.3 编写策划书应注意的问题

尽管每一份具体的策划书需要强调和突出的重点各不相同，但策划书的一般格式和基本要求都是类似的，都应该描述一个清晰的、容易为人理解的画面，显示着商业投资的机会和风险。要做到这一点，必须注意以下几个方面的问题。

1. 明确策划书的作用

策划书的作用主要体现在两个方面：①对于未来的创业或运营活动作出计划和预期，以规范创业过程中的各种行为。②吸引投资人，这可能是策划书最为实际的功用。所以策划书的撰写要尽可能迎合投资者的心理和要求。写一份策划书就像做一次演讲。一个好的演讲者应该讲听众感兴趣的内容，这样才能吸引听众的注意力，而不是不顾听众的感受和反应一味照着自己的思路讲。策划书撰写的切入点不同，可能不会对创业者的行为产生影响，但却会直接影响创业融资的结果。

2. 策划书文字表述言简意赅

每一份策划书都应该是策划者心血凝聚的精华。人们在阅读一份自己特别感兴趣的策划书时，一般希望能立即找到问题及其解决办法，这需要策划书具有相当清晰的结构，并以简明的方式，按重要程度给出直接的结论，而不是纯粹的数据分析。此外，任何可能引起读者兴趣的主题，也都应该在策划书中进行全面而简洁的讨论。例如，如果策划者想要见的投资人已经投资了一个与拟开展项目有互补性的项目，那么就需要在策划书中加上一段，说明拟开展项目的好处。

策划书应当做到让外行也能看懂。一些策划者认为可以用大量的技术细节、精细的设计方案、完整的分析报告打动阅读者,但大多数时候并不是这样,往往只有少量的技术专家参与项目计划的评估,许多策划书的阅读者都是全然不懂技术的"门外汉",他们更欣赏一种简单的解说,也许用一个草图或图片做进一步的说明作用会更好。如果非要加入一些技术细节,则可以把它放到附录里面去。

一份完整的策划书通常应该包括与项目相关的技术、管理、营销等各个环节拟采用的策略、技术等,但仅有文字描述是不足以打动投资人的。鉴于人们在阅读策划书时一般不会有策划者在旁边回答问题或给予解释,所以应尽量采用通俗的语言以避免阅读者产生误解,精心排版和使用表格形式等都会起到一定的帮助作用。

3. 策划书的写作风格前后一致

在策划书的编写过程中一些细节方面也同样重要,一份策划书通常需要几个人一起完成,但最后的版本应由一个人统一审定,以避免写作风格和分析程度的不一致。好的创业策划必须内容准确、逻辑严密、条理清晰。策划书提到的数字必须有根据,若是参考别人的数据应注明出处,若是假设则必须说明假设条件。

策划书应该让阅读者很容易地了解整个项目构想,要想做到条理清晰需注意下列三项:①策划书要有目录,目录里要指明各章节及附件、附表之页数,以方便阅读者很快就可以找到其所重点关注的内容。②段落要有标题,最好每500字以内就要有个标题,让投资者只看标题就能粗略了解下面500个字将要说些什么,并决定要不要看详细内容。③段落结构层次要清楚,一般层次顺序是"一"、(一)、1、(1);甲、(甲)。亦即"一"的下一级标题要用(一)(二)(三)……编号;(一)的下一级标题要用1、2、3……编号;以此类推。

4. 避免一些容易犯的错误

策划书撰写过程中最容易犯的错误就是对其熟悉或感兴趣的部分大写特写,其他内容则轻描淡写,不论其重要与否。例如,实践中常见由技术人员执笔的策划书往往会把整个篇幅的80%左右用来阐述其技术如何先进、产品的市场如何广阔,却只用很小的篇幅说一下营销方案;而由营销人员执笔的策划书则往往更注重思考、描述竞争与营销策略的问题,对相关技术和产品的描述相对就比较简单。事实上,无论是如何建立与维持企业的竞争优势,采用何种营销策略,还是产品的技术优势及其市场前景都是投资人或企业决策者最想了解的,只有两方面完善融合才能更有效地吸引人并获得青睐。

14.3.4 策划书的检查与校对

策划书撰写完成后要对其认真地全面检查一遍,看看该策划书是否能准确回答投资人或决策者的疑问,增强其对本项目的信心。检查策划书通常可以从以下问题入手。

(1)策划书是否显示出创业者具有管理公司的经验。对于创业策划而言,如果创业者自身缺乏能力去管理公司,那么一定要明确地说明是否聘请了专业人员来管理公司。

(2)策划书是否显示了有能力偿还借款。要保证给预期的投资者提供一份完整的投资/回报比率分析。

(3)策划书是否显示出已进行完整的市场分析。要让投资者坚信策划书中阐明的产品需求量是真实可信的。

(4)策划书是否容易被投资者所领会。策划书应该备有索引和目录,以便投资者较容易地查阅各个章节。此外,还应保证目录中的信息流是有逻辑和客观的。

(5)策划书中是否有项目摘要并放在了最前面。项目摘要应当放在企业策划书的最前面,以方便投资人或企业决策者首先看到。

(6)策划书是否在文法上全部正确。策划书的拼写错误和排印错误能很快造成机会丧失。如果不能保证策划书在文法上全部正确,那么最好请专业人士帮助检查。

(7)策划书能否有助于打消投资人或企业决策者对产品的疑虑。如果感觉文本的说服力有限,若有必要甚至可以准备一件产品模型。

14.4 电子商务策划书实例

为了更好地理解电子商务策划书的写法,下面给出两个成功的电子商务策划案例以飨读者。其中,一个是中小型企业——宁波新创公司的"移动物流信息平台"项目策划方案,另一个是已被成功实施的大学生创业项目——"Ucome后街网"的策划方案。

14.4.1 移动物流信息平台项目策划

1. 项目背景

近年来,随着我国经济的快速发展,物流业迅速膨胀。货运双方不能在有效的时间内取得联系，无法进行实时交易，造成运输资源严重浪费、车主单车利润下降、货主运输成本增加。同时，不能及时获取车源信息，大量货主存在无车可用、自备运输车辆费用高的问题，导致运输成本和仓库管理费用增加。因此，在有效的时间内"为车配货，为货找车"成为一个迫切需要解决的问题。采用现代信息技术，构建一个方便车货双方实时交互信息的平台将会有广阔的市场空间。

移动物流信息平台提供实时、高效、快捷的物流信息服务，解决了货运双方的物流需求无法与外界实时沟通的问题，大大地降低了货车返程空驶率。这对于降低物流成本、提高运输效益、改善交通运输状况、解决货车超载问题，具有重大的经济意义和社会效益。

2. 项目产品介绍

本项目组经过详尽的市场调研后，开发了一个为货主（托运方）和车主（承运方）提供信息服务的移动物流系统。该系统将物流市场中极为分散、无序流动的货源信息和车源信息集中起来，为货主和车主搭建一个信息交互的平台，为其提供更多的交易机会，可以明显地降低货车返程空驶率、解决货车超载问题、提高运输效率、降低货主的物流成本，具有巨大的经济意义和社会效益。

对于车主来说，通过移动物流信息平台，只要注册成为会员就可以以手机短信、上网浏览、呼叫中心的方式查询货源信息，系统会在数秒内将货源信息提供给车主，使其能迅速地与货主进行交易，可大幅度降低货车返程空驶率。车主还可以提前定制所需信息，为其解决寻货难的问题。对于急需用车的货主来说，特别是中小散货货主，可以在平台网站上免费发布货源信息，货主利用返程的空车运输资源，可有效地解决找车难及运费高的难题。车货双方通过本信息平台能迅速达成交易，实现车货双方及本平台系统三赢的结果。

3. 市场分析

根据市场调查，目前在国内市场上，为车主和货主提供专业物流信息的服务型网站较少，且其信息查询方式单一，只能上网浏览，并受地域及市场开拓方式的限制，在广大的车货主市场中并无影响。

移动物流信息平台的目标顾客群体主要定位于中小型物流企业和个体运输户，在区域市场定位上，初期以浙江省为起点，逐步将平台推广到长江三角洲的其他地区，之后将在适当的时候进军国内其他地区市场。

4. 竞争优势

与目前市场上的物流网站、物流中介和配货站相比，本项目具有以下优势。

（1）信息提供方式多样且及时。本平台以手机短信、上网浏览、呼叫中心等多种方式发布和查询信息。车主可以向平台查询货源信息，系统会在数秒内完成货源信息查询，并快速地将信息提供给车主。

（2）信用等级管理。通过信用等级评定体系，加强对车主会员信用度的管理，消除货主对所托货物安全问题的疑虑，保证平台有充足的货源信息及平台交易的活跃。

（3）价格优势。本项目拥有完全的自主知识产权，实施成本低、运作效率高，货主可以免费发布货源信息，车主会员只需支付较少的会员费，即可使用本平台提供的信息服务。

（4）地域优势。根据市场调查分析，将前期的目标市场定位于浙江省。分析浙江的经济，具有"块状经济"的特点，货运信息比较集中。例如义乌的小商品市场、宁波的爵溪镇、温州皮革城等几大货物集散地，都是货运信息集中地，这便于收集货源信息、组织营销。

5. 公司介绍

新创公司是一家为车主和货主提供物流信息的服务公司，位于宁波市科技园区。公司拥有自主开发的移动物流系统，并以此技术为核心搭建一个物流信息交互的平台，通过收取会员会费、广告服务及短信提成的方式达到盈利的目的。

公司以"倾听货主的声音，满足车主的需求"为宗旨，坚持以先进的信息技术配合优质的服务，在满足广大车主需求的同时不断自我完善。公司的经营目标是：立足浙江，面向全国，打造物流行业的"阿里巴巴"，致力于成为全国最大的物流信息提供商。

6. 市场营销

为了迅速有效地占领市场，并获得长久的发展，前期公司将主要采取直销的方式，推销本项目服务，即招聘营销人员，向货主和车主直接推销信息服务；同时将通过各种媒体广告和促销活动提升本项目服务的知名度。

随着市场占有率的提高，服务涉及的地域范围也相应扩大，同时考虑到物流行业的交易习惯，即货运双方交易地域跨度大的特点，公司将采取设立分支机构和代理商营销的策略。

初步预计，第 1 年发展收费会员 3 000 位，第 2 年实现在线会员 10 000 位，第 3 年在线会员达到 20 000 位。

7. 财务分析

公司设立在宁波市科技园区，根据《宁波市科技园区关于鼓励软件产业发展的若干规定》，在企业所得税上享受"两免三减半"的优惠政策。初步估计本项目需要 100 万元作为项目的启动资金，主要用于软件和硬件设备的购置、系统日常维护与升级、初期市场推广。

预计市场容量，3 年累计会员数达到 20 000 位，营业收入包括会员会费、信息费及网站广告收入，3 年共计 1 446.5 万元。扣除经营成本后，税后利润为 330.63 万元。投资回收期为 1.38 年，公司从第 2 年开始盈利，到第 3 年后利润开始大幅度增长，外部投资可通过分红和整体出让的形式收回投资。

从总体上看，该项目是一个收益高、成本低、可行性强的优质项目，具有广阔的市场空间和良好的盈利前景。

14.4.2 大学生社区服务平台——Ucome 后街网策划

1. 项目概况

本项目立足于电子商务及网上预订消费的迅速发展。调研表明，虽然目前已有一些预订消费类网站，但很多网站存在佣金高、针对性较差等缺点，所以网上预订仍有大的空间。项目组成员对现有的此类网站进行调研和分析，在其基础上进行改进，最终研发了大学生社区服务平台——Ucome 后街网。

Ucome 后街网是一个针对大学生日常消费的网上预订平台，主要通过网上预订的方法，帮助用户打破时间、空间的限制、随时随地了解各类消费优惠信息。为大学生提供一个实现优惠预订、建立绿色消费观的网络平台，并在大学生群体中推广"绿色消费""预订消费"理念，为步入社会做准备。

网站拟由以下几大模块构成。

（1）街中客栈：提供住宿方面的优惠信息及预订服务。

（2）街中餐馆：提供餐饮方面的优惠信息及预订服务。

（3）优惠库：展示网站提供的各类优惠券及换取服务。

（4）我的 Ucome：用户的个性化页面，方便用户使用本网站。

（5）街坊集中营：论坛，供用户交流和提议。

（6）街中玩乐：提供休闲玩乐方面的优惠信息及预订服务。

（7）街中学堂：提供培训方面的优惠信息及预订服务。

网站前期的主打板块是"街中客栈""街中餐馆""街中玩乐""街中学堂"。随着网站的发展，后续逐步推出旅游、求职、记账本等模块，并适时将网站重心移到街中学堂、求职、记账本板块。

Ucome 后街网在住宿和餐饮方面与多家酒店签订合作协议，并且价格要比同类型网站低 10% ~ 30%。

为了迅速进入竞争激烈的电子商务市场，网站采取了"由点到面，逐步攻破"的战略手段。通过深入调研，结合走访部分相关商家过程中收集的建议、意见，网站以住宿和餐饮作为突破口，以宁波作为发展基地，并逐步实现将网站推广到全国的目标。

2. 项目背景

随着人们经济水平的提高，休闲娱乐已成为生活中的重要部分。大学生是一个庞大且极具潜力的消费人群。调查显示，约 50.46% 的大学生一学期花在娱乐活动的费用为 200 ~ 400 元，约 36.98% 的大学生一学期花在各类培训上的费用达 1 000 ~ 2 000 元，约 55.1% 的大学生一学期花在旅游上的费用为 500 ~ 1 000 元。大学生消费群体具有以下特征：社会经验不足，在选择时很难作出准确判断；绿色消费理念不强；无稳定收入，在消费时常为价格困扰；地域广泛，人群庞大。

近年来，随着就业压力的增大，越来越多的大学生在课余参加培训、兼职来提高自身竞争力。与此同时，企业也日益意识到建立与消费者之间联系网的重要性。一方面，大学生有"想消费但又不知如何快速查找适合自己的廉价消费信息，想提高就业竞争力又无从下手"的烦恼；另一方面，企业也有了解大学生消费要求的渴望。为建立企业与消费者之间的联系，项目组研发了大学生社区服务平台——Ucome 后街网，提出了"发展预订消费、提倡绿色消费"的口号。

3. 战略规划

项目的短期目标是：在两年内，基本完善网站各模块，完成在宁波高校间的推广，将网站在宁波做大、做强，树立"Ucome 后街网"品牌，通过各类方式吸引更多的会员及商家的加入，以储备更多会员和商家资源，为拓展其他城市做准备。

项目的长远目标是：使 Ucome 后街网成为帮助大学生建立绿色"消费理念"、培养理性消费能力的全国性网站，成为大学生学术探讨和研究等的平台，并在国内形成影响力。

Ucome后街网推广战略规划如图14-1所示。

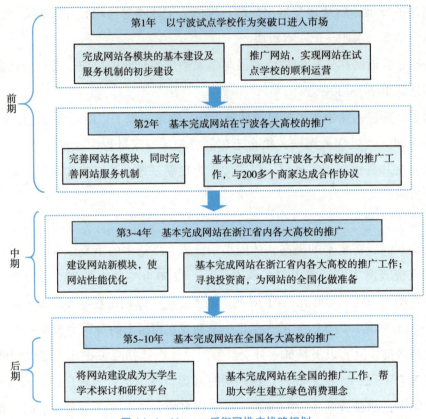

图14-1 Ucome后街网推广战略规划

4. 产品介绍

"Ucome后街网"网站主要由七大模块构成,即"街中客栈""街中餐馆""优惠库""我的Ucome""街坊集中营""街中玩乐""街中学堂",其首页如图14-2所示。

街中客栈:主要是向用户提供住宿方面的优惠信息及预订服务。网站主要提供情调型酒店、经济型酒店、星级酒店和简约型酒店这四类酒店的优惠信息。首先,项目组在高校园区及景区附近选择服务优质、方便大学生的酒店,然后由市场部门与相关商家进行协商,邀请商家入驻本网站,同时让商家为Ucome后街网提供低于市场的价格,以吸引更多的用户。其次,网站还与某些商家签订优惠券协议,用户凭Ucome后街网所独有的优惠券(由项目组成员设计)可享受更低的价格。最后,网站中的美工人员拍摄商家相关照片,方便用户进行区分和筛选,

图 14-2　Ucome 后街网首页

同时能达到为商家宣传吸引顾客的效果。目前该模块为网站的主要盈利模块。用户也可在该模块中发表个人观点进行交流。

街中餐馆：主要是向用户提供餐饮方面的优惠信息及预订服务。该模块的运维策略与"街中客栈"相同。

优惠库：主要是为用户呈现目前网站提供的各类优惠券，用户可用相应积分换取所需优惠券。积分换取规则可刺激用户使用本网站进行预订消费，以积攒相应积分。该模块还可通过关键字、类别等索引搜索相关优惠券,方便用户的查找和使用。

我的 Ucome:该模块是用户的个性化页面。在该页面中,用户可通过上传照片在网页中加入个性化元素,更改个人资料。此外,页面的新鲜事中还会展示网站最新优惠信息、个人预订情况、收藏、好友等。通过此页面的建设,一方面能方便用户的使用,使网站更加人性化;另一方面,可吸引更多的用户。

街坊集中营:该模块主要用于用户之间的交流,为用户发表个人意见提供平台。

街中玩乐:主要是向用户提供各类休闲娱乐方面的优惠信息及预订服务。项目组首先通过调查了解大学生的玩乐项目有 KTV、桌上游戏、台球等,然后对商家进行深入的调研和了解,选出服务优质、方便大学生的商家,最后由市场部门相关人员与相关商家进行协商,邀请商家入驻本网站,签订优惠券协议,用户凭 Ucome 后街网所独有的优惠券可享受更低的价格。

街中学堂:主要是向用户提供培训方面的优惠信息及预订服务。网站首先通过调查了解大学生主要参加的培训类型有语言类、证件类和技能类,然后再对相关培训机构进行深入的调研和了解,选出教学质量好且方便大学生的培训班,最后由市场部门相关人员与相关商家进行协商,邀请商家入驻本网站。通过该模块,网站可更贴近大学生活,有助于网站的推广和发展。

通过 Ucome 后街网,大学生可快捷地找到所需要的消费信息,且此类信息具有较强的针对性,在提供低价的同时提供优质的服务。后期推出的"我的记账本"模块,可使用户养成记账的习惯,并可根据月末系统提供的理财分析和理财建议,提升理性消费能力,培养绿色消费理念。此外,网站与企业建立友好联系,企业人员可利用网站整合的消费信息随时随地触及顾客的需求,为营销活动提供依据,方便企业为大学生消费群体提供个性化服务。

5. 市场分析

调查显示,由于忙碌的学习、工作和生活,网上预订的消费模式已经被越来越多的人所接受,这种消费模式在接受新鲜事物能力强的大学生中间也很普遍。但是如何才能选出适合自己的消费方式,是大学生面临的一个难题。根据调研,虽然已有许多的消费预订类网站,但都普遍存在顾客群参差不齐、消费信息针对性不强的问题。这对于社会经验不足、资金有限的大学生来说,并不能解决如何获取廉价、优质服务的问题。随着各类培训、考试及一些课余休闲娱乐需求的增加，大学生常为如何能便捷地寻找到廉价适合的消费信息而苦恼。针对这一现象，Ucome 后街网研发了相应模块，打破了时间、空间等限制，在有效解决这一问题的同时提升大学生的理性消费的能力。

随着市场的发展，顾客关系管理的概念已经渗透到了各个领域，企业与大学生之间的沟通平台的需求量越来越大。Ucome 后街网建立的企业与大学生间的关系网能随时提供互通所需信息，使用户消费得更加称心如意，也使企业的服务更好地深入大学生。

网站还对运营城市进行分析，最终确定以宁波为 Ucome 后街网推广的第一站，然后逐步推广到其他经济发达城市，并最终推广到全国。对行业市场的调研显示，目前我国的订餐市场、订房市场、玩乐市场、培训市场、旅游市场、求职市场和理财市场都具有极大的发展潜力。以订餐市场为例，随着中国经济发展及旅游业的发展，餐饮业的前景被看好，在未来的几年内，中国餐饮业经营模式将多元化发展，所以订餐市场将是一个极具发展性的市场。对学校内大学生就餐习惯的调查表明，34.2% 的学生有叫外卖的习惯，这表明在大学生中订餐是一个极具潜力的市场。

6. 竞争分析

本项目具有如下创新点。

（1）以大学生为专一的目标顾客群。Ucome 后街网以学校为单位，在试点学校设立专门的服务团队，这使项目组能更加快捷地提供各种服务。

（2）虚实结合。Ucome 后街网倡导诚信真实的原则，实行实名注册，致力于营造诚信的网络空间。网站有线下实体店支撑，预订服务采用 O2O 模式进行。

（3）各个模块有机结合，物超所值。用户参与预订就可获得相应积分，该积分可用于换取"优惠库"模块中的优惠券或其他精美礼品；在"我的 Ucome"模块中，用户可浏览到其他模块的一些信息。

与市面上知名的电子商务型网站相比，Ucome 后街网具有如下几个优势。

（1）超低价优惠。由于所针对顾客群体的特殊性，Ucome 后街网能洽谈到比市场价格低 30%～50% 的优惠价格。这使在校大学生能以相当低的价格享受到优质的服务。

（2）健康信息筛选。本网站通过政府、学生和商家等多方面调研，制定出详细和缜密的商家筛选制度，确保所有与 Ucome 合作的商家提供的是优质、健康和积极的服务。这就在很大程度上减少了大学生在挑选优惠信息时出现的问题。

（3）记账系统引导健康消费观。在推出记账本模块后，Ucome 后街网将与银行合作，最终实现银行卡与记账系统的整合。在顾客消费之后，后台会得到银行的提醒，如"××用户已在××商家进行消费"，记账系统自动在账本中进行记录。同时，顾客也可以在 Ucome 后街网站上记录下自己的支出和收入。在月末，网站会对顾客的收支进行分析并提出有针对性的建议，帮助顾客培养理性消费观。

（4）倡导绿色消费。Ucome 后街网始终倡导绿色消费，把环保观念贯穿于整个运营，符合时代潮流。项目组会用飞信方式向所有通过本网站预订的大学生倡导不使用酒店一次性用品等环保理念。此外，网站设置积分兑换平台，用奖励积分等方式鼓励大学生保护环境。

（5）专一的顾客群，服务更具针对性。网站所提供的信息都是专门为大学生量身打造的，符合他们的消费心理，这使网站对大学生更具吸引力。

（6）搭建企业与大学生之间的桥梁。很多商家希望能在学生这些潜在顾客中培养顾客源，却苦于无法进行有效的宣传及难以深入学生群体。而 Ucome 后街网恰能解决这一问题。由于网站的特殊定位，Ucome 后街网既让商家摆脱了与同行间的价格"绑架"，又帮助商家在大学生中建立新的顾客群。与同类预订网站相比，本网站能吸引更多的大学生和商家。

7. 公司组织结构

考虑到前期规模较小，公司采用的是直线职能型组织结构，主要包括如下几个组成部分：总经理、市场部、网络部、财务部、推广部和客服部。

随着市场的变化，公司将随时准备对组织结构进行优化重组，以适应发展。待网站发展到一定规模时，公司将逐步增加人力资源部、信用管理部等。尤其是信用管理部门的设立，它最大限度控制来自用户和商家的信用风险，提高网站的诚信度，使网站获得利润最大化。同时，这也体现了本公司与时俱进的精神，使 Ucome 后街网走上更加规范管理的道路。

此外，Ucome 后街网项目组是一支优秀的团队，汇聚了各方面的优秀人才，成员各有所长。项目组"尊重知识，尊重人才"，提倡全方位的沟通和协作。在此理念的指引下，组内成员互相协助完成了网站的研发、各模块设计、图片设计等。项目组还将招贤纳士、细化职责，使项目组健康向上地发展，增强其活跃的生命力。

8. 财务分析

公司拟设立在浙江省宁波市鄞州创业园区，根据我国现有的鼓励大学生创业的政策，公司可以在各个地区都享受到非常便宜的地区租金、水电费的优惠，降低了本项目的成本。初步估计，本项目要吸收资金 120 万元作为启动资金，主要用于技术的研发、办公设备购买、初期市场推广等费用。

预计市场容量，5 年累计会员人数达到 100 000 位，营业收入包括交易提成、广告费、调查问卷模块收入。第 5 年营业收入达到 1 450 万元，净利润为 687.56 万元。投资回收期为 1.5 年，公司从第 2 年开始盈利，到第 3 年利润开始大幅度增长。

从总体上看，该项目是一个收益高、成本低、可行性强的优质项目，具有广阔的市场空间和良好的盈利前景。

本章小结

本章主要介绍了策划书的写作方法与基本结构，并且选择了比较典型的中小企业商务策划书和大学生创业策划书两个案例进行介绍。

电子商务策划书的好坏往往决定了投资交易的成败，对于正在寻求资金以及初创的风险企业来说，策划书的作用尤为重要。撰写策划书要注意逻辑性强，内容有条理，并且对产品特征、竞争优势、市场分析、财务分析等内容要做重点阐述。策划书的主要内容一般包括项目摘要、产品（服务）介绍、人员及组织结构、市场预测、营销策略、生产制造计划、财务规划、风险因素及其对策等方面，根据所从事的不同领域，可以在内容的侧重点及顺序上有所调整。

即测即练

复习与研讨

1. 复习思考题

（1）移动物流信息平台项目的优势在哪里？其移动性如何实现？

（2）集装箱空箱问题的现状如何？怎样利用电子商务手段去解决现在的问题？

（3）大学生创业的优势和劣势是什么？Ucome后街网项目可行性是否充分？

（4）目前的电子商务社区平台有哪些？现状如何？如何改进？

2. 小组研讨作业

【案例材料】几个大学生希望在校园开展自己的创业行动，策划了一个名为"隐市网"的项目。他们项目的基本想法是：研发一个面向白领群体、以办公楼宇为单位、实行实名注册的网上社区——"隐市网"，实现网上外卖、楼宇联谊、以物易物、网上视听、视频会议等功能，其中主要的一个模块就是"清轩小筑"（网上外卖模块），这个模块成为项目初期的主要盈利来源。"清轩小筑"是专门针对白领人群的外卖平台，顾客群定位准确，并且有自己的实体快餐店，饭菜口味可直接控制，另外其实名注册机制增强了买卖双方的信任感，有利于提高效率；以楼宇为单位的设想也大大增强了物流环节的针对性，可以保证物品准确、及时送达。同时，"隐市网"的其他模块也为白领用户提供了除订餐以外的超值享受和实惠，各模块有机结合，让每一个社区人真正感到网络的平等、真实、自由。"隐市网"立足于对现有的网上外卖（订餐）行业调研，其在对现有的市场进行分析的基础上，敏锐地观察到，仅仅单独依靠一个网站的资源、能力是绝对无法解决现在网上外卖（订餐）的瓶颈，满足市场需求的。因此，其尝试改变传统的网上外卖（订餐）理念，推陈出新，走上一条颠覆性的新的道路，针对专门的顾客群体，做专业化的服务。

该项目最大的特点是针对性强，注册实名制，外卖（订餐）专业化，网站和实体店相配合，同时与上海民淳实业有限公司（专门的餐饮公司）合作，由"隐市网"负责网上外卖的推广，餐饮公司配合网站进行实体店的经营，网上外卖业务产生的利润双方分享，双方达成了合作意向。为了迅速进入网上外卖（订餐）市场，其初期采取"重点进攻"的战略，先在顾客群体规模较大的上海黄浦区建立第一个实体店，网站也同步推向市场。当上海市场打开局面后，总结实践经验，公司也已具备了相当影响力和实力，再向北京、广州、深圳三地同步发展。其最终目标是将现有的模式成功地复制到每一个大城市，成为网上外卖（订餐）业界的品牌。借助网上外卖的推广，再逐步推进"隐市网"的其他模块，以起到良性互动的效果。

（1）认真分析上述材料，你认为这一方案可行吗？为什么？

（2）如果希望将本项目顺利实施，有哪些地方是应重点关注的？讨论并提出自己小组的电子商务策划方案，并按照标准的商务策划书的结构，写出初稿，准备演讲的PPT文档（10分钟），在课堂上交流，并回答老师和同学提问。

参考文献

[1] 劳东，特拉弗．电子商务：商务、技术、社会[M].13版．劳帼龄，译．北京：中国人民大学出版社，2021.

[2] TURBAN E，LEE J，KING D，et al. Electronic commerce：a managerial perspective[M]. Beijing：Higher Education Press，2009.

[3] 陈晴光，龚秀芳，文燕平．电子商务数据分析理论、方法、案例[M]. 北京：人民邮电出版社，2020.

[4] 陈晴光．电子商务信息服务模式研究：基于临港制造业需求[M]. 杭州：浙江大学出版社，2018.

[5] 刘华琼．实施乡村振兴战略下的农村电子商务发展研究[M]. 北京：中国水利水电出版社，2020.

[6] 温希波，邢志良，薛梅．电子商务法：法律法规与案例分析（微课版）[M].2版．北京：人民邮电出版社，2021.

[7] 李金华．中国电子商务发展的现实水平与未来路径[J]. 浙江工商大学学报，2022（4）：99-108.

[8] 陈晴光．研究性教学策略探索与实践：以电子商务概论课程为例[J]. 高等理科教育，2014（1）：115-120.

[9] 钟元生．移动电子商务[M].2版．上海：复旦大学出版社，2020.

[10] 陈晴光．网络营销[M].2版．北京：北京大学出版社，2023.

[11] 石树元．社交电商生态思维[M]. 北京：华文出版社，2019.

[12] 宋扬．社交电子商务消费者行为研究[M]. 北京：中国财政经济出版社，2019.

[13] 特班，怀特塞德，金，等．电子商务与社交商务导论[M].4版．北京：机械工业出版社，2020.

[14] 汤兵勇，索昕煜，隆.中国跨境电子商务发展报告（2020—2021）[R].北京：化学工业出版社，2023.

[15] 王忠元.移动电子商务[M].3版.北京：机械工业出版社，2022.

[16] 蔡海荣，肖芳剑，雷丽仙.电子商务物流与配送（含微课）[M].北京：北京工业大学出版社，2023.

附　录

附录 A　研究性教学的理论基础与实施方法

研究性教学是以培养学生批判性思维和创造力为核心的创新性教学，自 19 世纪以来，研究性教学在世界上先后出现了三次研究与应用热潮，其中第三次研究热潮形成于 20 世纪 90 年代至 21 世纪初。目前研究性教学已在世界几十个国家和地区实施并推广，在美、英等西方发达国家的高校中已成为一种教学常态。我国高校的研究性教学开始于 20 世纪 80 年代初期。近十几年来，国内许多高校积极在教师中宣传研究性教学理念并实施研究性教学，有不少研究者对与研究性教学相适应的课程结构体系、教学方法及学习评价等问题进行了有益的探讨和实践，研究性教学也已成为国内众多高校多课程教学的常态。

A.1　研究性教学的内涵

当代研究性教学的核心思想是：以来自实践的真实问题为基础，在教师的有效引导下，学生针对相关问题进行探究，让学生在接近真实的情境中学习，培养学生的自主学习能力、独立解决问题能力、团队合作能力和创新能力。研究性教学强调学生在问题环境中亲身参与探究和实践的过程，以培养学生主动探究、自主学习的习惯和创新精神、实践能力，以及增强学生对未来社会的适应性和责任感为根本目标。

研究性教学既是一种教学理念，又是一种教学模式，还是一种教学方法。它是一种将教师研究性"教"与学生研究性"学"、课内讲授与课外实践、依靠教材与广泛阅读、教师引导与学生自学有机结合并达到完整、和谐、统一的教学。研究性教学既能发挥教师的主导作用，又能发挥学生的主体作用；既能培养学生的学习兴趣，激发创新思维，又能培养学生分析问题和解决问题的能力；既能使学生掌握扎实的学科知识，又能培养学生的实践能力和团队精神。

在研究性教学过程中，学生不是传统意义上的教学对象，而是积极参与教学活动过程的主体；不是传统教学中知识的被动接受者，而是知识的主动建构者。

A.2　研究性教学的理论依据

研究性教学思想可谓源远流长。我国古代教育家孔子倡导学生"每事问"（《论语·八佾》），指出"学而不思则罔，思而不学则殆"（《论语·为政》），就蕴含了研究性教学思想的萌芽；此外，南宋教育家朱熹提出的"无疑→有疑→解疑"学习过程，现代教育家陶行知提出"生活教育论"强调学生的个性发展和创造性培养的教育思想中也都存在研究性教学理念。国外教育家如德国现代教育制度奠基人洪堡强调"教学与科研是统一的"，与研究性教学鼓励学生大胆探索的基本理念异曲同工；美国实用主义教育家杜威提出"问题教学法"理论，注重引导学生"从做中学"，联系生活实际培养学习兴趣，通过个人的探索活动进行学习；美国教育心理学家布鲁纳倡导应用"发现法"进行探索式的教学，芝加哥大学教授施瓦布提出"探究式学习"方法，萨奇曼则进一步提出了探究性教学的条件、原则等，这些都为研究性教学理论的形成奠定了重要基础。

现代教育理论如合作学习理论、建构主义理论、程序教学理论、人本主义教学理论、问题教学法等都高度重视发挥教学活动的主体——学生的能动作用。本书认为上述教育思想和教育理论共同构成研究性教学的理论依据。

A.2.1　合作学习理论与观点

合作学习（cooperative learning）指的是学生以小组形式相互帮助进行学习，课堂教学以学生为中心，以小组活动为主要的教学形式；在教学活动中鼓励全体学生加强交流，从而达到全体学生共同发展、师生教学相长的目的。

1. 合作学习的基本理论

合作学习理论的代表人物主要有美国的罗伯特·斯莱文（Robert Slavin）、约翰逊兄弟（David W. Johnson, Roger T. Johnson）和斯宾塞·卡甘（Spencer Kagan），其共同之处是倡导在教学活动中学生以小组为单位进行学习。斯莱文在《合作学习与学生成绩》一文中论述了六种理论（四种主要理论和两种次要理论），并在《合作学习与学生成绩研究：我们了解了什么，我们还需要了解什么》中着重阐述了动机理论、社会凝聚力理论、认知发展理论（Cognitive Developmental Theory）和认知精致化理论（Cognitive Elaboration Theory，也有学者翻译为"认知精制理论"）这四种合作学习理论。明尼苏达大学的约翰逊兄弟在《合作学习与社会互赖理论》中则将合作学习理论分为认知发展理论、社会行为理论和社会互赖理论。这里仅介绍动机理论、社会凝聚力理论、认知理论、社会互赖理论。

（1）动机理论。动机理论强调学生学习活动中的目标结构及奖励结构。在这种结构下，每个小组成员只有在集体小组达到了预期学习目标时才能达到个人的学习目标。因此，小组成员为了达到自己的目标必须帮助和鼓励其他成员为完成集体目标去尽自己最大的努力。

（2）社会凝聚力理论。该理论认为合作学习对成绩的影响主要受小组凝聚力的影响。学生们在学习上互相帮助，实质上是"因为他们相互关心并想让每个人都成功"。社会凝聚力理论强调合作学习之前的小组组建活动及小组活动过程之中和之后的小组自我评价活动（Slavin, 1995）。

（3）认知理论。认知理论认为，因为信息在脑海的处理过程等原因，学生围绕某种教学任务的交流会促进他们对关键概念的掌握。认知理论可分为认知发展理论和认知精致化理论。

（4）社会互赖理论。社会互赖理论指的是在学习活动中，小组成员间通过建立积极的相互依赖关系来促进学习成绩的一种理念。当大家都有共同的目标而且每个个体的结果都受到其他人的影响时，就存在社会的互赖性（Johnson, 1998）。"积极互赖关系将学生紧密联系在一起，只有当全组成员都成功时，个人才能成功。全组成员必须懂得他们要共同沉浮"（D.W. Johnson, & R.T. Johnson, 1998）。当学生清楚地了解积极互赖关系的实质后，他们就明白小组的成功离不开每个成员的努力,都会积极为小组的成功作出贡献。这种积极互赖关系使小组成员围绕着共同的学习目标团结起来,共同努力学习。

2. 合作学习的基本要素

合作学习由积极的相互依靠(positive interdependence)、面对面的促进性互动(face-to-face promotive interaction)、个人责任(individual accountability)、社会技能(social skills)、小组过程(group processing)等五个基本要素组成。

(1)积极的相互依靠。积极的相互依靠是进行有效的合作学习的首要条件。在合作学习中,学生有双重责任:学习规定的内容并确保所有的组员都学习这些内容。积极的相互依靠,使得每个小组成员的成功都有赖于他人的成功;每个成员因有各自不同的资源和责任,对共同的努力都有各自的贡献。在这种情况下,学生们明白他们的工作和其他组员的工作是相互有益的,从而使组员的学习效果趋近最大化。

(2)面对面的促进性互动。面对面的促进性互动可以为达到小组学习目标提供有用的、高效的帮助,包括:更加有效地交换所需的资源和信息,给其他成员提供信息反馈,对其他成员的意见、结论提出怀疑,提高对所考虑问题的决策质量和思考的深度。

(3)个人责任。个人责任是确保所有组员在共同学习中能提升实际能力的关键。为确保每个学生尽个人责任去做自己的工作,需要评估每个组员为小组作出的贡献,并把结果反馈给小组和个人,以避免小组成员做无效工作。每个成员应为最后的结果共同承担责任。

(4)社会技能。社会技能包括领导能力、决策能力、取信于人的能力、交际能力以及化解矛盾的能力。为了协调彼此的努力以达到共同的目标,小组成员要彼此了解、信任,善于交流,互相接受和支持,建设性地解决冲突。即使同修一门课程,成员间也可能持有不同的观点和结论而导致冲突,而冲突的解决依赖于小组如何管理这些冲突以及小组成员处理人际关系的技能。建设性地解决分歧会增强个人结论的不确定性,学生反而会更积极主动地查找资料,重新形成知识和结论,从而对讨论过的资料也会掌握得更好、更牢固。学生社会技能掌握得越多,合作学习小组就越能达到更高的成就。

(5)小组过程。小组过程是指在小组会议上考虑哪些成员的行为对小组有帮助,哪些没有帮助;决定哪些行为可以继续,哪些行为应做改变。小组过程的目的，就是对于小组每一成员完成的任务，通过反思小组的工作，进行小组自加工，对活动成效进行评估，提高小组成员工作的有效性以达到小组目标。

A.2.2 建构主义理论与观点

建构主义理论的核心内容是：以学生为中心，强调学生对知识的主动探索、主动发现和对所学知识意义的主动建构。建构主义认为，教学过程的逻辑是学科的逻辑与学生掌握教材的心理活动的"合金"；学习是以学习者已有经验为基础，在一定的情境即社会化背景下，通过与外界的相互作用，借助其他人（包括教师和学习伙伴）的帮助，利用必要的学习资料，通过意义构建的方式而主动建构知识的过程。

建构主义理论特别强调学生对知识的主动探究、主动发现和对所学知识意义主动建构，并要求将这种自主学习与基于情境的合作式学习、基于问题解决的研究性学习结合起来，这种结合特别有利于学生创新意识、创新思维与创新能力的培养。研究性教学正是对这种教育理论的最佳实践。建构主义所蕴含的教学思想主要反映在知识观、学习观、学生观、师生角色的定位及其作用、学习环境和教学原则等6个方面。

A.2.3 问题教学理论与观点

问题教学理论就是让学生扮演问题解决者的角色。一方面强调通过问题来进行教学，把问题看作是教学的动力、起点和贯穿教学过程的主线；另一方面通过教学来生成问题，把教学过程看成是发现问题、提出问题、分析问题和解决问题的过程，让学生在老师的协助下主动学习并尝试去解决问题。因此，从这个意义上来说，研究性教学是以教会学生"会学"为己任的。

A.3 研究性教学模式

研究性教学模式有探究式、基于问题式等不同类型。探究式教学模式一般包括创设情境、启发思考、自主探究、协作交流、总结提高五个环节；基于问题式教学模式一般由问题激励、知识建构、综合运用、反思四阶段组成，如图A-1所示。这里主要介绍后者。

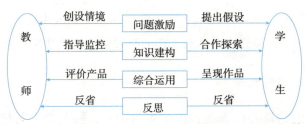

图 A-1 基于问题学习的研究性教学模式

在基于问题式教学模式中，问题激励、知识建构、综合运用三阶段之间存在内在有序性，但这种有序性并不排除各阶段之间重叠部分或循环。因为知识建构的反复性，复杂内容的理解需要通过各阶段之间不同的结合，几次循环才能达到，问题激励和知识建构可能交错进行，综合运用也可能创建新的知识建构。

（1）问题激励。基于问题的学习模式要求选自社会生活中的现实问题，首先设置一个大的问题情境，在由学生解决这个问题的过程中，激发学生学习的热情，从而实现自主学习。这种方式可避免传统教学往往首先从理论角度入手讲解新知识所造成的枯燥乏味。

（2）知识建构。在这个过程中，学生将自己的旧知识经验与新知识经验互相作用，形成新的知识经验。例如，学生将其他课程中所学到的商业、金融、物流、计算机技术、信息管理、信息系统分析等知识融合在一起，结合电子商务的新知识，为企业设计电子商务解决方案。其中电子商务的新知识可以由教师团得来，也可能由教材、网上资源、深入企业调查得来。知识建构过程中的每一步必须是新旧知识不断作用的结果，每个模块的知识均包括旧知识经验和新知识经验，便于学生自主学习。作为教师，必须承担辅助者、促进者、监控者的角色，不应仅仅站在一边观看学生寻找材料、实验探索，相反，应尽可能向学生提供必要的资源和帮助，鼓励他们合作地考虑问题，对学生提出的各类问题作出及时反馈，从而促进学生的学习。

（3）综合运用。在知识建构过程中，学生已有的认知结构得到了巩固和完善。已有认知结构中有通过自主学习获得的可以用于达到目标的新知识，根据这些新旧知识，学生设计并且采用合适的方式呈现其设计方案，并指出通过自主学习学到的知识以及学习过程，教师团或者学生团依照已经建立的质量标准，评价学生的方案和方案设计过程。

（4）反思。方案完成以后，整个基于问题的学习过程并没有完全结束，而是进入反思阶段。问题解决后的反思是基于问题的学习模式实施过程中不可缺少的一个有机构成部分。在此过程中，不仅是学生要反省整个学习过程及其结果，教师同样如此。通过反思，学生对学到的知识会有更深层次的理解，终身学习所需的**元认知**技能得到进一步提高；对于教师而言，可以精练自己的教学水平。

知识卡片附 1-1
元认知

A.4　研究性教学的实施方法

A.4.1　实施研究性教学的基本流程

在研究性教学模式的课堂中，学生按不同性别及不同能力分成若干小组，以小组为学习单位。小组成员分工合作，每个学生尽自己最大的努力掌握所学的内容，并为小组的共同学习目标作出自己的贡献。小组成员为了理解和掌握一个内容以及最后完成全组的学习任务相互帮助、相互学习、共同讨论问题、倾听他人的意见、从他人那里学习到自己不懂的内容、向他人阐述自己的观点、同他人辩论、填补相互间在理解方面的不足。电子商务课程教学中实施基于合作学习策略的研究性教学的基本流程如下。

（1）准备阶段。主要是制订本次课程的教学目标与把学生分成合作研讨学习小组。教学目标必须根据学生的实际水平、本次课程的教学任务和教学条件，以及培养学生之间高效合作的社交技巧等内容来确定；分组宜根据教学内容确定学习小组的人数，可采用非正式的合作研讨小组或正式的合作研讨学习分组方法。

（2）布置学习任务阶段。教师下达学习任务可在实施课堂教学前 1 周至 2 周以课题形式布置给学生，并要向学生解释每个学习任务的目标和方向，介绍需要阅读和理解的资料，让学生明确在完成学习任务过程中将做什么与学什么。

（3）实施阶段。教师应观察学生在合作研讨学习过程中的行为，必要时要传授学生一些查阅资料的技巧，向学生建议用一些更有效的合作方法进行学习活动。

（4）评估学习效果阶段。评价学生完成任务的情况并反馈给学生。小组合作研讨学习的评价可采用学生自评和组间互评以及教师过程性评价相结合的方式进行，以讨论记录、讨论活动（主持状况、记录材料、讨论发言、报告结果等）为依据对学生进行综合评价。评价过程中应综合考查学生的自主学习情况、逻辑推理与验证能力、资料整理与表达能力、会议主持与协调能力、履行小组职责情况、团队合作情况、课堂表现以及相关知识的理解情况等,最后由教师终结性评价给出每个学生的成绩。

A.4.2 研究性教学过程中需解决的关键问题

实施研究性教学,除了掌握相关理论和基本流程外,还需要妥善解决以下关键问题。

1. 讨论问题设定的方法和原则

讨论问题在研究性教学中是一个关键要素。问题的水平在很大程度上决定了这种教学模式的教学效果,决定了学生能不能从中获得所期望的问题解决技能和知识。从问题性质上来说,强调真实、复杂的问题;从问题领域上来说,强调涉及多个学科的问题。例如,电子商务课程教学中,可以将问题设定为对现实中的企业进行电子商务运营方案设计或大学生电子商务创业规划设计,创设完全真实的情景,能够让学生身临其境地研讨将来实际工作中会面临的问题。同时,所设问题也应该是一个能够对课程进行总括的题目,能够将本课程所涉及的电子商务知识模块串联起来而形成的一个完整命题。

正是该问题的真实性与综合性,决定了其具有复杂性,涉及多个学科领域的知识和技能,对学生的专业知识基础与基本能力(如知识综合与实践能力等)就具有更大的挑战性,要解决这些问题就必须把当前的知识同其他课程的概念联系起来。实际上,由于电子商务属于多视角、多层次、多领域的交叉学科,涉及的知识面非常广,在电子商务课程教学中所设计的问题也大多涉及多学科。例如,电子商务课程要求提交的一份综合性作业"××企业电子商务运营方案策划"就是一个涉及多学科的问题。

2. 真实性学习过程的控制

真实性学习对于大学生来说是一个必须经历的过程,提前在课程中接触对于以后完成毕业设计和工作实践都有重要的现实意义。因此,按照课程体系推进研究性教学的整个过程在某种程度上就是课堂教学的实践版本,教师可以对学生进行一定的指导,采取松散或者半松散的方式进行管理,充分发挥学生的主动性和积极性,使其完成学习过程。

在这个过程中,学生的假设加上不断从各种渠道获得的新知识与现实企业的实际需求之间可能存在一定的差距，需要学生多次反复进行调查、验证、总结、归纳，才能一步一步得到满意的方案设计；同时，教师可以要求学生对于其每次陈述的模块内容提供理论支撑，使得学生将所学新知识应用到实践中去，再将这些知识有意识地提炼出来。另外，从学生角度来说，为了实现这种主动、合作式的学习，需要在组建小组的时候就明确分配角色。对于大学生来说，教师仅需要将小组长定下来，其他的角色由组长联合小组成员进行划分，如记录员、陈述者等。

3. 教师团队的指导

研究性教学模式对教师的教学水平和能力提出了更高的要求，也是对教师"教"的挑战，教师的作用由传授知识转向启发和引导学生。教师在教学活动中，充当"场外教练"的角色，设计教学过程，引导和指导学生学习，及时给学生反馈有关建议和问题，监控整个学习过程。对于电子商务这样的新兴事物来说，任何人要在它的成长期对其有一个全面的认识都是不可能的，这也就决定了该门课程研究性教学模式的学习指导存在较大的难度。因此，可以采取适当的方法以教师团队为整个过程的指导者，条件允许时可尝试采取教师团队与企业专家相结合的方法进行指导。

4. 教学组织的具体形式

在理论教学中：教师集中精力讲理论知识，并在讲解过程中注意采用启发式、问题式教学，避免教条化讲述；一个模块讲解完毕，教师应提出问题并留给学生课下思考和讨论的时间。

在讨论教学中：上讨论课时，教师应引导学生围绕预设的问题展开讨论，也可以直接参与学生的讨论，把问题研讨引向深入以避免仅停留在问题的表面；通常老师还应从语言组织、内容设计、团队配合等方面对每个小组的汇报发言及课堂研讨情况进行总结。

5. 考核办法及评分标准

研究性教学评价可以采用多种形式进行综合评价。例如，对于综合研讨作业成绩的评定可以采用学生自评、组间互评、教师过程性评价与教师终结性评价相结合给出综合评分。

学生自评：学生对自己完成的作业及总体表现进行自我评价。

组间互评：一组的同学在讲解时，其他几组的同学可以根据评分标准对该组的成果做一个客观的评分。

教师过程性评价：教师应根据学生平时参与小组的工作态度、工作过程的表现，以及是否具有团队合作精神等职业范畴的表现给予过程性评价；根据小组提交的综合作业（电子商务策划书）的完备性、可行性是否具有创新点等给小组做一个综合的评价。

教师终结性评价：根据学生自评、组间互评、教师评价按一定权重给出综合评分。例如，教师终结性评价＝学生自评（10%）＋组间互评（30%）＋教师过程性评价（60%）。

A.4.3 实施研究性教学需要注意的问题

（1）分组问题。研究性教学实施前需要确定分组的方法。典型的合作研讨学习小组通常以4~6人为一组，小组规模越大，为确保小组效果所需的社交技巧也越多。可以让学生自己选择合作伙伴，也可以由教师来安排。若是学生自由分组，可能会造成"强强联合"，能力差的学生没有小组要。因此，不论采取何种分组方式，教师要适当地对分组进行干预，保证在同一小组里有不同性格、不同层次的学生形成互补。

（2）自主学习问题。在合作研讨学习中，小组成员容易产生依赖思想，过于依赖组长或其他人，从而不利于学生对问题的深入思考，个性发展易受抑制。因此，教师应强调学生的自主性学习，注意引导学生在独立学习和思考后开展合作。

（3）教学策略问题。合作研讨学习中创设的讨论问题要有一定难度，具有挑战性，这样才会有效地引起学生的兴趣，激发学生的创造性。在实施研究性教学时，教师要教会学生如何探究问题，使学生形成科学思维方式。同时，要监督学习小组的运作，穿插性地传授小组合作技巧，并在必要的时候提供帮助。

（4）学习效果评价问题。小组与个体成员是合作研讨学习评价的两个层面。在对合作研讨小组进行全面的衡量与评价的同时，也要对个体成员进行评价。合作学习应重视合作过程的评价，注意学生间是否相互帮助、相互促进，是否以一种积极的依赖关系完成共同的学习目标。在最终评价时，应将小组评价和个人评价相结合，不仅要体现整个小组的共同学习成果，也要体现小组成员在学习过程中所做的努力以及个人能力的差异。既有小组的整体得分，又有个人得分，将个人成绩和小组成绩综合后得出个人最终成绩。

附录 B 电子商务课程研究性教学设计与实施方案

电子商务实践在全球范围内正日新月异地快速发展着，新的电子商务应用模式正在不断地被创造出来，相关新知识新技能也在不断地涌现，使得电子商务课程（包括电子商务、电子商务概论、电子商务原理、电子商务基础与应用等，以下统称"电子商务课程"）具有很强的实践性、交叉性、综合性，以及相关知识技能发展更新快等特点。因此，电子商务课程若想取得好的教学效果，就不能简单地沿用传统的方式和观念，而应该相应地创新教学模式，引导学生主动地去感知和探究电子商务的相关知识和技能，动态地进行知识积累与更新。

根据研究性教学模式的相关理论，结合参与电子商务课程学习的学生基本情况和电子商务课程的特点以及教学大纲要求，本书制订了电子商务课程研究性教学设计方案。本方案主要基于"合作学习"策略和问题导向，在教学形式上采用以大班授课为基础，以小班分组研讨活动为主体，力求体现集体性与个体性的统一。

B.1 课程基本情况

电子商务课程是电子商务专业必修的一门专业基础教学课程，是专业核心主干课程之一；同时，电子商务课程也是国际经济与贸易、市场营销、工商管理、物流管理、财务管理、金融学等相关专业本科生的一门必修课或专业限选课程。

B.1.1 课程特点分析

电子商务课程以电子商务实践和相关理论研究为其内容基础,主要呈现出以下特点。

(1)跨学科交叉性与综合性。电子商务是一门跨学科、具有交叉性和综合性特点的课程,涉及计算机技术、网络技术与现代通信技术、商务和管理等学科领域的知识。因此,在本课程教学过程中,应注意引导学生广泛地涉猎相关学科的基本知识。

(2)实践性强。电子商务是一门操作性、实践性很强的课程,从运用计算机的基本操作,到网上支付的完成;从电子商务系统的前台购物,到后台管理与维护,都需要有熟练的操作技术和相关技能。因此,教学过程中应重视实践教学,除了通过课堂案例教学、课堂实验操作等方式外,还应结合相关内容布置大量的课外网上实践作业,以培养学生的基本业务能力。

(3)相关知识技能发展更新快。学习电子商务这门课程时,不能以传统的方式和观念去学习,应引导学生以研究的态度,密切关注电子商务的最新应用与发展情况,培养学生将来进行知识的自我更新的能力。

(4)应用和影响广泛。电子商务不仅是商贸方式的一场技术革命,在微观上对企业的经营活动、对顾客的购买行为产生重大的影响,它还在宏观上影响整个人类社会,给社会的经济、政治、生活和教育革命带来巨大的变革,把人类带入以网络经济、数字经济为发展特征的信息社会。因此,在本课程的教学过程中,要注意引导学生广泛地关注电子商务在各个行业不同领域的应用,培养学生较宽泛的专业适应能力。

总之,电子商务的应用已经渗透到全社会各个行业和社会经济的各个领域,不仅改变了企业的商业模式,而且改变着商务概念的内涵。相应地,电子商务课程教学方式也应依据其特点进行适当的改革,以全面增强学生的专业技能和综合素养,更好地适应企业社会对电子商务人才的需求。

B.1.2 课程教学目标

总体目标:通过本课程的学习,让学生系统地了解电子商务研究的基本内容,认识电子商务的应用现状与发展趋势,激发学习电子商务课程和专业的兴趣,掌握电子商务的基本理论与基本思维方式;同时,通过改变获取知识的方式,培养学生从多方面挖掘学习潜力主动获取知识的能力,以及将来进行知识自我更新的能力,掌握综合运用既有知识在电子商务领域发现问题(或提出问题)、分析问题、解决问题的基本方法,初步具备将企业的实际商务需求转化为电子商务应用的创新思维意识和基本能力。

目标1:理解电子商务的主要业务模式(包括电子商务三种基本交易模式及其衍生模式)和基本业务流程,引导、激发学生的创新性思维。

目标2:熟悉电子商务运作的服务支撑环境,特别是对电子商务活动中涉及的电子支付、交易安全、物流配送等问题有比较充分的认识,引导学生学会用唯物辩证法联系的观点、系统的观点考察和研究电子商务问题。

目标3:掌握电子商务策划书的写作原则及一般方法,初步培养学生综合运用本课程所学的相关知识技能解决企业实际商务需求等复杂问题的高阶思维能力和电子商务创新应用能力。

目标4:通过创设课程研讨专题,引导学生密切关注电子商务的最新应用与发展情况,动态地去感知、发现、探究电子商务的相关知识和技能,从多方面挖掘学习潜力,积极主动地进行学习,培养学生的知识自我更新和终身学习能力。

目标5:通过组成正式合作学习小组开展研讨学习,激发学生的集体荣誉感和竞争意识,培养学生的团队协作精神和与人共事的能力。

B.2 课程教学内容

B.2.1 理论教学内容与优化

在基于合作学习策略的研究性教学模式中,课程理论教学内容由课堂理论教学和研讨学习两部分组成。其中课堂理论教学部分,要求教师对传统教学内容进行整合优化,使课堂讲授的内容更加精练;研讨学习部分则要求教师发挥课程团队协作的优势,对学生研讨学习小组给予适当的引导、帮助与督促。

1. 课程教学内容体系及优化

课程教学内容按知识结构特征及其内在联系大致可划分为电子商务导论、电子商务运营模型、电子商务支持服务、电子商务综合应用四个模块共14章,并将案例分析、课程思政元素有机地穿插在各模块知识点的讲授或相关技能的训练当中。

模块一:电子商务导论。其包括电子商务概述、电子商务市场及人才需求特征等内容，概括介绍电子商务的基本概念、功能特点、应用类型、运营服务环境、发展阶段，以及电子商务人才结构、现阶段的社会需求、不同层次与类型的电子商务人才及其知识、能力、素养的构成要求等。该模块教学着重要求学生掌握有关电子商务的基本知识和市场需求。

模块二：电子商务运营模型。其包括基本电子商务模式（B2B、B2C、C2C）、衍生电子商务模式（二维衍生模式C2B、三维衍生模式O2O等）、移动电子商务、农村电子商务、跨境电子商务、社交电子商务等内容，系统介绍各种交易模式或运营模型的概念内涵、运营特点、表现类型、盈利方式、典型企业或网站等，让学生全面了解各种电子商务模式的业务运作流程与基本特征。该模块教学着重要求学生掌握电子商务的相关业务知识，训练其勇于创新的意识和能力。同时注意结合典型企业介绍或相关案例分析，引导、启发学生从中探究、领悟有关电子商务创业和电子商务企业经营管理的某些规律性的东西。

模块三：电子商务支持服务。其主要包括电子商务网站建设规划与维护、电子商务安全、电子支付与网络金融、电子商务物流服务等内容。该模块教学要求学生在掌握电子商务基本知识和运营模型的基础上，根据各高校不同的培养目标定位选择不同的侧重点，培养其电子商务相关业务技能。例如，针对一些高校电子商务专业培养管理学学士这个情况，应注意着重培养学生的电子商务网站建设规划能力，电子商务安全应用方案制订与安全管理能力，电子商务物流配送方案的制订、选择与物流管理能力等。

模块四：电子商务综合应用。其主要包括网络营销、电子商务策划等内容。该模块教学目的是培养学生的电子商务基本应用能力和相应的综合业务素质，因此宜着重介绍网络营销的基本职能、常用网络营销工具和方法以及有关编写电子商务策划书的基本知识、优秀电子商务策划作品（例如介绍本校学生在电子商务大赛中获奖的电子商务策划作品），使学生掌握企业电子商务运营策划书和大学生电子商务创业策划书的基本撰写方法。

2. 基本教学要求

本课程的基本要求分为三个层次：了解、熟悉或理解、掌握。①了解主要是针对课程的有关背景资料、主要事件及历史发展过程，要求能够用自己的语言对相关问题的简要情况、要点做一个概略的描述。②熟悉或理解主要是针对课程的基本原理、基本业务流程和操作方法，要求能够正确理解电子商务相关基本原理，明确各种电子商务类型的基本业务流程，对相关操作方法能够在规定的时间内正确完成。③掌握是针对课程所涉及的电子商务重要概念、原理及方法，要求能结合现实中的实际案例加以综合应用，并能提出自己的观点或相关对策建议。

本课程的特点是实践性比较强，因此要求学生在学习本门课程时从学习电子商务的角度，去访问一些典型的电子商务网站或网店，注重充分利用网络优势培养和提高从事商务活动的技能。

B.2.2 研讨主题及学习目标

1. 研讨教学内容的类型

研讨教学的主要内容大致包括理论知识研讨、案例研讨、综合应用研讨等类型。

（1）理论知识研讨。通过对课堂上老师所讲授的主要知识点的讨论，加深对知识的理解和掌握程度，扩大学生的知识面和视野。

（2）案例研讨。用于讨论的案例，可以选择公认的电子商务成功案例，也可以是自己创业过程中的体验。可以从经营理念、企业文化、电子商务开展程度、营销方法策略、成功的经验及存在的问题等多方面全方位展开讨论分析。

（3）综合应用研讨。主要以帮助中小企业开展电子商务运营业务为目标，针对某个企业的实际商务需求提出实施电子商务的方案策划；也可以是研讨学习小组以模拟公司的形式设计一个自己感兴趣的电子商务项目，从项目背景、公司概况、产品介绍、市场与竞争、营销策略、风险与对策、财务分析等方面进行阐述，并通过讨论，将电子商务相关知识综合运用，使学生电子商务应用的综合能力与素养得以提升。

2. 分组研讨学习的参考主题

分组研讨学习的主题，可以根据本校电子商务人才培养的侧重点及实际情况，主讲教师自创一些问题或项目，供学生研讨学习。

本书所创设的研讨学习主题和每个研讨主题的学习目标如表 B-1 所示，供读者参考。研讨任务可以是每个小组负责一个研讨主题中的一个小问题，然后在班上交流；也可以是一个小组就一个研讨主题中的所有问题展开研讨。具体采用何种任务分配方式，由主讲教师或辅导教师根据学生当时的学习状况决定。

表 B-1　分组研讨的参考主题与学习目标一览表

分组研讨的参考主题	学习目标
主题1：电子商务诚信环境与市场特性 （1）为什么诚信问题在电子商务环境下显得尤其重要？你认为现阶段我国应该如何建立电子商务诚信环境？ （2）Intel 的总裁安德鲁·葛洛夫说过这样的话："当所有的企业都成为 Internet 企业，当电子商务成为所有企业从事商务活动的基本前提和条件时，e 这个字母将从所有的名词中隐去。"谈谈你对这句话的理解。你同意安德鲁的观点吗？结合电子商务的特性和具体案例，讨论分析传统商务的基本规则在电子商务中是否还有用，并说明理由	①使学生加深理解电子商务的实质。②通过与传统商务规则对比，使学生学会一种分析、研究电子商务问题的思维方法。③通过对电子商务诚信问题的讨论，在潜移默化中培养学生将来在电子商务活动中诚信自律的优秀品质，收到教书育人的效果
主题2：企业惯例与电子商务解决方案 "研讨学习小组"相互协作完成以下任务： （1）选择学校或家乡所在地一家自己熟悉或感兴趣的企业，了解其产品或服务概况，并做好记录。 （2）找出该公司当前未充分使用互联网的三个惯例。 （3）记录上述步骤中所确定的企业惯例。 （4）为上述步骤所确定的三个企业惯例逐个找到电子商务的解决方案，并做好记录。目标是为公司节省资金、提高服务的效率，更有效地完成业务交易，最终能够提高公司利润。 （5）用 Word 文档描述电子商务解决方案细节（要求不少于 2 000 字），并向全班报告	①通过本主题的研讨学习，使学生学会用电子商务的思维方式去思考问题，培养学生善于将企业的商务需求转化为电子商务应用的初步能力。②通过严格按本次研讨的要求认真完成相关学习任务，从而培养学生"理论联系实际""勤奋务实"的良好学风
主题3：基本电子商务模式 （1）第二代 B2B 电子商务有何特点？与第一代相比有何优越性？目前哪些网站具有第二代 B2B 电子商务特征？举例说明。 （2）查阅亚马逊公司、天猫商城、线上沃尔玛、苏宁易购等网站的详细资料，分析比较它们的 B2C 电子商务交易模式的特点，并针对其电子商务的运作流程与盈利模式展开讨论。从实例中归纳：目前 B2C 电子商务企业分别有哪些业务模式和盈利模式？ （3）每年毕业班学生要离校时，一些同学将大学期间所用过的自行车遗弃在学校停车棚，既占用车位使新来同学的自行车无处停放，又浪费资源，甚是可惜。你认为应如何运用所学的电子商务知识和方法对毕业班同学的自行车、台式电脑等不便携带的物品进行妥善处理？要求在小组讨论的基础上，给出具体解决方案及处理流程	①通过本主题的研讨学习，使学生深入理解三种基本电子商务模式的特点。②引导学生养成密切关注电子商务行业新动态的习惯，以培养其敏锐的行业洞察能力。③培养学生对一些成功的电子商务实践进行归纳总结，上升为电子商务理论的能力。④使学生结合自身学习和生活中的相关需求，学会在学习中应用电子商务和在应用中学习电子商务
主题4：衍生电子商务模式 （1）查阅相关资料，对二维衍生电子商务模式（C2B、B4C）和三维衍生电子商务交易模式（O2O）的产生条件、运营特点、盈利方式、市场前景等问题展开讨论。 （2）除了本教材所述的衍生电子商务模式以外，请各小组列举所能找到的新型衍生电子商务模式，并对其运营特点和盈利方式进行讨论，形成报告，然后在班上做一次演讲	①通过本主题的研讨，熟悉目前主要的二维和三维衍生电子商务交易模式特点，深入理解电子商务的内涵与实质。②激发学生创新电子商务模式的意识，启发其对有关电子商务交易模式的创新思维
主题5：移动电子商务与社交电子商务 对于下列领域之一，每个小组调查其移动电子商务或社交电子商务的商业应用，并对其导致成功和具有的风险因素进行讨论。 ①金融服务业（包括银行业、证券业、保险业）；②市场营销和广告业；③制造业；④旅游和交通业；⑤人力资源管理；⑥公共服务和医疗保健业等。每个小组根据其发现向全班做一个报告	①通过本主题的研讨学习，使学生熟悉目前移动电子商务和社交电子商务在不同行业的应用。②培养学生善于在不同行业应用新技术开展电子商务的意识和相关技能

续表

分组研讨的参考主题	学习目标
主题6：农村电子商务与跨境电子商务 （1）农村电子商务：对农村电子商务的特征、商业模式、典型企业案例、制约因素与发展前景等问题展开讨论。 （2）跨境电子商务：对跨境电子商务的特征、运营模式、支付方式、物流模式、典型企业案例、存在问题等内容展开讨论	①通过本主题的研讨学习，使学生熟悉目前农村电子商务和跨境电子商务的应用状况。②培养学生应用新技术开展电子商务的适应能力
主题7：电子商务网站建设规划与电子商务安全 （1）实地考察一家主要从事传统业务的小型或微型企业，在小组讨论的基础上为其制定一份完整的电子商务网站建设规划。 （2）一家公司想要对它的贸易伙伴和顾客公开其顾客账户数据库，与此同时提供给潜在购买者其Web站点上的营销材料。若该公司对运行所有网络组件负责，试讨论什么类型的安全组件（例如防火墙等）可以用来确保伙伴和顾客访问账户信息而其他人不可以，什么类型的网络设置可以提供合适的安全保障	①通过本主题的研讨学习，掌握电子商务网站建设规划的方法，熟悉电子商务安全常用的认证技术和防火墙的使用方法。②培养电子商务网站规划和针对电子商务实际应用进行安全问题分析并提出安全管理对策的初步能力
主题8：电子支付与电子商务物流 （1）第三方支付平台有什么特点？试举例说明，并对我国第三方支付平台存在的问题和发展前景展开讨论。 （2）电子商务物流服务：对电商物流服务的主要内容及处理流程、常用物流服务模式类型及特点、市场上典型电商物流服务企业及其业务案例展开分析讨论	①通过本主题的研讨学习，引导学生对目前第三方支付平台以及电子商务物流服务存在的实际问题进行分析。②培养学生分析和解决企业实际应用问题的初步能力
主题9：网络营销工具及应用 （1）在就业求职过程中，如何利用所学的网络营销工具和方法推销自己？小组就此问题展开讨论并形成一个完整的方案。 （2）以所熟悉的某个企业的产品或某项应用为例，设计一份在线调查问卷，然后利用网络发布问卷，进行网络调研，回收所发出的问卷并进行统计、分析和整理，形成调研报告	①通过本主题的研讨学习，熟悉网络营销的常用方法，掌握网络市场调研方法。②引导学生在求职过程中扩展应用相关网络营销工具，培养其灵活运用所学知识的能力
主题10：企业电子商务运营策划与大学生电子商务创业策划 （1）选择学校或家乡所在地的一家中小型企业，实地考察后，在小组讨论的基础上为其拟一份完整的电子商务运营实施方案。 （2）以模拟公司形式设计一个自己感兴趣的电子商务创业项目，在小组讨论的基础上提交一份完整的电子商务创业策划书。 注意：本次研讨要求学生务必深入企业实地考察，了解其实际商务需求，提出具有较强针对性和实用价值的电子商务运营实施方案；要求学生务必根据自身特点，提出具有一定创新性、可行性和实用价值的电子商务创业计划；每个小班分别择优选择1~2份"企业电子商务运营策划书"或"电子商务创业策划书"，在大班上进行交流	通过本主题的研讨学习，促使学生掌握企业电子商务策划书的撰写方法；同时培养学生综合运用本课程所学的相关知识技能将企业实际商务需求转化为电子商务应用的初步能力，以及进行电子商务创业的意识；通过择优选拔，激发学生的集体荣誉感，培养学生的团队能力和竞争意识

注："电子商务策划书交流会"若有条件，可请企业人士参与评价。

B.2.3 课程思政内容及相应的思政元素切入点

（1）专业思想教育。结合介绍课程背景（教材1.5节），从社会经济发展的需要、企业管理和运营人才的需求、自我专业素养和技能形成的要求等方面，阐明学习电子商务的重要性和必要性，激发学生学习电子商务课程和电子商务专业的兴趣，引导学生树立热爱本职工作、敬业爱岗的思想意识。

（2）制定课程学习与职业发展规划。结合社会、企业对电子商务应用型人才的需求层次以及各层次人才的知识能力素质要求（教材2.2节），告诫学生只有把个人理想和职业成长与祖国繁荣昌盛、社会经济发展、人民幸福需求紧密联系在一起，才能有远大的前途和健康成长的空间。同时，布置学生针对自身特点和职业追求，制定一份个人的课程学习计划和专业成长以及职业发展规划的任务。

（3）激发学生的家国情怀、创业热情。结合著名电子商务企业阿里巴巴集团草创之初的企业定位（包括市场定位：帮助中国的中小企业做国际贸易；服务定位：只做信息流）等内容（教材第3章引例），引导学生学习其从当时的国情出发、扬长避短的务实精神，同时激发学生的家国情怀，并告诫学生：无论企业发展到何种程度、壮大到何种规模，我们都满腔热忱地希望创业者及其继任者们能保持企业草创时那股艰苦奋斗的精神，不忘初心，回馈社会，为祖国的经济繁荣和科技进步，作出应有的贡献！也唯有如此，企业才能走得长远。

（4）激发、培养学生的创新性思维。结合二维衍生模式C2B模式"七格格"女装店反向设计成就电商奇迹的案例（教材第4章引例）、B4C模式强调的增值服务（教材4.1.2节）、"红孩子"的B2F模式创新应用（教材4.1.3节），布置学生讨论如下问题："七格格"女装店是如何进行反向设计的？B4C模式如何实现增值服务？"红孩子"为什么未能独立发展壮大？"苏宁易购"为什么要收购"红孩子"？

（5）从励志和培养高尚人格方面对学生进行成长成才教育。结合三维衍生模式O2O的典型案例——梅西百货（教材4.3节），简要介绍梅西百货的奠基人之一内森·施特劳斯从商店学徒成长为一名雄心勃勃的企业家的故事，讨论梅西百货的全渠道O2O策略对中国零售百货业的启示，同时引发如何做大做强中国连锁超市的思考。

（6）激发学生的民族自豪感以及不断进取、自强不息的奋斗精神。结合中国移动电子商务的发展阶段（教材5.2.2节）、5G技术的发展及其在移动电子商务中的应用、我国电子支付的工具类型及特点（教材11.2节与11.3节）、北斗全球卫星定位技术在电子商务物流领域的应用（教材12.2.3节）等内容，引导学生关注和思考电子商务前沿热点问题。

（7）培养学生善于将企业的商务需求转化为电子商务应用的能力、勤奋务实的学风。结合相关教学内容创设相关研讨专题。例如，在学完教材第1章内容后，要求学生选择学校或家乡所在地的一家自己熟悉或感兴趣的企业，分小组进行调研考察后，找出该企业未充分利用互联网络或电子商务的三个业务惯例，然后小组同学用"头脑风暴法"为所确定的三个企业惯例列出所有可能的电子商务解决方案。

（8）培养高阶思维能力以及团队协作精神。结合"电子商务策划"（教材第14章）的相关内容，为上述第"（7）"点中所选定的企业拟出一份完整的电子商务运营实施策划方案；或以模拟公司的形式设计一个自己感兴趣的电子商务创业项目，提交一份完整的电子商务创业策划书。策划书要求必须是小组成员协作、共同完成，以此引导学生培养综合运用课程所学知识解决复杂问题的高阶思维能力，以及团队协作精神和与人共事的能力，进一步养成理论联系实际的习惯。

B.3 教学过程设计

B.3.1 教学过程安排与教学方法

基本思想：教学过程中把思维训练、能力培养、品德养成作为课堂教学的重心，教学的主要任务也从知识的传授转向能力的培养、从单向的灌输变为双向的交流，通过讨论，促进学生自主学习、开阔思路，提升学生对课程学习的兴趣；同时，通过改变获取知识的方式，让学生学习综合运用既有知识在电子商务领域发现问题或提出问题、分析问题、解决问题的基本方法，并使学生对电子商务应用的技巧与能力得到初步训练。具体课程教学组织形式采用"大班授课、小班分组讨论"的模式，改变传统的教学授课方式，把学习的主动权交给学生。

1. 理论讲授教学

集中讲解理论知识，根据研讨主题和内容分模块讲授相关知识点，并适当整合优化相关教学内容，将案例分析有机地穿插在各章节或模块知识的讲授当中进行。在讲解过程中，应注意采用启发式、问题式教学，避免教条化讲述；一个模块的知识点讲解完毕，应提出问题，启发学生课下思考和讨论。

2. 合作研讨教学

合作研讨教学按小班分小组进行，每4~6人组成一个研讨学习小组，研讨形式分为课堂研讨学习和课外研讨学习两种情况。课堂研讨时，教师可以视情况启发引导学生展开讨论，并大致了解各小组的研讨结果，从中选择一个到两个较好且具有代表性的小组面向全班同学汇报本组的研讨结果，进行更大范围内的知识交流与研讨；小组代表面向全班讲解时，应准备简单的幻灯片进行演示，讲解完毕，学生可以自由提问，对共性的问题集中讨论；最后，由老师从语言组织、内容设计、团队配合等方面进行总结点评。

（1）课堂研讨学习。①课堂研讨主题：由本课程主讲教师提前指定或提出要求；也可以由小组根据学习目标自主提出讨论主题，并报请主讲教师核准。②课堂研讨时间：由任课教师按照本课程的教学计划和进度要求安排，并写进课程教学日历中予以确定。③课堂研讨要求：围绕教学目标和讨论主题预先查阅大量相关资料，并进行分析思考，自主学习获取知识；学习内容结束时小组提交能反映讨论过程实况的记录材料；要求每个小组提交一份本组围绕本次讨论主题展开讨论的综合性成果材料；提交一份小组成员分工及完成学习任务情况清单。

（2）课外研讨学习。①课外讨论主题：由本课程主讲教师指定或提出要求，也可以将课堂讨论主题延伸至课外，或由小组自主提出讨论主题。②课外讨论时间：主讲教师提出要求完成本次讨论任务的起止时间段，由小组同学在组长的带领下，于规定时间段内自行安排时间进行。③课外讨论要求：每位同学围绕教学目标和讨论主题查阅大量相关资料，并进行分析思考，自主学习获取知识；完成课堂讨论中未能按计划完成的任务；小组提交讨论实况记录。

3. 实验教学

在本课程的 B2C、B2B 实验中，要求学生以 2～3 人组成一个实验小组，分别扮演不同的角色（例如在 B2B 电子商务实验中，分别扮演采购商、供应商、物流商），通过小组内成员之间的合作共同完成给定的实验任务，在培养学生电子商务操作技能的同时，训练学生与人协作共同完成工作任务的基本能力和素质。

B.3.2 课程思政融入方法

结合课程教学内容挖掘和融入相关的思政元素，既教书又育人，是增强专业课程教学效果的有效方法。在电子商务课程教学过程中，可以采用以下方法结合教学内容自然融入课程思政。

（1）融合法。教师在教学目标和教学内容中找准思想政治教育和学科课程之间的契合点，形成生成性的契合关系，实现两者的有机融合与无缝对接。例如，在开学第一课要讲清楚"为什么要学习这门课"的问题，可以结合介绍课程背景、学习意义，从国家和社会经济发展的需要、企业管理和运营人才的需求、自我专业素养和技能形成的要求等方面，以及电子商务已经广泛渗透到社会的政治、经济、文化、教育等各个领域的事实，阐明学习电子商务的重要性和必要性，激发学生学习电子商务课程和专业的兴趣，并告诫学生：只有把个人的职业成长、理想抱负与国家的建设发展、人民的幸福需求紧密联系在一起，才能有远大的前途和健康成长的空间。同时，要求学生本次课后，阅读教材第 2 章中有关"社会企业对电子商务应用型人才需求的三个层次以及各层次人才的知识能力素质要求"这部分内容，针对自身的特点和追求，制定一份个人课程学习计划和个人专业成长及职业发展规划。

（2）思维训练法。发掘课程内容和学习过程中蕴含的哲学思想，并在相关情景中加强学生的思辨能力训练，培养学生的辩证思维能力、创新思维能力。例如，在开学第一课给学生讲"如何学习这门课"的问题时，可以结合课程的特点，相应地给出有效学习的方法策略，体现对辩证唯物主义认识论特别是实践观的具体应用。针对电子商务课程的"综合性、交叉性"特点，要求学生学习本课程应在精读教材的基础上，广泛涉猎相关学科知识，精读与泛读相结合；针对"新兴学科"的特点，指出这意味着电子商务具有很大的发展空间，同时又存在着诸多需要不断完善之处，要求学生在学习过程中，不把电子商务的一些成功的商业模式当成僵死的教条而在不同场景生搬硬套，而应该用研究的态度和辩证的思维方式去学习，为此要求学生组成相应的合作研讨学习小组，并在后期的教学过程中，创设相应的研讨主题布置学生研讨学习；针对"实践性强"的特点，要求学生学习本课程的过程中，注意敏锐地关注行业的新动态，学会从电子商务企业的实践活动和成功案例中归纳、总结、提炼出一般规律性的东西，即学会从实践上升到理论，再尝试运用这些理论去指导电子商务实践，实现创新性应用。

（3）案例融入法。根据教学内容引入相关案例中的典型人物故事，将专业教学内容与思想政治教育合理结合，达到教书育人的目的。例如，附录 B.2.3 节中（3）（4）（5）的应用。

（4）情景渗透法。教师有意识、有目的地创设带有一定情感色彩的具体场景并将知识内隐于其中，通过熏陶、暗示、体验、感染、模仿等方式对学生进行"无意识教育"，使其在自然流畅的教学过程中达到"情知互补""知情合一"，形成自我激励机制，如责任感、敬畏感、认同感等，将德性培育和爱国情怀浸润并渗透到学生的精神世界。例如，附录 B.2.3 节中（6）的应用。

（5）以学生为中心的合作研讨法。根据学生的身心发展特征、认知规律、学科专业特点，针对不同学生的学习能力和成长需求的差异因材施教，并在教学过程中充分发挥学生的主观能动性。例如，附录 B.2.3 节中（7）（8）的应用。

B.3.3 学习支持服务策略

1. 充分利用网络平台辅助教学

利用自建的本课程教学网站,把教师理论讲授和学生研讨交流的过程录像,制作成教学视频放在网上,为学生随时随地自主进行学习提供辅导;同时把教师的电子课件、相关作业要求、研讨任务也分期分批投放在相应的网络平台上,以方便学生自主学习。教学过程中充分利用网络资源辅助教学,同时也向学生传达了这样一种理念:尽可能用电子商务的思维和方式学习电子商务!

2. 研讨学习分组规则及相关人员职责

(1)分组规则。①以一个行政班(30人左右)为开展小班研讨教学的基本单位,将其按每4~6人组成一个研讨学习小组;每组选定一名有责任心的同学担任研讨小组的组长。②分组时应考虑小组成员的性别结构、活跃程度两大因素,进行合理组合搭配;小组成员之间应团结协作,并服从组长的安排和领导。

(2)研讨学习小组组长的职责。①负责将指导教师分配下来的研讨学习任务分解,并分配落实到本组内每一个成员。②负责指定每次研讨活动的发言人和记录员,被指定者不得拒绝。③负责组织相关研讨主题的课外讨论会,确定课外讨论时间、地点。④负责组织、督促小组成员开展学习讨论,收集小组成员所提交的材料,并对小组成员参与讨论学习的态度和贡献作出组内评价。

(3)发言人的遴选规则及其职责。①发言人的遴选规则:每次研讨活动开始时,由研讨小组组长根据不得重复原则在本组成员中指定一名小组发言人。②小组发言人职责:负责主持本次小组讨论会;负责本次小组讨论分析报告的制作;代表本小组就所讨论的论题在课堂上发言。

(4)记录员的遴选规则及其职责。①记录员的遴选规则:每次讨论时由小组长根据不得重复原则在本小组成员内指定一名记录员。②记录员的职责:负责小组讨论时的记录工作,讨论记录的内容应包括研讨主题、研讨时间、地点、主持人、参加人员、记录员姓名、主持人对研讨程序的说明、各成员的主题发言、其他成员对主题发言人的回应讨论情况、主持人的简要总结等,最后要求每个发言人在各自发言记录后签名认可。

(5)研讨学习小组一般成员的职责。①服从组长的研讨任务安排,准时参加所在研讨小组的研讨活动。②按时并保质保量地完成自身在研讨活动中所承担的任务,并向组长及发言人提交相关材料。③协助发言人做好发言报告和课堂发言。

3. 分组研讨学习的一般流程

课程分组合作学习研讨流程如图 B-1 所示。

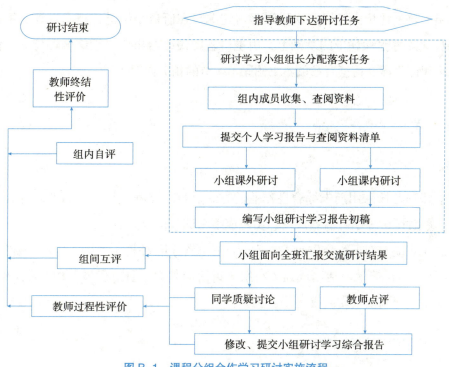

图 B-1　课程分组合作学习研讨实施流程

（1）下达研讨任务。指导教师课前向各研讨学习小组下达学习研讨任务。

（2）组长具体分配落实本组任务。由组长进一步将学习任务分配给本组的每一位成员，尽量保证每个成员所承担任务的均衡性。

（3）研讨资料的收集与学习。每个研讨小组应制作一份研讨学习"资料清单"；所有成员都应认真阅读并归纳总结所收集的资料；组长在本组资料收集工作基本结束之后，应召集小组成员就所承担的研讨主题进行课外研讨。

（4）小组研讨交流。由承担该主题研究任务的小组成员先做主题发言，向其他组员介绍其针对该主题所做的研究工作或国内外同类研究现状或相关应用发展状况、发言人自己的主要观点及其分析理由等。然后由其他组员与该主题发言人就此主题内容展开讨论。此阶段要求每个小组成员都必须发言，并由记录员做好发言记录。最后由本次研讨活动的主持人做研讨总结，并在规定时间提交"小组研讨记录"。

（5）辅导教师点评。小组研讨交流完毕，指导教师应就本次研讨活动做一次简短的整体评价，并针对小组研讨学习报告（初稿）提出进一步修改、完善的意见或建议。

（6）教学评价。针对本次研讨学习情况，在研讨小组进行组内自评、组间互评以及教师过程性评价的基础上，由主讲教师最终给出终结性综合评价（具体评价方法和评价标准请读者参阅本书附录 B.4 节的相关内容）。

B.4 教学评价设计

B.4.1 考核形式

本课程考核采用期末综合性作业的方式进行。课程总评成绩由期末综合作业成绩、平时研讨等学习活动成绩、实验成绩三部分构成。

总评成绩 = 期末综合作业成绩（小组电子商务策划书、个人课程学习总结）× 40% + 平时研讨等学习活动成绩（小组研讨活动视频、研讨成果文档）× 30% + 实验成绩（实验测试、实验报告）× 30%。

B.4.2 成绩评价方法流程

1. 小组研讨学习成绩评价方法与流程

（1）组内自评。其包括小组成员对本组学习情况的评价和组长对本组每个成员的评价。每个小组在组长的带领下，根据老师布置的学习任务要求，对自己小组的工作表现综合评分；组长根据本组每个成员平时完成任务的情况对其评分。

（2）组间互评。每个小组选派一名代表作为评委，当某一组的同学在汇报其研讨成果时，其他几组的同学可以根据评分标准对该组汇报的成果评分。

【注：这样同时也培养学生客观地评价自己、客观地评价别人的品质和能力。】

（3）指导教师过程性评价。指导教师对学生平时完成小组分配的工作任务、团队合作精神与协调能力等情况进行评价。

（4）主讲教师终结性评价。根据学生组内自评、组间互评、教师过程性评价给出的成绩，按下列公式所示的比例，计算出本课程合作研讨学习的综合分数。

小组作业成绩（终结性评价）= 组内自评 × 10% + 组间互评 × 20% + 教师过程

性评价 × 70%。

2. 学生个人成绩评定方法

根据学生课程学习总结的系统性、客观性以及该生在课程学习和做人做事思维方式等方面的成长情况，同时结合其在完成小组作业过程中的贡献度、实验完成情况等给出个性化评价。【注：教师评价过程也是获得反馈与反思的过程。】

B.4.3 评价内容与参考标准

1. 教师对小组过程性评价的内容与评分参考标准

（1）小组讨论紧扣主题、内容充实。（10分）

（2）分析问题全面透彻、观点清晰、角度新颖，概括总结能力强。（10分）

（3）记录能客观地反映讨论现场情况，每个人的发言有实质性内容。（10分）

（4）讨论现场氛围活跃，小组每个成员都能参与其中并发表自己的观点。（10分）

（5）在小组讨论过程中能够提出问题，并通过大家的讨论和努力达成某个共识，给予一定程度的解决。（10分）

（6）小组讨论涉及的电子商务相关知识具有一定的深度与广度。（10分）

（7）团队协作精神强，成员配合默契，讨论过程中能独立思考、观点明确。（10分）

（8）小组PPT内容层次清晰、逻辑性强、重点突出、有说服力。（10分）

（9）小组发言代表语言表述流畅，善于营造讨论气氛，时间控制恰当。（10分）

（10）小组研讨成果文案排版美观、格式规范、内容充实、逻辑性强。（10分）

2. 小组互评内容与评分标准

（1）内容观点：内容正确，观点新颖，有独到的见解。（30分）

（2）理解程度：熟悉并且理解了所讲述的内容，讲述时能突出重点。（20分）

（3）语言表达：发言人叙述条理清晰、语言流畅、用词准确。（15分）

（4）团队协作：团队成员配合默契、团结协作、集体观念强。（15分）

（5）PPT制作：小班交流研讨时，所制作的演示文稿画面清晰、内容简单扼要、主题明确；对相关知识点的归纳总结系统、全面、准确。（20分）

3. 个人成绩评定方案与标准

（1）个人读书笔记或学习心得报告成绩。（20分）

（2）个人查阅资料成绩。（10分）

（3）个人对小组成绩的贡献度。（70分）

B.5　教学效果信息反馈与预测

B.5.1　教学效果反馈信息的收集

教师可以通过如下途径收集能反映本课程教学效果的信息：①即时通信工具、电子邮件等线上途径。②课外答疑、课堂提问以及授课过程中与学生的直接交流等。③参与学生的课内外讨论。④及时批阅学生提交的作业、小组研讨的成果材料，查阅小组讨论记录本等。

B.5.2　教学效果预测

本课程采用合作研讨方式组织教学，充分考虑了电子商务课程的特点，使教学形式、教学方法手段与教学内容和谐统一，很好地满足学生知识获取、能力培养和综合素质提升的需要。

在课程教学内容的设计上，每一章都针对相关理论知识或技能要点设计有案例分析，以帮助学生完成对所学知识的理解和掌握；教学方案中所创设的大量研讨主题，内容丰富，目标明确，可操作性强，对于培养、训练电子商务专业人才所必需的信息采集与处理能力、实地调研分析能力、语言表达能力以及团队协作精神等方面均将效果显著，学生通过这些训练，将会初步具备将企业商务需求转化为电子商务应用的基本业务能力；同时也将有效地拓宽学生的知识面，提升学生的专业综合素质，为学生将来就业和创业打下良好的基础。

在本教学设计方案中所创设的一些研讨主题，也为学生将来参加各种电子商务类学科竞赛做了一些前期的准备，在思维方式与相关素材方面打下了初步的基础。其中，一些质量好的作业可以成为将来参赛作品的雏形。

另外，学生在努力完成本方案要求的"企业电子商务运营策划书"或"大学生电子商务创业策划书"的过程中，不可避免地会感觉到还有许多问题没有弄清楚。这些悬而未决的问题，将成为其渴望学好后续相关专业课程的强大驱动力。

附录 C　电子商务课程思政教学设计与实施样例

应部分老师的强烈要求，本书以数字资源的形式将教育部高等学校电子商务类专业教学指导委员会征集并遴选出的首批（2022年）优秀电子商务类课程思政课——《电子商务基础与应用》的课程思政教学设计与实施样例在此分享，希望能为相关老师的课程思政教学提供有益参考。

《电子商务基础与应用》的课程思政教学设计与实施样例

教师服务

感谢您选用清华大学出版社的教材！为了更好地服务教学，我们为授课教师提供本书的教学辅助资源，以及本学科重点教材信息。请您扫码获取。

≫ 教辅获取

本书教辅资源，授课教师扫码获取

≫ 样书赠送

电子商务类重点教材，教师扫码获取样书

清华大学出版社

E-mail: tupfuwu@163.com
电话：010-83470332 / 83470142
地址：北京市海淀区双清路学研大厦 B 座 509

网址：https://www.tup.com.cn/
传真：8610-83470107
邮编：100084